JN017120

民法IV——債権各論

〔第5版〕

藤岡康宏・磯村 保・浦川道太郎・松本恒雄 著

有斐閣 S シリーズ

Yuhikaku

第 5 版　はしがき

　本書の対象である債権各論の契約法は，民法第 1 編第 2 編第 3 編（明治 29 年法律第 89 号）制定後の最大級の改正といわれる債権法改正（平成 29 年法律第 44 号）により最も大きな変容を受けた。

　第 4 版は，改正法施行前の平成 31 年 3 月に刊行されたが，これは，改正法のポイントをいち早く伝えようとしたためであった。改正法は令和 2 年 4 月 1 日に施行され，改正法に関する解説書や，これを反映した基本書・体系書もこの間出版され，解釈上の論点も明確になってきた。そこで，「コンパクトな体裁で民法をひととおり学ぶことができるようなテキストを提供する」（初版はしがき）という当初の目的に合わせて契約各論に関する記述を中心に解説を見直し，新たに第 5 版として刊行することにした。

　本書は，平成 3 年の初版刊行以後，常に債権各論の現在の姿を読者に分かりやすく示そうと努めてきた。この第 5 版もその考え方に基づくものであり，債権法改正の内容に則した契約法に関わる改訂とともに，事務管理，不当利得，不法行為も含めて本書全体を改めて点検し，最新の法状況を伝えることを心がけた。

　第 5 版では，契約総論，契約各論，事務管理・不当利得を，初版以来の執筆者である磯村保，浦川道太郎，松本恒雄が担当し，前田太朗が藤岡康宏の補助者として不法行為の改訂に加わった。

　最後に，第 5 版の刊行に当たっては，有斐閣書籍編集部の渡邉和哲氏，小室穂乃佳氏にお世話になった。記して感謝申し上げる。

　　令和 5 年 2 月 28 日

執筆者一同

初版 はしがき

　Sシリーズ『民法I〜V』は，民法を総則，物権，債権総論，債権各論，親族・相続に分け，各々に一巻をあて，各巻を4人（Vのみは3人）で分担執筆したものである。

　このシリーズの特色は，次の三点である。

　第一は，コンパクトな体裁で民法をひととおり学ぶことができるようなテキストを提供する。コンパクトといっても，単に簡単というだけでなく，わかりやすいかたちで必要な事項をほぼ網羅的にカバーすることに努めた。簡単でしかもわかりやすくというのは，矛盾するともいえるが，共著者間で，原稿の段階，校正刷りの段階での読合せを重ねて，表現や説明方法に工夫を加えるとともに，叙述の全体としての統一性があるように努めた。

　第二に，全体を平板に説明することを避けて，叙述に濃淡をつけ，表を活用するとともに，★を付して叙述の重要度を示すことにした。星印一個★には二つの場合があり，一つは制度の基本となる事項，もう一つは論点としての重要度第一段階である。星印二個★★は論点としての重要度第二段階であり，三個★★★は最重要であることを示している。しかし，何が重要かは，人によっても，時によっても変わるから，あくまで参考にしかすぎない。

　第三に，表のほか，理解を助けるために図を入れて，本文の解説をわかりやすくする工夫をした。本来は読者自ら図をえがいて考えるのが望ましいのであろうが，図の助けを借りることにより，少しでも理解を進めようとするものである。これ以外にも，各自が具体例ごとに図によって立体的な理解をはかるように望みたい。

　なお，判例については，民法の仕組みを説明したあと，関連のある判例に必要な限りふれた。現在では，判例なしに民法を理解すること

は不可能といってもよいからである。もっとも，判例は最高裁判決に限っても多数にのぼるので，基本的なものに限定している。

　学説については，判例を前提として展開されているものを中心にして，とくに対立のある問題について，対立点や結果の差異などに留意しつつふれている。

　本書は，主として初学者を読者として想定している。したがって，これだけで民法のすべてがわかるわけではない。むしろ，民法を学ぶにあたってはどうしても理解しておかなければならない事項を精選して丁寧に解説している。民法の学習をより深めるためには，巻末に掲げた詳細な体系書や注釈書によって，学び進んでいってほしい。

　このほか，先にもふれたが，民法の理解を深めるためには，民法が実際に適用された裁判（判例）を読むことが必要とされる。この本に引用されている判例は，いずれもエッセンスの引用にとどまるので，ぜひとも判例集にあたって読んでほしい。判例を読むことは必ずしも容易ではないが，巻末にあげたように，基本的判例を学習研究用に編集された本がいくつか出版されているので，それによるのが近道かもしれない。

　最後に，企画段階から種々の協力を惜しまず，執筆上のお世話をいただいた有斐閣書籍編集部の前橋康雄，奥村邦男，大井文夫の各氏にお礼を申し上げたい。

　　1991 年 2 月 1 日

執筆者 一同

■ 執筆者紹介 ■ 〈 〉内は執筆分担

藤 岡 康 宏 （ふじおか　やすひろ）〈第 1 章，第 4 章（V6⑴⑵は除く）〉

1967 年　北海道大学法学部卒業
現　　在　北海道大学名誉教授，早稲田大学名誉教授
〔主要著書〕
損害賠償法の構造（2002 年，成文堂），法の国際化と民法（2012 年，信山社），民法講義 V 不法行為法（2013 年，信山社），民法講義 I 民法総論（2015 年，信山社）

磯 村　　保 （いそむら　たもつ）〈第 2 章〉

1974 年　京都大学法学部卒業
現　　在　神戸大学名誉教授，早稲田大学名誉教授
〔主要著書・論文〕
民法トライアル教室（1999 年，有斐閣，共著），「二重売買と債権侵害⑴―⑶完」（神戸 35 巻 2 号〜36 巻 2 号），「賃借権の対抗と権利濫用法理」（2000 年，石田喜久夫先生古稀記念・民法学の課題と展望〔成文堂〕所収），事例でおさえる民法 改正債権法（2021 年，有斐閣）

浦 川 道太郎 （うらかわ　みちたろう）〈第 3 章，第 4 章 V6⑴⑵〉

1969 年　早稲田大学法学部卒業
現　　在　早稲田大学名誉教授
〔主要著書・論文〕
「交通事故損害賠償における過失相殺論 —— 子どもの自動車交通事故被害と過失相殺」（2017 年，実務交通事故訴訟大系第 1 巻〔ぎょうせい〕所収），ドイツにおける危険責任（2021 年，成文堂），医療訴訟〔第 2 版〕（2023 年，民事法研究会，共編著）

松 本 恒 雄 （まつもと　つねお）〈第 5 章，第 6 章〉

1974 年　京都大学法学部卒業
現　　在　一橋大学名誉教授，明治学院大学客員教授
〔主要著書・論文〕
消費者被害の救済と抑止（2020 年，信山社，編著），改正債権法コンメンタール（2020 年，法律文化社，共編著），新基本法コンメンタール債権 1（2021 年，日本評論社，共編著），エッセンシャル民法 3・債権〔第 2 版〕（2022 年，有斐閣，共著）

目　　次

■ 凡 例 ─────────────────────

□ 法令名の略語

　民法の条文は，原則として，条数のみを引用する（ただし，第3章Ⅵ6では借地借家法の条文を条数のみで示す）。それ以外の法令名の略語は，原則として，有斐閣六法の略語を用いる。

□ 判例引用の略語

　民　集　　大審院民事判例集，最高裁判所民事判例集
　刑　集　　大審院刑事判例集，最高裁判所刑事判例集
　民　録　　大審院民事判決録
　刑　録　　大審院刑事判決録
　判決全集　大審院判決全集
　裁判集民　最高裁判所裁判集　民事
　高民集　　高等裁判所民事判例集
　下民集　　下級裁判所民事裁判例集
　交民集　　交通事故民事裁判例集
　新　聞　　法律新聞
　大審院裁判例　大審院裁判例（法律新聞別冊）
　判　タ　　判例タイムズ
　判　時　　判例時報
　金　法　　金融法務事情
　　　　　　　　＊
　大連判　　大審院連合部判決
　最大判　　最高裁判所大法廷判決
　最　判　　最高裁判所判決
　高　判　　高等裁判所判決
　地　判　　地方裁判所判決
　　　　　　　　＊
　例　最判昭 36・6・20 民集 15 巻 6 号 1602 頁
　　　→最高裁判所昭和 36 年 6 月 20 日判決（最高裁判所民事判例集 15 巻 6 号 1602 頁所収）

第1章 序　論

I　債権各論の対象

1　債権の発生原因

　民法第3編「債権」は，第1章「総則」につづいて，第2章で「契約」を取り上げたのち，第3章以下でそれ以外の，「事務管理」（第3章），「不当利得」（第4章），「不法行為」（第5章）について規定する。第3章が事務管理にあてられたのは，旧民法（明治23年法28）で不当利得の下に編入されていた事務管理のために，現行民法典（明治29年法89）で特に一章が設けられたことによる。

　本書が対象とするのは，債権法の中で講学上債権各論と呼ばれる部分である。第2章以下の債権の発生原因に関する各章がこれにあたるが，ここで発生した債権の具体的内容は，債権総論の問題となる。

　契約は，相対立する意思表示の合致によって成立する法律行為であり，当事者の合意によって権利義務関係に変動がもたらされる点において，他の債権発生原因にはみられない特色がある。

　すなわち，不当利得で問題となるのは，法律上の原因なくして利益を取得した者がいる場合の，損失者からの利得返還請求権である。

　事務管理は，義務がないのに他人のために好意で事務を管理する者がいる場合に，その他人と管理者との間に，一定の要件の下で特別に法律関係を生じさせる法制度であるが，利得の返還にと

どまらず，管理者に対して適切な事務の遂行を積極的に義務づけているところに，不当利得と一括には論じえない要素がある。

　さらに不法行為法では，各人に損害が生じた場合に，それが所定の要件を満たす他人の違法な行為によって生じたものであることが判定されると，それまでは特定の社会関係に立っていなかった者が，被害者および加害者として，損害賠償請求権を通じて結びつけられることになるのである。

2　諸制度の趣旨・目的

　所有と契約とは，権利の主体と並んで「財産の法」の基本となる制度であるが，このことは，民法が前提とする資本制社会が，基本的には各人に対する財貨の割当（所有）と，その財貨の自由な移転という仕組みから成り立っていることを意味する。契約は，財貨の移転を実現する手段であり，われわれは，契約を通じて自由な意思に基づいて積極的な社会関係を形成することができるかたわら，財産的利益であるか，人格的利益であるかを問わず，各人の権利ないし利益は，不法行為法を通じて第三者からの侵害に対して広く保護される。

　不当利得法は，契約や不法行為とは違って，従来から，他の法制度よりも高次の正義を実現する手段と解する見方が支配的であったため，民法典で統一的な規定を与えられながらも，その制度趣旨に対する理解は抽象的なものにとどまらざるをえなかった。

　この問題を具体的に考える契機となったのは，不当利得の目的を類型的にとらえる見解が現れたことである。類型論の中心に位置するのは，財貨帰属の秩序が無権限者によって侵された場合の秩序の回復や，財貨移転の基礎となった法律関係が何らかの理由で存在しなかったものとして扱われる場合に，この法律上の原因

を欠く利得の移動を矯正するという問題である。

　後者の（表見的）法律関係として問題となる代表的なものは契約であり，前者も所有の問題と関連があることを合わせ考えれば，不当利得の基本類型は，民法上の基本的な制度とも対応しているとの見方も許されよう。

　以上に述べた契約，不法行為，不当利得の三分野では，社会生活の進展に伴う新しい問題解決に直面して，内容的にも，理論的にも，顕著な変化が見られるのと対照的に，事務管理の分野は，比較的平穏な状態にある。しかし，そのことは，事務管理という制度に対してそれほどの目配りをする必要はない，ということを意味するわけではない。

　法の基本問題という視座を据えると，ここには，他人の権利領域への理由のない干渉は許されないということと，相互扶助の精神との調整という，法の根源にかかわる問題が存在することに注意しなければならない。

Ⅱ　本書の構成と民法改正

　本書では，契約を契約総論（第2章）と契約各論（第3章）に分け，後者で民法典が規定する典型契約について具体的に説明したのち，不法行為（第4章），事務管理（第5章），不当利得（第6章）の順に，それぞれの制度の仕組みおよび運用のすすめ方について概説することにする。

　民法典の章立てと順序が変えられ，契約の次に不法行為が取り上げられているのは，両者は，先に述べたように，積極・消極の違いこそあれ，いずれも社会生活の基本にかかわる法制度であることにかんがみ，これをまず理解することが先決であると考えら

れるからである。

　不当利得は，他の法制度がその制度趣旨に沿って十分に機能しうるよう，法律関係の清算などを通じてこれを補完する役割を担う制度である。補完的機能という点では，不当利得は，所有や契約の問題をこえて実定法の全体系とかかわりをもちうるために（たとえば，財貨の移転ないし給付の基礎となる法律関係は，契約に限られないし，民法以外の分野でも広い範囲にわたって存在する），財産法（本シリーズの民法 I〜IV）のしめくくりということも考慮して，不当利得を末尾に置くことにした次第である。

第2章 契約総論

I 序 説

1 契約の意義

(1) 契約＝相対立する意思表示の合致　　522条1項は，契約の申込みを「契約の内容を示してその締結を申し入れる意思表示」と定義し，この申込みに対する承諾の意思表示によって契約が成立すると定めている。たとえば，AがBに対して，Aの所有する乗用車甲を50万円で売りたいという意思を表示し（申込み），BがAに対して，Aの提示した契約内容に同意する意思を表示する（承諾）場合がこれにあたる。このように，申込みと承諾という当事者の相対立する意思表示が合致することによって成立する法律行為を契約という。契約の成立に際して書面が作成されることも少なくないが，法令に特別の規定がある場合（同条2項参照）や，当事者が契約書面の作成を成立要件とすることを合意した場合を除いて，口頭の合意によって契約は有効に成立する（方式の自由）。

　上の例で契約が有効に成立すると，AはBに対して代金の支払を，BはAに対して甲の所有権移転と引渡しを，それぞれ求めることができる（555条参照）。このように，契約は両当事者の合意によって双方の権利・義務関係に変動をもたらすものであり，私法上の権利・義務の変動を生じさせるための最も基本的な制度

である。

　しかし，契約によって生ずる法律効果のすべてが契約当事者の意思に基づくものではないことにも注意する必要がある。すなわち，上掲の売買契約の例に即して考えると，売買の目的物や代金額は当事者の意思によって決定されるが，甲が契約内容に適合しない品質であった場合にどうなるか，Ｂが代金を支払わない場合にどうなるか等については，当事者がとくに合意していないことがむしろ通常である。このような場合，当事者間に生ずべき効果を補充することが必要となる。民法は当事者の意思を補充する多くの規定をおいているが，これは当事者の意思によってその適用が排除されうるものであり，任意規定と呼ばれる（91条参照）。

　(2)　契約と社交上の約束　　当事者間に合意が成立する場合でも，それが法的な意味での権利・義務の変動に関わらない場合には，契約とはいえない。たとえば，Ａが友人Ｂを自宅に招待し，Ｂがこれに同意していても，契約が成立したとはいえず，Ｂが当日Ａ宅に行かなかった場合，社交上のエチケットの問題は別として，Ｂに契約上の義務の不履行があったとはいえない。したがって，ＡがＢの招待のために要した費用が無駄になったとしても，それが場合により不法行為上の損害賠償請求の問題を生ずる余地があることは別として，契約上の債務不履行を理由とする損害賠償をＢに求めることはできない。

　もっとも，このような社交上の約束と法律上の契約の区別はときとして微妙である。また，法律上の契約の効力にも種々の段階がある。たとえば，古い判例には，カフェーの女給に対して多額の金銭の贈与が約束され，その支払債務を目的として書面により準消費貸借が締結されたという事案につき，債務者がその債務を任意に履行すれば有効な債務の弁済となるが，積極的にその履行

を強制することはできないとしたものがある（大判昭 10・4・25 新聞 3835 号 5 頁）（講学上，自然債務といわれる。本シリーズⅢ・第 3 章Ｉ 3 ⑵参照）。また，履行を求めることが可能な契約上の債務についても，本来の給付内容の履行強制が可能か，またどのような強制方法を用いることができるか等は，債務の内容や性質に応じて異なりうる（本シリーズⅢ・第 3 章Ⅱ 2 参照）。

2　契約の分類

契約は，さまざまの観点・必要性から種々に分類されている。とくに重要な分類として，以下のものがある。

(1)　典型契約・非典型契約　　民法第 3 編第 2 章「契約」の第 2 節「贈与」から第 14 節「和解」まで，民法典中に規定が置かれている契約類型を典型契約，または，その契約類型に名前が与えられているところから，有名契約という。これに対し，民法典中に規定されていない契約類型を非典型契約ないし無名契約という。なお，保証契約は民法第 3 編第 1 章「総則」の第 3 節「多数当事者の債権及び債務」の第 5 款で規定されており，「契約」の章で掲げられているわけではないが，実質的には典型契約と類似している。

典型契約に関する民法の諸規定も，その大部分は当事者の意思を補充する任意規定にすぎないから，原則として，当事者の異なる合意によってその適用を排除することができる。典型契約か非典型契約かは，実際の社会における重要度とは必ずしも関わりがない。現代においては，取引社会の必要によって生じた非典型契約が重要な意味を持つことも少なくない（宿泊契約，出版契約等）。また，新たに生成した契約が一定の典型契約の性質を有するかどうかも争いとなりうる（例，医療契約は委任か請負か，いずれでもないか）。

(2)　双務契約・片務契約と有償契約・無償契約　　契約の当事者双方が対価的な債務を負担しあう契約を双務契約，一方当事者のみが債務を負担する契約を片務契約という。売買や賃貸借は前者に，贈与や使用貸借は後者に属する。この区別が対価的な債務の負担の有無という形式面に着目したものであるのに対し，対価的な財産上の支出を伴うかどうかという実質面から，当事者双方が財産上の支出をする有償契約と，一方のみが財産上の支出をする無償契約とが区別される。

売買や贈与のように，双務性・片務性は，それぞれ有償性・無償性と一致するのが一般であるが，従来の通説によれば，利息付消費貸借は有償契約であるが，双務契約ではないとされていた。これは，債権法改正前の規定において，消費貸借は要物契約であり，契約成立時に元本が交付される必要があったため，貸主は借主の債務と対価的な債務を負わないと解されたことによる。しかし，587 条の 2 は書面で締結される消費貸借については，要物契約性を規定する 587 条の例外を認めている。この場合，貸主は金銭その他の物を引き渡す債務を負っており，利息付の消費貸借は有償契約であると同時に双務契約にあたる。

これらの契約類型を区別する実益は，とりわけ，双務契約については同時履行の抗弁（533 条），危険負担（536 条）の規定が適用されること，有償契約については売買の規定が，性質に反しない限り準用される（559 条）ことにある。もっとも，後者については，売買に関するどの規定がどのような契約に準用されうるのかを個別的に検討することが不可欠である。

(3)　諾成契約・要式契約・要物契約　　契約当事者の口頭の合意のみで有効に成立する契約を諾成契約，合意以外に一定の方式（たとえば書面）によることが必要な契約を要式契約，とくに物の

交付を必要とするものを要物契約という。婚姻や養子縁組などの身分契約（739条・799条）は一般に要式契約であるのに対し，財産法上の契約は諾成契約が原則であるが，保証契約については，その情誼性と無償性のゆえに，書面によることが必要である（446条2項のほか，465条の6も参照）（特別法の例として，定期借地権に関する借地借家22条）。法政策的には，他の重要な契約についても契約書面作成の必要がないかどうかは再検討の余地があろう。

　なお，上述のとおり，消費貸借（587条）は要物契約であることを原則としつつ，その例外を認め（587条の2），また，贈与（549条）や使用貸借（593条）等においては，諾成契約としつつ，書面によらない契約の拘束力について例外を認めている（550条・593条の2参照）。

　(4)　一時的契約・継続的契約　　一個の物を対象とする売買や贈与のように，一回的な給付の履行によって契約関係が終了するものを一時的契約関係，多くの不動産賃貸借のように契約関係が長期的に継続するものを継続的契約関係という。両者の区別は相対的であり，たとえば売買においても継続的・回帰的な給付義務の発生することが少なくないとともに，賃貸借においても，1時間だけの駐車場利用契約や，通常の動産賃貸借のように継続性をとくに問題とする必要のないタイプが存在する。もっとも，民法は，賃貸借契約の解除は将来に向かってのみその効力を生ずるとする特則をおき（620条・545条1項参照），これを一定の契約類型に準用しているが（630条・652条参照），これ以外の点に関しても，継続的契約関係解消の要件・効果等につき，一時的契約の場合とどのように異なるかを検討する必要がある。

　(5)　消費者契約　　事業者と個人の間で締結される消費者契約については，両当事者間の情報力・交渉力の相違を考慮し，消費

者契約法が民法とは異なる特別規定を置いている。これについては，**5**を参照されたい。

3　契約自由の原則

(1)　**古典的私法原理としての契約自由**　　契約当事者の自由な意思にしたがって契約関係が形成されるという契約自由の原則は，所有権絶対の原則および過失責任原則とならぶ近代法の古典的私法原理の一つであった。この原則は，より具体的には，契約を締結するか否かの自由，契約の相手方を選択する自由，契約の内容を決定する自由，方式の自由等を意味したが，そこで前提とされた人間像は，相互に自由・対等に交渉することのできる抽象化された自由人であった。契約自由の原則は，自己の意思によらなければ債務を負担しないという原則をそのコロラリーとして含んでいるが，自らの自由な意思に基づいて債務を負担するところに契約内容の合理性の保障が存在したといえよう。

(2)　**契約自由の原則の修正**　　しかし，資本主義が発展し，当事者の経済的・社会的力関係が均衡を失うようになると，契約自由の原則の形式的な適用は，強者が自己の欲する契約内容を弱者に対して事実上押しつけるという結果を承認する機能を果たすことになる。契約自由の原則のこのような変容に対応して，現代においては，弱者から奪われた実質的自由を回復するために，多くの点で契約自由の原則に修正が加えられるにいたっている。

たとえば，契約締結・相手方選択の自由につき，一定の場合に申込みに対する契約承諾が強制されている（医師19条1項，電気17条等）。もっとも，承諾義務違反の場合に，その効果が公法的制裁や損害賠償義務にとどまるのか，あるいは申込みがなされれば当然に契約の成立自体が認められるのかは，個々の規定の趣旨に

したがって判断する必要がある。また，契約内容の自由については，給付すべき目的物の品質についての行政法的規制（ガス138条，食品衛生6条等）のほか，合意された契約条項の効力が否定されることも少なくない（借地借家9条，労基13条等）。

　(3)　521条および522条による明文化　　かつては，契約自由の原則について明文の規定はおかれていなかったが，521条1項は，契約をするかどうかを自由に決定することができると規定する。これは，単に締結するかどうかの自由のみならず，相手方の選択の自由を含むものと解される。また，同条2項は，契約内容を自由に決定することができる旨を定めている。さらに，522条2項は，方式の自由が原則である旨を明らかにしている。もっとも，いずれの規定においても，法令に特別の定めがある場合にはその自由が制限されることが明示されており，議論の状況については，明文の規定がなかった債権法改正前ととくに変わるところはないといえる。

4　普通取引約款による契約と定型約款

　保険契約・運送契約・銀行取引等，われわれが日常的に関わる取引の多くは，あらかじめ作成された画一的で詳細な取引条件（＝普通取引約款ないし単に約款と呼ばれる）にしたがって行われている。約款を利用する取引は，一方において，多数の利用者との契約を大量・迅速・画一的に処理することを可能にするものであり，約款の利用なくして現代の取引は成り立たないといっても過言ではない。しかし他方において，企業やその所属する団体等によって一方的に作成された約款の中には，作成者側にとって一方的に有利な，利用者側にとって不合理な条項が含まれていることも少なくない。この場合，利用者はせいぜい契約を締結するか否かの

みを選択することができるにすぎず，約款の内容につき交渉し，あるいはこれを変更するための社会的・経済的・法律的な力を備えていない。さらに，その契約上の給付が日常生活に不可欠のものである場合には，契約締結を拒否する自由すら存在しないこともしばしばである。契約自由の原則は，このような場合，実質的に機能していないのである。

　この問題について，債権法改正により，548条の2以下において，「定型約款」に関する規定が新設された。定型約款とは何を意味するか，また，定型約款による契約の成立や内容規制についてどのような問題があるかについては，契約成立の一態様の問題として後に詳しく説明する（Ⅱ3）。

5　契約当事者の非対等性と消費者契約法等

　(1)　消費者契約法　　契約自由原則の修正や普通取引約款による契約における約款規制の必要性は，いずれも，取引関係に立つ当事者双方の関係が実質的に対等ではないことに深く関わっている。消費者契約法（以下5において「法」という）は，事業者（「法人その他の団体および事業として又は事業のために契約の当事者となる場合における個人」。法2条2項参照）と消費者（事業者でない個人。同条1項参照）の間に存する情報の質的・量的相違と交渉力の格差を考慮して，事業者と消費者の間で締結される契約，すなわち消費者契約の効力について，とくに以下の(2)，(3)の点に関し，民法の一般原則を修正して，定型的に情報力と交渉力に劣ると考えられる消費者の保護を図るとともに，(4)消費者団体訴権制度を通じて，適格消費者団体（法13条）による差止請求権（法12条）を認めている（最終改正は，令和4年法律59号）。

　この法律は，事業者と消費者の非対等性を正面から取り上げ，

これを法的ルールに反映させたものであるが，このような特別法による定めが民法の一般原則そのものにどのような影響を及ぼすか，理論的には問題も残されている。

　(2)　意思表示の取消権──契約の拘束力の緩和　　第一の修正は，契約の拘束力の緩和にある。事業者が一定の不適切な勧誘行為をした場合には，民法96条の詐欺・強迫にあたらない場合であっても，消費者は，契約の申込みや承諾の意思表示を取り消すことができる。

　第一の類型は，事業者の勧誘行為による消費者の「誤認」である。①事業者が重要事項（法4条5項参照）に関して不実告知を行い，消費者が，告知内容が事実であると誤認した場合（法4条1項1号），②事業者が消費者契約の目的となる物品・権利・役務等に関し，将来における変動が不確実な事項について断定的判断を提供し，消費者がその判断内容が確実であると誤認した場合（同項2号），③事業者が重要事項につき消費者に利益となる旨を告げ，かつ，消費者に不利益となる事実を故意に告知せず，消費者が，当該事実が存在しないと誤認した場合（同条2項）が，これにあたる。

　第二の類型は，事業者の勧誘行為による消費者の「困惑」である。事業者が，①消費者の退去の求めに応じない場合（法4条3項1号），②勧誘場所から消費者をその意思に反して退去させない場合（同項2号）および，③消費者の不安心理や恋愛感情等を利用する場合等（同項3号～8号）が，これにあたる。なお，令和4年改正により，3項に3号，4号が新設され，現行7号を修正した9号がおかれ，また3号～8号は5号～10号となっている（施行は令和5年6月1日）。

　第三の類型は，いわゆる過量販売の場合である。事業者が，物

品，権利，役務その他の契約の目的となるものの分量，回数または期間について，当該消費者にとっての通常の分量等を著しく超えるものであることを知っていた場合に，消費者が事業者の勧誘によって意思表示をしたときは，消費者はこれを取り消すことができる（法 4 条 4 項）。

　消費者契約法によって認められる取消権は，追認可能時から 1 年以内に行使しなければ時効によって消滅し（法 7 条 1 項），また善意無過失の第三者に対抗できないが（法 4 条 6 項），民法 96 条に定める要件が充足される場合には，同条 1 項による取消権の行使が可能である（法 6 条参照）。また，取消しが認められる場合の効果について，消費者が給付を受領した当時に意思表示を取り消すことができることを知らなかったときは，現存利益の限度で返還義務を負うと規定する（法 6 条の 2）。これは，民法 121 条の 2 第 1 項の重要な例外をなすものである。

　(3)　契約条項の無効　　第二の修正は，一定の契約条項の効力を否定する点にある。まず，法 8 条，8 条の 2，8 条の 3 および 9 条に具体的に規定される条項についてこれを無効とする（学納金返還請求を認めた最判平 18・11・27 民集 60 巻 9 号 3437 頁参照）。さらに法 10 条は，消費者の不作為をもって消費者が契約の申込みないし承諾の意思表示をしたとみなす条項，および，一般的に，任意規定（法律に明文の規定がある場合に限られない）に比して消費者の権利を制限し，あるいは義務を加重するものであって，信義則に反して消費者の利益を一方的に害する条項を無効とする。後者は，任意規定を契約両当事者にとっての合理的な利益調整基準としてとらえ，それからの不当な逸脱に対し，一般条項によって契約条項を無効とする可能性を認めるものである。

　なお，消費者契約においては，事業者が普通取引約款を用いるこ

とが少なくないが，定型約款との関係については後述する（II3）。

(4) 消費者団体訴権制度　(2)や(3)の救済手段が事後的なものであるのに対して，平成18年改正によって導入された消費者団体訴権制度は，内閣総理大臣の認定を受けた適格消費者団体（認定要件につき，法13条）が，事業者等が不当な勧誘行為を行い，もしくはそのおそれがあるとき（法12条1項・2項），または不当な契約条項を含む内容の契約の申込みや承諾をし，もしくはそのおそれがあるとき（同条3項・4項）は，当該行為の差止め等を請求することができるとするものである。これにより，実際に不利益を受けた個々の消費者の利益を事後的に保護するにとどまらず，消費者が被る可能性のある不利益を事前に一般的に防止することができ，消費者全体の利益保護に資することになる。

(5) 消費者裁判手続特例法　また，消費者契約に関して相当多数の消費者に財産的被害等が生じた場合について，消費者と事業者との間の情報の質および量ならびに交渉力の格差により，個々の消費者がその被害の回復を図ることが困難であることが少なくないことから，消費者裁判手続特例法は，その被害を集団的に回復するため特別の裁判手続を認めている。同法は，消費者が事業者に対して有する同法3条1項所定の請求権について，特定適格消費者団体（同法65条以下）が消費者に代わって請求権の確認訴訟（共通義務確認訴訟）を提起することができると規定し（同法3条），この請求が認められた場合，個別の消費者のために債権の簡易確定手続が行われる（同法13条以下）。なお，同法も令和4年に消費者契約法と同時に改正され，一定の要件の下で精神的損害の賠償請求も可能となっている（これに伴い，法律の名称も「財産的被害」が「財産的被害等」に改められている）。

6　契約の拘束力

(1)　**契約の拘束力の根拠**　「契約は守られるべきである」という原則は法取引における自明の前提となっているが，この拘束力の生ずる根拠は何かという難問については，意思ないし約束自体に由来するとするもの，約束に対する社会的信頼の保護に求めるもの等，考え方は分かれる。しかし，契約の拘束性を所与のものとしてア・プリオリに措定すること自体に問題があるように思われる。たとえば，書面によらない贈与契約は口頭の合意によって有効に成立するが，履行に着手するまで任意に解除することが可能である（550条）。これは意思の自己拘束性のみでは説明がつきにくいし，消費者保護法にみられるクーリング・オフ制度（割賦35条の3の10・35条の3の11，特定商取引9条等）は，契約成立の態様の特殊性を考慮し，事業者の信頼よりもその相手方の利益保護を優先して，申込みや契約の拘束性を制限するものである。また，契約に拘束力がある場合にも，契約違反の効果として，履行そのものを強制することができるのか，あるいは損害賠償義務にとどまるのか等，拘束性の内容・程度について相違が生じうる。このように，契約の拘束性は実定法の政策決定に依存するところが大きく，実定法の解釈を離れて抽象的に論ずることは必ずしも適切ではないと解される。

★　(2)　**事情変更の原則**　契約締結の際に前提とされた事情が事後的に，当事者の予想しえた範囲を超えて著しく変化し，当初の契約内容をそのまま維持すると当事者の一方にとってきわめて不公平な結果をもたらすような場合に，その当事者に契約解除権を認め，あるいはさらにすすんで，契約内容を新しい事情に適合するように改訂することを認める原則を事情変更の原則という。契約の拘束力が否定される特殊な場合ということができる。古い判

例（大判昭 19・12・6 民集 23 巻 613 頁）は，売買契約締結後に価格統制令が定められ，このため代金の認可がおりなかった事案につき，信義則により解除権を認めたが，これは実質的にこの原則の適用を認めたものといえる。これに対し，最高裁昭和 29 年 1 月 28 日判決（民集 8 巻 1 号 234 頁）は，他に居住家屋を所有していた売主が係争家屋を売却した後に，その居住家屋が戦災により焼失したため，売主自身が係争家屋を居住のため必要とするようになったという事案において，事情変更の原則による解除権の発生を否定した。戦争中の情勢から焼失の危険が予見不可能であったとはいえず，また，売主の居住の必要性という個人的な事情の変更だけではこの原則の適用を認めるに足りないとされたものである（同様に，事情変更が予見不可能であったとはいえない等の理由でこの原則の適用を否定した最判平 9・7・1 民集 51 巻 6 号 2452 頁も参照）。

　なお，とりわけ継続的な契約関係の場合には，その性質上，多かれ少なかれ事後的に事情の変化が生ずることになるが，立法的な措置がとられる（借地借家 11 条・32 条，身元保証 4 条等）ほか，あらかじめ契約の中でこれを考慮しておくことも少なくない（全集物の配本につき価格変更の可能性を留保する等）。また，近時においては，事情変更の原則の適用が問題となるような例外的な事態にとどまらず，契約当事者が当初に前提とした事情が事後的に変化した場合に，両当事者間において改めて権利義務関係の再調整を図る義務（再交渉義務）が発生するとの考え方も主張されている。いったんなされた合意がなぜ将来の当事者をも拘束するのか，事情変更の原則との関係をどう考えるのかなどの理論的な問題や，かりにそのような義務を認めるとして，その要件・効果は何かなど，検討すべき問題点は少なくない。今後の議論の発展に留意が必要である。

II　契約の成立

1　序　説

(1)　契約の成立と解釈　　すでに述べたように，契約は両当事者の意思表示の合致によって成立する。しかし，これは両当事者の真意が合致することを必ずしも要求するものではない。たとえば，A が B に対して，A の所有する乗用車甲を 60 万円で売るつもりであったが，申込書面作成に際してパソコンのキーボードを打ち誤って「50 万円で売る」という表示をし，B がその表示を信頼してこれを承諾する場合，契約は「50 万円」の価格で成立し，ただ，A について表示行為の錯誤を理由に 95 条 1 項による錯誤取消しを主張する可能性が残る。戦前の判例（大判昭 19・6・28 民集 23 巻 387 頁）には，客観的な表示内容が一致していた事案につき，真意の不一致を理由として契約は不成立となるとしたものがあるが，学説はほぼ一致してこれを批判している。この古い判例の立場によれば，95 条は表示行為の錯誤について適用の場面を失うことになるが，現在の裁判実務がこの立場にしたがっているとはいえない。

　もっとも，上の例において，契約交渉の過程等から B が A の真意を認識している場合には，両当事者において真意の合致が認められる。この場合，今日の一致した見解によれば，契約は両当事者の真意にしたがって確定的に有効に成立する。では，同じ例において，B が A の表示を読み誤って「30 万円」での申込みと誤解して承諾した場合に契約の効力はどうなるだろうか。従来の通説は，真意の合致がない場合には表示を客観的に解釈すべきであると解しており，それによれば「50 万円」の価格で契約が成

立し，A・B双方について錯誤があると解することになろう。しかし，A・B双方ともに考えていなかった内容で契約が成立することには疑問が残る。近時の有力説（付与意味基準説）は，当事者の真意が一致しない場合に，表示の客観的解釈を否定して，A・Bそれぞれが実際に理解した意味を前提として，そのいずれが正当かを問い，正当な意味が契約内容となると解している。大多数のケースでは，この有力説のいう正当な意味は従来の通説である客観的解釈による結果と一致するであろうが，考え方としては有力説にしたがうべきものと思われる。

(2)　**契約締結上の過失責任**　　(ア)　問題の所在と諸事例　　契　★★
約が有効に成立すると，各当事者は契約上の義務を負担することになるが，契約の成立や効力が否定されるときにも，契約を締結しようとした交渉当事者が一定の責任を負うと解すべき場合があると考えられてきた。これらの場合に交渉当事者が負うべき責任を，契約締結上の過失責任ということがある。

　たとえば，かつての通説は，A所有の家屋甲につきA・B間において売買契約が締結されたが，買主Bが契約締結に先立って甲の価値を調査するため費用を支出していたところ，契約締結前に甲がAの過失により焼失していたという場合に，当初からその履行が不能（原始的不能）な給付を目的とする契約の効力を認めることには意味がなく，売買契約は無効となると解していた。したがって，契約上の債務不履行を理由とする損害賠償も認められなかった。これを前提として，契約が無効となったことについてAに過失があるときには，Bはこれによって受けた損害（例，無駄に支出した費用）につきAに賠償を請求することができると解するのが多数であった。しかし，412条の2第2項は，原始的不能であった債務についてもその不履行による損害の賠償請求が認

められるとしており，原始的不能の場合の損害賠償請求は通常の債務不履行の効果にほかならず，今日では，もはや契約交渉当事者の責任の問題と位置づけることはできない。

　もっとも，上記の例以外にも，契約の締結に向けて交渉に入った者は，通常の一般私人間におけるよりも，より緊密な関係に立ち，相互に相手方の利益を保護・尊重すべきであるという考え方が問題となる場合が存在する。

　その一例は，あたかも契約を締結するかのような態度をとりながら，結局契約の締結を不当に拒絶した場合である。最高裁昭和59年9月18日判決（判時1137号51頁）は，そのような事案につき契約準備段階における信義則上の注意義務違反を理由として損害賠償義務を肯定した。判決文中に契約締結上の過失という文言が用いられているわけではないが，契約交渉破棄による契約の不成立の場合につき，この考え方によったとみることができる。もっとも，同判決の具体的事案においては損害を被った事業者売主にも5割の過失相殺が認められているが，過失の割合が大きい当事者が，契約成立に対する正当な期待を抱いていたといえるかどうかは疑問の余地もある。また，後述する（(ｲ)参照）ように，判決のいう信義則上の注意義務違反が契約責任に類似するものであるのか，単に一般不法行為における過失にすぎないかどうかも判然としないところがある。

　このほか，契約が成立したが，たとえば契約が当初から無効であった場合，あるいは錯誤・詐欺等を理由として契約が取り消され，遡及的に無効となる場合に，契約が有効であると信じたことによって損害を被った相手方に対して負うべき損害賠償義務の発生根拠として，契約締結上の過失責任が問題となりうる。

　さらに，契約不成立の場合とは反対に，契約が有効に成立した

が，契約交渉過程で一方当事者が誤った情報を伝え，あるいは重要な情報を告知しなかったことにより，他方当事者が不利な内容の契約の締結に導かれた場合には，契約締結前の告知義務ないし説明義務違反を理由とする損害賠償請求の可否が問題となる。

　(イ)　損害賠償義務の法的根拠　　もっとも，説明義務違反の結果，契約が締結された場合について，最高裁平成 23 年 4 月 22 日判決（民集 65 巻 3 号 1405 頁）は，契約を締結するかどうかを判断するための説明義務違反は，成立した契約上の義務違反ではなく，したがってその義務違反に基づく損害賠償義務の性質は不法行為責任にほかならないと判示している。

　契約締結上の過失責任は，もともとドイツ法において発展した理論であるが，不法行為の保護法益が限定され，単なる財産損害はきわめて例外的にのみ保護されるドイツ法とは異なり，わが国の不法行為法は，加害者に過失があるかぎり，財産損害についても広く賠償請求が認められ，契約責任類似の責任を拡大して認める必要はないとする議論も少なくない。これによれば，契約の無効・取消しの場合や，契約締結の不当な拒絶の場合についても，契約責任類似の責任としての契約締結上の過失責任を認める必要はないことになろう。この場合，消滅時効期間については，724 条が適用され，166 条 1 項の適用は排除される。また，交渉に関与した補助者については，715 条の使用者責任が適用され，したがって，その補助者は，相手方の被用者であることが必要となる。換言すれば，被用者ではない第三者を用いて交渉に当たらせた場合，その第三者に故意または過失があっても，被害者は交渉の相手方に対して損害賠償請求ができないことになる。

　しかし，契約交渉に入った当事者の関係が契約に類似する特別の結合関係を形成し，このような当事者間においては，一般的な

不法行為上の義務とは異なる特別の注意義務が課せられると考えるならば，わが国でも交渉当事者の間では，不法行為責任とは異なる，契約責任類似の責任を認めることも可能である。これによれば，166 条 1 項の時効期間が適用されるほか，被用者にあたらない独立的補助者に帰責事由があるときにも，債務不履行の場合と同様に，相手方当事者は契約交渉過程における契約交渉補助者の義務違反に対して責任を負うべきことになる。

　上掲平成 23 年最判は，契約交渉過程における説明義務が，その後に成立した契約から生じえないことから，ただちに加害者の損害賠償義務は不法行為責任にすぎないとする結論を導いているが，理論的には，説明義務違反が契約準備段階における信義則上の注意義務違反にあたり，その義務違反は不法行為上の義務とは異なると解する余地は残されている。上掲昭和 59 年最判の認めた注意義務違反の法的性質も，平成 23 年最判の趣旨と射程をどのように解するかに依存している。

　(ウ)　契約交渉過程における説明と債務不履行責任等　　契約交渉過程における説明に基づいて契約を締結する場合に，その説明内容が契約上の債務内容となるとき，たとえば，売買契約の締結に際して，売主が事実に反して目的物に一定の品質・性能が備わっているとの説明を行い，これに基づいて売買契約が締結されたときは，その説明内容にしたがって債務が発生する。したがって，目的物の品質・性能がそれに適合していないときは，売主は債務不履行責任を負う。また，虚偽の説明であることを売主が認識していたときは，詐欺取消しの問題が生じる。これらの場合には，契約交渉過程における説明義務違反を理由とする損害賠償請求による必要はなく，買主はより直截的な救済手段を行使することができる。

2　申込みと承諾による契約の成立

(1)　序　　当事者の合致する意思表示のうち，先になされたものを申込み，申込みに応じて契約を成立させる意思表示を承諾という。522条1項は，申込みの定義を含んでいるが，この点については(2)を参照。

契約交渉を経て契約が成立する場合には，当事者の意思表示に時間的な先後があるとはいえない場合も考えられる。しかし，民法は，そのような場合について特別の規定をおいていない。最終的に合意が成立する場合，必ずしも申込みと承諾を区別する必要もなく，またその時間的先後を決めることがそもそも不可能なことが多いが，申込みと承諾が同時になされたものと考えることになろう。民法は，申込みと承諾による契約の成立を前提として，申込みの撤回可能性や承諾の通知の要否等について若干の規定をおいている。

(2)　申込み　　(ア)　申込みと申込みの誘引　　522条1項によれば，申込みとは「契約の内容を示してその締結を申し入れる」意思表示である。もっとも，この定義によっても，当事者のどのような行為がこの要件を充たすかは，当事者の意思解釈問題に帰着する。契約は相手方の承諾によって契約が成立するものであるから，相手方が同意してもただちに契約が成立すると考えるべきでない場合には，いまだ522条1項の意味での申込みがあったとはいえない。たとえば，Aが契約条件の概要を定めて所有家屋の借主を募集し，Bがこれに応じてきた場合，AにはBという人物を見て契約を締結するかどうかを判断する余地が残っており，また，場合により賃貸借契約の条件についてさらに交渉することも考えられる。この場合，Aの募集表示は申込みではなく，相手方に申込みを行わせるよう勧誘する行為（＝申込みの誘引）にす

ぎない。もっとも，申込みと申込みの誘引の区別の限界はときとして微妙であり，通信販売のカタログ送付（特定商取引2条2項参照）や，ショーウィンドウにおける商品の陳列などがいずれにあたるかにつき議論が分かれている。

　（イ）　申込みの拘束力と撤回可能性　　523条以下は，申込みの拘束力についていくつかのルールを定めている。まず，承諾の期間を定めてした申込みについては，その期間，申込者は撤回することができないのが原則であるが（523条1項本文），申込者が申込みと同時に撤回する権利を留保していたときは，その意思にしたがい撤回が可能である（同項ただし書）。また，定められた承諾期間内に承諾の通知が到達しなかったときは，申込みの効力は失われる（同条2項）。

　これに対し，承諾の期間を定めない申込みについては，隔地者（時間的にただちに返答ができない者）に対する場合と対話者（隔地者の反対概念）に対する場合が区別され，前者の場合，承諾の通知を受けるのに相当な期間が経過するまで撤回できないのが原則であるが（525条1項本文），この場合も，申込者は撤回する権利を留保することができる（同項ただし書）。525条1項の文言からすると，撤回が可能になった後も，申込者が実際に撤回するまでは申込みの効力が存続することになるが，これをそのまま貫くと，申込者が撤回することを失念したような場合，申込みの効力がいつまでも存続することになる。そこで，債権法改正前の通説は，撤回が可能であった時点からさらに相当の期間が経過したときには，撤回がされなくても申込みの効力が失われると解していた。この点は現行法でも同様に解されるべきである。また，対話者の場合，対話が継続している間はいつでも撤回することができ（同条2項），かつ，対話が終了すると，申込者が反対の意思を表示しないかぎ

り，申込みは当然に効力を失う（同条3項）。

　なお，意思表示の一般原則によれば，意思表示後に表意者に死亡や意思能力の喪失・行為能力の制限という事実が生じても意思表示の効力には影響しないが（97条3項），申込みについては526条の特則があり，申込者が，それらの事実が生じたときは申込みの効力が失われる旨の意思を表示していたとき，あるいは，相手方が承諾の通知を発する前にそれらの事実を知ったときには，申込みの効力は失われる。後者の例外がとくに重要である。

　(3)　承諾　　承諾は，申込みを受けてこれに同意することにより契約を成立させる意思表示である。必ずしも明示的にされることを要しないし，場合により，申込者に対する通知がされなくても，承諾の意思表示と認められるべき行為（意思実現行為といわれる）があれば，それにより契約が成立する（527条）。契約の成立時期は，承諾の通知が必要である場合は承諾の到達時であり，通知が不要である場合は，意思実現行為が行われた時点である。

　申込みの効力の存続期間が経過した後に承諾が到達したとき，すなわち，承諾期間の定めがある申込みについて，承諾期間経過後に承諾が到達したとき，承諾期間の定めがない申込みについて，申込みの撤回が到達した後に，あるいは，撤回可能時から相当期間経過後に承諾が到達したときは，すでに申込みの効力が失われている以上，契約は成立しない。これは，通常であれば期間内に到達するべき時期に発信していた場合にも，郵便事情等による遅延の危険を承諾者が負担することを意味する。

　しかし，承諾が遅延して到達した場合，申込者はこれを新たな申込みとみなすことができる（524条）。この新たな申込みについて，承諾期間の定めがあることは想定できないから，新たな申込みの拘束力については，525条1項によることになる。

　また，申込みを受けた者が，申込みに条件を付し，あるいはその他の変更を加えて承諾した場合，申込みに対応する承諾があったとはいえず，申込みは拒絶されたことになり，契約が成立しないことは明らかである。しかし，この場合にも，変更を加えた承諾は新たな申込みとみなされる（528 条）。

　(4)　競売・入札による契約締結　　競売や入札のように，契約条件につき複数の相手方に競争させて，最も有利な条件で契約を締結するという方法がとられることも少なくない（民執 64 条 2 項・188 条，自治 234 条 1 項等参照）。これらの場合に契約の成立時期や，とりわけ競売・入札の申出が申込みにあたるか，申込みの誘引にすぎないのか等が問題となるが，明文の規定（自治 234 条 3 項等）がない場合には，契約の成立をただちに認めるべきかどうかにより，いずれかを判断すべきことになろう。もっとも，公的機関の関与する競売・入札については，契約成立時期の問題に限らず，一般の契約とは異なった考慮をする必要がある（568 条，民執 184 条等参照）。

3　定型約款による契約

　(1)　はじめに　　先に述べたとおり，今日，保険契約・運送契約・銀行取引等において，約款が用いられているが，そのような約款が約款の内容を知らない相手方を拘束するのか，拘束するとすればその根拠は何か，また，約款に相手方の利益を不当に害する条項等が含まれている場合に，そのような不当条項をどのような根拠に基づいてどのように規制することができるかが争われてきた。債権法改正によって新たに設けられた 548 条の 2 以下の諸規定は，「定型約款」を対象として，これらの問題についてのルールを明らかにするものである。なお，これらの規定は，第 4 款

「契約の解除」の後に第5款としておかれているが，その性質上，契約の成立と内容に関わるものであり，本書では，体系上の位置と説明の便宜を考慮し，契約の成立の箇所でこの問題を取り扱う。

　(2)　定型約款の意義　　まず，民法は，これまでの用語法とは異なり，「定型約款」という言葉を用いているが，その意義は何か，従来の約款とはどのような相違があるのかが問題となる。

　548条の2第1項は，「定型約款」とは「定型取引において，契約の内容とすることを目的としてその特定の者により準備された条項の総体をいう」と定義する。したがって，まず，①定型取引において用いられるものであることが必要であるが，同項は「定型取引」についても「ある特定の者が不特定多数の者を相手方として行う取引であって，その内容の全部又は一部が画一的であることがその双方にとって合理的なものをいう」と定義する。

　これによれば，定型取引といえるためには，(a)特定の者が「不特定多数の者」を相手方として行う取引であること，および，(b)その内容の全部または一部が画一的であることが当事者双方にとって合理的であることが必要となる。(a)は，相手方が不特定であり，その個性に着目した取引ではないことを意味するから，たとえば，事業者が多数の労働者との間で締結する契約は，各労働者の個性があるゆえに，この要件を充たさない。(b)は，多数の相手方との間で，あらかじめ準備された画一的な内容で契約が締結されることが通常であり，かつ，そのような契約の締結が，当事者双方にとって合理的であることを意味する。したがって，一方当事者にとって合理的であるだけでは足りない。もっとも，あらかじめ準備された条項の一部について，例外的に個別的な合意が成立することがありうることから，548条の2第1項は「内容の全部又は一部が」と規定して，内容のすべてが画一的ではない場合

も，これにあたりうることを明らかにしている。

　定型約款といえるためには，①のほか，②契約内容とすることを目的として準備されたものであること，および，③その定型取引の当事者の一方により準備されたものであることが必要である。②は，定型約款に含まれる各条項を契約内容に組み入れることを目的とするという意味であり，さらなる交渉の可能性を前提として準備されているというだけでは，この要件を充たさない。③については，準備する当事者が自ら作成をしていることは必要ではなく，第三者（たとえば，業界団体）が作成している契約条項の総体を利用する場合も，この要件を充たしうる。

　この定義は，これまで，あらかじめ作成された画一的で詳細な取引条件という意味での約款の下で議論されてきた保険約款，運送約款，銀行取引約款等にも当てはまると考えられるが，約款であっても，①ないし②の要件を充たしていないために，定型約款には含まれないという場合もありうることになる。

　なお，契約当事者が個別に合意した条項は，画一性がなく，定型取引の要件を充たしていないから，定型約款の内容には含まれない。したがって，当該個別条項については，548条の2以下の規定は適用されない。

　(3)　定型約款の各条項が契約内容となるための要件

　(ア)　原則　　定型約款に含まれる各条項については，①定型取引を行うことの合意（定型取引合意）をし，かつ，②定型約款を契約の内容とする旨の合意をしたとき（548条の2第1項1号），または，③定型約款を準備した者（定型約款準備者）があらかじめその定型約款を契約の内容とする旨を相手方に表示していたとき（同項2号）には，その条項について相手方の同意がなくても，原則として，合意をしたものとみなされる。②は，定型約款を用いる

ことに相手方が同意している場合であるが，定型約款の内容を了知している必要がないだけでなく，定型約款の内容が事前に示されていることも不可欠の要件ではない（548条の3参照）。従来の約款論においては，相手方となる利用者側において約款内容を事前に了知する可能性が存在することが必要であると解するのが一般的であったが，②はこの要件を緩和するものといえる。

　より大きな問題点を含むのが③の要件である。この文言によれば，定型約款準備者が一方的に定型約款を契約の内容とする旨を表示していれば，相手方が定型約款によるとする表示をしなくても，定型約款に含まれる個別の条項についても合意があったとみなされることになる。多くの場合には，事前に定型約款準備者の表示があり，その表示を認識した上で相手方が契約締結に応じるときには，②の要件を充たすことになると解されるが，相手方が定型約款によるという意思を有していなかった場合にどうなるかという問題は残る。この場合に，相手方が，定型約款が契約内容になることを黙示に同意したことが必要であるとする考え方も主張されている。実質論として，定型約款準備者による一方的な表示だけで定型約款が契約内容となることには疑問も残るが，黙示の同意が必要であるとする考え方によれば，その場合は②に該当することになるから，548条の2第1項2号（③の要件）は独自の存在意義を失うことになろう。また，相手方は定型取引について合意をしており，2号の表示があれば足りるとするのが同号の解釈としては自然である。もっとも，これによれば，逆に，1号の意味は希薄化する。今後の議論の深まりが必要である。

　なお，これとは別に，取引の公共性が高く，かつ，定型約款が契約内容となる必要性の強い取引については，特別法により，相手方に対する表示がなくても，定型約款準備者があらかじめ定型

約款の各条項を公表していれば，個別の条項について合意したものとみなされている（鉄営 18 条ノ 2，軌道 27 条ノ 2，道運 87 条等参照）。単なる公表の場合には，相手方の黙示的同意を認めることがさらに困難であるが，ここでは，取引自体の公共性と，契約内容への取込みの必要性の強さのゆえに，当事者の合意の必要性に対して個別的な例外を認めたものと解される。

　(イ)　例外　　548 条の 2 第 2 項は，1 項の例外として，①相手方の権利を制限し，または相手方の義務を加重する条項であって，②その定型取引の態様およびその実情ならびに取引上の社会通念に照らして信義誠実の原則に反して相手方の利益を一方的に害すると認められるものについては，合意をしなかったものとみなすと規定する。実質的な要件は消費者契約法 10 条の規定に類似するが，消費者契約法 10 条とは異なり，定型取引の態様やその実情等が考慮されることから，両者の要件は同一ではない。また，①について，何と比較して権利の制限や義務の加重を判断するかが明示されていない点でも消費者契約法 10 条とは異なっている。消費者契約法 10 条が事業者と消費者の情報格差を考慮するものであるのに対して，548 条の 2 第 2 項は，定型約款における合意態様の特殊性を考慮するものであるから，その趣旨は異なっており，両規定における具体的な判断が一致しないこともありうると考えられる。

　548 条の 2 第 2 項の①および②に該当する条項の効果は，消費者契約法 10 条とは異なり，無効ではなく，そもそも合意内容に含まれないとするものである。どのような条項が合意内容から排除されるかについて，民法は消費者契約法における不当条項とは異なり，具体例を掲げていない。今後の裁判例の集積を待つ必要がある。

(4)　定型約款の内容開示義務　　上述したとおり，548条の2において，定型約款の内容を契約締結前に相手方に開示（法文は表示）することは不可欠ではないが，定型約款準備者は，①定型取引の前，あるいは，②定型取引合意の後，相当の期間内に相手方から請求があった場合は，遅滞なく，相当な方法で定型約款の内容を開示する義務を負う（548条の3第1項）。

一方において，定型取引の相手方は定型約款の内容を事前ないし事後に確認しないことが少なくないことから，その実情を考慮して，事前ないし事後にその内容を開示する義務を一律に課することを不要とし，他方において相手方から請求があるときには開示義務を認めて，相手方にその意思があれば定型約款の内容を確認できる可能性を確保するものである。なお，548条の3第1項ただし書に規定する例外は，相手方に定型約款の内容が所定の方法で開示され，相手方はその内容を確認できる可能性があると認められる場合であると解される。

問題となるのは開示義務違反の効果である。548条の3第2項は，①定型取引合意の前に開示請求があり，定型約款準備者がこの請求を拒んだときには，一時的な通信障害等の正当な事由がある場合を除いて，548条の2の適用が排除されると規定する。したがって，定型約款に含まれる個別の条項について合意したという擬制は働かず，これらの条項は契約内容に含まれない。これに対し，548条の3第2項は，②定型取引合意の後になされた開示請求を正当な事由なく拒絶した場合について規定していないことから，反対解釈をすると，②の場合には，なお548条の2が適用されるように読める。これにしたがえば，合意擬制の効果は排除されず，相手方は開示義務の履行請求や損害賠償請求をなしうるにとどまる。541条の要件を充たすかぎり，開示義務の不履行を

理由とする契約解除も可能であるが，開示義務の不履行は541条ただし書に該当する場合も少なくないと解される。しかし，548条の2は，定型約款準備者の利益を考慮して，開示されていない契約条項が例外的に合意内容となることを認めるものであり，開示義務を怠る定型約款準備者に対して，その利益を保持させることは疑問である。定型取引合意後の開示請求についても，定型約款準備者が正当な事由なく請求を拒絶した場合，相手方は，548条の2第1項の合意擬制が働かないと主張できると解する立場が有力であり，これにしたがうべきである。

(5) 定型約款の変更　　(ア) 個別同意を不要とする要件　　通常の契約においては，契約締結後にその内容を変更しようとする場合，原則として，当事者が新たに合意をすることが必要となる。しかし，定型約款を用いた不特定多数の相手方との定型取引において，個々の相手方との間でそれぞれ新たな合意が必要であるとすると，個別交渉の必要が生じるほか，変更された定型約款において不特定多数の者との間で画一的な契約条項を維持することも事実上不可能となる。他方，定型約款準備者の便宜のみを考慮して，一方的な内容変更権を認めることは，相手方に多大の不利益を生ずるおそれがある。

これらを考慮して，548条の4第1項は，定型約款の変更が，①「相手方の一般の利益に適合するとき」（1号），または，②「契約をした目的に反せず，かつ，変更の必要性，変更後の内容の相当性，この条の規定により定型約款の変更をすることがある旨の定めの有無及びその内容その他の変更に係る事情に照らして合理的なものであるとき」（2号）には，変更後の定型約款の条項について合意があったものとみなして，個別の合意が不要であるとする。なお，同条4項は，定型約款の変更については548条の

2第2項が適用されない旨を規定する。これは，548条の4第1項が規定する定型約款の変更について個別の合意を不要とするための要件は，548条の2第2項よりも厳格であり，より積極的に，変更の合理性が必要であること，548条の2第2項が条項の内容自体を問題とするものであるのに対して，548条の4第1項は定型約款変更の合理性を問題とするものであり，その趣旨が異なることによるものである。

　また，同項2号の規定は，定型約款の内容を変更することができる条項（変更条項）があらかじめ定型約款に含まれていることは不可欠の要件ではなく，変更の合理性を判断するための事情の一つにすぎないとする趣旨を含んでいる。

　(イ)　周知義務　　548条の4第1項の要件を充たす場合にも，定型約款準備者は，変更される定型約款の効力発生時期を定め，かつ，①定型約款を変更すること，②変更後の定型約款の内容，および，③その効力発生時期をインターネットの利用その他の適切な方法により周知する義務を負い（同条2項），効力発生時期までにその義務を履行しなかったときは，1項2号による変更の効力は生じない（同条3項）。

　(6)　消費者契約法との関係　　定型約款は，その性質上，事業者と消費者の間で締結される消費者契約において利用されることが多いが，この場合，定型約款に関する民法の規定と消費者契約法の双方が適用される。定型約款に含まれる契約条項が，消費者契約法8条～10条の規定によれば無効とされるべき場合に，548条の2第2項との関係が問題となる。不当条項に関する消費者契約法の諸規定は，当該条項が合意内容に含まれていることを前提とするものであるのに対して，548条の2第2項にあたる場合には，そもそも合意内容にはならないとされている。したがって，

論理的には，定型約款に含まれる契約条項についてはまず後者の判断が先行し，合意内容に含まれないとされれば，その有効・無効を判断する必要もないといえそうであるが，両者を一種の二重効のようにとらえて，いずれを主張することもできると解する余地がある。また，消費者契約法の不当条項に関する諸規定は，548 条の 2 第 2 項の適用に際しても重要な判断基準として機能することになろう。

4　その他の方法による契約の成立

(1)　交叉申込み　　交叉申込みとは，当事者双方が相手方の申込みを知らずに，その承諾にあたるような内容の申込みを行った場合をいう。実例は考えにくいが，債権法改正前の通説は，意思表示の合致が存することから，契約の成立を肯定し，成立時期については申込みの遅い方の到達時点と解すべきであるとし，一部の学説は契約の成立を否定していた。現行規定の下で，交叉申込みの場合に申込み「に対して」承諾がなされたといえるかどうか（522 条 1 項参照）疑問もないではないが，従前の解釈論が維持されることになると推測される。

(2)　事実的契約関係ないし社会類型的行為による契約の成立

ワンマン・バスや自動販売機の利用，電気・ガスの供給等について生ずる法律関係につき，当事者の意思表示の合致によってではなく，給付の請求という事実的な行為に基づいて契約関係の成立を認めるという見解が有力に主張されている。意思によらないという観点から事実的契約関係理論，行為の類型性から社会類型的行為論等と呼ばれる。これは具体的には，当該法律関係について，行為能力の制限や意思表示の瑕疵等に関する規定の適用を排除する結果を導くが，民法の基本原則ともいうべきこれらの規定

を解釈によって安易に排除することには疑問が少なくない。この理論は，利用者には意思表示を行うという意識がないこと，対価が廉価であること等を根拠としているが，他の日常的取引との間で当事者の意識に相違があるとは思われず，「類型的行為」とは何かが不明確であることを別としても，対価の廉価性と行為の類型性とは直接に結びつかない。とくに公共的事業について特別の考慮の必要性は否定できないとしても，これは立法的措置によって対処すべきものではないかと解される。

　なお，上述の理論と直接関わるものではないが，行為能力の制限を受ける成年被後見人や被保佐人も，日用品の購入その他日常生活に関する行為については，後見人や保佐人の同意を得ることなく確定的に有効に行うことができる（9条ただし書・13条1項柱書ただし書）とされており，日常生活の便益のために，法律行為に必要な行為能力が民法によってより緩やかに認められている。もっとも，少なくとも意思能力（3条の2）は必要であるとすれば，成年被後見人についてこのような例外規定が適用される場面は限られるといえよう。

　(3)　懸賞広告・優等懸賞広告　　たとえば，飼育中に飛び去った鳥を発見した者に報酬を支払う旨を広告する等，一定の行為をした者に報酬を与えることを約する広告（529条）を懸賞広告という。また，小説の新人賞選定のように，一定の行為者のうち優等者にのみ報酬を与える懸賞広告（532条）を優等懸賞広告という。後者の場合，優等者の判定が必要となるから，応募期間の定めがあることが不可欠の要件である（同条1項）。

　かつて，広告を知らずに所定の行為を行った者に対しても広告者が報酬支払義務を負うかという問題が争われたが，529条は，行為者が懸賞広告を知らなかったときであっても報酬支払義務を

負う旨を明示している。この場合，報酬支払義務は，広告者と行為者の意思表示の合致に基づいて生ずるのではなく，広告者の停止条件付単独行為によって発生すると解される。したがって，懸賞広告に関する諸規定は「契約の成立」の款におかれているが，この配置は便宜上のものであり，懸賞広告が契約の一類型にあたると解することは適切ではない。

　なお，懸賞広告の撤回可能性やその方法については，529条の2〜530条を参照されたい。

Ⅲ　契約の効力

1　序　説

　民法は「契約の効力」という款において，同時履行の抗弁，危険負担，および第三者のためにする契約に関する規定をおいている。前二者は双務契約に関する基本原則に関するものであり，最後のものは契約の効力が例外的に第三者に及ぶ場合について規定したものである。しかし，これらは契約の効力の問題のうちのごく一部を定めるものにすぎない。一方において，個々具体的な契約の効力は，549条以下で定められる各典型契約に関する諸規定や当事者の合意，慣習等から生ずることが少なくない。他方において，債権関係を規律する重要な原則の多くは，債権に関する共通原則を定めた債権総則の部分（とくに412条以下参照）で規定されている。共通する通則的規定をまとめて前に置くという編別方法は民法典全体を通じて認められるものであり，規定の重複を避けるという法典編纂上の経済性を有するが，反面において，一定の社会的事実関係について適用されるべき規定が一箇所にまとめられていないという問題性を含む。たとえば，双務契約上の債務

不履行の効果を理解するためには，債権総則と契約総則の部分，さらには当該契約類型に関する規定を読み合わせて，それら相互の関係を的確に把握することが必要である。

　さらに，当事者の一方が制限行為能力者である場合，当事者の意思表示に瑕疵がある場合，契約内容が強行規定や公序良俗に違反する場合等においても，契約の効力が問題となるが，これらに関する規定は，上に述べたと同じ法典編纂上の理由から，民法総則中におかれていることにも留意すべきである。

2　同時履行の抗弁権

　(1)　意義　　たとえば，AがBとの間で，Aの所有する車甲を対象として一定の履行期日を定めて売買契約を締結した場合に，履行期日が到来してもBが代金債務を履行しないときは，Aも原則として甲の引渡債務の履行を拒絶することができる。このように，双務契約における当事者の一方は，相手方が債務の履行の提供をするまで自己の債務の履行を拒絶することができる（533条）。この履行拒絶権を同時履行の抗弁権という。一方当事者が先に履行することになれば，相手方の履行を請求するために訴訟を提起する必要が生じたり，相手方の無資力の場合に，契約を解除してもすでに給付した物や代金を回復することができなくなるというおそれがある。同時履行の抗弁権はこのような危険を回避するため，当事者間の公平を考慮して認められる権利であり，双方の債務の履行上の牽連関係が認められる。この場合，相手方の履行を求めようとする当事者は自らの債務について履行の提供をしなければならないから，同時履行の抗弁権は間接的に債務の履行を促すという機能を果たすことになる。この点で，担保物権の一つである留置権（295条）に類似する。

　また，533条はその括弧書きで，「債務の履行に代わる損害賠償の債務の履行を含む」と規定する。これは，債権法改正前（以下，単に旧）の旧571条や旧634条2項等で規定されていた場合を含む趣旨であるとされ，この括弧書きにより，これらの旧規定は不要であるとして削除された。もっとも，「債務の履行に代わる損害賠償」が認められるのは，415条2項各号に掲げられている場合であるが，目的物の契約内容不適合についてその追完請求に代わる損害賠償請求や，追完請求とともにする損害賠償請求（旧634条2項参照）が，厳密な意味で債務の履行に代わる損害賠償にあたるかどうかは，文言上疑問がある。しかし，債権法改正の経緯からすると，533条の括弧書きは，415条2項よりも広い概念として，履行に代わる損害賠償以外の場合を含むという趣旨で理解する必要があると考えられる。

　533条ただし書は，契約において当事者の一方が先履行義務を負う場合，たとえば上の例で，BがAの引渡し後1ヵ月以内に代金を支払うべきことが合意された場合には，同時履行の抗弁権が認められないとするものである。これは，その合意の性質上，当然の結果であるが，当事者の一方が先履行義務を負う場合でも，その履行前に相手方の財産状態が悪化し，反対給付の履行を求めることが困難となるおそれがあるときにも，先履行義務がそのまま存続することは必ずしも妥当ではない。したがって，解釈論として，相手方の担保提供ないし履行の提供があるまでは先履行を拒絶することができる（いわゆる不安の抗弁権）とする考え方が有力である。

★★　**(2)　履行の提供**　　533条の適用に際して，相手方の「履行の提供」があったかどうかに関連して，いくつかの問題点がある。

　(ア)　履行の提供が問題となる場面　　まず，履行の提供とは，

債務者が自らなしうる行為を完了することをいうが，492条以下にもこれに関する規定がおかれている（「弁済の提供」という文言）。そこにおいては債務不履行責任を負わないという観点から規定がおかれているのに対し，533条においては，相手方の同時履行の抗弁権を消滅させて，契約を解除し，あるいは相手方の履行遅滞に基づき損害賠償請求を行うという観点から考察する必要がある。履行の提供が，債務不履行責任を免れるという消極的・防禦的な場面で問題となるのか，相手方の同時履行の抗弁を消滅させるという積極的・攻撃的な場面で問題となるのかに応じて，両者の概念も微妙に異なり，また533条が適用される場合でも，履行請求をするのか，契約を解除するのかによって，さらに相違が生じうる。すなわち，自己の債務の提供をした当事者が，相手方により受領を拒絶された場合に，相手方の債務不履行を理由として契約を解除しようとするときには，催告に際してあらためて履行の提供をする必要はなく（大判昭3・10・30民集7巻871頁），相手方はもはや同時履行の抗弁権を主張することはできない。しかし，相手方に対して契約上の債務の履行を求める場合には，相手方の同時履行の抗弁権は失われず，訴訟においては引換給付判決がなされることになる（大判明44・12・11民録17輯772頁）。

　(イ)　本旨に従わない履行の提供　　つぎに，提供代金が不足していたり，目的物に契約不適合があった場合のように，債務の本旨に従った履行の提供がなされていない場合には，その受領を拒絶することができるから，同時履行の抗弁権は当然に存続する。したがって，たとえば，契約内容に適合しない物の提供を受けた買主は，契約内容に適合する目的物が提供されるまで代金の支払を拒絶することができる。この点に関して，債権法改正前においては，特定物の契約内容不適合（瑕疵）の場合に議論が対立して

いたが，現行法の下では目的物が不特定物であったか特定物であったかを問わず，契約内容に適合しない物を提供しても，本旨に従った履行の提供にはあたらない。

　㈢　履行の提供の態様　　相手方の同時履行の抗弁権を消滅させるためには，原則として現実の提供が必要であるが（493条本文），相手方があらかじめ受領を拒絶する場合や債務の履行について債権者の行為（引渡場所の指定等）を必要とする場合には口頭の提供で足りる（同条ただし書）。

　相手方の履行拒絶の意思が明確にされている場合には，他方当事者に履行の提供をなさしめることは相当でないから，提供がない場合にも相手方は同時履行の抗弁権を主張することができない（大判大10・11・9民録27輯1907頁）。もっとも判例（大判大11・11・25民集1巻684頁）は，この場合にも解除するために催告をすることは必要であると解してきたが，現行法の下では，542条1項2号にしたがい，催告を経ることなく解除することができる。

　⑶　効果　　同時履行の抗弁権を有しているかぎり，履行期日を徒過しても遅滞の責任を負わない。なお，従前は，この場合に違法性がないと説明してきたが，今日，違法性の問題とする必要があるかどうかについては疑問も投げかけられている。

　同時履行の抗弁が認められる場合，損害賠償義務も生じないし，相手方が，履行の提供をしないまま他方当事者に履行の催告を行っても契約の解除権は発生しない（最判昭29・7・27民集8巻7号1455頁）。この抗弁の付着する債権につき反対債権をもって相殺することもできない（大判昭13・3・1民集17巻318頁）。相殺を認めると，双方の債務の履行を確保する趣旨が失われることになるからである。

　当事者の一方が相手方に対して，訴訟上債務の履行を請求する

場合にも，相手方が先履行をすべき理由はないから，同時履行の抗弁権を主張する場合には，引換給付判決がなされることになる（前掲大判明44・12・11）。この場合，執行を開始するためには履行ないし履行の提供があったことの証明が必要である（民執31条1項）。

(4) 533条の適用範囲　533条は，直接的には双務契約上の相対立する中心的債務について適用されるが，相互の債務の履行確保や当事者の公平という趣旨からは，必ずしもこれにあてはまらないものについても，準用ないし類推適用が可能である。

広い意味での契約の清算関係のうち，契約解除による原状回復義務については，546条が明文で533条を準用している。双務契約の無効・取消しの場合にも同様の問題が生じるが，121条の2の原状回復請求権（性質上，不当利得返還請求権）については明文の規定がなく，533条を準用することができるかどうかが争われる。判例は，債権法改正前の703条・704条について，行為能力の制限を理由とする取消しの場合（最判昭28・6・16民集7巻6号629頁），詐欺取消しの場合（最判昭47・9・7民集26巻7号1327頁）につきこれを肯定しているが，後者につき，留置権に関する295条2項との権衡を考慮して反対する学説も少なくなかった。現行法では，121条の2の解釈問題となるが，反対説によれば，欺罔行為者には同時履行の抗弁権が認められないから，たとえば詐欺によって買い受けた目的物が取消後，返還前に欺罔行為者の帰責事由なくして滅失した場合でも，履行遅滞後の返還不能にあたり（413条の2第1項参照），欺罔行為者は履行に代わる損害賠償義務を免れないことになろう。

3　危険負担

危険負担に関する536条は，「契約の効力」の款に規定されて

いるが，その意義は，履行不能を理由とする解除の要件・効果と密接に関連しており，それらの理解を前提とする。この点を考慮し，危険負担の問題については解除の叙述の後に説明する。

4　第三者のためにする契約

(1)　意義と要件　　たとえば，AがBから動産甲を買い，これをCに贈与しようとする場合，AがBから甲の引渡しを受け，A・C間において贈与契約を締結して履行するという方法も考えられる。しかし，この場合，A・B間の契約において第三者CがBに対して直接に甲の給付を請求する権利を与えるように合意することができる。このような場合を第三者のためにする契約といい（537条1項），Aを要約者，Bを諾約者，第三者Cを受益者という。この場合，A・B間を補償関係，A・C間を対価関係ということがある。第三者の直接的な権利取得を要件とするから，上の例でBの履行地をCの自宅としたにとどまり，Aのみが履行請求権を有するにすぎない場合には，第三者のためにする契約にはあたらない。第三者を受取人とする生命保険契約は第三者のためにする契約の一場合であるが，保険法に特別の規定がおかれている（保険42条以下参照）。いわゆる電信送金契約が第三者のためにする契約であるかについては争いがあり，判例（最判昭43・12・5民集22巻13号2876頁）はこれを否定するが，学説では肯定説も有力である。他人の預金口座への払込みについても同様の問題がある。

また，第三者のためにする契約は，契約締結の時点で受益者となるべき第三者が存在しない場合，あるいは特定していない場合であっても，有効である（537条2項）。したがって，設立中の法人（最判昭37・6・26民集16巻7号1397頁）や胎児のほか，いまだ懐

図1　第三者のためにする契約の構造

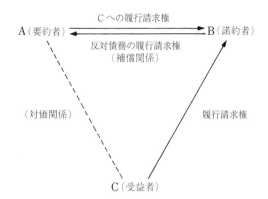

胎していないが，将来生まれることが期待される子等も受益者となりうると解される。もっとも，受益者が契約に基づく給付請求権を取得するためには，受益者（ないしその法定代理人）による受益の意思表示が必要である（同条3項）。

　(2)　効果　　要約者A・諾約者B間においては通常の契約と同様の権利・義務が発生する。受益者Cは，受益の意思表示により（537条3項），Bに対して直接の請求権を取得するが，AもBに対してCへの履行を求める権利を失わない。受益の意思表示以後は，A・B間の合意のみによってCの権利に変更を加えることはできない（538条1項）が，BはAに対して有する契約上の抗弁をもってCに対抗することができる（539条）。したがって，たとえばBはCの履行請求に対し，Aの代金の提供がないことを理由に同時履行の抗弁権を主張しうる。

　BがCに対する履行義務を履行しない場合の効果が問題となる。Bの遅滞による損害は，受益者Cだけでなく，要約者Aに

も発生しうるから，CおよびAはそれぞれ固有の損害賠償請求権を有すると解するべきである。また，BがCに対する債務を履行しない場合，これはAに対する関係でも債務不履行となるが，Aがこれを理由として解除するためには，受益者Cの承諾が必要である（538条2項）。受益者が有する履行請求権をその意思に反して消滅させることは相当でないことがその理由である。他方，CがBの不履行を理由として契約を解除することはできないと解されている。Cは契約の当事者ではなく，また，Bに対して債務を負担しているわけでもないから，解除について独自の利益を有するとはいえないというのがその理由である。

Ⅳ　契約上の地位の移転

　たとえば，売主Aと買主Bが売買契約を締結した後，AがBに対して有する売買代金債権を第三者Cに譲渡する場合には，単に債権譲渡の問題として，466条以下の規定が適用される。この場合，債権は原則として譲渡性が認められ，債務者Bの承諾を必要としない。

　これに対して，Aが売主の地位を第三者Dに譲渡する場合には，売買契約に基づく権利義務関係全体がDに移転することになり，契約の相手方Bも誰が契約当事者となるかについて重大な利害関係を有する。具体的にいえば，地位を譲り受けるDが売主としての債務を履行することができるか，また，履行する意思があるかどうか等により，Bの地位は大きく影響される。

　そこで，539条の2は，契約当事者の一方が第三者との間でその地位を譲渡する旨の合意をした場合に，第三者に地位の移転が生じるためには，契約の相手方の承諾が必要であるとする。

契約上の地位の移転に関して，つぎの二点に留意することが重要である。第一に，539条の2は，契約上の地位を譲り受けた者が契約の相手方に対して地位の移転を主張できる要件を定めたものにすぎず，契約上の地位が二重に譲渡された場合に，譲受人相互の間でいずれが優先するかについてのルールを定めるものではない。同様に，上の例で，AがCに売買代金債権を譲渡しつつ，Dに売主の地位を譲渡した場合に，売買代金債権についてCとDの優劣がどのように決められるかについても明らかではなく，これらの問題は今後の解釈論に委ねられることになる（なお，最判平8・7・12民集50巻7号1918頁は，預託金会員制ゴルフクラブ会員権譲渡の対抗要件について，指名債権譲渡の場合に準ずると解している）。

　第二に，不動産賃貸借における賃貸人の地位の移転については，605条の2・605条の3の特則が存在し，賃借人の承諾がなくても賃貸人の地位が移転する（この点につき，第3章Ⅵ5⑵(イ)参照）。

Ⅴ　契約の解除

1　契約解除の意義と機能

(1)　解除の意義　　解除とは契約成立後に生じた一定の事由を理由として，契約の効力を一方的に消滅させる意思表示をいう。540条は，当事者の合意が存する場合（約定解除），法律の規定が存する場合（法定解除）に解除権の発生を認めている。541条〜543条は，債務不履行に基づく解除に関する規定であるが，550条，593条の2等，民法中に規定される解除の他，特別法上のクーリング・オフとして認められる解除等（割賦35条の3の10，特定商取引9条等）も法定解除の一場合であり，法定解除は債務不履行解除の場合に限られないことに留意が必要である。もっとも，債

務不履行を理由とする法定解除の要件・効果がとくに重要であることから，以下の叙述もこれを中心とする。

★　**(2) 解除の機能**　　解除の最も重要な機能は，契約の効力が消滅することにより，自己の負担していた債務を免れることにある。たとえば，買主Aと売主Bの間において，代替物甲の売買契約が締結された場合を考えてみよう。Aがすでに代金の全部ないし一部を支払ったが，Bが甲の引渡しを遅滞している場合に，Bの履行が期待できないのであれば，早期に代金を取り戻す必要がある。もちろん，この場合にBに対して，物の引渡債務の強制履行を求めることも可能である（414条1項）が，代替物の場合，長期にわたる訴訟を行うより，他の売主Cからこれを調達する方がはるかに実際的である。しかし，この場合に，AがBとの契約を存続させたままCと契約を締結すると，後にBが履行することになれば，二重に給付を受け，その対価をそれぞれ支払わなければならないことになる。したがって，AはCとの契約に先立って，解除によりBとの契約関係を消滅させておく必要がある。この結果，相手方BはAに対する債権を失い，すでに受領した給付を返還すべきことになるが，解除権の発生が自己の不履行に基づく以上，そのような不利益を甘受しなければならない。さらに，Bは不履行によって損害が生じた場合，これを賠償する必要がある（545条4項）が，これは解除の本来的効果というより，むしろ債務不履行に基づく効果と考えられる。

　上掲の例のように，解除がとりわけ重要な意味をもつのは，解除者自身も債務を負担する双務契約の場合であり，一部では，債務不履行解除は双務契約の場合に限られるとする見解も主張されてきた。しかし，片務契約についても，たとえば使用貸借契約において使用借主の用法違反を理由とする債務不履行解除が認めら

れる（594条3項参照）。この解除は，使用貸借の貸主を，契約の終了まで借主が使用収益を継続することの負担から解放することを目的とするものといえる。また，委任に関する651条は有償・無償を問わず両当事者の解除権を規定するが，無償委任の場合，受任者については自己の債務を免れることが，委任者については委任契約の性質上不適切な委任事務の処理の危険を回避することが，解除の必要性を根拠づける。このようにみると，債務不履行解除は双務契約の場合に限られず，広く契約の拘束力を受けることによって生ずる不利益を回避するための救済手段として位置づけられる。

　(3)　類似する諸制度　　契約の効力発生後に契約の効力を消滅させる制度のうち，解除と類似するものがいくつか存する。

　賃貸借契約のような継続的契約関係についての解除を告知ということがある。この場合，解除の効果として遡及効がないこと（＝原状回復義務がないこと）については明文の規定（620条・652条等）があるが，要件についても特別の考慮が必要である（628条参照）。

　同じく賃貸借契約等において，期間の定めがない場合に契約を将来に向かって終了させる意思表示を解約申入れ（617条・627条等）という。これは契約終了の本来的事由にほかならない。

　将来一定の事実が発生した場合に契約の効力が失われるとする特約を解除条件（127条2項）という。履行遅滞があればただちに契約が解除されるというような失権約款も解除条件の一種とみられる。これらの条項は，場合により債務者に大きな不利益を生ずることから，このような条項の効力を文言どおりに認めてよいかどうかについては慎重な考慮が必要である。同様の趣旨から，売買や消費貸借において分割払債務につき1回でも支払を怠れば残債務全額につき期限の利益を失うというような条項（期限の利益喪

失約款）の効力も問題とされている。

　また，合意解除は，540条の規定する単独行為による解除とは異なり，当事者の合意に基づいて契約関係を消滅させるものであり，解除契約とも呼ばれる。この点については，3であらためて説明する。

　さらに，行為能力の制限や意思表示の瑕疵等を理由とする契約の取消しや消費者契約法4条による取消しは，解除とは異なり，契約締結時に存在していた事由を根拠として契約の効力を遡及的に消滅させるものであるが，広い意味では，解除と同様に契約の巻戻し＝清算関係の問題として捉えうるとする見解が近時有力である。

　なお，Ⅰ6(1)で述べた消費者保護法上のクーリング・オフ制度は，申込みの撤回と契約解除の場合の双方を含むが，その根拠は軽率な契約の申込みないし契約の締結という契約成立に関わる事情を考慮するものであり，この点では，むしろ意思表示の瑕疵等を理由とする取消しに類似するものともいえる。

2　債務不履行による解除

　(1)　序説　　540条以下の規定は解除一般につき適用されるものも含むが，541条ないし543条は債務不履行による解除に関するものである。従来，債務不履行の態様を履行遅滞，履行不能，不完全履行に三分するのが一般であり，解除の要件もこれに対応して説明されることが多かった。しかし，現行規定においては，541条は催告を必要とする解除（以下，催告型解除）の要件を，542条は催告を必要としない解除（以下，無催告型解除）の要件を規定し，また，541条および542条1項が契約全部の解除に関するものであるのに対して，542条2項は一部解除の場合に関する規定

である。ここでは，この分類を前提とし，債務不履行の具体的な態様は，それぞれの解除の説明の中で必要なかぎりで考慮する。

　(2)　契約の全部解除　　まず，債務不履行を理由として契約全部を解除する場合の要件を検討する。

　㋐　催告型解除　　(a)　催告型解除の要件　　541条本文は，当事者の一方が「その債務を履行しない場合」に，相当の期間を定めて催告をし，その期間内に履行がないときに解除権が発生するとする。この規定は，履行遅滞にあたる場合のほか，債務者が債務を履行したが，その履行が債務の本旨に従ったものとはいえない場合，たとえば，売主が引き渡した目的物が契約の内容に適合しない場合（いわゆる不完全履行）等を含むものである。履行遅滞の場合には，いまだ履行されていない債務の履行を求めることになるが，目的物が契約内容に適合しない場合には，履行の催告は履行の追完を求めるものとなる。具体的な追完の方法は一様ではないが，たとえば目的物の引渡義務を負う売主の不完全な履行については，562条1項がその方法を規定している。

　確定期限・不確定期限のある債務について履行期が到来すると，412条1項・2項にしたがって遅滞責任が発生する。また，期限の定めなき債務は債権者の請求により履行期が到来し（412条3項），その時から遅滞責任が発生する。もっとも，先述したとおり（Ⅲ2(3)参照），双務契約において同時履行の抗弁が認められるときは，履行期が到来しても遅滞責任は生じない。

　旧法の下では，解除の要件として債務者に帰責事由が必要であるかどうかについて争いがあったが，現行法は，債務者の帰責事由を不要としている（541条〜543条参照）。債権者が債務不履行を理由として債務者に損害賠償請求をする場合には，債務者に帰責事由の存在することが必要であるが（415条1項ただし書），解除は，

損害賠償請求とは異なり，債権者を契約の拘束から解放する制度であり，債務者に帰責事由がない場合でも，履行されない契約に拘束されることは相当ではないと考えられるからである。

　催告型解除において相当の期間を定めた催告を必要とするのは，債務者にもう一度履行の機会を与えようとする趣旨であるが，すでに履行期を徒過しているのであるから，これから履行の準備をすることまで考慮して期間を定める必要はない。また，定められた期間が不相当であった場合や期間を定めなかった場合でも，客観的に相当の期間が経過すれば解除権は発生する（通説・判例）。

　解除権が発生しても解除の効果が当然に生ずるのではないから，解除権発生後も，債権者は債務者に対し，さらに履行の請求をすることができる。したがって，実際に解除するかどうかは債権者の意思に委ねられることになるが，これによって生ずる債務者の地位の不安定さを解消するために，547条は解除をするかどうかの催告権を相手方に認めている。また，現実に解除権を行使する前に債務者が本旨に従った履行の提供を行った場合には，解除権は消滅する（大判大6・7・10民録23輯1128頁）。

　(b)　解除が認められない例外　541条ただし書は，履行の催告後相当の期間が経過した場合であっても，その期間経過時における債務の不履行が「その契約及び取引上の社会通念に照らして軽微であるとき」は解除することができないとする。従前から，あらゆる債務の不履行が解除権を発生させるものではないと考えられてきたが（最判昭36・11・21民集15巻10号2507頁参照），541条ただし書は，相当の期間が経過した時点における不履行の軽微性を基準として，解除権が発生しない例外を認めるものである。規定の体裁から知られるように，債務者は，債務の不履行が軽微であったことを自ら主張・立証してはじめて，解除権の発生を阻止

することができる。

　具体的にどのような場合が 541 条ただし書の例外にあたるのか
については，今後の裁判例の集積と議論が必要であるが，542 条
1 項の場合と対比して考えると，契約目的の達成不能とはいえな
い場合でも，軽微であるとはいえないときには，解除権の行使は
妨げられないことになるが，その場合に生ずる 542 条 1 項とのア
ンバランスについては，(イ)で改めて説明する。

　(イ)　無催告型解除　　542 条 1 項は，①債務の全部の履行が不
能であるとき（1 号），②債務者が債務の全部の履行を拒絶する意
思を明確に表示したとき（2 号），③債務の一部の履行不能または
債務の一部の明確な履行拒絶の場合であって，残存する部分のみ
では契約目的を達成することができないとき（3 号），④契約の性
質または意思表示により，特定の日時または一定の期間内に履行
をしなければ契約目的を達成することができない場合において，
履行がないまま履行期が経過したとき（4 号），⑤債務の履行がな
く，債権者が 541 条の催告をしても契約目的を達成するのに足り
る履行がされる見込みがないことが明らかであるとき（5 号）に，
催告を要することなく契約の全部を解除することができると規定
する。

　③〜⑤については，契約目的の達成不能が要件となることが明
示されているが，①・②も，その不履行の性質上当然に契約目的
達成不能の場合にあたるから，542 条 1 項各号の場合には，契約
目的達成不能であることが共通の要件となる。また，いずれの場
合にも債務者の帰責事由が不要であることは，541 条の場合と同
様である。

　①は，売買の目的物（特定物や特定が生じた種類物）が滅失した場
合のように，およそ債務の履行が不可能な場合を指す。また，②

は，履行は可能であるが，債務者の履行拒絶意思が明確であり，任意の履行がまったく期待できない場合を指す。このような場合にも，訴えを提起して履行請求をすることは可能であるが，履行の催告には意味がないことから，解除する場合に催告は不要である。

　③は，履行の不能や履行拒絶が債務の全部ではなく，その一部に関するものである場合において，それだけでは契約全部を解除することはできず，そのためには，契約目的の達成不能という要件を充たす必要があるとする趣旨である。たとえば，目的物が契約内容に適合しないときに，その不適合部分を修補することができない場合（一部不能），あるいは，修補が可能であるが，債務者がこれを明確に拒絶する場合（一部履行拒絶）には，その一部不能や一部履行拒絶により契約目的の達成が不能となる場合に，解除権が発生する。この要件と，催告型解除における 541 条ただし書との関係が問題となりうる。たとえば，債務者が目的物の修補請求を受けたが，催告期間内に修補が行われなかった場合には，債権者は，それが軽微な不履行でなければ，契約目的達成不能とはいえない場合でも契約を解除することができる。他方，修補請求を受けた債務者が明確にこれを拒絶した場合に，軽微ではないが目的達成不能とまではいえないときは，542 条 1 項 3 号による解除権は発生しないことになる。また，証明責任の点でも，同項各号における目的達成不能の要件は，解除しようとする債権者がこれを負担すると解されるが，この点でも，541 条ただし書の場合とは大きく異なっている。

　これに対して，軽微性は催告後の不履行の評価基準であり，契約目的達成の可否は催告を要しない不履行の評価基準であるとして，両者の違いを指摘する立場も有力であるが，とりわけ履行が可能であるが履行拒絶の意思を明確にする場合について，上記の

アンバランスが生じることは否定できないように思われる。今後の議論が必要である。

　④は，定期行為といわれる場合であり，商人が中元として配るためのうちわの売買（大判大9・11・15民録26輯1779頁），結婚披露宴で着用するためのウエディング・ドレスの製作・引渡しを債務内容とする請負等がこれにあたる。この場合にも，履行期ないし履行期間の経過によって契約関係が自動的に消滅するわけではなく，解除の意思表示が必要である（商事売買について，商法525条の特則参照）。なお，特定の上演日に舞台に出演する債務のような場合には，その上演日に遅れた出演は債務の履行としておよそ意味がないから，これはむしろ履行不能の問題として処理されるべきものである。

　⑤は，①ないし④に該当しないが，履行の催告をすることに意味がない場合を一種の受け皿的規定として掲げるものである。もっとも，542条1項5号では債務の履行がないことが要件とされており，これは履行期が到来していることを前提とするように読める。しかし，たとえば，建築請負契約における請負人の債務のように，履行のために相当の期間を必要とする場合において，建築工事の進捗状況からすると履行期までに契約目的を達成するに足りる履行のなされる見込みがないことが客観的に明らかなときは，履行不能や履行の明確な拒絶の場合と同様，履行期の到来前に解除を認める必要があると思われる。この場合にも，同号の文言からは離れるが，その趣旨を拡張して解除を認めるべきものと考えられる。

　なお，賃貸借契約において，一方当事者に著しい不信行為がある場合には，催告なくして解除（告知）できるとされることが少なくない（用法違反に関する最判昭27・4・25民集6巻4号451頁，無断

増築に関する最判昭 38・9・27 民集 17 巻 8 号 1069 頁等）。これらの判例は，解除要件としての信頼関係の破壊という理論（第 3 章 Ⅵ 4 (3)(イ)参照）も含めて，継続的契約関係における債務不履行については，541 条・542 条の適用についても，その特殊性を考慮する必要があることを示している。

(3)　契約の一部解除　542 条 2 項は，①債務の一部が履行不能であるとき（1 号）または②債務者が債務の一部の履行を拒絶する意思を明確に表示したとき（2 号）には，ただちに契約の一部解除ができると規定する。①・②の場合において，契約目的の達成が不能であるときは，契約の全部を解除することができるが（同条 1 項 3 号），2 項は，それにあたらない場合でも，一部解除ができることを意味する。もっとも，一部解除が可能であるためには，その一部と残部の債務を分けて考えることに意味がある場合であることが前提となると解される。また，その場合にも，解除以外の救済手段との関係を考慮する必要がある。たとえば売買契約において売主が債務の一部を履行できない場合，あるいはその履行を明確に拒絶する場合に，一部解除と代金減額請求権や損害賠償請求権とは同一の結果に至ることが多いと思われるが，この場合，種類または品質に関する目的物の契約不適合については，566 条の期間制限により，解除権の行使も 1 年の期間制限に服することになる。もっとも，引渡しの前に特定物について契約に適合しない品質であることが発見され，かつ，その修補が不可能である場合，買主は，同条の期間制限を受けることなく，一部解除ができる。この場合，引渡しの前であり，563 条の代金減額請求権は認められないが，一部解除は実質的には代金減額請求権と同じ機能を果たすことになる。

なお，無催告型解除について一部解除を認めることとのバラン

スからすると，催告型解除についても，一部の履行がなされない場合に，催告を経て一部解除を認めるべきものと考えられるが，この場合に関する明文の規定はなく，今後の解釈論に委ねられている。

(4) 複数の契約の解除　　同一の当事者間において複数の契約が締結され，それらの目的が相互に密接に関連する場合に，一つの契約の不履行が他の契約にどのような影響を及ぼすかが問題となりうる。明文の規定はないが，最高裁平成 8 年 11 月 12 日判決（民集 50 巻 10 号 2673 頁）は，複数の契約相互の密接関連性のゆえに，一方の契約が履行されるだけでは契約を締結した目的が全体として達成されない場合には，一方の契約上の債務不履行に基づいて他方の契約も解除できるとした。契約の個数をどう考えるか，複数の契約相互の密接な関連性の有無をどのように判断するか等については解釈論に委ねられているが，学説も上掲判決の結論を支持している。

(5) **受領義務違反を理由とする解除の可否**　　債務者の提供した　★★
履行を受領しないことを理由として，契約を解除することができるかについては争いがあった。判例は原則として受領義務違反を理由とする解除を否定し（最判昭 40・12・3 民集 19 巻 9 号 2090 頁），ただ，継続的供給契約について損害賠償請求が問題となった事案で引取義務を認めたものがある（最判昭 46・12・16 民集 25 巻 9 号 1472 頁）。

413 条は，受領遅滞の効果として，保存義務における注意義務の軽減（1 項）および履行費用の増加額について債権者負担（2 項）を掲げており，受領遅滞と受領義務の不履行の問題を区別しているが，一定の場合に債権者が受領義務を負うのか，また，その受領義務違反を理由として契約を解除することができるかが問題と

なりうる。同時履行関係にある双務契約については，債権者の受領拒絶は自らの債務の履行拒絶を同時に伴うのが通常であるから，この場合には履行の提供をした債務者は，その相手方の履行遅滞を理由として契約を解除することが可能であり，受領義務違反を理由とする解除を問題とする必要性に乏しい。しかし，債権者が先履行義務を負うときに債務者が給付の受領を拒絶する場合，あるいは債務者が自らの履行をなしつつ相手方の給付の受領を拒絶する場合に，債権者が債務を免れる手段として弁済供託（494条以下参照）が可能であるだけではその保護として十分とはいえない場合も考えられる。とくに，物の引渡債務について，給付を受領することが当事者の合意の趣旨や契約の性質に照らして重要な意味をもつ場合（たとえば，売買契約や請負契約）には，債権者（買主や注文者）に受領する義務を認める必要があろう。もっとも，債権者に受領義務が認められる場合にも，その不履行を理由として契約を解除するためには，541条・542条の要件を充たすことが必要であると解されるが，受領義務を認める必要があるときは，通常，これらの要件も充たされることになろう。

　(6)　**債権者に帰責事由がある場合の例外**　　543条は，債務不履行が債権者の帰責事由に基づく場合，たとえば，売主が目的物を引き渡す債務を負っている場合に，その目的物の滅失について買主に帰責事由があるときには，債権者である買主は解除権を行使することができないとする。解除は債権者に，契約の拘束力から解放されることを認める救済手段であり，帰責事由のある債権者にこのような救済を認める必要がないと考えられるからである。この場合，債権者は自己の債務の履行義務を免れない。危険負担に関する536条2項はこれに対応する規定である。この規定の意義については後述（Ⅵ3）する。

　543 条の規定に関連して，債務不履行が債権者の帰責事由に基づくとはいえないが，契約の解除権を認めるべきかどうかが問題となりうるケースがある。たとえば，Ａ が Ｂ の所有する甲建物の外壁修理工事を請け負い，修理工事を完了する前に，甲建物が不可抗力によって滅失した場合に，これを単純な履行不能事例と考えると，Ｂ は契約を解除し，請負代金債務を免れることができる。この場合，Ａ はそれまでに投下した費用・労力の損失をすべて自分が引き受けることになるが，これを Ａ の債務の履行不能とみるべきなのか，Ａ は履行を提供する用意があるにもかかわらず，Ｂ がその建物を失ってしまったために，Ｂ が Ａ の債務の履行を受領することができなくなったとみるべきなのか，議論は分かれうる。債権法改正前の 536 条 1 項・2 項の解釈として争われていた問題であり，2 項の「帰責事由」を広く認めて Ａ の報酬請求権を肯定する見解もみられた。現行法の下では，まず解除の可否の問題として，履行不能と区別された受領不能の場合を考えることができるかどうかが問題となり，また，できるとすれば，その効果はどうなるかという問題が生じ，従前と同様，議論が対立すると思われる。

　(7)　解除権行使の手続　　相手方に対する意思表示によって効果が発生する（540 条 1 項）。遅滞等の場合，履行の催告と同時に，期間内に履行がないことを停止条件として解除の意思表示を行うことも可能である（大判明 43・12・9 民録 16 輯 910 頁）。いったん解除の意思表示をしたときは，その後に撤回することはできない（同条 2 項）。

　契約当事者の一方が複数である場合，解除はその全員から，またはその全員に対して行うことが必要であり（544 条 1 項），したがってその一人について解除権が消滅すれば全員について解除権

が消滅する（同条 2 項）（解除権の不可分性）。たとえば，家屋を夫婦が共同の契約当事者として賃借している場合，賃貸人が夫婦の一方のみに対して解除の意思表示をしても，効果は生じない。

(8)　解除の効果　　(ア)　当事者間の関係　　(a)　原状回復義務

解除権が行使されると，各当事者は契約をしていなかった元の状態にもどす義務（原状回復義務）を負う（545 条 1 項）。その理論的な説明として，大きく分けると，当初から契約がなかったことになるとして遡及効を認める考え方（直接効果説）と，解除の時点で原状に回復する債務が新たに発生するという考え方（非遡及説）等が対立する。非遡及説は多岐に分かれるが，近時においては，その中で，解除によって原状回復を中心とする新たな法律関係が発生するという考え方（変容説ないし契約変容説。以下，変容説）が有力であり，以下，非遡及説については変容説を前提とする。

では，直接効果説と変容説は具体的にどのような相違をもたらすのか。物権行為の独自性を否定し，債権の効果として物権変動が生ずることを認める通説・判例の立場を前提とすれば，契約の当事者間ではほとんど実際的相違は生じない。すなわち，たとえば売買契約において，直接効果説では解除により当初から契約がなかったことになるから，目的物が引き渡されている場合にも売主は当初から所有者であり続けたことになる。これに対し，変容説では解除の時点で買主は所有権を返還する義務を負担することになるが，この義務の効果として所有権が当然に売主に復帰するから，売主は特別の行為を必要とすることなく再び所有権を回復することができる。もっとも，理論的には，直接効果説によれば，買主は一度も所有権を取得したことはないことになるが，変容説では，売主→買主→売主という物権変動が生じることになる。また，変容説では，売主が受領した代金の返還債務と所有権返還債

務が同時履行関係に立つような場合に，176条について争われる
所有権移転時期と同様の問題（本シリーズⅡ・物権法編第3章Ⅱ4参
照）がここでも生ずることになる。

　しかし，第三者との関係で解除の効果が問題となる場合には，
両説の対立は重要な相違を生じうる。この点は，解除と第三者を
論じる箇所（後述(イ)）であらためて取り上げる。

　なお，620条や652条等は解除（告知）は将来に向かって効力
を生ずると規定しているが，これは契約関係の継続性を考慮して，
545条1項が定める原状回復義務の例外を定めるものである。継
続的契約関係については，債務の本旨に従ってすでに履行されて
いる部分の効果をも否定して，契約締結時の原状に戻すべき必要
がないと考えられるからである。

　(b)　具体的効果　　双方の債務が未履行である場合には，履
行請求権が消滅する。一方ないし双方の給付がなされている場合
には，その給付の返還が問題となる。金銭が給付された場合，受
領した金銭を返還し，受領の時点からの利息を支払う必要がある
（545条2項）。物が給付された場合，その物を返還するとともに，
受領の時以後にそれから生じた果実を返還する必要がある（同条
3項）。この場合，果実は88条に規定される天然果実および法定
果実を意味するが，使用利益も果実と同様に返還する必要がある
と解されている。もっとも，545条2項の利息については，金銭
受領者がその利息を実際に得たかどうかに関わらないが，3項に
おいては，「受領の時以後に生じた果実」という文言からすると，
実際に生じた果実のみが返還の対象となると解される（190条1項
参照）。

　目的物の性質によっては，その使用・利用によって価値が下落
することが少なくないが，その場合，減価した原物を返還するだ

けでは原状に回復するとはいえない。この場合に，減価分の価額
償還義務を負うかどうかが問題となりうるが，十分に議論が固ま
っているとはいえない状況にある。一見すると，減価分の価額償
還義務を認めることに問題がないように思われるが，原物返還義
務を負う者が，果実ないし使用利益についても返還義務を負うこ
とになると，相手方は当初の原物の価額を超える利益を受けるこ
とになる。減価分の価額償還義務と果実ないし使用利益の返還義
務の関係をどう考えるかが問題となる。通常の使用・利用による
果実ないし使用利益が減価分を下回る場合，減価分の価額償還義
務を履行すれば足りると解する余地もあるが，今後の議論の進展
が必要である。

　また，目的物受領者が受領物に費用を投下した場合，196 条の
定めるところにしたがって投下費用の償還を請求できるとする説
が多い。196 条は，他人に帰属する物に費用を投下した場合の費
用負担に関する一般的なルールを規定していると解されるからで
ある。

　受領物の転売・費消や滅失・損傷等により原物返還ができない
場合に，清算関係がどうなるかが争われる。民法の規定によれば，
解除権者が解除前に故意または過失によって目的物を著しく損傷
し，もしくは返還不能としたとき，または加工ないし変造によっ
て他の種類の物に変えたときは，解除権そのものが消滅する
（548 条本文）。ただし，解除権者が解除権を有することを知らなか
ったときは，解除権の行使は妨げられない（同条ただし書）。債務
不履行に基づく解除の場合には，548 条ただし書に該当すること
が多いと考えられる。

　解除権の行使が可能である場合に，目的物の原状回復義務を負
うべき解除権者が，目的物の滅失・損傷等について価額償還義務

を負うかどうかという問題が残る。この点は，解除権行使後に目的物の滅失・損傷等が生じた場合にどうなるかという問題と密接に関わっている。解除権行使後は，目的物を占有する解除権行使者は，これを相手方に返還する債務を負っていることを認識しており，400条にしたがって保存義務を負うから，その義務違反について帰責事由があれば，その債務不履行責任を負い，損害賠償義務を負担することになると解される。問題は，帰責事由なき滅失・損傷等の場合であるが，自らは原状回復義務を免れながら，自己のなした給付については原状回復を求めることができるとすることには疑問がある。法律行為の無効・取消しの場合には，121条の2第1項・2項に原状回復義務について規定がおかれており，有償契約の場合，目的物の受領者は，目的物の滅失・損傷等が生じたときは，価額償還義務を負う。解除後についても，これと同様に，有償契約については価額償還義務を免れないと解するべきではないか。また，その立場からすると，解除前の滅失・損傷等についても，同様に価額償還義務を認めることが自然である。もっとも，同じく原状回復義務を規定していても，121条の2と545条の定める効果は異なっており，両者間の関係をどのように理解すべきかについてさらに議論が必要である。

　行為債務の原状回復義務については，その性質上，給付されたもの自体の返還ができないから，価額を償還すべきことになる。代替物の給付の場合には，給付された物自体が消滅しても代替物を返還すべきであるとするのが多数説であるが，給付により特定が生じていること，原状回復義務を負う者に代替物の調達義務が課せられることの当否を考慮すると疑問なしとしない（最判平19・3・8民集61巻2号479頁は，不当利得の返還義務が問題となった事案で，代替物の調達義務を否定した）。

　(c)　解除と損害賠償　　解除権を行使しても，損害賠償請求は妨げられない（545条4項）。損害賠償請求は解除自体の効果ではなく，415条等の効果であり，その要件を充たす必要があり，また，その範囲についても416条が適用される。545条4項の趣旨は，解除によって契約が消滅しても，すでに生じた損害の賠償請求は排除されないことを確認することに意味がある。たとえば，履行遅滞を理由として契約を解除して，他の当事者と代替的取引をなす場合にも，すでに遅滞によって生じた損害は解除するだけでは塡補されず，これを賠償させる必要があるからである。その範囲や算定時期の問題は416条の一般原則が適用されるので，その叙述にゆずるが，とくにつぎの二点に留意が必要である。

　第一に，契約が履行されないことによって種々の損害が生じうるが，それらの損害が相互に相容れない場合がありうる。たとえば，契約を解除すると，契約締結に要した諸費用が無駄になる場合も考えられるが，債権者が，契約が履行されれば得られていたであろう利益の逸失を損害賠償として請求する場合，これと合わせて契約費用の損害賠償請求はできない。なぜなら，履行によって得られたであろう利益を得るためには，当該契約が履行されていたことが前提となるから，その締結に要する費用は債権者が負担するべきものといえるからである。

　第二に，415条2項3号は，解除権が行使された場合に「履行に代わる損害賠償」の請求が可能であるとする。本来，履行に代わる損害賠償とは，たとえば，家屋の引渡債務が履行できなくなった場合における，家屋の引渡しに代わる損害の賠償を意味し，通常，家屋の価額賠償義務を負うことになる（415条2項1号の場合）。しかし，解除権が行使されたときは，本来の履行請求権が消滅するとともに，反対債務の履行義務も消滅するから，損害賠

償についても，免れた履行義務（たとえば代金債務）の価額を控除する必要がある。

　(ｲ)　**契約の解除と第三者**　　第三者との関係については解除前と解除後を分けて考える必要がある。　★★

　　(a)　解除前の第三者　　解除前に法律上の利害関係を有するに至った第三者に対しては，原状回復義務を理由としてもその権利を害することができない（545条1項ただし書）。解除原因を知っている第三者もこれによって保護される。この場合に，判例（最判昭33・6・14民集12巻9号1449頁）・通説によれば，第三者として保護されるためには対抗要件を具備している必要がある。解除の遡及効を否定する変容説では，第三者との関係は対抗問題そのものであり，これは当然の結果といえるが，545条1項ただし書は意味のない規定となる。これに対して，遡及効を認める直接効果説では，545条1項ただし書は，第三者との関係で遡及効を制限したものとして重要な意味を持つが，第三者が保護されるためには対抗要件を備えることを要するという点では，虚偽表示や詐欺取消しの第三者については対抗要件の具備を必要としないとする通説・判例の立場との整合性が問題となろう。また，直接効果説によるかぎり，この場合の「対抗要件」は本来の意味とは異なり，権利保護資格要件としての性質を有するものといえる。

　　なお，判例（大判大7・9・25民録24輯1811頁）は，解除される契約上の債権そのものを譲り受けた者は第三者にあたらず，解除によって当該債権は消滅するとするが，学説は分かれる。解除されるという抗弁事由の付着した債権と考えることもできるが（468条1項参照），仮装債権の譲渡の場合には94条2項が優先的に適用される（大判大4・7・10民録21輯1111頁）こととの不均衡がないといえるかどうかが問題として残る。

(b) 解除後の第三者　　解除権が行使された後に法律上の利害関係を有するに至った第三者との関係は，直接効果説・変容説を問わず，対抗関係として処理されるのが一般である。もっとも，変容説ではこのような処理が自然であるが，直接効果説によるときは，解除により当初から解除者が権利者であったことになり，したがって，解除の相手方は無権利者との間で取引等を行ったにすぎないから，取消後の第三者の場合と同様に，第三者を無権利者からの転得者保護の法理（94条2項類推適用説。本シリーズⅠ・第4章Ⅲ3(3)参照）によって保護するという可能性が生ずる。判例は，取消後の第三者についても解除後の第三者についても，対抗問題として処理するという点で一貫しているともいえるが，学説上の通説は，取消後の第三者については94条2項の類推適用によるべきであるとしており，解除後の第三者について対抗問題として処理することとの整合性が問われることになる。

(9) 解除権の消滅　　解除権者に対する催告による消滅，目的物の滅失・損傷等の場合の解除権消滅については前述（(2)(ウ)，(8)(ア)）のとおりである。解除権行使の期間制限につき，判例（大判大6・11・14民録23輯1965頁）は，権利行使可能時から10年で時効消滅すると解してきた。現行法においては，解除権行使が可能であることを知った時から5年で時効消滅する（166条1項1号）。学説上は本来の債権と独立に解除権自体の期間制限を考える必要がないとする説が有力である。また，解除によって生ずる原状回復義務の期間制限につき，判例（大判大7・4・13民録24輯669頁）は，解除の時点から消滅時効が進行するとするが，有力説は解除権の存続期間内に原状回復義務も行使すべきであると解している。これは，とくに解除権行使や損害賠償請求権等について短期の期間制限が定められている場合（旧566条3項参照）に，判例の立場

ではその趣旨が失われてしまうということを根拠とするものである。しかし，期間制限の趣旨が権利を行使するかどうかを明らかにするところにあると理解するならば，判例の立場にもそれなりの理由がある。最高裁平成4年10月20日判決（民集46巻7号1129頁）は，債権法改正前の瑕疵担保責任による損害賠償請求権の期間制限が問題となった事案で，旧566条3項の期間内に担保責任を問う意思を裁判外で明確にすれば足りるとして，従前の立場を踏襲している。なお，現行566条は，契約不適合の通知に関する期間制限を定めるものであり，通知がされた場合，買主の権利行使については一般の時効消滅期間（166条1項）が適用されることに留意が必要である。

3　約定解除・合意解除

（1）約定解除　　約定解除は，当事者の合意により当事者の一方ないし双方に契約を解除する権限を与える場合である。540条以下の規定は，債務不履行解除に関する規定を除いて，一般的に適用がある。また，約定解除は片務契約においても意味をもつ。なお，一定の場合に民法は約定解除の合意を推定している（557条1項参照）。

（2）合意解除　　合意解除とは，契約関係を消滅させることを契約両当事者が合意するものであり，540条の規定する単独行為としての解除とは異なり，それ自体が一種の契約である。契約の清算関係も，とくに当事者の合意がない場合，解除の規定ではなく不当利得の規定によるとするのが一般である。

　当事者の合意のみによって第三者に不利益な効果を及ぼすことはできないから，たとえば，賃貸人と賃借人が合意解除してもその効果をもって適法な転借人に対抗することはできないのが原則

である。613条3項はこの趣旨を明文で規定するとともに（本文），合意解除の形式をとっていても，賃貸人が債務不履行を理由とする解除権を行使することができたときには，合意解除の効果を転借人に対抗できるとしている（ただし書）。また，転貸借の場合に準じて，土地の賃貸人と賃借人が借地契約を合意解除しても地上建物の賃借人に対抗することはできないと解されている（最判昭38・2・21民集17巻1号219頁）。もっとも，合意解除の効果を第三者に対抗できない場合に，事後の法律関係がどうなるかについては必ずしも十分に議論がなされていない。土地の賃貸借契約の合意解除の場合，通常は土地賃借人が建物の所有者であるから，建物賃貸借は従前と同様，建物所有者と建物賃借人との間で存続することになると解されるが，この場合，合意解除された土地の賃貸借関係がどうなるか。土地の賃貸借は終了しているが，建物賃借権が存続する間は土地明渡し・建物収去請求をなしえないというにすぎないのか，建物賃借権が存続するかぎり，土地賃貸借も存続することになるのか。前者の方が合意解除の当事者の意思には適合的であるが，この場合，土地の一部崩落等により建物の利用を妨げられるような状態になったときにも，修繕請求は認められないことになろう。また，これと同様に考えると，転貸借についても，賃貸人と転借人の間で直接の賃貸借関係が成立するのではなく，転借権が存続するかぎりで賃貸人による目的物返還請求が認められないというにとどまることになろう。

VI　危険負担と履行不能解除

1　危険負担と解除の関係

536条の規定の意義を理解するためには，債権法改正前の危険

負担と履行不能に基づく解除の関係を理解することが有益である。改正前においては，双務契約における一方の債務が履行不能となった場合に，債務者に帰責事由があったかどうかが重要な意味をもっていた。すなわち，履行の全部ないし一部不能を理由として契約を解除するためには債務者の帰責事由が必要とされ（旧543条），帰責事由のない履行不能の場合には，契約解除権は発生せず，不能となった債務が消滅することになるとされていた。この場合に，反対債務が存続するか消滅するかを定めるのが危険負担の諸規定であり，前者であれば不能の危険を負担するのは債権者であり（債権者主義），後者であればその危険を負担するのは債務者であった（債務者主義）。危険負担においては，反対債務の消滅・存続は，当事者の意思如何にかかわらず，危険負担規定の適用によって自動的に定められた。

　しかし，現行法においては，履行不能を理由とする解除は，債務者の帰責事由の有無にかかわらず可能であり，履行不能を理由とする解除のほかに，従来の危険負担制度を維持する必要があるかどうかが問題となる。そこで，現行法は，疑問の多かった債権者主義の規定である旧534条・535条を削除するとともに，解除権行使が解除権者の意思に依存することから，債務者主義により反対債務の自動消滅を規定していた旧536条を修正して，債権者に履行拒絶権を認めるものとしている。改正前に認められていた，反対債務の自動消滅という効果は，解除権を行使することによって反対債務を消滅させるという解除権者の意思と相容れないからである。

　これらによれば，たとえば，Ａが甲建物をＢに売却する契約を締結した後に，甲建物がＡ・Ｂの帰責事由なくして滅失したときは，Ｂは542条1項1号に基づいて解除権を行使して，売買代

金支払債務を免れることができるが，解除権を行使しなくても，536 条 1 項に基づいて売買代金の履行請求を拒絶することができる。解除権を行使できるときには，536 条 1 項の意義は乏しいが，解除権を行使すべき相手方の所在が不明である場合や，544 条の解除権の不可分性のゆえに解除権の行使ができない場合に 536 条 1 項の独自の存在意義があるとされる。しかし，これが十分な理由となっているかどうかは疑問もないではない。

　また，債権者である買主が代金の全部または一部をすでに支払っている場合には，これを取り戻すために解除権を行使して既払代金の返還を請求する必要があり，536 条 1 項の履行拒絶権ではこれを根拠づけることができるかどうか疑問が残る。もっとも，現行 536 条 1 項の下でも，買主は既払代金を不当利得に基づいて返還請求ができると解する考え方も有力に主張されているが，履行拒絶権という構成は，債務の存続を前提とするものであり，債務の存続を認めつつ，法律上の原因が存在しないとして不当利得返還請求を認めることは一貫しないとも考えられるからである。

2　引渡しないし受領遅滞による危険の移転

　危険の移転および解除権の行使との関係では，536 条のほか，567 条 1 項・2 項の規定にも留意する必要がある。すなわち，上に掲げた甲建物の売買契約の事例において，甲建物が買主 B に引き渡されたときは，それ以後に A・B 双方の帰責事由なくして滅失・損傷が生じても，B はこれを理由として解除やその他の不履行の救済手段を主張することができない（567 条 1 項）。これは，B が代金支払債務を免れないことを意味し，この意味で B が滅失・損傷の危険を負担することになる。

　また，A が債務の本旨に従った履行の提供をしたにもかかわ

らず，Ｂがその受領を拒み，または受領することができない場合，すなわち，Ｂが受領遅滞にある場合には，それ以後にＡ・Ｂ双方の帰責事由なくして目的物が滅失・損傷したときにも，Ｂは解除その他の救済手段を主張することができない（同条２項）。この場合に，不特定物売買については，特定と受領遅滞の関係が問題となりうる。売主が持参債務を負う場合には，売主が現実の提供をしてはじめて特定の効果が生じ，かつ，その時点で買主が目的物を受領しなければ，同時に受領遅滞の要件を充たすことになる。しかし，取立債務において，一定の期間内に取り立てるように催告をして，売主が目的物を準備し，かつ，いつでも引き渡せる状態で目的物を分離していたときは，特定は生じているが，受領遅滞とはいえず，その期間が経過してはじめて受領遅滞による危険移転の効果が生じると解される。

　これらの規定は，直接には売買契約に関わるものであるが，559条の準用規定を通じて，性質に反しないかぎり，他の有償契約にも適用される。なお，受領遅滞後に両当事者の帰責事由なくして目的物の滅失・損傷が生じた場合，受領遅滞に陥っていた債権者に帰責事由があったとみなされ（413条の２第２項），債権者は契約を解除できず（543条），また代金支払義務を免れない（536条2項）。すなわち，買主が代金支払債務を免れないという効果は，これらの規定からも導かれる。

3　債権者の責めに帰すべき履行不能の場合

(1)　反対債務の存続　　536条2項前段は，債務の履行不能が債権者の帰責事由に基づく場合には，1項とは異なり，債権者は反対給付の履行請求を拒絶することができないと規定する。債権者に帰責事由ある履行不能の場合，債権者は解除権を行使するこ

とができず（543条），したがって，債権者は反対債務を免れることができないが，これに対応して，危険負担を理由とする履行拒絶権も認められないとするものである。

　(2)　利益償還義務　　536条2項の重要な意義は，その後段にある。債権者に帰責事由があり，債務者が反対給付請求権を行使することができる場合に，債務者は，自らの債務の履行を免れることによって利益を受けることがある。たとえば，契約を履行するために必要な費用を支出する必要がなくなった場合に，この費用支出を免れたまま，反対給付請求権全額の利益を受けることができるとすると，債権者の責めに帰すべき履行不能によって債務者が二重の利益を受けることになる。そこで，536条2項後段は，債務者は，自己の債務を免れることによって得た利益については，これを債権者に償還する義務があると規定する。この趣旨は，上述した567条の規定にしたがって，債権者が危険を負担する場合にも同様に当てはまると解される。また，536条2項後段は，直接には反対給付請求権の拒絶ができないことに関するものであるが，その性質上，債権者による契約の解除が認められない場合であることを前提としている。

　なお，履行不能を生ずるのと同一の原因によって，債務者が債務に代わる代償的利益（たとえば，甲建物の火災による焼失に基づく保険金請求権）を得たときには，422条の2の規定にしたがい，債権者は代償請求権を行使することができる。もっとも，その場合，債権者は自己の債務を履行する必要がある。

第3章　契約各論

I　序　説

(1)　典型契約と非典型契約　　契約各論は，民法第3編第2章第2節「贈与」から第14節「和解」までに定められている13の典型契約（有名契約）を対象とする。

典型契約は，終身定期金契約のように今日では存在意義を失っているものもあるが，一般市民が日常の取引において多く利用している契約の中から類型化されたものである（商人間に一般的な契約類型は商法上の典型契約〔商法第2編〕として規定されている）。もっとも，パンデクテン体系の論理にしたがって，契約成立に関わる意思表示・法律行為の部分は民法総則に，契約により生じる債権の一般的内容・性質については債権総論に，また，契約における通則的な部分は契約総論におのおの委ね，契約各論は，各契約に特色的な要素に着目して当該契約の特則だけを規定していることに注意を要する。

契約当事者は，契約自由の原則の下で契約の内容を自由に定めることができるから，典型契約と相違する契約（非典型契約・無名契約）を締結することも可能であり，また，典型契約においても，その内容について民法の規定と相違する合意をすることもできる（521条）。したがって，典型契約の中で大半を占める任意法規は，当事者が典型契約と同一類型の契約を結んで，その内容の一部について取決めをしなかった場合や当事者の意思が不明瞭な場合に，

表 1　民法の定める典型契約の概観

形態	典型契約	契約の内容・特徴	要物	諾成	有償	無償	双務	片務	備考
財産移転型	贈与	贈与者による財産の無償供与に対する受贈者の受諾		○		○		○	
	売買	売主による財産権の移転と買主による代金支払の合意		○	○		○		有償契約の典型（売買の規定は他の有償契約に準用）
	交換	当事者間での金銭以外の財産権の移転の合意		○	○		○		
貸借型	消費貸借	要物＝同種・同等・同量の物の返還を約束して、借主が貸主から金銭その他の物を受領（目的物の所有権の移転と借主による消費）／諾成＝書面により同種・同等・同量の物の返還と借主と貸主による消費を書面による要式契約	○	△	△	○		○	△利息付の場合 △利息付の場合　書面による要式契約
	使用貸借	貸主による物の引渡しおよび契約終了後の借主による物の返還の合意		○		○		○	
	賃貸借	貸主が物の使用収益をさせることに対して借主が賃料を支払い、契約終了時に当該物を返還する貸主・借主間の合意		○	○		○		
労務提供型	雇用	労働者による労働の従事と、これに対する使用者の報酬支払いの合意		○	○		○		
	請負	請負人による仕事の完成と、仕事の成果に対する注文者による報酬支払いの合意		○	○		○		
	委任	委任者による法律行為の委託の申込みと受任者による承諾		○	△	△	△	△	△報酬の特約がある場合（法律行為でない事務の委託も可＝準委任）
	寄託	寄託者による物の保管の委託の申込みと受寄者による承諾		○	△	△	△	△	△報酬の特約がある場合
その他	組合	組合員の出資による共同事業の合意		○	○		○		契約ではなく、合同行為と解する有力説あり
	終身定期金	定期金債務者が自己・定期金債権者・第三者の死亡に至るまで定期に金銭その他の物を定期金債権者または第三者に給付する合意		○	△	△	△	△	契約の内容により○有償・無償、双務・片務となる
	和解	当事者間の互譲による争いの終息の合意		○	○		○		

契約内容を補充する役割を演じる。前に述べたように，典型契約は市民社会で多く用いられる契約を類型化・抽象化したものであるから，当事者の締結した契約を補充するのに適しているのである。

　ところで，契約自由の原則の下で必然的に生まれる非典型契約において，当事者の締結した契約の内容に欠ける部分があり，また，不明瞭な箇所があるときはどうすればよいか。

　このときも，契約で達成しようとした当事者の目的を考え，それを実現するのに適した典型契約の規定を利用することが可能である。というのは，利害の対立する状況にある契約当事者の利益調整の規準を，市民社会で多用されている契約類型に即して示したものが典型契約の規定であるため，そこでの利益調整の規準はあらゆる契約についても参考になるからである（なお，典型契約に定める任意規定の消費者契約における役割については，第2章Ⅰ5(3)を参照）。

　(2)　債権法改正（平成29年民法改正）と契約各論　　この度の債権法改正では「契約不適合」という用語が契約各論のキーワードの一つになっている。これは，特定物・種類物を問わず，物の引渡しを目的とする契約や権利の移転を目的とする契約で，引き渡された目的物・移転された権利が当事者間で合意された契約内容に適合していない（物の種類・品質・数量において契約内容と相違している，買った土地の一部が他人の土地であった，またはその土地に地上権が存在するなど）場合のことをいう。すなわち債務不履行において，履行遅滞や履行不能のように給付が履行されない場合でなく，履行があったが契約の目的に適合していない給付があった状態を契約不適合と呼び，不適合な給付をした者（売買における売主・請負における請負人等）に対して，債務不履行の特則である「契約不適合責任」を課している。

※　本章では，民法の条文は，現行法の条文を示すが，必要に応じて，債権法改正（平成29年民法改正）前の民法の条文を旧法（旧●●条），改正後の条文を現行法として表示する。

(3)　情報通信技術の発展と契約各論　　情報通信技術の利用が急速に進んできたことに対応して，契約法において従来は書面を必要としていたものや書面による通知を必要としていたものが，電子契約システムや電子記録媒体（DVD・USB メモリー等）あるいは FAX や電子メール等の電磁的記録・電磁的方法でも可能になってきている。契約において，電磁的記録・電磁的方法の利用が可能か否かは，契約に関わる法令で個別的に定められており，次第にその範囲が拡大しているので注意を要する。

II　贈　　与

1　贈与の意義・法的性質・社会的作用

福祉団体の活動に共鳴した人が団体にその所有家屋を寄贈するように，当事者の一方（贈与者）が相手方（受贈者）に無償で財産を与える契約を贈与という。贈与は，申込みと承諾の意思表示の合致だけで成立する諾成契約であり，贈与者が対価なしに財産を受贈者に与えるゆえに無償・片務契約である（549条）（表1）。諾成契約として容易に成立が認められるところにわが国の贈与の特色があるが，民法は書面によらない贈与を解除可能として，軽率に合意した贈与の効果を否定する余地を与えている（後述 2(2)）。

贈与者が反対給付を得ずに一方的な給付の義務を負担する贈与は，取引社会では成立することの少ない契約である。しかし，私的な生活の場面では，贈与は比較的頻繁に行われている。また，その背景・動機まで考えると，何かしら贈与の対価が予定されて

いることも稀ではない。法的関係では対価が存在しないが，無償の給付をさせる事情が当事者間に伏在しており，必ずしも物質的なものに限られない見返りがときに期待されているところに，贈与を単に法的な枠内で形式的に処理しえない要素がある。

2 贈与の成立と解除

(1) 贈与の成立 (ア) 財産の無償の供与 贈与の対象は「財産」である (549条)。現行法は旧法にあった「自己の財産」を「ある財産」と改め，他人の財産を贈与する合意も有効であることを明らかにした (後述3(3))。

財産を与えるとは，贈与者の財産の減少により受贈者の財産が増加することであり，相手方 (受贈者) の債務を免除することを贈与契約の内容とすることもできる。

なお，無償で物を使用させる契約としては，消費貸借 (587条以下) や使用貸借 (593条以下) があり，また，無償で労務を提供する契約として委任 (643条以下) や寄託 (657条以下) が存在するところから，このような形態の契約は，贈与ではなく，それぞれ特別な無償契約として取り扱われる。

(イ) 贈与の意思 贈与は契約であるゆえ，その成立には，「あげます」「もらいます」という贈与者・受贈者間の意思表示の合致が必要である。

贈与を成立させる意思表示の認定と解釈については，対価なしに一方的に相手方に財産を与える契約であることに留意して，動機をも含めた慎重な判断が必要である。この意味で，バーの女給の歓心を買うために400円 (当時の大卒公務員の初任給の約5倍) を与える旨の客の約束を自然債務と判断した「カフェー丸玉」事件判決 (大判昭10・4・25新聞3835号5頁) は，法的に拘束力ある贈与

表 2　贈与と解除

履行 書面	未 履 行	履 行 済
無	解除可能	解除不能（忘恩行為等による契約解除の可能性あり）
有		解除不能（忘恩行為等による契約解除の可能性あり）

の成立を制限した判例としても注目に値するものである。

★　(2)　**書面による贈与・書面によらない贈与**　　わが国の民法は，贈与について，その成立に公正証書などを要しない単純な諾成契約であるとしたが，しかし，書面によらない贈与は解除できることにした（550 条本文）。つまり，贈与の意思を書面に記すような場合には，通常は，贈与者が慎重に判断した結果であり，また，その意思も明確に把握できるゆえに，履行の強制もできるものとしたのであるが，書面によらない贈与については，贈与者が軽率に贈与の約束をしてしまうことも多いために，契約を解除できる余地を残したのである。このことから考えると，ここにいう書面とは，慎重な贈与の意思が確実にみてとれる程度の記載があるものならば十分だといえよう（最判昭 25・11・16 民集 4 巻 11 号 567 頁）。

　したがって，贈与者が売渡証書を作成して受贈者に交付した場合であっても，他の資料で無償であることを証明できるならば贈与の書面ということができる（大判大 3・12・25 民録 20 輯 1178 頁）。また，書面は，贈与者・受贈者間で取り交わされる必要はなく，贈与の履行に関係する者に宛てられているならば，第三者宛のものであってもよい。判例は，贈与者 A が売主 B から購入した土地を C に贈与した事例で，A が司法書士に依頼して作成させた C への中間省略登記を指図する B 宛の内容証明郵便も贈与の書

面だと認めている（最判昭60・11・29民集39巻7号1719頁）。

　上に述べたような書面が存在しない贈与では，履行の終わっていない部分について，契約両当事者は契約を解除して，履行を拒むことができる（550条ただし書の反対解釈）。たとえば，100万円の贈与を約束して，既に受贈者に50万円を手渡していても，贈与者は，契約を解除して，未履行の50万円の給付を拒むことができる。

　書面によらない贈与でも，履行が既に終わった部分については解除できない（550条ただし書）。この贈与の解除が許されなくなる履行の完了とは，動産では，引渡し（現実の引渡し・占有改定・簡易の引渡し・指図による占有移転）である。不動産については，判例は，引渡し（現実の引渡しに限らない）があれば登記の移転がなくとも履行が完了したものとし（大判大9・6・17民録26輯911頁），また逆に，引渡しがなくとも登記の移転があればよいとしている（最判昭40・3・26民集19巻2号526頁）。いずれにせよ，贈与の意思が明確となる外形的行為が存在すれば，履行が完了したものといえる。

　(3) 忘恩行為・贈与者の困窮を理由に契約を解除できるか　贈　★★
与契約を締結した後に，受贈者が贈与者に対して著しく背信的な行為を行い，あるいは契約当時には予想できない経済的困窮に贈与者が陥った場合に，贈与者は，契約を解除して履行した財産を取り戻せるだろうか。たとえば，A・B夫婦間の養子Cが一人前になったので，Aの死亡に際して，将来は面倒をみてくれるであろうと思って，Bが自分の相続財産の一切をCに贈与して引き渡したとしよう。この事例で，後にCがBを虐待し，あるいはBが生活保護を受けざるをえなくなったような場合に，Bは，契約解除して，Cから財産を取り戻せないであろうか。民法の規定によれば，書面によらない贈与であるが，履行済であるために，

解除不能ということになろう（550 条ただし書）。しかしながら，B が無償で給付した贈与の利益を C に帰属させておくことは著しく公平を失する。この問題に対処して，判例（最判昭 53・2・17 判タ 360 号 143 頁）は，C は B に対して贈与の見返りに扶養義務を負担する負担付贈与（後述 4 (2)参照）であり，贈与者が負担の履行を催告しても受贈者が応じないことが明らかである場合には，催告を要せず旧 541 条，旧 542 条を準用して贈与契約を解除できると解し，贈与者は贈与した財産を原状回復（同 545 条 1 項）により受贈者から取り戻せるとの原審判断を支持している。だが，このような場合に，明示されていない B の内心の意思を斟酌して負担付贈与と構成するのは技巧的であり，端的に受贈者の忘恩行為や経済的困窮を理由とする贈与契約の解除を認めるべきであろう。もっとも，受贈者の忘恩行為や贈与者の困窮を理由とする贈与契約の解除が可能かについては，債権法改正における検討の中でも議論されたが，民法に規定を設けることを断念し，解釈に委ねることになった。

3　贈与の効力

(1)　**贈与者の財産権移転義務**　　贈与者は，契約内容にしたがって，財産権を受贈者に移転する義務を負う。動産，不動産の贈与では，所有権を移転し，登記・引渡し（177 条・178 条）の対抗要件を受贈者に備えさせる義務を負う。また，債権を贈与した場合には，受贈者のために対抗要件（467 条）を取得させる義務を負う。

★　(2)　**贈与者の引渡義務等（担保責任）**　　贈与者は，契約の趣旨に照らして確定した内容を履行する債務を負担している。引き渡された贈与の目的物が種類・品質・数量に関して契約内容に適合し

ているか否か，また，贈与した権利が契約内容に適合しているか否かは，贈与の無償性に鑑み，通常の贈与者の意思から，「贈与者は，贈与の目的である物又は権利を，贈与の目的として特定した時の状態で引き渡し，又は移転することを約したものと推定する」との契約不適合責任の特則が適用される（551条1項）。すなわち，当事者間の契約内容は，特定物贈与では特定（契約）時の状態での引渡しであると推定され，また，種類物では贈与契約の内容にしたがい贈与する物が特定した時（401条2項）の状態で引き渡すものと推定されるため，この推定が覆らない限り，贈与者は，特定時の状態で目的物を引き渡せばよい（契約不適合責任は追及されない）。

　それゆえ，たとえば，受贈者Aが「子どもが学校で使う色鉛筆が欲しい」と述べたのに対して，贈与者Bが「封も切らないで買ったままの色鉛筆セットがあるのでそれでよければ差し上げる」と言って，A・B間に贈与契約が成立したが，Aが受け取った色鉛筆セットに1本不足する色鉛筆があった場合には，この色鉛筆セットは特定物であると考えられ，契約時（特定時）に既に1本不足する状態であったため，Bは，契約不適合の責任（売買における追完義務〔562条〕等）を負うことはない。この事例で，BがAに対して不足する1本について追完を求めようとするならば，Bは，「特定した時の状態で引渡しを約した」との推定を覆すため，A・B間で完全に揃った色鉛筆セットを贈与する合意があり，それが贈与契約の内容となっていたことを立証しなければならない。

　また，お祭りのために，町内会長AにBがミカン100個を贈与すると約束したが，Bが引き渡した100個のミカンの中で5個が腐っていた場合には，種類債権では特約がない限り受贈者のも

とに持参して提供された時に目的物は「特定」したので，腐った物であったとしても，贈与者の引渡義務（551条）は履行され，契約不適合責任を問えないと解することが可能である。また，そのように解することが，贈与の無償性に鑑みて贈与者の担保責任を軽減する旧法の立場を維持することにした現行法の考え方にも合致するであろう。なお，持参・提供されたミカンの中に腐った物が多量にあった場合には，贈与者と受贈者の当初の契約目的（町内会のお祭りのための贈与）を考慮して，契約不適合責任を問題にする余地はあろう。

　(3)　他人の財産の贈与　　他人に属する財産の贈与も有効である。他人の財産を贈与したような事例では，他人の財産を取得して贈与するという明示的な合意があるならば，受贈者は，契約内容に即して，その財産の移転の履行を求めることができる。しかし，たとえば，贈与者が自己の所有と信じて贈与することを約した特定物が実際には他人の所有物であったような場合には，贈与者は，所有権を取得する限りで受贈者に贈与物を引き渡さねばならないが，契約時に既に当該目的物を受贈者に引き渡すことができない状態であったのであるから，贈与者は所有権を所有者から取得して贈与する義務はないものといえよう。

4　特殊の贈与

　社会に存在する贈与にはいろいろな形態があるが，民法は，定期贈与，負担付贈与，死因贈与についてとくに規定を設け，一般的な贈与に関する規定を補充している。また，贈与の特殊な形態として，寄附がある。

　(1)　定期贈与　　定期贈与とは，大学在学中は毎月2万円を生活費として贈るというように，継続的・回帰的に一定の財産を贈

与するものである。定期贈与においては，期間を定めていても，特約がない限り，人的関係を基礎にする当事者の意思に合致するため，贈与者または受贈者の死亡によって，契約の効力は消滅する（552条）。

　(2)　負担付贈与　　贈与者が 100 万円相当の中古自動車を贈与する代わりに，受贈者も 50 万円を支払うというように，贈与に際して受贈者も何らかの給付を負担するものを，負担付贈与という（扶養義務を負担するものも負担付贈与である〔前述 2 (3)〕）。贈与は無償契約であるから，負担は贈与財産の価値内でなければならない。

　受贈者の負担は法的な対価ではないにしても，実質的には対価的な性格をもつことから，負担付贈与については，贈与者は，負担の限度において，売主と同じく，担保責任を負う（551条 2 項）。すなわち，売主の担保責任（562条〜570条・572条）と同様に，受贈者は，贈与者に対して，追完請求権・負担減額請求権・損害賠償請求権・契約解除権を行使できる。たとえば，前述の中古自動車の負担付贈与の事例で，自動車が欠陥のため 40 万円の価値しかなく負担（50 万円）に満たなければ，受贈者は，負担の履行による損失を回避するために，目的物の実際の価値を超える負担部分の 10 万円について負担の減額を贈与者に請求して，負担を 40 万円にすることができる（価値が 50 万円であれば減額されない）。また，この場合，贈与者は，契約を解除することも可能であり，被った損害の賠償請求をすることもできる（564条）。なお，負担付贈与については，贈与の規定以外に，その性質に反しない限り，双務契約に関する規定（同時履行〔533条〕，危険負担〔536条〕など）が準用される（553条）。

　(3)　死因贈与　　死因贈与とは，贈与者が生前に受贈者と贈与契約を締結し，贈与者の死亡を効力発生条件（停止条件）として

おくものである。贈与者の生前には財産状態に変化はなく，贈与者の死亡に伴う相続開始の時点で，相続人に帰属する財産がその分減少する点で，遺贈（遺言による財産の無償供与）に似ている。それゆえ，死因贈与には遺贈に関する規定が準用される（554条）。遺贈に関するどの規定が準用されるかは，必ずしも明らかではない。しかし，死因贈与が贈与者・受贈者間の契約であることから，遺言の中で行われる遺贈の単独行為たる側面に関わる能力（961条），方式（960条），承認・放棄（986条以下）に関する規定については準用の余地はなく，効力に関する規定については準用されるものといえよう。

　旧法に関する判例は，死因贈与の取消しについて，遺贈と同様に，贈与者の最終意思を尊重して決するのが妥当であるから，遺言の撤回に関する1022条がその方式に関する部分を除いて準用されるとしている（最判昭47・5・25民集26巻4号805頁）。したがって，死因贈与契約を書面でした場合でも，契約後に贈与者側の事情が変化した場合には，贈与者は，いつでも死因贈与を撤回（解除）し（撤回の方式に定めはない），あるいは死因贈与と抵触する内容の遺言をすることは認められる（後の遺言が優先する。1023条参照）。しかし，負担付死因贈与で，受贈者が生前に負担の全部またはそれに類する程度の履行をした場合には，贈与者の意思を尊重するあまり受贈者の利益を犠牲にすることは妥当ではないとして，特別の事情がない限り，1022条・1023条の準用はないと解している（最判昭57・4・30民集36巻4号763頁）。すなわち，負担の大半が既に履行されている場合には，遺言により負担付死因贈与を撤回（解除）し，受贈者に不利益を与える贈与の変更をすることは認められないのである。

　(4)　寄附　　お祭りに際して町内会に寄附をするというように，

直接相手方に財産を与える寄附は，通常の贈与である。これに対して，難民に対する寄附のように，公共目的のために発起人が多数の人から金品を集めるような場合は，発起人自身が利益を享受するのではないため，発起人への贈与ではなく，目的を定めた発起人への財産の信託的譲渡とみるべきである。そして発起人は，受領した金品を寄附の趣旨どおりに使用する義務を負うことになる。ただし，この場合でも，贈与に関する規定（550条・551条）は寄附者と発起人との間で適用される。

Ⅲ　売買・交換

1　売買の意義

(1)　売買の意義・法的性質・社会的作用　　家電量販店で10万円のスマートフォンを買う約束をし，また，所有する建物と敷地を5000万円で売る約束をするように，当事者の一方（売主）が財産権を相手方に移転し，それに対して相手方（買主）が金銭を支払うことを約する契約が売買である（555条）。売買は，申込みと承諾の意思表示の合致だけでも成立する諾成契約であり，対価を得て財産権を移転するものであるから，有償契約である。そして有償契約の典型たる性格をもつゆえに，売買に関する規定は，他の有償契約にとって総則的意義を有する（他の有償契約に特別の規定がない場合には，売買の規定を準用する〔559条〕）。また，売買の両当事者は，契約上互いに財産権と金銭の給付義務を負担し合うために，売買は双務契約の典型をなす（表1）。民法総則の法律行為，および，債権総則・契約総則で取り扱ってきた財産法の諸制度は，売買契約を念頭において形成されたものであって，売買の構造と最も整合性を保っている。

　売買は，現代社会において普遍的にみられる契約である。たとえば，製造業者は，生産に必要な土地・建物，機械・道具，特許権および原料などを金銭をもって購入し，生産された品物を販売して，また，加工業者は，生産者から購入した品物に付加価値を付けて販売して，それぞれ利益を得ている。そして会社員などの労働者も，自らの労働で得た金銭で生活に必要な物品を流通業者より購入して，生活を維持している。すなわち，現代の分業社会においては，生産・流通・消費の過程が分裂・細分化するとともに，その間を媒介する取引は，ほとんどすべて売買という形式がとられ，売買は資本主義経済の根幹をなす契約になっているのである。

　(2)　売買の多様性と特別法　　現代社会の売買は，生産・流通・消費の各段階で，多様な形態と内容をもって行われており，また，不動産・動産・債権等の権利というように，種々のものをその対象にしている。しかし，民法は，財産権と金銭の交換という共通の性質で抽象的に捉えて，これらの間を区別しない規定をしている。そこで，民法の一般的な規定では，多様に展開した売買取引で生じる法的紛争に十分な解決を与えられない事態も生じており，それとともに，売買に関する特別法も多く制定されるようになってきている。

　　商人間の売買たる商事売買については，既に民法典制定当初から商法に特則が置かれている（商524条以下）が，とくに近年の特別法の傾向として，一般市民（消費者）との間にある交渉力や取引能力の格差を利用して事業者が不公正な取引をすることを，消費者保護の立場から規制する法律が増えてきている。これら消費者保護との関係で重要な売買の特別法のうち，割賦販売法，特定商取引法については，後に，簡単な説明を加える（後述4(2)）。し

かし，これらの特別法も民法の売買の規定を必要に応じて修正するものであって，民法が定める売買の原則を理解する重要性は決して減じていないことに留意すべきである。

　なお，国際的取引が活発化するに伴って，国際的な売買に適用される各国の国内法の内容を統一化する努力も続けられている。この成果たる「国際物品売買契約に関する国際連合条約」（ウィーン売買条約〔1980 年 4 月 11 日採択（2009 年 8 月 1 日・日本について発効）〕）は，日本の事業者の国際的取引に適用され，また，同条約の合理的・普遍的内容ゆえに債権法改正にも大きな影響を与えている。現行法の承諾通知の到達主義，法定解除の要件，売買における危険の移転時期などは，ウィーン売買条約と近似する内容になっている。

2　売買の成立

　(1)　売買契約の成立　　(ｱ)　売買の対象と対価　　売主が移転すべきものは財産権であるから，動産・不動産（の所有権）は当然として，地上権・抵当権などの物権，貸金債権・賃借権などの債権，無体財産権，企業なども売買の対象となる。これに対して，対価となるものは金銭に限られる。すなわち，金銭以外の財産権を対価とする契約は，売買ではなく，交換（586 条）となる。なお，企業等に勤務して賃金を得ることを労働力の「売買」と俗にいうが，法律的には，雇用（623 条以下）である。

　(ｲ)　売買の合意　　売買は諾成契約であるので，主な給付に関わる財産権の移転と代金支払について合意が成立すれば，その他の付随事項（履行期，履行場所など）の合意がなくても，また，契約書が作成されなくても，契約は成立する。

　もっとも，不動産などの重要な財産権に関わる売買では，実務

界は，目的物と代金などの概括的な合意だけでは未だ完全な契約の成立を認めず，細部にわたる契約書の作成があって初めて売買契約が成立したと解する傾向にある。この場合，概括的な合意をした後，正式な契約書作成に至るまでの間に，当事者の一方が契約の成立を阻害したときが問題になる。このような事案について，裁判例は，正式な契約の締結を正当な理由なく拒否することを契約交渉過程での信義則に反するものと認め，損害賠償責任を課している（第2章Ⅱ1(2)参照）。

　ところで，店頭での買物にみられるような物と代金を即時に交換する「現実売買」については，後に履行義務を残さないために，債権関係を成立させる売買とはいえないのではないかとの議論もあった。だが，この場合でも，契約不適合責任など売主の義務を問題にする余地はあり，売買契約とみることに現在では異論はない。

　(2)　売買の予約　　(ア)　売買の予約　　予約は，将来において契約（本契約）を締結することを約束する契約である。たとえば，社内手続があり現時点では売買契約を締結しないが，社内手続を終えてＡが希望するならば，Ｂはその所有する土地を8000万円で売却する契約（本契約）を結ぶという原則的な合意がＡ・Ｂ間でなされたならば，売買の予約が成立したことになる。上の例のように，当事者の一方（Ａ）のみが本契約を成立させる権利をもつものを片務予約といい，双方が契約成立の権利をもつものを双務予約という。このような予約においては，Ａが本契約締結の申込みをすると，Ｂは本契約に承諾する義務を負うことになる。そしてＢが承諾を拒否するならば，Ａは，承諾の意思表示に代わる判決（414条1項，民執177条〔意思表示の擬制〕）を得て，本契約の成立を主張できることになる。

　(ｲ)　売買の一方の予約　　上記の形式の予約は，不動産売買で公証人による契約書作成義務がある国において，要式契約である本契約が形式不備のために締結できないなどの場合に，本契約の成立をあらかじめ確保しておくためには必要であり，意味がある。だが，売買を不要式の諾成契約としたわが国では，当事者に再度の申込みと承諾という無用の手間を課すだけで，存在意義の少ないものである。そこで民法は，予約については，「売買の一方の予約」のみを規定した。

　これによれば，売買契約の当事者の一方だけが本契約に移行させる予約完結権をもち，この者（予約権利者）が予約完結の意思表示をすると，相手方（予約義務者）の承諾の意思表示を要せず直ちに売買契約が成立することになる（556条1項）。予約完結権は，行使期間に定めがあれば，その期間内に予約権利者は予約完結権を行使しなければならず，また，行使期間に定めがなければ，相当の期間を定めて予約義務者はその期間内に行使するか否かを確答すべき旨を予約権利者に催告し，期間内に予約権利者が確答をしなければ，失効する（同条2項）。予約完結権は，性質上は形成権であるが，債権に準じて，5年ないし10年（166条1項）の消滅時効にかかる（判例・通説）。したがって，予約完結権を行使できることを知った時から5年（予約完結権を行使できる時から10年）を経過すれば，予約義務者は消滅時効を援用できる。

　民法に定める売買の一方の予約は，現物を点検したうえで気に入ればその物を買い取る権利を相手方にあらかじめ与えるというように，将来の売買契約の成立の手段としての利用が考えられて規定されたものである。だが，現実にはこのような利用は稀であって，貸金を返済できない際に代金と貸金を相殺する形で不動産を買い取る予約（売買予約）や，不動産等の所有権を債権者に譲

渡させておいて債務の弁済があったときに債務者に再度売り渡す予約（再売買の予約）として，債権担保のために多く利用されている（再売買の予約については，後述5参照。なお，本シリーズⅡ・担保物権法編第3章も参照）。

(3)　手付　　(ア)　手付の意義・種類　　たとえば，代金1000万円の土地の売買契約の成立時に，100万円ぐらいの「手付金」を買主が売主に交付することは日常見聞きするところである。この手付は，売買だけではなく，賃貸借や請負などでも賃借人や注文主から交付される。それゆえ，手付は，有償契約において契約の際に代金・報酬の一部払い以上の意味（この意味は，手付の種類によって異なる）を込めて当事者の一方から他方に交付される金銭その他の有価物と定義されている。手付は売買で交付されることが多いために，民法は，売買に手付に関する規定（557条）をおいて，他の有償契約に準用する（559条）ことにした。

(イ)　手付の認定——解約手付の原則　　手付には次のような種類がある。①契約成立の証拠としての証約手付（すべての手付に共通する性質でもある），②契約の成立要件としての成約手付，③手付が交付されたときは，自身は履行に着手していても，相手方が履行に着手していない限り，手付交付者たる買主は手付を放棄して（「手付損」「手付流し」），また，手付受領者たる売主も，受領した手付の倍額を現実に提供して（「手付倍戻し」「手付倍返し」），任意に契約を解除することができる解約手付（557条），④相手方の違約（債務不履行）に際して手付受領者により没収される（または手付交付者に倍額を支払う）違約手付。この違約手付は，さらに，手付の没収だけで済ませ，別途に損害賠償の請求ができない損害賠償の予定（420条）の性質をもつものと，手付の没収以外に現実に被った損害の賠償請求が可能である違約罰であるものとに分かれ

る。なお，違約手付が交付されたときは，損害賠償の予定の性質をもつものと推定すべきである（同条3項参照）。

手付には，このようにいろいろな種類があるが，交付にあたって当事者がその趣旨を明確にしなかったために，手付の性質について争いが生じたときは，交付された手付は民法に定める解約手付と推定される（最判昭29・1・21民集8巻1号64頁）。判例は，この解約手付の推定を広い範囲で行っており，売買代金900円に対して6円の手付が交付されたように，手付が僅少すぎて手付損・手付倍戻しによる解除が公平に失すると思われる事例でも，その手付を解約手付と認めてかまわないとしている（大判大10・6・21民録27輯1173頁）。

なお，宅地建物取引業法は，不動産の売主たる宅建業者に交付される手付について，代金の2割を超える手付を売主は受領してはならないとし，また，いかなる意図で交付された手付でも，それを解約手付として扱うと定めている（宅建業39条）。解除権を留保することで取引に習熟しない買主を保護する規定である。

ところで，売買契約では，手付のほかに，申込証拠金あるいは内金と称する金銭が交付されることがある。このうち，申込証拠金は，契約成立前に，契約締結の優先権を確保する意思で購入希望者から交付されるものであり，契約不成立の場合には，返還請求が可能である。また，内金は，契約成立後に，買主から売主に対して代金の一部前払の趣旨で支払われる金員であり，売買代金の一部を成すものである。

　(ウ)　**解約手付も兼ねる違約手付は存在するか**　　たとえば，買主 が手付を売主に交付し，契約書において，「買主に契約不履行があるときは，売主は手付を没収し，売主に契約不履行があるときは，売主は買主に手付金の倍額を違約金として提供する」と定め

たとする。契約書の記載からは，この手付が違約手付であること
は明らかであろう。ところで，この手付を根拠に，売主は，買主
の債務不履行がないにもかかわらず，手付の倍額を提供して契約
を解除することができるだろうか。最高裁は，一つの手付が違約
手付と解約手付とを兼ねることは可能であると判断して，契約の
履行着手前の売主による一方的な解除を肯定した（最判昭24・10・
4民集3巻10号437頁など）。

　しかし，この判決に対する学説の評価は大きく分かれている。
一方の見解は，違約手付は，契約の拘束力を強固にするためのも
のであり，いつでも契約から抜け出せる権利を留保して契約の拘
束力を弱める解約手付とは全く性質を異にするゆえ，同一の手付
に相対立する性質を認めた判断は誤りであると主張する。これに
対して，他方の見解は，違約手付と解約手付の性質が理念上対立
することは認めるものの，わが国の契約における慣行を理由に，
判例の立場を擁護する見解もある。すなわち，違約手付が解約手
付を兼ねることを可能とする見解によれば，少なくとも手付損・
倍戻しによらねば契約関係から離脱できなくなるゆえに，単なる
約束（契約）の拘束力を弱いものと意識していたわが国の旧来の
契約観においては，解約手付の交付は契約の拘束力を強めるもの
と理解されており，また，手付額は損害の償いの意味を含めて取
り決められている（重要な契約では手付額を多くしている）と説明さ
れる。したがって，違約手付が交付された事例でも，さらに解約
手付を兼ねるものと認めて，売主が契約の履行着手前に手付倍戻
しにより一方的に契約解除をすることも許されると解するのであ
る。なお，この見解でも，違約の際の損害賠償の定めが別に存在
する違約罰としての違約手付については，解約手付を兼ねるもの
とは認められないとする。このような場合に，債務を履行しない

者による一方的解除を許しては，損害賠償の特約が無意味になるからである。

　㋓　解約手付による解除　　(a)　要件　　解約手付が交付された場合には，手付交付者（買主）は，手付を放棄し，また，手付受領者（売主）は，倍額を現実に提供して，契約を任意に解除できる（557条1項本文）。解約手付により解除しようとする者は，履行に既に着手したか否かにかかわらず，相手方が履行に着手していなければ，契約を解除できるが，相手方が履行に着手した後は契約解除ができなくなる（同項ただし書）。これは，履行に着手した者が契約を解除されることで不測の損害を被らないよう，「履行の着手」者を保護する趣旨である（最大判昭40・11・24民集19巻8号2019頁）。

　解約手付による解除をするには，解除者は，①売買契約に付随して手付が交付されていること，②相手方に対して，手付金を放棄して契約解除の意思表示をしたこと（買主からの解除の場合）または手付金の倍額を現実に提供して契約解除の意思表示をしたこと（売主からの解除の場合）を主張・立証すべきであるが，解除権を行使された相手方が解除を阻止するためには，手付による解除の意思表示以前に「履行の着手」をしたことを主張・立証する必要がある。

　判例は，「履行の着手」を「客観的に外部から認識し得るような形で履行行為の一部をなし又は履行の提供をするために欠くことのできない前提行為をした場合を指す」と解している（前掲最大判昭40・11・24）。したがって，履行期以前の行為について履行の着手を認めることも可能であるが，履行の着手にあたるか否かについては，「当該行為の態様，債務の内容，履行期が定められた趣旨・目的等諸般の事情を総合勘案して」決しなければならな

い（最判平 5・3・16 民集 47 巻 4 号 3005 頁）。

　たとえば，土地の売買契約において，売主が移転のための代替土地を探すための猶予期間として履行期を明定したような場合には，履行期到来の相当以前に買主が売買の目的地を測量したからといって，その行為を履行の着手と認めることはできないであろう（前掲最判平 5・3・16）。これに対して，買主が代金の工面のための猶予期間として履行期を設定した場合に，買主が履行期前に銀行から代金相当額の融資を受けて代金支払の準備をしたならば，その行為を履行の着手と認定することは可能であろう。

　(b)　効果　　解約手付による解除は，債務不履行による解除（541 条など）とは異なるために，手付損・倍戻しをすれば，別に損害賠償を行う必要はない（557 条 2 項・545 条 4 項）。

　(4)　売買契約に関する費用　　売買契約書の作成費用や契約書に貼付する印紙代のように売買契約締結に要する費用は，特約のない限り，売主と買主が折半して負担する（558 条）。

　なお，不動産売買における測量の費用は，売主が負担し，所有権移転登記の費用（司法書士の報酬を含む）は，買主が負担するのが取引の慣行である。

3　売買の効力

　(1)　売買の効力　　売買契約の効力として，売主は，売買の目的たる財産権を買主に移転する義務を負い，買主は代金を支払う義務を負う（555 条）。

　ところで，旧法の下での伝統的な見解では，「売買の効力」（第 3 節第 2 款）の旧 560 条〜568 条等の担保責任に関する規定は，特定物売買における売主の「担保責任」を定めるものであると理解されていた。すなわち，特定物売買においては，売主は当該特定

物を買主に給付したならば（他に提供すべき物が存在しないゆえに）債務は完全に履行されたと解されるため（いわゆる「特定物」ドグマ），契約締結時に売主・買主が契約の前提としていた目的物の権利，数量，性状に契約当初からの欠陥（原始的瑕疵）があったときの処理が債務不履行責任とは区別されて問題になる。この解決策として，売主の「担保責任」が「売買の効力」の箇所で特に法律により定められていると解していたのである（法定責任説に基づく「担保責任」。なお，他人の権利の売買については異論もあった）。

　これに対して，現行法の下の売買契約では，売主は契約内容に適合した財産権を買主に移転する債務を負担するとの前提に立って，目的物が特定物であっても，提供された物の権利状態，数量・品質等が契約で定めた内容に適合しない（契約不適合）ならば債務不履行であると解する，旧法の下で学説上有力であった契約責任説が採用されている。このため，現行法の「売買の効力」（第3節第2款）の561条以下の規定は，特定物・種類物売買を区別せず，給付されたものが売買契約で合意した内容と相違している債務不履行責任の特則となる売主の契約不適合責任（現行法の下でも売主の「担保責任」という名称を用いている）を定めるものになっている。

　そこで以下では，現行法の下で一新された「売買の効力」を解説することにする。

　(2)　売主の義務　　(ア)　財産権移転義務　　売主は，契約の内容に適合した財産を買主に移転する義務を負う。移転すべき財産が有体物の所有権である場合には，売主は，種類，品質および数量に関して，契約内容に適合するものを買主に引き渡す義務を負う（555条・562条参照）。引き渡す物が特定物である場合には，売主は，引渡しまで善管注意義務により当該特定物を保存し（400

条），契約および取引上の社会通念に照らして定まる品質の物を引き渡さねばならず，それが明確ではないときには，引渡時の現状で引き渡さねばならない（483 条）。また，種類物である場合には，売主は，それが手元にないときには契約に適合するものを他から調達し，引き渡す物を特定し引き渡さなければならない（401条 2 項）。

　売買契約以外に財産権を移転するための特別の行為（物権行為など）を要求しないわが国の法制度では，この売主の義務は，完全な財産権を買主に取得させるための占有の移転と対抗要件具備への協力，あるいはそれに必要な書類の交付によって果たされる。たとえば，土地や自動車などの売買では，売主は，目的物の引渡しと第三者対抗要件としての登記（177 条）や登録（車両 5 条）への協力をし，債権の譲渡（売買）では対抗要件としての譲渡の通知（467 条）をしなければならない（560 条）。なお，農地の売買において農業委員会の許可が要求されているとき（農地 3 条）や，賃借権の譲渡（売買）において賃貸人の承諾を必要とするとき（612 条）のように，財産権移転のために特別な行為が必要な場合には，売主は，それらの措置をとらねばならない。また，目的物について権利を争う者がいる場合には，売主はこれを排除する義務を負う。

　（イ）果実の引渡し　　果実は元物から分離する時に収取権を有する者が取得する（89 条）のが原則である。しかし，売買では，特約がない限り，目的物から生じる果実（88 条）の引渡しと代金の利息の支払の関係を簡潔に処理し，引渡し前に目的物から生じた果実は売主に帰属し（575 条 1 項），また，買主は目的物の引渡日より代金の利息の支払義務を負うものとした（同条 2 項，なお後述(11)(ア)(c)参照）。

果実と代金の利息を相殺的に処理する趣旨から，目的物の引渡しを遅滞していても，代金が未払である限り，売主は果実を取得でき（大連判大13・9・24民集3巻440頁），また，買主が代金全額を支払ったならば，売主は，目的物を占有していても，果実収取権を失う（大判昭7・3・3民集11巻274頁）。

(ウ)　他人に属する権利の売買における売主の義務　　(a)　他人に属する権利の売買の有効性　　たとえば，買った中古自動車が売主の所有物でなかったとか，買った土地の一部が他人の所有に属していたとかいうように，権利の全部または一部が他人に属していた場合でも，売買契約は目的たる権利が売主に属していることを要件にしていないため（555条），契約自体は有効である（最判昭25・10・26民集4巻10号497頁）。その場合には，売主は，権利を取得して買主に移転する義務を負う（561条）。

(b)　他人に属する権利の売買における権利移転義務の不履行の場合の売主の責任　　権利の全部が他人に属しているため移転不能の場合（例：他人物売買で真の所有者が所有権移転を拒絶しているような場合）と，売買した権利の一部が他人に属する場合との間で，責任のあり方に相違がある（後述(4)参照）。

(c)　**他人の権利の売買**（他人物売買）**と相続**　　夫Ｃの所有す　★る土地を妻ＡがＢに売却した後にＡが死亡してＣがＡの唯一の相続人となったように，他人の権利の売主Ａを真の権利者たるＣが相続した場合は，Ｃは相続人として売主Ａの権利移転義務を履行することが可能であるが，他面において真の権利者として権利の移転に許諾の自由を有しているため，信義則に反する特別の事情がない限り，Ｃは売買契約の履行を拒絶することができる（最大判昭49・9・4民集28巻6号1169頁）。しかし，履行を拒絶した場合には，売主の地位を相続したＣは，債務不履行の一般原

95

則に基づき損害賠償（415条）の責任を負う。これに対して，A
がCを相続したときは，Aは信義則上権利の移転を拒めず，当
然に権利は買主Bに移転する。なお，同様の問題が無権代理で
も生じることに注意を要する（詳しくは，本シリーズⅠ・第5章Ⅳ4
参照）。

★★　　(3)　**目的物の種類・品質・数量に関する契約不適合の場合の売主の
債務不履行責任（買主の権利）**　　売主は，特定物か種類物かである
かを問わず，種類，品質および数量に関して契約の内容に適合し
た目的物を引き渡す義務を負う。このため，引き渡された売買の
目的物の種類・品質・数量が契約の内容に適合していないことが
判明した場合には，特定物か種類物かを問わず，買主は不完全な
履行による債務不履行責任（契約不適合責任）を売主に追及できる。
この契約不適合責任における買主の権利として，民法は，一般的
な債務不履行に基づく権利（契約解除権〔541条・542条〕，損害賠償請
求権〔415条〕）に加えて（564条），以下に述べるように，売買にお
ける特則である帰責事由を不問にした追完請求権（562条），代金
減額請求権（563条）を買主に与えている。買主がこれらの請求
権を行使するには，買主は，引き渡された売買目的物が契約不適
合であることを主張・立証する必要がある。

　562条には「引き渡された」とあるが，引渡前に目的物の契約
不適合を認めた場合には，買主は受領を拒絶して，一般の債務不
履行責任を問うことができる。目的物が種類物（401条）である
ならば，特定が生じないために，契約内容に適合した他の物の給
付を求めることになる。また，目的物が特定物であるならば，債
務不履行として損害賠償請求（415条）や契約解除（541条・542条）
をすることが可能であるが，買主が当該目的物の給付を欲するな
らば，売買の担保責任の特則を準用して，買主に修補請求権（562

条1項）や代金減額請求権（563条）を認めるべきであろう。

　(ア)　**種類・品質・数量に関する契約不適合**　　(a)　ここで問題に ★★
なる「契約不適合」に関しては，契約時に当事者が合意した契約
の性質，契約をした目的，契約締結に至る経緯等を考慮して合意
内容を確定し，その合意内容が取引通念に照らして満たされてい
るかを総合的に判断して適合・不適合を決すべきである。

　　(b)　種類・品質の不適合に対応する旧法の瑕疵担保責任の
「瑕疵」概念に関しては，「物が通常有すべき品質・性能の欠如」
と捉える客観的瑕疵概念と，「当該売買契約において予定されて
いた品質・性能の欠如」と捉える主観的瑕疵概念の両説が主張さ
れていた。判例は後者を採用していたが，「契約不適合」は，こ
の判例の立場を受け継ぎ，契約当事者の合意内容を基礎に据える
とともに，社会通念にしたがった合意の解釈を求めているものと
いえよう（最判平22・6・1民集64巻4号953頁も参照）。たとえば，
畑作用の散水機を探していた買主である農家が，展示場で散水状
態を見せて農業用にも使用できると売主が述べた散水機を購入し，
実際に農地で使用したところ，園芸用には十分であっても畑作用
には能力不足であることが判明したならば，当該散水機に機能上
の問題がなくても，契約目的に合致しないために契約不適合であ
り，買主は，以下(イ)(ウ)(エ)に述べる契約不適合責任を追及できる
ことになる。

　なお，旧法の下では，宅地として購入した土地が都市計画上の
道路予定地であったように，目的不動産に法令上の建築制限のあ
る場合も，瑕疵担保責任（旧570条）に含めて扱っていた（最判昭
41・4・14民集20巻4号649頁）。それゆえ，現行法の下でも，この
解釈が維持されるならば，買い受けた宅地に法令上の建築制限の
ある場合は，種類・品質に関する契約不適合となる。これに対し

て，旧法の下での有力説は，この事案について，目的物が用益権による制限を受けているもの（旧566条。現行法では，移転した権利の契約不適合，565条）として処理すべきだと主張していた。この見解の相違は，競売による買受人の契約不適合責任追及の可否に関わっており，現行法の下でも議論が継続することになろう（後述(7)(イ)参照）。

　(c)　品質に関する契約不適合では，物理的瑕疵のみならず，法的瑕疵（都市計画法など法令により不動産の利用が制限されている事情〔上記判例〕），心理的瑕疵（不動産における過去の自殺，他殺など一般人が嫌悪感を持つ事情），環境的瑕疵（騒音・振動・悪臭・景観阻害など不動産の悪い周辺環境）も対象になる。

　(d)　数量に関する契約不適合では，不動産（土地・建物）売買において，その適用の有無が問題になる。たとえば，買主Aが売主Bより1億円で購入した公簿上500 m² の甲土地が実測では450 m² しかなかった場合に，公簿上特定された甲土地に代金1億円を支払うという趣旨の合意（公簿売買）であるとするならば，買主は，甲土地という個性に着目して契約をしたのであり，数量の契約不適合を主張することはできないであろう。数量の契約不適合責任を問うには，売主が甲土地の面積が500 m² あることを確認し，この面積があることを前提にして買主が代金1億円を決定し，支払う合意が成立したこと，すなわち，一定の数量の存在が対価を決める基礎になり，契約の内容になっていることが必要である。その意味では，旧法の下で，土地の売買契約に関して，「当事者において目的物の実際に有する数量を確保するため，その一定の面積，容積，重量，員数又は尺度あることを売主が契約において表示し，かつ，この数量を基礎として代金額が定められた売買」と数量指示売買（旧565条）を定義した判例（最判昭43・

8・20民集22巻8号1692頁）は，現行法の下での不動産売買におけ
る数量の契約不適合を考える際にも参考になる。

　ところで，旧法の下で，数量を指示した売買において数量が超
過する場合に，超過部分の代金を支払う旨の合意があるならば追
加代金の請求ができるが，数量指示売買の担保責任の規定（旧
565条）を類推適用して代金の増額を請求することはできないと
判例は解していた（最判平13・11・27民集55巻6号1380頁）。この考
え方は，現行法の下での数量に関する契約不適合責任（562条1
項）の解釈においても維持されるであろう。

　なお，種類物売買において数量不足がある場合には，買主は，
不足部分の不履行として履行を求めることが可能であり，それが
履行されない場合には一般の債務不履行の問題になる。

　(イ)　**買主の追完請求権**　　特定物，種類物を問わず，引き渡さ　★★
れた目的物の種類・品質・数量が契約不適合であり，履行が不完
全な場合には，買主は，売主の帰責事由の有無を問わず，売主に
対して，目的物の修補，代替物の引渡しまたは不足分の引渡しに
よる履行の追完を請求することができる（562条1項本文）。契約不
適合の責任では，追完が可能な限り，不完全な履行による契約の
不適合状態を解消するよう求める追完請求権が第一次的な買主の
救済方法となる（追完請求権の優位性）。

　旧法の売買の担保責任では，担保責任の追及には買主の善意
（無過失）が要件とされていたが，現行法の下では，目的物が種
類・品質・数量に関して契約不適合であるならば，買主は，善
意・悪意にかかわらず，契約の本旨に従った完全な履行を求めて，
追完請求権を行使することができる（買主が目的物の不完全な性状に
ついて熟知している「悪意」の場合には，契約内容は，通常，そのような性
状を前提に合意されているものと解されるため，買主による追完請求はでき

ないであろう）。

　追完の方法は，修補，代替物の引渡しまたは不足分の引渡しであり，どの方法によるかの選択権は買主にある（もっとも，特定物売買の品質不適合では通常は修補による追完しか考えられないなど，売買の目的物により追完方法は自ずから制約されている）。売主は，買主に不相当な負担を課するものでないときは，買主の請求した追完方法と異なる方法で追完をすることができる（562条1項ただし書）。たとえば，新車の売買で，引き渡された自動車のエンジンの調子が悪いために，買主が代替車の提供を売主に求めたとしても，部品調達に時間もかからず買主を待たせることなく部品交換で簡単に修理できるならば，売主は修理（修補）による追完をすることが可能である。そして，買主の請求する追完方法と異なる方法を売主が選択する場合には，買主の選択する追完方法の請求に対して，売主は，買主が請求した追完の方法と異なる方法で追完をすること，および売主の選択した追完方法が買主に不相当な負担を課するものではないことを，抗弁として主張・立証することになる。

　目的物の契約不適合が買主の責めに帰すべき事由により生じたものであるならば（例：受領の際に買主が乱暴に扱ったために，購入した目的物が破損した），買主の追完請求権は行使できない（562条2項）。買主側の責めに帰すべき事由があって契約不適合が生じた場合にまで，売主に追完義務を負わせるのは妥当ではないからである。

★★　　(ウ)　**買主の代金減額請求権**　　買主が562条1項に基づいて追完請求権を有する場合に（(イ)参照），買主が相当期間を定めて追完するよう催告したが，その期間内に売主が追完をしなかったときは，買主は，その不適合の程度に応じて，代金減額を請求することができる（563条1項）。換言するならば，売主には代金全額を

受け取る権利があるため，催告により売主に追完の機会を与えなければ，買主は，代金を減額することができないのである（追完請求権の優位性）。たとえば，A が 1 m^2 当たり 20 万円で B の所有する土地 500 m^2 から 200 m^2 を分譲してもらい，土地の引渡し後に代金 4000 万円を支払うという契約を締結したが，引渡し後に土地を測量したところ 10 m^2 不足していることが分かった場合には，A は B に不足分の 10 m^2 の土地を引き渡すように相当期間を定めて B に催告し，相当期間内に追完されなければ，買主 A は，売主 B に 200 万円の代金減額を請求できる。この例は，数量不足の契約不適合であるが，代金減額は，種類・品質の契約不適合でも問題になる。

　なお，①履行の追完が不能なとき（例：マンション売買における面積不足は一般に追完不能であろう），②売主が履行の追完拒絶の意思を明示したとき，③契約の性質または当事者の意思表示により，特定の日時・一定期間内に履行しなければ契約目的を達することができない場合において，売主が履行の追完をせず，その時期を経過したとき（定期行為），④買主が催告をしても追完の見込みがないことが明らかであるときには，売主による追完を期待できないため，買主は，催告を要せず，直ちに代金減額を請求することができる（563 条 2 項。この要件は，無催告解除の要件〔542 条 1 項〕とほぼ同一である）。

　代金減額請求権は，買主の一方的な意思表示により代金減額の効果を生じさせることができる形成権である。代金減額請求権は，買主が受ける給付と売主が取得する代金との間の対価的な均衡を維持するために認められたものであり，契約不適合に相当する部分の代金額を減額することは，契約の一部解除の機能を有している。それゆえ，上述したように，解除と同様に，原則として催告

を要件としており，また，売主の帰責事由を必要としていない。

　売主は，買主から代金減額請求を受けた場合には，追完請求権（562条2項）や解除権（543条）の場合と同様に，抗弁事由として，「不適合が買主の責めに帰すべき事由によるもの」であることを主張・立証して代金減額の請求を拒絶することができる（563条3項）。なお，代金減額請求権を行使した場合には，代金を値引きして売買の目的物を受領する意思表示でもあるため，買主は，後に述べる（㈗)(a)(b)）追完に代わる損害賠償（塡補賠償）を請求することができず，また，解除権を行使することができない（遅延賠償を請求することは可能である）。

　代金をどのように減額するかは，基準時と計算方法について解釈上の問題がある。まず，基準時については，代金減額により引き渡された物を目的物として受領することを買主が了承する効果があることを前提に考えるならば，契約時ではなく，引渡時の価格を基準にすべきである（現行法の立法担当者は契約時であるという）。また，計算方法については，割合的減額方法を採用すべきであろう。たとえば，代金200万円で売買契約した物が引渡時に損傷がなければ評価額250万円であるが，損傷があるために実際には200万円にしか評価できない場合は，20％の価値の減少があるため，買主は，代金を160万円に減額請求できることになる。

★★　㈗　**買主の損害賠償請求権および解除権**　　引き渡された物の種類，品質および数量が契約不適合の場合には，買主は，前述した売買契約の特則としての追完請求権（562条），代金減額請求権（563条）を行使できるが，また，契約不適合の目的物を給付したことは債務不履行でもあるため，債務不履行責任の一般的効果としての損害賠償請求権（415条）と解除権（541条・542条）を行使できる（564条）。

　(a)　損害賠償請求権　　目的物が種類，品質または数量に関し契約不適合であり，買主が損害を被った場合には，買主は415条以下の規定にしたがって損害賠償請求をすることができる（564条）。これに対して，売主（債務者）は，契約不適合が「責めに帰することができない事由」によることを主張・立証して責任を免れることができる（415条1項ただし書）。

　損害賠償としては，たとえば，追完されるまでの債務不履行に対する遅延賠償とか，購入した自動車の欠陥の修理中に利用したタクシーの料金のような追完請求に伴う損害の賠償がある。

　上記のように，**追完請求とともにする損害賠償**ではなく，買主側　★で追完するための費用相当額の賠償や，契約における適合物と不適合物の価値の差額などの損害賠償（塡補賠償）である追完に代わる損害賠償を請求することも可能である（415条2項参照）。

　追完に代わる損害賠償は，現行法の契約不適合責任が採用した　★★追完請求権の優位性（563条1項の法意）から，買主は，まず売主に相当期間を定めて追完を催告し，期間内に追完がなかったときに可能である。また，追完の催告の意味がない，①追完不能のとき，②売主が明確な追完拒絶の意思を表示したとき，③特定の日時または一定の期間内に履行しなければ契約目的を達成できない場合において，売主が追完しないでその時期を経過したとき（定期行為），④買主が追完の催告をしても追完を受ける見込みがないことが明らかなときには，催告を要せず追完に代わる損害賠償を請求できる（同条2項1号〜4号類推，なお同条3項に注意）（追完に代わる損害賠償は，不適合部分を代金減額で処理するのに代えて損害賠償として請求するものであるため，結果的に要件は同一になる。直接の規定がないため，追完に代わる損害賠償については，要件について争いがある）。

　なお，追完に代わる損害賠償を受領した場合には，追完請求権

は当然失われ，また，代金減額請求権，解除権も失われる（損害賠償を受領しない間は，代金減額請求権，解除権は失われない）。

★★ 　　(b)　**解除**　　目的物が種類，品質または数量に関して契約不適合である場合には，買主は，債務不履行の一般原則にしたがって契約を解除することもできる（564条・541条・542条）。

　追完請求（催告）をすることに意味がある契約不適合の場合（例：修補可能な契約不適合や数量不足等）には，まず催告をして，催告期間内に追完されないときに，買主（債権者）は，解除することが可能である（541条本文）。もっとも，売主（債務者）は，催告期間経過時に契約不適合の状態が「契約及び社会通念に照らして軽微である」ことを主張・立証して，解除を阻止することができる（541条ただし書）。

　これに対して，追完不能である場合または売主（債務者）が追完を拒絶する意思を明確に表示している場合で，残存する部分のみでは契約をした目的を達することができないときは，買主（債権者）は，催告することなく，直ちに契約を解除することができる（542条1項3号）。この残存部分だけでは契約目的達成不能であることについては，買主側で主張・立証しなければならない。また，一定の日時・期間内に履行されなければ契約の目的を達成できない定期行為の場合（同項4号），あるいは，売主に対して催告しても契約の目的を達するに足りる追完の見込みがない場合（同項5号）も，無催告解除が可能である。

　旧法では，債務不履行の解除は，債務者に帰責事由があることを要件としていたが，現行法では，契約の拘束力から解放されるための制度として，債務者（売主）の帰責事由の存在を要件としていない。しかし，買主の追完請求権（562条2項）や代金減額請求権（563条3項）と同様に，契約不適合が債権者（買主）の帰責

事由によるものであるときは，買主は，解除権を行使することができない（543条）。

(4)　権利の移転に関する売主の債務不履行責任（買主の権利）

(ア)　**移転した権利の契約不適合と売主の責任**　　売主が買主に移転した権利が契約不適合である場合には，契約の不完全な履行として，562条・563条・564条が準用される（565条）。

買主に移転された権利が契約不適合である場合とは，①負担のないものとして購入した土地に第三者の抵当権などの担保権が設定されている，あるいは，地上権などの用益物権や対抗力ある賃借権が設定されているなどのように，購入した権利に存在すべきでない権利が付着していた場合や，通行地役権が存在するとして購入した土地に地役権がなかったように，購入した権利に存在すべき権利が存在していない場合，および，②購入した土地の一部が他人の所有であるとか，購入した土地に他人の共有持分があるなど，権利の一部が買主に移転しない場合である。

買主の善意・悪意を問わず，買主が追完請求権，代金減額請求権，および損害賠償請求権，解除権を行使できることは売買の目的物の契約不適合と同じである（565条。前述(3)(イ)(ウ)(エ)参照）。

追完請求とは，たとえば，負担のない土地の売買において同土地に第三者のための抵当権が存在していたような場合に，売主に抵当権の消滅を求めることである。また，代金減額請求とは，同事例で，抵当権の被担保債権を買主自身で弁済するために，買主が売主に対して，それに必要な費用に相当する代金の減額を求めることである。

買い受けた不動産に契約不適合の先取特権，質権または抵当権が存在していた場合に，買主が費用を出して買い受けた不動産の所有権を保存したときは，買主は，売主に対して，その費用の償

還を請求することができる（570 条）。たとえば，A が B から甲土地を買ったところ，B の C 銀行に対する債務のための抵当権設定登記が存在していたような場合に，抵当権が実行されるならば所有権を失うために，A が代価弁済（378 条），抵当権消滅請求（379 条以下）や第三者弁済（474 条 1 項）をすることで抵当権を消滅させて所有権を保存したときは，A は，その善意・悪意を問わず抵当権消滅に要した費用を B に請求することができる。また，これらの権利が実行されることで買主が所有権を失ったときは，権利の全部が買主に移転しない一事例として，後述(イ)のように，債務不履行責任として処理される。

★★ 　(イ) 　権利の全部が他人に属する場合の売主の債務不履行責任

売主から買った権利が他人に属しており，売主が買主に権利を移転すること自体に障害がある場合には，移転した権利の契約不適合に関する 565 条の適用はなく，権利移転義務の履行遅滞や履行不能として，債務不履行の一般規定（415 条・541 条・542 条）により処理される。その結果，債務不履行として，売主・買主の善意・悪意に関わらず，売主は，帰責事由がない場合を除いて損害賠償責任を負い（415 条），また，買主は，売主に帰責事由がなくても，事情に応じて，催告し（541 条），あるいは，無催告で（542 条）契約を解除することができる。

　このような事例としては，①他人の所有物を売ったために，売主が所有権を買主に移転するのに障害がある場合（他人物売買），②売主 A が自己の所有物として買主 B に売り，B が当該目的物の引渡しを受けたが，その後になって A と前所有者 C との間の契約が取り消されるなどして，B が買った目的物が C により返還請求を受けたような場合（旧法の下で追奪担保責任と呼ばれた），③借地権付建物を購入したところ，土地賃貸借契約が既に解除され

ていたため，あるいは，借地権の無断譲渡を理由に土地賃貸借契約を解除（612条）されたため，買主が権利を取得できないような場合，④抵当権付不動産を購入したところ，抵当権が実行されて，買主が不動産の所有権を失ったような場合などがある。

　(5)　**買主の権利行使の期間制限**　　(ア)　種類または品質に関す　★る契約不適合の場合　　引き渡された目的物の種類または品質が契約不適合であることを買主が知った時から1年内にその旨を売主に通知しないと，買主は，562条から564条に定められた権利（追完請求権，代金減額請求権，損害賠償請求権，解除権）を行使できなくなる（566条本文）。これは，目的物の種類と品質の契約不適合に関しては，①目的物を引き渡したならば履行を終えたとの期待が売主に生じることから売主の期待を保護する必要があるためと，②目的物の使用や劣化により引渡時における物の契約不適合の有無が比較的短期間で判断が困難になるために，特に短い権利保存のための期間を定めたものである。契約が無事に履行されたとの売主の期待を保護するための特則であるので，売主が目的物の引渡時に契約不適合について悪意または重過失であるときには，この期間制限の適用はない（同条ただし書）。

　商人間の売買である商事売買では，目的物を受領した買主は，遅滞なく目的物を検査し，契約不適合の場合には，直ちにその旨を売主に通知しなければ，契約不適合責任を追及できなくなる（商526条）。しかし，民法上の売買における買主には，このような検査・通知義務は課されていない。

　契約不適合責任を追及するには，買主は，引き渡された目的物の種類・品質が契約不適合であることを知った時から1年内にその旨を売主に通知するだけで良く，訴訟の提起や損害額を明示して損害賠償を請求するなど，担保責任追及の具体的な行為をする

必要はない。契約不適合の事実の通知を受ければ，売主は，契約の履行が無事に終了したとの期待を抱くことはなく，担保責任追及があることを認識できるからである。

　なお，種類・品質に関する契約不適合責任は，債務不履行責任であるため，債権の消滅時効に関する一般規定の適用を受ける。契約不適合を理由とする追完請求権，代金減額請求権，損害賠償請求権および契約の解除権は，目的物の引渡しを受ければ契約不適合の状態を発見して権利行使することが可能になるので，目的物の引渡時から10年の消滅時効期間の適用を受け，また，種類・品質に契約不適合があることを知って1年内に通知した場合には，契約不適合を知った時から5年の消滅時効期間の適用を受ける（166条1項。旧法の下では，瑕疵担保責任の損害賠償請求権の消滅時効に関する規定はなかったが，権利行使の期間を画する意味で，最判平13・11・27民集55巻6号1311頁は，引渡時を起算点とする10年の消滅時効期間を適用していた）。

★　　ところで，「住宅の品質確保の促進等に関する法律」（住宅品質確保促進法）によれば，新築住宅の売買契約では，売主は，買主に住宅が引き渡されてから10年間，柱・梁など住宅の構造耐力上主要な部分等の瑕疵（種類・品質の契約不適合）について担保責任を負い，買主は，債務不履行による損害賠償請求権（415条），契約解除権（541条・542条）および追完請求権（562条），代金減額請求権（563条）を行使することができる（住宅品質95条1項。この担保責任は売主に対して強行法規である〔同条2項〕。特約により20年以内で期間を伸長できる〔同法97条〕）。そして，買主は，上記の権利を行使するには，引き渡された住宅に瑕疵があることを知った時から1年内に売主にその旨を通知する必要がある（同法95条3項，民566条本文）。

　(イ)　数量および権利に関する契約不適合の場合　　目的物の数

量に関する契約不適合の場合や，売買の対象たる権利が契約不適合の場合には，566条の適用がない。これは，売主自身が比較的容易に数量不足を判断でき，また，権利の契約不適合を認識できるため，売主の保護の必要性に乏しいからである。このため，買主の権利行使の時間的限界については，債権一般の消滅時効（166条1項）の適用のみが問題になる。したがって，目的物の契約不適合の事実を知った時を起算点として，5年で買主の契約不適合責任に基づく諸権利は時効により消滅し，また，引渡時を起算点として，10年で時効により消滅する。

　(6)　債権の売主の資力の担保責任　　債権の売買においても，その債権が他人に属している場合や，質権の対象となっていたような場合には，上述した権利に関する担保責任等の規定が適用されるので問題はない（上述(4)参照）。しかし，特約がない限り，債権の売主は，買主に対して債務者の資力を担保する責任はなく，売買の対象となった債権の債務者が無資力のために弁済不能となっても責任を負うことはない。これに対して，特約により売主が債務者の資力を担保する場合には，債務者の資力が変動するために，いつの時点の資力を担保したかにつき問題が生じる。民法は，債権者が単に債務者の資力を担保したときは，契約時の資力を担保したものと推定した（569条1項）。また，弁済期前の債権の売主が債務者の将来の資力を担保したときは，弁済期の資力を担保したものと推定される（同条2項）。上記の時点で債務者に弁済の資力がないときは，債権の売主が，担保された時の債権額（利息を含む）の限度で損害を賠償する責任を負うことになる。

　(7)　競売における担保責任等　　(ア)　目的物の数量および権利に関する契約不適合の場合　　民事執行法その他法律の規定に基づく競売（公売〔税徴94条以下・126条〕も含む）も売買と同一の性

格をもつので，目的物の数量に関する契約不適合または権利の契約不適合があったときは，買受人は債務者に対して，541 条および 542 条ならびに 563 条（権利の契約不適合の担保責任に関する 565 条により準用される場合を含む）の規定により，契約を解除し，または，代金減額を請求することができる（568 条 1 項）。債務者の意思に基づいて売却されるのではない競売においては，買受人から債務者に対する履行の追完を求めることは適当でないと考えられるため，562 条の追完請求権は除外されている。したがって，買主は，債務者への追完の催告を要せず，解除権または代金減額請求権を行使することができる。

　債務者が無資力ならば，買受人は，債務者に対する請求が奏効しなかったことを主張・立証して，第二次的に，競売代金の配当を受けた債権者に対して代金の全部または一部の返還を請求することができる（568 条 2 項）。

　競売は債務者の意思に基づかないものであり，また債権者は売主の地位にないから，買主は債務者や債権者に損害賠償を請求できないことを原則にする。ただし，債務者が物もしくは権利の不存在を知りながら申し出ず，または債権者がこれを知りながら競売を請求したときは，買受人はその不存在を知っていた債務者・債権者に損害賠償を請求することができる（568 条 3 項）。

　（イ）　目的物の種類または品質に関する契約不適合の場合　目的物の種類・品質に関する契約不適合については，上記(ア)に述べた 568 条 1 項から 3 項の規定の適用はない（同条 4 項）。そのため，競売で買い受けた目的物の種類や品質が契約不適合であっても，買受人は債務者等に責任を追及することができない。これは，種類・品質に関する担保責任を認めると，競売手続の結果が覆される機会が増大するなど，競売手続の円滑性が損なわれるとの理由

で，旧法の規定（旧570条ただし書）が維持されたものである（目的不動産に法令上の建築制限がある場合について，前述(3)(ア)(b)参照）。

(8)　契約不適合責任を負わない特約　　契約不適合を理由とする責任（担保責任）に関する民法の規定は，任意規定である。それゆえ，売買当事者間で担保責任を負わない合意をし，民法の規定に変更を加えることも，契約自由の原則から許される。しかし，①売主が権利や目的物の契約不適合を知りながら告げずに，その事実に関わる担保責任を免れる特約や，②自ら第三者のために権利を設定・譲渡したことにより生じた契約不適合について担保責任を免れる特約をすることは無効である（572条）。

なお，消費者契約法（消費契約8条2項など），宅地建物取引業法（宅建業40条），住宅品質確保法（住宅品質95条）に契約不適合責任の免除に関する特則がある。

(9)　契約不適合責任と錯誤の関係　　幼児を安全に育てられる静　★かな家を探していた買主が閑静・安全な環境の住宅であると言われて建売住宅を購入したところ，隣家が暴力団幹部の住宅であったような場合，目的物に品質上の契約不適合があったとして，買主は，契約不適合の責任（562条1項等）を追及できるであろう。また，この場合，売買の目的物が安全・静穏な家であることが買主・売主間で認識され，その事情が契約上表示されていたが，その事実認識と客観的事実が相違していたことを捉えるならば，錯誤（95条1項2号・2項）に基づく契約の取消しを主張することもできるであろう。旧法の下で，目的物の性質に関する動機の錯誤と目的物の瑕疵による瑕疵担保責任との適用関係について，判例（最判昭33・6・14民集12巻9号1492頁）は，動機の錯誤が主張される場合に，「瑕疵担保の規定は排除される」との判断を下していた。この判例に対する学説の評価では，批判的見解（瑕疵担保優先

説）が多数であったが，近時では，錯誤と瑕疵担保責任の主張に関して当事者の選択に委ねる見解（選択可能説）も増えていた。現行法の下で，この問題をどのように解するかは，今後の解釈に委ねられるが，錯誤の効果が無効から取消しに変わり，錯誤主張に取消権の短期の期間制限（126条）の適用があることから，選択可能説が増えることが予想される（なお，この問題は，訴訟法上の弁論主義とも関連している）。

★★　　**⑽　目的物の滅失等に関する危険の移転**　　**⑺　売買の目的物の滅失または損傷と危険負担・危険の移転**　　売主・買主双方に帰責事由がない原因（不可抗力）により契約の目的物が滅失または損傷して契約不適合な状態となった場合でも，契約不適合物の給付があれば，買主は原則的に契約不適合責任を追及できる。しかし，契約が履行されて買主のもとで不可抗力により売買の目的物が滅失または損傷した場合にも，買主は契約不適合責任を追及できるだろうか。あるいは，売主は契約不適合責任を免れながら，代金全額の支払を請求できるだろうか。この問題について，民法は，「引渡しがあった時」を売主・買主の契約における危険（リスク）負担の分岐点にしている（567条）。

★　　**⑷　特定物売買と危険の移転**　　特定物売買において，契約目的に適合した目的物の引渡時以降に売買当事者双方の責めに帰することができない事由で目的物が滅失または損傷したときは，買主は，目的物の滅失または損傷の危険を負担する。この結果，目的物の引渡し後に滅失または損傷があったならば，買主は，契約不適合責任の追及（追完請求権・代金減額請求権・損害賠償請求権・契約解除権の行使）をすることはできず，代金全額の支払を拒むことができない（567条1項）（引渡しにより，追完請求が排除されるため給付危険は移転され，それに対して，代金支払を拒めないために，対価危険は移転す

る）。これに対して，引渡し前に売主が機械の適正な使用方法の説明をしなかったために，使用中に引き渡された機械が損傷したような，売主に帰責事由があって引渡し後に目的物の滅失または損傷が生じた場合には，買主は，なお契約不適合責任を追及できる。

　ここでいう「引渡し」は，目的物が売主の手から離れて買主の支配領域に入ることであり，占有改定では引渡しは認められないが，不動産売買では占有移転がなくても登記の移転があれば引渡しを認めてもよいであろう。

　㈡　種類物売買と危険の移転　　種類物売買では，当事者間で如何なる種類と品質で目的物の給付が合意されたかを確認することが先決問題である。たとえば，和歌山県産ミカンＬサイズを売買の目的物としていたときに，静岡県産ミカンＳサイズが引き渡されたならば，未だ種類物の特定・履行があったとは言えないため，当事者の責めに帰することができない滅失または損傷があっても，危険は，売主から買主に移転しない。したがって，売主は，契約内容に適合した物（和歌山県産ミカンＬサイズ）を特定して買主に引き渡し，既に提供した物（静岡県産ミカンＳサイズ）の返還を求めることになる（既に引き渡された物が滅失または損傷していれば，買主は，価額を返還する義務を負う）。これに対して，単にミカンとして売買の目的物が合意されていて，和歌山県産にせよ，静岡県産にせよ，ミカンが引き渡されたならば，種類債権における特定はされており，上記㈡と同様の結論になる。

　㈢　受領遅滞による危険の移転　　売主が契約内容に適合した目的物の引渡しによる履行の提供をしたにもかかわらず，買主が受領を拒み，または受領することができないならば，受領遅滞の効果として，前述㈡した567条1項の場合と同様に，危険は売主から買主に移転する（同条2項）。

受領遅達がなく，買主が受領していたならば，危険は買主に移転していたはずであるから，履行の提供以後の売主・買主双方に責めに帰すべき事由がない場合における目的物の滅失・損傷のリスクは買主が負担すべきことになる（買主は，契約不適合責任を追及できず，代金全額を支払わねばならない）。

(11)　買主の義務　　(ア)　代金支払義務　　(a)　買主は代金を支払わねばならない（555条）。代金額は，通常は，契約の重要事項として当事者間で自由に決定される。

　なお，経済法の中には代金に関して契約自由の原則を修正する規定も多く，業者間で価格協定をすることは一定の例外を除いて禁止され（独禁3条など），売買価格を統制する法律も幾つか存在する（物価統制令，国民生活安定緊急措置法など）。

　(b)　代金の支払時期，支払場所も契約ないし慣習（92条）により定められるのが普通であるが，目的物の引渡しに期限のあるときは，代金支払にも同じ期限が定められていると推定される（573条）。当事者間で特約がない限り，目的物の引渡しと代金の支払を同時履行とすることが，当事者の意思に合致するからである。また，特約がない限り，物の引渡しと同時に代金を支払う約束があるときは，物の引渡場所で支払う（574条）。

　(c)　目的物から生じる果実が目的物の引渡しまで売主に帰属する（575条1項）のに対応して，買主は引渡しを受けるまでは代金に利息を付ける義務はない。目的物の引渡しがあっても，代金支払時期がそれ以降に約束されているときは，期限到来までは代金に利息を付ける必要はない（同条2項。なお，前述(2)(イ)参照）。

　いずれも任意法規である。

　(d)　売主が目的物を引き渡さない限り，同時履行の抗弁により，買主は代金の支払を拒絶できる（533条）。そのほか，買主は，

所有権を取得できない，あるいは，所有権を失う虞がある場合に対応して，①目的物に権利を主張する者があるなど，買い受けた権利の全部ないし一部を失う虞があるときは，買主は代金の一部ないし全部の支払を拒絶でき（576条。ただし書に注意），また，②購入した不動産に契約の内容に適合しない抵当権，先取特権または不動産質権の登記があるときは，買主は抵当権等の消滅請求（379条・341条・361条参照）が終わるまで代金の支払を拒絶できる（577条1項前段・2項。1項後段に注意）。

　なお，①②の場合に，売主は，代金支払拒絶の間に買主が無資力になり，代金を取得できなくなるリスクを回避するため，買主に対して代金の供託を請求できる（578条）。

　(イ)　目的物引取（受領）義務　　買主に目的物引取義務があるかについては争われているが，判例は，売主の採掘する硫黄鉱石の継続的売買の事例で，買主の信義則上の引取義務を肯定した（最判昭46・12・16民集25巻9号1472頁。なお，本シリーズⅢ・第3章Ⅴ3(2)(イ)も参照）。代金後払いの特約がある場合や目的物の保管に費用がかかる場合には，買主の引取拒絶を理由に売主からの契約解除を認めるべきであり，買主の引取義務を承認する実益がある。

4　特殊の売買

　(1)　序説　　売買は現代社会の取引の根幹をなす契約であり，社会の発展に伴い，ますます多様な売買の形式が生み出されてきている。このような売買契約にも，民法の売買の規定は一般的に妥当するものである。しかし，民法は契約自由の原則に基づいているために，交渉力などで優越する当事者が自己に有利な契約条項を作成して，相手方に押しつけることが可能になる。この事態に対処して，最近では，消費社会の中で製造・販売業者に対して

契約交渉力において劣る消費者を保護する強行法規的内容をもつ売買に関する特別法が制定されている。これらを含め，民法の定める売買と異なる類型を示すものを特殊の売買と呼ぶ。

　(2)　特殊販売　　(ｱ)　割賦販売とその規制　　高級家具のような高価な商品を現金で購入することは一般市民にとって大きな負担である。それゆえ代金を分割して払うこと（割賦払い）ができれば，購入者（役務〔サービス〕も取引対象になるので購入者という）にとってたいへんに都合がよい。このような消費者側の需要に応じて，大量生産が軌道に乗り消費社会が到来した昭和30年代に，まず販売業者が自ら購入者に対して信用を供与して割賦販売を行う狭義の割賦販売（自社割賦）が始まった。この割賦販売では，消費者たる購入者が取引に習熟していないのを利用して，割賦金を滞納すると直ちに契約を解除して高額の損害賠償を請求できるような極めて苛酷な契約約款を販売業者が購入者に押しつけることもあり，社会問題にもなった。このため，割賦販売秩序を確立し，消費者にとって不利益な契約条項を規制する目的で，代金を2ヵ月以上の期間にわたり，かつ3回以上に分割して受領することを条件として，政令に指定された商品（指定商品。その後，指定役務・指定権利も追加された）を販売すること（割賦販売）を対象に**割賦販売法**（割販法）が昭和36（1961）年に制定されることになったのである。

　割賦販売はその後も多様に展開し，一方では，ミシンの販売，冠婚葬祭互助会や百貨店の友の会で行われている割賦金の積立てをすると商品やサービスの提供を受けられる「前払式割賦販売」や「前払式特定取引」に，また，他方では，販売業者以外の第三者が信用を消費者に提供して商品を割賦購入させる方法にも発展するに至った。この販売業者以外の第三者が購入者に信用を供与

する割賦購入方法としては，自動車の販売などで行われた「ローン提携販売」（B自動車販売会社が，あらかじめ提携しているC銀行に自動車の買主Aを紹介し，Aの自動車購入代金相当額をBが連帯保証人となってCより融資を受けさせ，融資金を代金に充当して自動車をAに引き渡す方法。AはC銀行に借金を分割返済することになる）や，クレジット会社（信用購入あっせん業者）を媒介にした「信用購入あっせん（クレジット契約）」（AがBから商品を購入するに際して，Cクレジット会社が代金を立替払いし，その立替金をAがCに分割返済していく方法。これはさらに，AがBから買う個別商品についてCが代金を立て替える「個別信用購入あっせん」と，CがクレジットカードをAに発行しておいて，Aがカードを示してCと提携関係にあるBから商品を購入する際にCが代金を立て替える「包括信用購入あっせん」とに分かれる）がある（図2～4参照）。

　このような割賦販売の展開に合わせて，「前払式割賦販売」や「前払式特定取引」では，消費者の積立金が販売業者の倒産の危険から十分に守られていないことが，「信用購入あっせん」では，購入者が商品購入に伴うクレームをクレジット会社からの立替金返済請求に対して主張できないことが問題になり，また，クレジットカード取引の普及による種々の紛争が生じてきたが，割販法は，数度の改正を行い，これらの問題に対処している（後述(ｳ)参照）。

　なお，不動産の割賦販売では，宅地建物取引業法と積立式宅地建物販売業法が規制を行っている。

　(ｲ)　**訪問販売，通信販売，連鎖販売，ネガティブ・オプションなどとその規制**　　近年では，顧客が店に来るのを待って商売するのではなく，販売業者がセールスマンを購入者のもとに派遣する訪問販売や，あるいは商品カタログを郵送して商品の購入を消費者 ★

図2　割賦販売

商品購入者A　　←商品購入──　　B販売業者
　　　　　　　　──代金分割支払→

図3　ローン提携販売

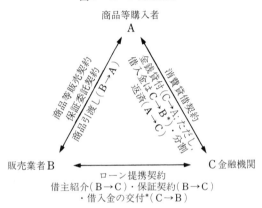

商品等購入者
A

商品等販売契約
保証委託契約
商品引渡し（B→A）

消費貸借契約
金銭貸付（C→A．ただし、
借入金はC→B）・返済（A
→C）・分割

販売業者B　　ローン提携契約　　C金融機関
借主紹介（B→C）・保証契約（B→C）
・借入金の交付*（C→B）

図4　信用購入あっせん

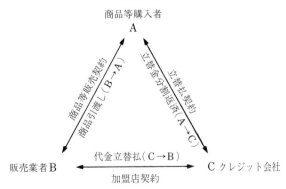

商品等購入者
A

商品等販売契約
商品引渡し（B→A）

立替払契約
立替金分割返済（A→C）

販売業者B　　代金立替払（C→B）　　Cクレジット会社
加盟店契約

に勧誘する通信販売も多く行われている。このような販売形式では，セールスマンの強引な勧誘に負け，あるいは，カタログの宣伝にだまされて，購入者が不公正な取引を強いられることも少なくない。また，販売業者に一定の権利金を支払って商品販売権を獲得して消費者が販売員となり，商品を自ら購入するとともに，友人等を新販売員に勧誘し，販売業者への紹介料と新販売員への商品の卸しによる中間マージンを得る連鎖販売（「マルチ商法」）は，将来の不確かな営業利益に誘引されて消費者が商品を大量購入する危険のある点で，訪問販売や通信販売以上に規制を要する販売形式である。

　これらの特殊販売の弊害を除去する目的で，上に挙げた「訪問販売」・「通信販売」・「連鎖販売」を対象にして訪問販売等に関する法律（訪販法）が昭和51（1976）年に制定されたが，規制の網をかいくぐる形の特殊販売による消費者被害はなお続いている。このため，訪販法は，数次の改正により，①訪問販売の定義を拡大し，路上で顧客を呼び止めて事業者の営業所などで契約を締結するキャッチセールスや，電話などで呼び出して契約するアポイントメントセールスを適用対象に含め，訪問販売の法規制の適用対象を商品の販売に加えて，役務・権利の取引に拡大し，また，当初存在していた法規制の適用対象を政令指定のものに限定する「指定」制を原則的に廃止し，②事業者が新聞・ラジオ・テレビ等の広告やチラシ・カタログにより宣伝して郵便・電話等で申込みを受ける「通信販売」や，③事業者が電話などの通信手段で勧誘して商品などを販売する「電話勧誘販売」に規制を及ぼし，また，④美しくなるとか英語が上達するといった役務の提供を受ける者の目的を達成するために，一定期間・継続的に役務提供を受ける必要があるが目的達成が不確実なエステティックサロン，美

容医療，語学教室，学習塾，家庭教師を対象に「特定継続的役務提供」を追加して，消費者保護を図ってきた（平成16年以降は，特定継続的役務提供にパソコン教室と結婚相手紹介サービスが加わり，7業種が対象となった）。さらに平成12年の改正では，⑤内職などの仕事を提供するので収入が得られると勧誘し，仕事に必要であると称して商品や役務を売る「業務提供誘引販売取引」の章も新設された。そして，法律の対象となる取引類型が訪問販売以外の販売形態等に拡大していることに対応して，法律名も「特定商取引に関する法律」（**特定商取引法**）と改められることになった。

★　なお，平成24年の改正では，⑥購入業者が消費者の自宅等を訪問して物品の購入を行う「訪問購入」の章も新設されて，特定商取引としては，訪問販売，通信販売，電話勧誘販売，連鎖販売取引，特定継続的役務提供，業務提供誘引販売取引，訪問購入の7つの取引形態が規制の対象になっている（特定商取引1条）。

　ところで，これまで検討した販売方法を含めて通常の売買では，買主の購入の意思表示に基づいて，はじめて商品は買主に提供される。これに対して，「ネガティブ・オプション（送り付け商法）」と称するものは，販売業者が商品を一方的に送りつけ，相手方から商品の返送がない限り，購入の意思ありとし，あるいは，契約が成立したと称して，代金を請求するやり方である。このような強引な商法に関して，特定商取引法は，送られた商品を即時に処分することを消費者に認めて，ネガティブ・オプション商法のうまみを奪っている（特定商取引59条・59条の2〔令和3年改正〕）。

　(ウ)　**消費者保護のための諸制度**　　割賦販売法・特定商取引法などが消費者保護のために強行法規として採用している制度のうち，売買契約の見地から興味深いものとして，次のようなものがある。

（a）　**販売条件の表示・書面の交付**　　業者が商品を販売するときは，一定の契約事項を表示・交付し（割賦3条，特定商取引4条など），さらに，契約の申込みを受け，ないし，契約を締結したときは，同じく一定の契約事項を表示した書面を購入者に交付しなければならない（割賦4条，特定商取引5条など）。民法の売買では契約成立にあたって書面の作成を義務づけていないが，消費者を相手とする取引では，購入者に契約内容や自己の権利を明確に認識させるために，業者に書面の作成と購入者への交付を義務づけているのである。

（b）　**クーリング・オフ制度**　　業者の営業所以外の場所で商　　★★
品や指定権利や役務を購入する旨の契約の申込みや締結をした者
（訪問販売の契約者）は，(a)の書面を受領した日から数えて8日以内に業者に対して書面により申込みを撤回・契約を解除して，無条件で業者との取引を解消できる（特定商取引9条）。これはクーリング・オフと呼ばれる制度で，特定商取引法以外でも，多くの法律の中で消費者保護のために採用され，セールストークに惑わされて不利益な契約をした消費者に契約関係を解消するための熟慮・再考の期間を与えている（主要なクーリング・オフ制度については，表3参照）。一方的な申込撤回権や契約解除権が民法では原則的に認められていないことに比べると，大きな相違である（「電磁的記録」〔電子メール，FAX等〕によるクーリング・オフも認められる〔令和3年改正〕）。

（c）　**過量販売解除権等**　　判断力が十分でないことを業者に利用されて，高齢者などが日常生活において通常必要とされる量を著しく超える商品の購入契約をしてしまうことは，見聞きすることである。訪問販売・電話勧誘販売で，このような過量な購入をした消費者は，契約締結時から1年以内であれば，申込みを撤

表 3　主な法律におけるクーリング・オフ規定

取　引　内　容	期　間＊	根　拠　法
特定商取引法関係		
訪問販売	8 日間	特定商取引 9 条
連鎖販売（マルチ商法）	20 日間	40 条
電話勧誘販売	8 日間	24 条
特定継続的役務提供	8 日間	48 条
業務提供誘引販売取引	20 日間	58 条
訪問購入	8 日間	58 条の 14
割賦販売法関係（訪問販売等で結ばれた販売契約に係る個別クレジット）＊＊		
訪問販売等	8 日間	割賦 35 条の 3 の 10
特定連鎖販売個人契約・　業務提供誘引販売個人契約	20 日間　〃	35 条の 3 の 11　〃
宅地建物取引	8 日間	宅建業 37 条の 2
保険契約	8 日間	保険業 309 条
現物まがい取引	14 日間	預託取引 8 条
ゴルフ会員権	8 日間	ゴルフ会員 12 条

　＊　起算日は条文を参照
　＊＊　クレジット会社にクーリング・オフすれば，特定商取引販売契約（通信販売を除く）もクーリング・オフされたものとして扱われる（割賦販売法 35 条の 3 の 10 第 4 項・5 項等）。

回し，あるいは契約を解除して，契約関係を解消することができる（特定商取引 9 条の 2・24 条の 2, 割賦 35 条の 3 の 12）。なお，過量販売に関しては，消費者契約法でも同様に，過量販売を理由とした消費者契約の申込み・承諾の取消権が規定されている（消費契約 4 条 4 項）。

　(d)　事業者の不実告知等による契約の取消権　　訪問購入を除く特定商取引法に定める取引類型（上述(イ)参照）で，事業者が価格・支払条件等の重要事項に関して虚偽の説明をし（不実告知），または故意に事実を告げなかったために契約を締結した場合には，

消費者は契約を取り消すことができる。また，上記の取引で販売業者が販売契約やクレジット契約に関して虚偽の説明等をしたときには，消費者は，販売契約とともにクレジット契約（個別信用購入あっせん契約）も取り消すことができる（特定商取引9条の3・24条の3など，割賦35条の3の13）。このような取消権は，消費者契約法にもあるが（消費契約4条1項），民法の定める詐欺（96条）よりも要件を具体化することで取消権の行使を容易にしていることが注目に値する。

　(e)　解除・損害賠償の制度　　割賦販売で購入者に割賦金の不払がある場合でも，業者は，20日以上の相当な期間を定めて書面で支払を催告し，その期間内に履行のないときでないと，契約を解除し，または残代金の一括払いを請求できない（割賦5条・30条の2の4など）。また，契約解除に伴う損害賠償についても，商品が返還された場合と返還されなかった場合などに分けて，詳細な損害額の算定規準が定められている（割賦6条，特定商取引10条・25条など）。購入者の債務不履行に際して業者が一方的に有利な約款の効力を主張することが多いために，それを規制しているのである。

　(f)　**抗弁の対抗（接続）**　　「信用購入あっせん（クレジット契約）」では，購入者は販売業者と購入契約を締結して商品などを購入し，クレジット会社へは購入契約とは独立した立替払契約に基づいて分割で立替金を返済する（図5参照）。したがって，この過程を分析的に処理するならば，購入者が購入契約に基づいて販売業者に抗弁できる事由があっても，その抗弁をクレジット会社に主張して，返済金支払を拒絶できないはずである（抗弁の切断）。しかし，「信用購入あっせん」も消費者たる購入者にとっては実質的・経済的に通常の割賦販売と相違するものではなく，たとえ

★★

図 5　「信用購入あっせん」における抗弁の対抗（接続）

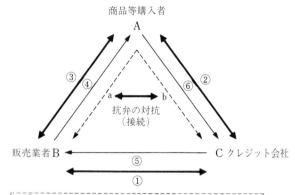

①加盟店契約　②立替払契約　③商品等販売契約
④商品引渡し　⑤商品等代金立替払い
⑥立替金分割返済
a 商品に関するクレーム　b 立替金分割返済の中止

ば，商品に欠陥があった場合に，主に販売業者・クレジット会社
の利益から生まれた制度の形式を盾にとられて，代金相当分の立
替金の支払を購入者が強要されるのは妥当ではない。そこで，購
入者が販売業者に対して抗弁できる事由があるときは，その事由
をもってクレジット会社からの支払請求に対抗できることにした。
これを抗弁の対抗（接続）という（割賦 30 条の 4・35 条の 3 の 19。抗
弁の対抗はローン提携販売にも導入された。同法 29 条の 4 第 2 項・3 項）。
この制度も，法形式にとらわれることなく，消費者保護を図ろう
とする考え方の現れである。

　(3)　その他の特殊な売買　　(ア)　見本売買　　見本を示して行
う売買であり，種類物売買で行われることが通常である。見本売
買では，給付された物に見本の品質・性能がなければ，売主の契
約不適合責任の問題が生じる。

　(イ)　**試験（試味）売買**　　試験売買とは，代金等の売買契約の基本的な合意は存在しているが，目的物を試験・試用してみて，買主が気に入って購入の最終的な承認をすることを契約成立の条件とするものである。特段の合意がない場合には，試験・試用期間が終わっても買主の承認がないとき，あるいは，試験・試用期間を定めなかった場合で，売主が相当の期間を定めて催告しても買主が確答をしなかったときは，買主が購入の承認をしなかったものと解すべきである。しかし，売主の催告がありながら，目的物が買主の下で現に試用されていて，催告期間経過後になんら回答をしないならば，黙示の購入の承認があったものと解すべきであろう。

5　買戻し

　(1)　**意義**　　一度売った物は通常は確定的に買主の所有物となるが，民法は，売買契約と同時に特約をすることで，契約を解除して，売却した不動産を売主が取り戻すことを一定の条件の下に認めた。これを買戻しという。

　買戻しは，①公共団体などが売主となる宅地・建物の分譲において，特定の用途や一定の条件を約束させて売り渡し，買主がその約束に違反した場合に，売主が売却した宅地・建物を取り戻すために利用される。また，買戻特約付売買契約は，②売主が不動産を売却することで売買代金の形式で資金（実質は借入金）を取得し，その後これを返還することで売主が目的不動産を取り戻す債権担保のためにも利用されている。しかしこの形式の買戻しに関しては，判例（最判平18・2・7民集60巻2号480頁）は，「買戻特約付売買契約の形式が採られていても，目的不動産の占有を伴わない契約は，特段の事情のない限り，債権担保の目的で締結された

ものと推認され，その性質は譲渡担保契約と解するのが相当」であると判示し，現在では，譲渡担保として扱われ，譲渡担保に関する判例法の適用がある（（i）実行時の目的不動産の価額が被担保債権額を上回る場合には，差額を譲渡担保設定者に返還しなければならない〔清算義務〕，（ii）買戻し期間経過後でも譲渡担保設定者は受戻しができる）。このため，譲渡担保としての買戻しでは，民法579条以下に定める規定は，修正を受ける。

　なお，売主が将来買い戻すことを予約して目的物を売却することで資金を取得し，その後，予約完結権を行使することで売主が目的物を取り戻すことを可能にする再売買の予約も，債権担保のために利用される。再売買の予約は，動産等を目的物とすることが可能であり，仮登記等により対抗要件を具備することができ，買戻しのように特約の時期，代金額や買戻し期間の制約もなく，買戻しと同様の効果を得ることができるため，債権担保の目的としては，むしろ買戻しよりも多く利用される。そして，最高裁平成18年7月20日判決（民集60巻6号2499頁）により，債権担保の目的を有する再売買の予約も，譲渡担保として扱われることが確認されている（譲渡担保については，本シリーズⅡ・担保物権法編第3章Ⅲ参照）。

　(2)　買戻しの有効要件　　(ア)　目的物　　民法上の買戻しの目的物は不動産に限られる（579条）。

　(イ)　特約の時期　　買戻特約および買戻しを第三者に対抗するための登記は，売買契約と同時にしなければならない（579条・581条1項）。

　(ウ)　返還額　　買戻しのために売主が返還すべき金額は，原則として，代金と契約費用であるが（579条前段），代金については別段の合意をすることができる（同条前段括弧書き）。旧法の下で

は，返還すべき範囲を強行法規的に代金と契約費用に限定していたが，現行法は，柔軟な取扱いを求める実務界からの要請を受けて，返還額を合意で定めることを可能にした。

　利息と不動産の果実は別段の意思表示がなければ相殺したものとみなされる（579条後段）。このため，原則的に利息を提供しなくても買戻しを行うことができる（583条1項）。

　㈢　権利行使の期間　買戻しの期間は10年を超えることができない。10年より長期の買戻期間を約束しても，10年間に短縮される（580条1項）。買戻期間を定めなかったときは，5年以内に買い戻さねばならない（同条3項）。また，いったん約束した買戻期間を後に伸長することは許されない（同条2項）。長期にわたって買主の地位を不安定にすることを防止するために，権利行使の期間が制限されている。

　⑶　買戻しの対抗要件　買戻しの特約は，売買契約と同時に登記することで，第三者に対抗できる（581条1項）。買主の権利取得の登記に付記登記（不登96条，不登則3条9号）をすることで，目的不動産が第三者に譲渡されても，第三者に買戻権を行使できるのである。

　⑷　買戻権　売主が契約を解除して目的物を取り戻せる権利を買戻権と呼ぶ。形式的には約定解除権であるが，その実体は物権取得権である。買戻権は譲渡可能であり，登記されている買戻権では移転の付記登記をすることが，また，未登記の買戻権では売主の地位とともにする債権譲渡として買主への通知か買主の承諾（467条）が対抗要件となる（最判昭35・4・26民集14巻6号1071頁）。

　⑸　買戻権の実行　買戻権の行使は，買戻期間内に売主が相手方に対する契約解除の意思表示により行う。相手方は，買主で

あり，目的物が譲渡されたときは転得者である（最判昭 36・5・30 民集 15 巻 5 号 1459 頁）。買戻しにあたっては，買主の払った代金・契約費用を買主に提供しなければならない（583 条 1 項）。また，買主または転得者が不動産に費用を支出した場合には，売主は 196 条の規定にしたがい，その償還の義務を負う（583 条 2 項）。ただし，有益費については，売主の請求により，裁判所は相当の期限を許与することができる（同項ただし書）。

　なお，たとえば，売主＝買戻権者の資力がないため，残された財産である買戻しの目的物により弁済を得ようとして，売主の債権者が債権者代位権（423 条）に基づき売主に代わって買戻しをしようとする場合には，買主は，裁判所が選任した鑑定人が評価した不動産の現在価額から売主が返還すべき金額（代金額，契約費用，有益費等）を控除した残額に達するまで売主の債務を売主の債権者に弁済し，なお残額があればこれを売主に返還して買戻権を消滅させることができる（582 条）。売主の債権者の債権回収と買主の目的物の取得の利益を調和させたものである。

　584 条および 585 条は，不動産の共有者の一人がその共有持分を買戻特約付で売却した後に，買戻権行使前に共有不動産が分割された場合の買戻しの方法に関する規定である。

　(6)　買戻権行使の効果　　契約解除による買戻権の行使の効果は，一般の解除の効果と同一である。原状回復として，売主は提供した代金と契約費用を買主に支払う義務を負い，買主は目的物返還と登記移転の義務を負う。双方の義務は同時履行の関係にある（533 条）。売主は 196 条にしたがって費用償還義務も負う（583 条 2 項）。なお，買戻特約を登記した場合には，第三者に買戻しを対抗できるために（581 条 1 項），買戻特約が登記された不動産について買主・転買者が設定した用益権・担保権は，買戻権が行使

されたときには，解除の効果としてすべて消滅する。もっとも，買主・転買者が目的不動産を第三者に賃貸していた場合には，605条の2第1項に定める対抗要件を備えていた賃借人は，賃貸人を害する目的でない限り，残期1年間はその不動産を使用できる（581条2項）。抵当権における抵当建物使用者の引渡し猶予期間（395条）と類似の賃借人保護の制度である。

　(7)　買戻権が行使されなかった場合　　買主は確定的に目的物の所有権を取得することになる。債権担保目的の買戻特約付売買では，目的不動産の現在価額と買戻しのための返還額との差額の清算義務が買主（債権者）に生じるが，本来型の買戻しでは，そのような義務はない。しかし，事情によっては，考慮すべき問題も生じよう。

　(8)　買戻権の消滅　　期間の経過や当事者間の合意によって消滅するほか，目的物の滅失によっても消滅するとされている。

6　交　換

　(1)　交換の意義・法的性質・社会的作用　　不用になったベビーベッドをあげる代わりに自転車を貰うように，当事者間で互いに金銭の所有権以外の財産権を移転することを約束することで成立する契約を交換という（586条）。諾成・有償・双務契約である（表1）。

　金銭の価値が安定している社会では，交換契約はあまり利用されないが，土地の区画整理などでは，一定地区内の土地の区画，形質を変更するために，土地の所有権の交換が採り入れられている。

　(2)　交換の効力　　当事者間に特約がない限りでは，双務・有償契約としてそれらに関する規定が適用・準用される（双務契約

として533条以下，有償契約として559条参照）。

　なお，交換する財産権の価格差を補うために当事者の一方が金銭の支払を約束したときは，その金銭については売買の代金に関する規定を準用する（586条2項）。

Ⅳ　消費貸借

1　消費貸借の意義・法的性質・社会的作用

　(1)　消費貸借の意義——他の貸借型契約との比較　　民法は物を一時的に借り受けて利用する貸借型契約として消費貸借・使用貸借・賃貸借を規定している。その中で，消費貸借は，当事者の一方（借主）が相手方（貸主）から引き渡された物と同じ種類・品質・数量の物の返還を約束して，借主が貸主から物を借り受ける契約である（587条・587条の2第1項）。消費貸借は，返還を約束して，借主が貸主から受領した物の所有権を取得するとともに消費することができる契約であり，借主が借りた物の所有権を取得できる点において，借主が借りた物を一定期間保管して利用できるにすぎない使用貸借・賃貸借と相違する（表1）。

　(2)　消費貸借の法的性質　　後に述べるように（2(2)(ア)(イ)），消費貸借には，要物契約であるものと書面でする諾成的契約であるものがあり，また，無利息のものと利息付のものがある。

　要物契約であれば，目的物の引渡しにより契約が成立するために，契約による貸す（引き渡す）債務を貸主が負っておらず，借主が返還債務を負うだけの片務契約であり，無利息の要物契約であれば，要物・無償・片務契約となるが，利息付であれば要物・有償・片務契約となる。これに対して，書面でする諾成的消費貸借契約は，書面を必要とする点で要式契約であり，貸主の貸す債

務（目的物引渡債務）が生じるが，貸主の引渡しにより目的物の所有権が借主に移転することで，借主の同種・同等・同量の物の返還債務が生じる。したがって，貸主の目的物引渡債務と借主の返還債務は対価的関係に立たないため，書面でする諾成的消費貸借契約は，片務契約ということになる。それゆえ，無利息の諾成的消費貸借契約は，無償・片務契約であり，利息付諾成的消費貸借契約は，有償・片務契約である。

　(3)　消費貸借の社会的作用　　消費貸借の目的物としては米麦や食品なども考えられるが，実際には，消費貸借の目的物は，ほとんどが金銭である。すなわち，企業が資金調達のため銀行などから融資を受け，また，市民が住宅を購入するためにローンを組むことは頻繁に行われており，金銭消費貸借は売買とならんで現代社会で最も重要な契約となっている。このため，金銭消費貸借に関する特別法も多く制定されているが，この特別法は，貸主の暴利行為を禁止して借主を保護する側面から，また，国の金融政策の側面から，金銭消費貸借契約に必要な規制を加えている。前者に属する特別法としては，利息制限法，出資の受入れ，預り金及び金利等の取締りに関する法律（出資法），および貸金業法などがあり（後述 8 を参照），また，後者に属するものとしては，金融機関の金利を統制する臨時金利調整法などがある。

2　消費貸借の成立

　(1)　消費貸借の対象　　同種の物で返還することが前提であるから金銭その他の代替物が対象になる（587 条・587 条の 2 第 1 項）。もっとも，現代社会で重要なものは金銭の消費貸借である。

　(2)　2 本立ての消費貸借　　旧法の典型契約としては，ローマ法以来の伝統を受けて，貸主から借主が物を受領することで成立

する要物契約としての消費貸借だけが規定されていた。しかし，消費貸借が要物契約であるとすると，住宅ローンを利用して住宅を購入する場合に，住宅の売買契約が成立しても，金融機関が融資を実行してくれる保証がないことになる。また，企業が大規模なプロジェクトを計画しても，金融機関の融資の実行が約束されていなければ，安心してプロジェクトを実施することができない。したがって，判例は，諾成的消費貸借も無名契約として認めていた。現行法は，このような実務界の要望を受けて，要物契約の消費貸借とともに，当事者の書面でする諾成的消費貸借も民法の典型契約に加えた。

★★　　(ア)　**要物契約としての消費貸借**　　要物契約としての消費貸借は，借主が種類，品質および数量の同じ物をもって返還をすることを約して貸主から金銭その他の物を受け取ることによって，その効力が生じる（587条）。それゆえ，100万円を貸借するとの約束だけでは当事者間に何らの権利・義務も生ぜず，現実に100万円を借主が受け取った時に，初めて契約として成立する。

　　しかし，要物性に関しては，旧法の下での判例は，金銭消費貸借において，「経済上現実ノ授受ト同一ノ利益」を得させればよいと解し（大判明40・5・17民録13輯560頁），要物性の要件を次第に緩和した。そのため，現行法の下でも，現実に金銭を授受しなくとも，預金通帳と印鑑，国債，小切手，手形を借主に交付するだけで金銭消費貸借は成立すると解され，また，金銭を直接に借主に交付せず，貸主が借主の債権者に金銭を交付して債務を消滅させても要物契約としての消費貸借は成立するものと解される。

★★　　(イ)　**諾成的消費貸借**　　書面（または電子メール等を利用した電磁的記録）により，貸主が金銭その他の物を引き渡すことを約し，借主が引き渡された物と種類，品質および数量の同じ物を返還する

ことを約した場合には，目的物の引渡しを要せず，書面による合意の時点で諾成的消費貸借が成立する（587条の2第1項・4項）。

　諾成的消費貸借を書面による要式契約としたのは，口頭の合意だけで契約が成立するならば，貸すという一方的な債務が安易に貸主に生じてしまうため，「書面」を要求することで，貸借の合意を明確にするとともに，契約の成立にあたり当事者に慎重さを求めようとしたためである。貸借の意思表示が同一の書面上に示されている必要はなく，また，契約の詳細まで定める必要はないが，貸す意思と借りる（借りた物と同種・同品質・同量の物を返還する）意思が書面に示されている必要がある。

　諾成的消費貸借が成立すると，貸す債務が成立し，目的物が引き渡されたならば，貸主に対する借主の返還債務が発生する。しかし，借主の借りる権利（貸主の「貸す義務」）は発生するが，「借りる義務」は発生しない。

　借りる義務がないため，借主は，借りる必要がなくなったならば，目的物を受け取るまで，諾成的消費貸借契約を解除することができる。もっとも，解除により貸主に損害が生じたときは，借主は損害賠償をしなければならない（587条の2第2項）。この損害賠償は，契約実行のための資金調達等により出費をして積極的損害を貸主が被ったような場合に認められる。貸すことができなくなったことで得ることができない利息等の逸失利益の損害賠償は，認められない。貸金を他の融資に回すことが可能な金融業者等については，一般的に損害は認められないであろう。いずれにせよ，貸主は，契約解除により損害が生じたという因果関係および損害額について，主張立証責任を負う。

　諾成的消費貸借では，借主が貸主から金銭等の目的物を受け取る前に当事者の一方が破産手続開始の決定を受けたならば消費貸

借の効力が失われる（587条の2第3項）。この規定は，旧589条と同趣旨であり，破産手続開始の決定を受けた借主は，弁済資力がないため，貸す義務を貸主に負わせるのは不公平であり，また，貸主が破産手続開始の決定を受けた場合には，借主は破産財団に対して配当を受ける権利を有するにとどまり，配当を受けるならば借主が破産財団に返還義務を負うことになって，手続が煩瑣になるからである。

　(ウ)　消費貸借の予約　　旧法の下では，消費者の予約の規定（旧589条）を設けて，予約完結の意思表示により消費貸借の本契約を締結する義務を生じさせることで，諾成的消費貸借に近似する機能を担わせていた。現行法では，諾成的消費貸借が認められたため，消費貸借の予約の役割は減少したが，消費貸借の予約をすることは可能である。

　ところで予約には，①当事者の一方が予約完結権をもち，完結権を行使することで直ちに契約が成立するもの（一方の予約型予約）と，②予約上の権利者が予約完結の意思表示をすると相手方が本契約締結の承諾義務を負うもの（承諾義務型予約）がある。なお，消費貸借では，予約完結の権利を有する者は，通常は借主であるため，これを前提に考えてみたい。

　①利息付き消費貸借の一方の予約（一方の予約型予約）では，有償契約として売買の一方の予約の規定（559条・556条）が準用される。もっとも，借主となる者の予約完結権行使で直ちに本契約が成立する（貸主となる者の貸す義務が生じる）ことから，諾成的消費貸借が要求する書面（587条の2第1項）は必要であると解される。この場合，予約が書面で行われていれば，消費貸借の貸す・借りる内容が確定しているため，本契約について書面は不要といえよう。

　②予約上の権利者が予約完結の意思表示をすることで相手方に本契約締結の承諾義務が生じる消費貸借の予約（承諾義務型予約）では，借主となる者の予約完結の意思表示により相手方（貸主となる者）に本契約を締結して貸す義務が生じる。このことは，結局，本契約締結義務の履行が実質的に消費貸借の成立として予約義務者に法的義務を課すことになるため，有償・無償の消費貸借ともに，諾成的消費貸借の成立要件である消費貸借合意の内容を書面にするか，要物契約としての消費貸借の成立要件である貸主となる者から借主となる者に対する目的物の引渡しが求められる。

　なお，特殊な諾成的消費貸借の予約として，金融機関が手数料を取って会社法上の大会社等に対して一定期間にわたって貸出極度を設定し，極度額の範囲であれば企業が何度でも資金の借入れ・返済ができることを合意する融資形態である特定融資枠（コミットメントライン）契約が特定融資枠契約法により認められている（特定融資枠2条1項）。この契約については，利息制限法および出資法の特例が認められている（同法1条・3条）。

3　利　息

　消費貸借は，無利息が原則であり，利息の発生には当事者間の合意（特約）が必要である（589条1項）。利息は金銭等の目的物（元本）使用の対価であるから，利息の発生日は，目的物を受け取った日である（同条2項）。なお，利息発生の起算日を目的物の受領日より後に設定することは有効であるが，目的物の受領日前から利息を付する合意は，元本のないところに元本使用の対価たる利息発生の余地がないため，無効である。

4　貸主の引渡義務（担保責任）

590条1項に貸主の引渡義務（担保責任）の規定がおかれているが，消費貸借の貸主の担保責任で実際に問題になるのは，金銭以外の目的物についてである。

（1）利息付消費貸借における貸主の引渡義務（担保責任）　貸主は，契約内容に適合的な目的物を借主に引き渡す義務を負うが，契約不適合な目的物を引き渡した場合には，有償契約として売買の規定が準用されるために（559条），借主は，追完（代替物引渡）請求権（562条），利息減額請求権（563条），損害賠償請求権（564条・415条），解除権（564条・541条・542条）などを行使できる。

（2）無利息（無償）の消費貸借における貸主の引渡義務（担保責任）　貸主が引き渡した目的物が契約内容に不適合である場合には，同じ無償契約である贈与に関する551条が準用される（590条1項）。すなわち，当事者間の契約内容として，貸主は，目的物が特定した時の状態で目的物を引き渡すことを約したものと推定され（551条1項），この推定が覆らない限り，貸主は，特定した時の状態で目的物を引き渡せばよい（Ⅱ3(2)）。もっとも贈与と相違して，消費貸借では，無償としても，貸主・借主間では「借主の側で目的物の所有権を取得して消費する」という契約目的が合意されているため，そのことを考慮に入れる必要がある。

5　借主の返還義務

借主は，契約の内容にしたがい貸主から引き渡された目的物と同種・同等・同量の物を貸主に返還する義務を負っているが（587条・587条の2第1項），貸主から引き渡された物が種類，品質に関して契約の内容に適合しないものであった場合には，利息の特約の有無にかかわらず，借主は，その物の価額を返還すること

ができる（590条2項）。目的物に瑕疵があった場合に，その物と同様の瑕疵ある物を調達することが困難であることから，借主に認められた権利である。たとえば，貸主が宮城県産1等のササニシキ100キロを無利息消費貸借の目的物にして借主に引き渡したが，引き渡された物が1等の表示があるが品質が低下していたときには，借主は，品質の低下したササニシキに相応する価額を返還することが可能である。

　また，たとえば，引き渡された時から時間が経って，貸主から受け取った物と種類・品質・数量の同じ物を市場で調達できず，返還することができなくなったときは，調達不能になった時点における物の価額を償還しなければならない（592条本文）。ただし，借りた通貨が弁済期に強制通用力を失っているときは，借主は，強制通用力のある他の通貨で弁済をしなければならない（同条ただし書・402条2項）。

6　返還の時期

(1)　**返還時期の定めのない場合**　　返還時期を定めなかった場合には，貸主は，相当の催告期間を定めて借主に返還を請求（催告）することができる（591条1項）。判例（大判昭5・6・4民集9巻595頁）は，返還時期の定めのない消費貸借における貸主の返還請求権は契約成立と同時に弁済期にあり，借主が相当期間を定めた催告がなかった旨の抗弁をしない限り，貸主の請求とともに遅滞に陥ると解している（借主の抗弁により相当期間の返還の猶予が認められる）。これに対して，学説は，相当期間の満了によってはじめて返還義務が生じる（遅滞に陥る）と主張している。なお，借主は何時でも返還することができる（同条2項。利息付でも返還時までの利息をつければよい）。

（2）　返還時期を定めた場合　　確定した返還時期の定めがある場合には，借主は，返還時期に返還すればよいが，期限前に返還することも可能である（591 条 2 項）。期限前に目的物が返還されたことにより貸主が損害を受けたときには，貸主は，損害賠償を請求できる（同条 3 項）。この場合，貸主は，損害の発生と損害額について主張・立証しなければならない。利息付金銭消費貸借の期限前弁済では，通常は，返済された元本を再運用することが可能であるので，返済期限までの利息相当額を損害として請求することは一般的にはできないものと解される。

7　準消費貸借

（1）　意義・成立　　Ａ・Ｂ間の商品売買でＢが負担した 100 万円の代金債務を直ちに支払わず，借金の形に切り替えるように，合意により他の債務において給付すべき金銭その他の目的物を目的として成立させる消費貸借を準消費貸借という（588 条）。判例（大判大 2・1・24 民録 19 輯 11 頁）を受けて，現行法は，旧 588 条に存在していた「消費貸借によらないで」の文言を削除することで，消費貸借による債務を対象にする準消費貸借が可能であることを明確にした。

　準消費貸借は諾成的消費貸借であるが，契約成立に「書面」を要しない。これは，契約により新たに金銭等を相手方に引き渡すことが予定されていないため，安易な契約成立の防止の目的を持つ目的物の引渡しに代わるものとしての「書面」を要求する必要性がないからである。

　準消費貸借は，実務では，数口の債権を一口の債権にまとめて債権管理を容易にするためなどに利用されている。

　準消費貸借のもとになった旧債務が無効・取消しとなれば，準

消費貸借は不成立となり，また，準消費貸借が無効・取消しとなれば，旧債務は消滅しない。

(2)　効果　　成立した準消費貸借による貸主・借主の権利・義務関係は，通常の消費貸借と同一である。旧債務をもとに準消費貸借が成立するために，旧債務と準消費貸借上の債務の関係が問題となるが，旧債務のために設定されていた人的・物的担保は，原則として準消費貸借に受け継がれると解されている。旧債務に付着していた抗弁は，準消費貸借を成立させた当事者の合理的な意思を解釈して存続を決すべきであり，また，消滅時効についても同様に，準消費貸借契約を締結した趣旨から判断すべきであろう。

8　利息の規制（利息制限法・貸金業法・出資法）　　★★

(1)　利息制限法　　民法上の消費貸借は無利息が原則であるが（589条1項），実社会における消費貸借は，親族間の特殊な貸し借りなどを除いて，すべて利息付である。金銭の消費貸借においてどの程度の利息を付けるかは，本来は契約自由の原則に委ねられてよいはずであるが，利息を放任するならば経済的強者による収奪が行われる危険性がある。それゆえ，各国とも，特別法などで一定の利息制限を行っている。

わが国でも，暴利防止のために既に明治10（1877）年に利息制限法（太政官布告66号＝旧法）が制定され，さらにこれは昭和29（1954）年の利息制限法（新法）に受け継がれて，金銭消費貸借における利息制限を行っている。

利息制限法は「金銭を目的とする消費貸借における利息の契約」に適用され，元本が10万円未満のときは年2割，10万円以上100万円未満のときは年1割8分，100万円以上のときは年1

割 5 分を制限利息と定めている（利息 1 条）。

　なお，利息制限法の旧規定には，上記の制限を超過した利息を借主が任意に支払った場合には「その返還を請求することができない」という利息制限の意味を失わせかねない条項（旧 1 条 2 項）があった。この条項については，大法廷判決を含む最高裁の判例により次第に無力化され，最終的に規定自体が平成 18 年の法改正で削除された。

　利息制限法は，このほかにも，利息を制限して借主を保護した目的を無力化させないために，元本の交付にあたって利息を先に差し引いた場合の「利息の天引き」の取扱い（同法 2 条），礼金・割引金・手数料などの名目の貸主の受ける金銭をすべて利息とみなす「みなし利息」（同法 3 条），ならびに，賠償額の予定の制限（同法 4 条）に関しても規定している。

　(2)　貸金業法　　利息制限法による制約があるにもかかわらず，現実には，高利貸しはなかなか後を絶たず，高利貸しの弊害は昭和 50 年代にいわゆる「サラ金（サラリーマン金融）」事件として社会問題化するに至った。そこで，貸金業につき行政的な取締りを強化する目的で「貸金業の規制等に関する法律」（平成 19 年より「貸金業法」に改称）が昭和 58（1983）年に制定された。

　立法当初の貸金業法は，貸金業者が所定の書面または受取証書を交付し，債務者が任意に支払ったときは，出資法（後述(3)）により貸金業者に課された制限金利に至る範囲で利息制限法所定の金利を超える利息・損害金の支払も有効な債務の弁済とみなすと定める「みなし弁済」（貸金業旧 43 条）制度が存在していた。この利息制限法所定の利息と貸金業者が取得可能な出資法所定の金利との間の金利幅は「グレーゾーン金利」と呼ばれ，貸金業者に対する多重債務を抱えて生活を破壊される市民を生み出し，「クレ

サラ問題（クレジット会社とサラリーマン金融に多重債務を負う社会問題）」の原因となった。グレーゾーン金利の幅は，数次の法律改正により次第に狭められたが，最高裁も「みなし弁済」規定の適用を大幅に制限する判決を下し，消費者金融業者にグレーゾーン金利の取得を認めない姿勢を強く示した。そして最終的に平成18年の改正により，みなし弁済規定は削除され，貸金業者に対しても利息制限法の制限利息による規制がほぼ同一に及ぶようになった。すなわち，貸金業者は，20％を超える利息の契約をしたときは刑事罰を受けるようになり（出資取締5条2項），また，利息制限法に定める制限利息を超える利息を契約・受領・要求したときは行政処分を受けることになった（貸金業12条の8・24条の6の3・24条の6の4。利息制限法1条に定める制限利息を超える利息の契約は無効であるため〔利息1条〕，借主が貸金業者に超過利息を任意に支払ったとしても返還請求をすることができる）。

　貸金業者の中には，出資法に罰則の定めがあるにもかかわらず，違法な高利を約束させて金銭を貸し付けるものがいる。このような貸金業者（「ヤミ金」と呼ばれる）が年109.5％（1日当たり0.3％。うるう年は109.8％）を超える割合による利息の契約をしたときは，当該消費貸借契約を無効とする（貸金業42条）と定め，債務者は利息を一切支払う必要がないものとされている。なお，最高裁平成20年6月10日判決（民集62巻6号1488頁）は，公序良俗に違反する年利数百％〜数千％を約束させて金銭を貸し付けた貸金業者は，不法原因給付（民法708条）に当たるため，貸し付けた元本の返還を求めることはできず，また，弁済を済ませた債務者からの不法行為を理由とする損害賠償請求においても，貸し付けた金銭に相当する利益を損益相殺として控除することができない，と判示している。

(3)　出資法　「出資の受入れ，預り金及び金利等の取締りに関する法律」（出資法）は，刑罰を科して高利貸しを禁止している。この法律によると，年109.5％（1日当たり0.3％）を超える利息を契約・受領・要求した場合には，5年以下の拘禁刑もしくは1000万円以下の罰金（併科もある）が科される（出資取締5条1項）。貸金を業として行う者（貸金業者）については，金利の限界は低く設定されており，数次の改定を経て，現在では年20％になっており，これを超える利息を契約・受領・要求した場合には，同様に処罰される（同条2項）。なお，貸金を業として行う者が年109.5％（1日当たり0.3％）を超える割合による利息を契約・受領・要求した場合には，罰則が強化されており，10年以下の拘禁刑もしくは3000万円以下の罰金（併科もある）が科される（同条3項）。

V　使用貸借

1　使用貸借の意義・法的性質・社会的作用

使用貸借は，契約当事者の一方（貸主）が目的物を引き渡すことを約束し，相手方（借主）がその受け取った物を無償で使用収益し，契約が終了したときに返還をすることを約束することで成立する契約である（593条）。

借主は，目的物を使用収益できるだけで返還しなければならず，目的物の所有権を取得できない点で消費貸借と相違し，また，対価（賃料）を支払う義務がない点で賃貸借と相違する。使用貸借は，旧法では目的物の引渡しにより契約が成立する要物契約であった。だが，要物契約であるとすると，当事者間で目的物を無償で貸すことを合意したにもかかわらず，契約が未だ成立していないとして貸主は目的物の引渡しを拒絶することができ，借主に思

わぬ不利益が生じる。そのため，現行法は，使用貸借を諾成契約とするとともに，貸主が無償で貸すことになることに配慮して，借主が借用物を受け取るまで貸主に解除権を与えるなど，契約の拘束力を緩和する措置を講じた。使用貸借では，目的物引渡債務を履行した後は，貸主は，目的物の使用収益を借主に許容する消極的な義務を負っているだけであり，貸主の目的物引渡債務と借主の目的物保管・返還債務は対価関係に立たない。それゆえ，現行法における使用貸借契約は，諾成・無償・片務契約である（表1）。

　使用貸借は物の使用価値の無償の提供であることから贈与契約と似ており，親族・友人・知人間などで厚意の現れ，便宜の提供として行われることが多い。したがって，取引社会では，使用貸借の成立は稀である。判例では，共同相続人の一人Ａが相続開始前から被相続人Ｂの許諾を得て遺産である建物においてＢと同居してきた場合に，Ａ・Ｂ間には相続開始後も遺産分割までは無償でＡが建物を使用できる使用貸借契約の合意があったと推認できると解したものがある（最判平8・12・17民集50巻10号2778頁）。

2　使用貸借の成立

(1)　書面によらない使用貸借と書面による使用貸借　　使用貸借は，貸主と借主の合意により成立する諾成契約である（593条）。

　もっとも，口頭の約束だけでも契約が成立するとするならば，無償で目的物を引き渡す貸主に一方的に負担を課す義務が安易に成立してしまうので，贈与と同様に，書面により契約した場合を除いて，借主が目的物を受け取るまでは貸主は契約を解除できる（593条の2）。

　ここでいう書面は，契約内容の詳細まで記載する必要はないが，無償で貸す・借りるという意思が示されている必要がある。

　これに対して，借主は，書面の有無にかかわらず，いつでも契約を解除できる（598条3項）。

　(2)　**無償性と賃貸借との区別**　借主は使用収益の対価（賃料）を支払う必要はない。それゆえ，借主に賃料支払義務のない契約は，一応は使用貸借とみることができる。しかし，使用収益に伴う費用の支出が借主の負担となっている場合には，負担が実質的に対価の意味をもっていないかを当事者の人間関係を含めて検討しなければならない。後述（Ⅵ 1 (2)）のように不動産賃借人の保護が極めて厚くなっているために，不動産の貸借を賃貸借とみるか使用貸借とみるかは，ときに深刻な問題にもなる。判例には，妻の伯父と弟に一畳1000円が相場の居室を伯父に2部屋1000円弟に1部屋1000円で間貸しをした事例で，使用貸借と認定したものがある（最判昭35・4・12民集14巻5号817頁）。

　社宅の使用関係も，上の考え方にしたがって，使用貸借・賃貸借を区別すべきである。

3　使用貸借の効力

　(1)　**貸主の義務**　貸主は，契約内容に適合した目的物を借主に引き渡す義務がある（593条）。もっとも，使用貸借が無償契約であることから贈与の規定（551条）が準用され，貸主は，種類・品質・数量に関して使用貸借の目的として特定した時の状態で引き渡すことを約したものと推定される。この推定が借主により覆されない限り，目的物の特定時の状態で借主に引き渡せば，契約不適合責任を問われることはない（596条）。貸主は，借主の使用収益を妨げない消極的義務（受忍義務）を負うが，賃貸借と

相違して，修繕などをする積極的義務は負わない。

(2) 借主の貸主に対する権利・義務　(ア) 使用収益権（用法遵守義務・第三者の無断使用収益の禁止）　借主は契約で定めた方法で目的物を使用収益することができる。特約がなければ，契約または目的物の性質から通常認められる使用方法で使用収益すべきである（用法遵守義務，594条1項）。たとえば，所有するアパートの一室を甥Ａの勉強部屋に賃料を取らずに貸したところ，Ａが深夜にステレオを大音量で聴いたためにアパートの他の部屋の賃借人が契約を解除して出ていってしまったように，借主が契約の趣旨に反する使用収益をして貸主に損害を与えたときは，貸主は借主に損害賠償を請求できる（415条）。損害賠償請求権は，損害が明らかなうちに早期決着をつけることが望ましいため，目的物の返還を受けた時から1年内に請求しなければならないという除斥期間の制限を受ける（600条1項）。なお，用法遵守義務違反により損害が生じた時点で損害賠償請求権は行使可能であるが，使用貸借では使用期間が長期にわたることも多く，貸主が借主の用法遵守義務違反を把握する前に消滅時効の時効期間である権利を行使することができる時から10年（166条1項2号）が経過してしまう虞もある。そのため，借主の用法遵守義務違反による貸主の損害賠償請求権は，貸主が返還を受けた時から1年を経過するまでは消滅時効の完成が猶予される（600条2項）。また，所有するアパートの一室を甥Ａに勉強部屋として賃料を取らずに貸したところ，Ａがそこで塾を開業したようなときには，貸主は用法遵守義務違反として契約を直ちに解除（告知）することもできる（594条3項）。

借主は，貸主の承諾がなければ，目的物を第三者に使用収益させることができない（第三者の無断使用収益の禁止，594条2項）。こ

の義務に違反した場合にも，貸主は，損害があるならば損害賠償を請求が可能であり，また，契約を解除できる（同条3項，損害賠償請求について600条）。

　(イ)　目的物保存義務　　借主は，善良な管理者の注意（善管注意義務）をもって目的物を保存し（400条），軽微な補修費用や町内会費のような借用に伴う通常必要な費用を負担しなければならない（595条1項）。これに対して，建物が台風で壊れたときの修繕費とか窓枠のアルミサッシへの取替えの費用のような特別の必要費や有益費を借主が負担したときは，196条の規定にしたがい貸主に償還することができ，返還した時から1年以内に請求しなければならない（595条2項・583条2項・600条1項）。

　(ウ)　借用物返還義務・附属物収去義務・原状回復義務　　使用貸借が終了した場合には，借主は，受け取った後に借用物に附属させた物（設置したエアコン等）を収去して（599条1項本文），借用物を貸主に返還しなければならない（593条）。ただし，借用物から分離できない物または分離に過分の費用を要する物については，そのままの状態で返還すればよい（599条1項ただし書）。しかし，借主の収去義務の不能に帰責事由があり，借用物に損傷が生じたならば，貸主は借主に対して損害賠償を請求できる（同条3項参照）。

　貸主が収去請求権を行使するならば，借主は収去に応じる義務があるが，借主は，借用物を受け取った後に附属させた物を自ら収去する権利を有する（599条2項）。

　借主は，目的物を受け取った後に当該物に損傷が生じ，使用貸借が終了した場合には，その損傷を原状に復する義務を負う（同条3項）。賃貸借では通常の損耗と経年変化については原状回復の対象外としているが（621条本文括弧書き），使用貸借では，この点

については個々の契約解釈に委ねられている。なお，損傷について借主に帰責事由がないときには，損傷の原状回復義務はなく，そのままの状態で借用物を返還することができる（599条3項ただし書）。帰責事由のないことの主張立証責任は，借主にある。

　(3)　借主の第三者に対する関係　　貸主が目的物を第三者に賃貸し，あるいは所有権を第三者に譲渡して，第三者が対抗要件を取得したときは，借主はもはや使用貸借上の権利をその第三者に主張できない。使用借権には対抗力がないからである。また，土地の使用貸借において，借主が土地上に登記した建物を保有していても，借地借家法10条（Ⅵ6(2)(オ)(a)参照）の適用はないから，やはり土地の使用借権を第三者に対抗できない。

4　使用貸借の終了

　使用貸借は，一般の契約と同様に，債務不履行による解除により，また，債権の消滅原因である混同等によって終了するが，そのほか，次のような終了原因がある。

　(1)　使用貸借の終了原因　　使用貸借は，以下の事由が生じたときは，当然に終了する。

　①当事者が使用貸借の期間を定めた場合には，その期間が満了したとき（597条1項）。

　②当事者が使用貸借の期間を定めず，使用収益の目的を定めた場合には，借主が目的にしたがい使用収益を終えたとき（同条2項）。

　③借主の死亡（同条3項）。当事者間の特別な関係により設定された無償契約であるため，借主の地位は相続できないのである。

　これに対して，貸主の死亡によって使用貸借は終了せず，借主は使用収益を継続できる。

（2）　使用貸借の解除　　使用貸借は，以下の場合には，当事者の解除の意思表示により契約を終了させることができる。借主の用法遵守義務違反および第三者の使用収益による解除については，前述した（3⑵⑺）。なお，これらの解除は，催告は不要であり，解除の効力として，遡及効がない。

①当事者が期間の定めをしなかったが，使用収益の目的を定めていた場合（597条2項）において，使用収益をするに十分な期間が経過したときは，貸主は，契約を解除できる（598条1項）。使用収益をするに十分な期間を経過したか否かは，経過した年月，無償で貸借されるに至った特殊な事情，その後の当事者間の人的つながり，使用の目的，方法，程度，貸主の使用を必要とする緊要度などを比較衡量して判断すべきである（最判昭45・10・16裁判集民101号77頁）。

②当事者が使用収益の期間および使用収益の目的を定めなかったときは，貸主は，いつでも解除をすることができる（598条2項）。

③借主は，前述したように（2⑴），いつでも契約を解除できる（同条3項）。

VI　賃　貸　借

1　賃貸借の意義

（1）　賃貸借の意義・法的性質・社会的作用　　アパートの一室を借りるとか，貸自転車屋から自転車を借りるように，当事者の一方（賃貸人）が相手方（賃借人）に物（動産・不動産）を使用収益させることを約束し，相手方がこれに対価（賃料）を支払うことおよび引渡しを受けた物を契約が終了したときに返還することを

約束することで成立する契約を賃貸借という (601条)。賃貸借は，諾成・有償・双務契約である (表1)。

　物を利用し，収益するためには，売買によりその物の所有権を取得する方法も考えられるが，そのためには多額の費用もかかるし，物の所有者が将来その物を利用したい希望をもっているときは，売買を成立させることは困難である。このようなとき，賃貸借によれば，物の所有者が利用しない期間だけ借り受けて使用収益することが可能であり，所有者と利用者の双方にとり都合がよい。また，利用者は，使用収益のために一時的に大きな金額を支出する必要がなく，利用の対価を賃料として分割的に支払える点でも便利である。したがって，賃貸借は，価格の高い土地・建物，および，一時の使用収益のため多額の支出をして買い取る意味の少ない動産などを対象に，頻繁に行われている。

　最近では，使用料を得て自動車や CD・DVD をはじめ各種の動産類を貸す「レンタル」が多様に発展しているが，これは賃貸借を業として行うものである。なお，コンピュータなどの高価な機器を使用したいと思う A が供給者 B から直接に目的物を買い取る代わりに，リース会社 C が A の依頼に基づき B より目的物を買い取り，さらに C が A にその物を賃貸する形式の取引も増えてきている（「ファイナンス・リース」という。このほかにも，純粋な賃貸借に近似した種類の「リース」もある）。ファイナンス・リース契約は，A が目的物を調達する資金を C から借りているのに等しい実質をもち（A が C に支払う賃料は実質的には機器の割賦「代金」に相当する），したがって賃貸借の形式の下で一種の金融の役割を演じている。それゆえ，A・B・C 三者間の法律関係を考える際には，賃貸借の形式にとらわれることなく，金融取引の側面から考察する必要がある。

★★
　(2)　賃貸借の多様性と特別法——「不動産賃借権の物権化」とは
なにか

　売買と同様に，賃貸借も多様な目的物を対象にしている。この
目的物の相違を度外視して，たとえば，キャンプ用テントの一時
的な賃貸借と居住用アパートの長期的な賃貸借とを同一の基準で
処理することは妥当ではないであろう。また，とくに賃貸人と賃
借人との間に社会的・経済的な力の差がある不動産賃貸借におい
ては，その規律を契約自由の原則の下におくならば，賃借人の権
利は無視される危険性もある。それゆえ，各国の立法例では，不
動産賃貸借に関する特則や特別法を制定して，一般の賃貸借から
区別して扱う傾向にある。

　わが国でも，不動産利用権として本来予定されていた用益物権
たる地上権（265条以下）・永小作権（270条以下）が地主・土地利用
者間の力関係から容易に設定されず，それに代えて，地主に有利
な賃貸借が好んで用いられてきた状況の中で，不動産賃借人の法
的地位を強化するために，建物保護ニ関スル法律（以下Ⅵでは建物
保護法）をはじめとする借地・借家・農地賃借権関係の特別法が
制定された（借地・借家に関する特別法は，時代の要求に即した改正が加
えられて，平成3年制定の借地借家法として一つの法律に統合された）。こ
れらの特別法では，とくに①存続保護，②第三者に対する対抗力
の付与および，③譲渡性の保障に関して，不動産賃借人の地位が
強化されている（後述6）。そして上記の特別法，ならびに，妨害
排除請求権を認めた判例法や解除を制限する判例法を通して不動
産賃借人の立場が強化されるにしたがい，不動産賃借権と用益物
権との相違は極めて小さくなってきている。このような現象を
「不動産賃借権の物権化」と呼んでいる。平成29年の債権法改正
では，判例法であった対抗要件を備えた不動産賃借人の妨害停止

請求権および不動産返還請求権を明文化（605条の4）したが，このことにより「不動産賃借権の物権化」は一層明確になった。

2　賃貸借の成立

（1）　賃貸借の成立　　⒜　賃貸借の対象　　賃貸借の対象は物であるから，動産・不動産を問わないが（85条・86条），権利や企業・営業は除かれる。しかし，対価を得て権利などを使用収益させる事例でも，特別法の規定（特許78条など）がない限り，賃貸借の規定を類推適用すべきである。なお，社会の中では，不動産（土地・建物）の賃貸借が重要であるため，民法も不動産賃貸借に関する規定を多くおいており，また，不動産賃貸借を巡る法的紛争が多発しているため，賃貸借の条文も現実には不動産賃貸借に関して適用されることが多い。それゆえ，賃貸借の条文の解釈では，一般的に，不動産賃貸借が前提にされていることに注意を要する。

⒝　賃貸借の成立　　賃貸借は原則として当事者間の契約で成立する。諾成契約であるから申込みと承諾の合致（合意）だけで成立するが，不動産賃貸借では，目的物の重要性から契約内容を確認する意味で通常は書面が作られている（なお，農地21条）。有償契約であることから，賃貸借の予約も可能である（559条・556条）。他人の物の賃貸借も有効である（後述3⑴⒜）。

法律の規定により賃貸借が成立する場合もある（法定賃借権。仮登記担保10条など）。

また，他人の物を継続的に用益し，用益が賃借の意思によるものであることが客観的に表現されている場合には，賃借権は時効取得され（163条），賃貸借関係は時効によっても成立する（土地賃借権について，最判昭43・10・8民集22巻10号2145頁）。

(2)　**短期賃貸借**　　賃貸借は処分行為ではないが，長期にわた
る賃貸借は実際上処分行為に近い効果をもつ。このため，財産に
ついて管理権限はあるが処分権限のない者（不在者の財産管理人・
権限の定めのない代理人・後見監督人のある場合の後見人・相続財産管理人
など）は，短期間に限り（樹木の栽植・伐採を目的とする山林の賃貸借
では 10 年，その他の土地の賃貸借では 5 年，建物賃貸借では 3 年，動産の
賃貸借では 6 ヵ月），賃貸借をすることができるとした。規定に違
反してこれよりも長期の期間を約束したときでも，期間は上記の
期間になる（602 条）。この期間は更新も可能である。しかし，期
間満了前，土地については 1 年以内，建物については 3 ヵ月以内，
動産については 1 ヵ月以内に更新の合意をしなければならない
（603 条）。

　なお，未成年者・成年被後見人・被保佐人・被補助人など，財
産の処分行為に制限を受けているか，一定の場合に制限を受ける
者の賃貸借契約の締結の可否は，それぞれ該当する行為能力に関
する規定（5 条・9 条・13 条 1 項 9 号・17 条等）により個別に決せら
れる。

3　賃貸借の効力──賃貸人・賃借人間における効力

　賃貸借の効力としては，まず，賃貸人・賃借人間における効力
が問題となり，次いで，賃貸人が賃貸物を第三者に売ったり，あ
るいは賃借人が賃借物を第三者に転貸したりすることにより生じ
る第三者との間の効力（後述 5）が問題になる。

(1)　**賃貸人の義務と責任**　　(ア)　**使用収益させる義務**　　賃貸
人は賃借人に目的物を使用収益させる義務を負う（601 条）。この
ことから，賃借人へ目的物を引き渡す義務と，第三者による使用
収益の妨害を排除する義務が，賃貸人には生じる。

　他人の所有物を賃貸した他人物賃貸借においても，賃貸人は賃借人に目的物を使用収益させる義務を負う。**他人物賃貸借**については以下のように考えることができる。　★★

　賃貸人Ａが賃貸権原なく他人Ｃの所有物を賃借人Ｂに賃貸する他人物賃貸借も，契約自体は有効である。この場合，Ａは，Ｃから目的物の賃貸権限を取得する義務を負うとともに（559条・561条の準用），Ｂに使用収益させる義務を，Ｂは，Ａに賃料を支払う義務を負う（大判明39・5・17民録12輯773頁）。ＡがＢより賃貸借契約に基づき取得する賃料は，法律上の原因があるため，Ｂとの関係においては不当利得にはならない（大判昭9・6・27民集13巻1745頁）。Ｃが所有権に基づいてＢに対して賃借物の返還を請求するならば，Ｂは，Ａに対する賃料支払を拒むことができる（559条・576条，なお615条）。そして，ＢがＣに賃借物を返還するならば，使用収益させる義務の履行不能を理由に，Ａに対して，損害賠償を請求でき，また，契約解除ができる（415条1項・542条1項1号）（最判昭49・12・20判時768号101頁は，ＢがＡから賃借した不動産についてＣと賃貸借契約を締結したときは，ＡＢ間の賃貸借はＡの使用収益させる義務の履行不能によって終了すると判示する）。なお，Ｂは，Ａの賃貸する権原に善意であれば，Ｃに対する関係で不当利得・不法行為は成立せず（189条1項。悪意であれば，190条1項により結果的に賃料の二重払となるＣに対する賃料相当額の不当利得返還義務を負い，不法行為責任も負う），また，Ａについても，賃貸する権原がないことに悪意であれば，Ｃに対して，Ｂから取得した賃料（客観的な賃料相当額より賃料が低額な場合には客観的賃料相当額）を不当利得として償還する義務を負い，それとともに，不法行為責任も負う（190条1項。善意であれば，189条1項によりＢから取得した賃料のＣへの返還義務はなく，不法行為責任も負わない）。

★　　（イ）　**賃貸物の修繕**　　（a）　賃貸人の修繕義務　　賃貸人は，賃借人に目的物を使用収益させる義務があるため，使用収益に差し障りがあるならば，使用収益に必要な修繕をする義務を負う（606条1項）。ただし，賃借人に帰責事由があって修繕が必要になったときは，賃貸人の修繕義務はない（同項ただし書）。修繕が可能であるならば，賃貸人の修繕義務は発生するが，建物の賃貸借では，建物の朽廃（全部滅失）は賃貸借の終了事由であるため（616条の2），新築に匹敵する費用を要する修繕までする必要はない。

　当事者間の特約により606条の修繕義務を免除・軽減し，さらに一定範囲で賃借人に負担させることも可能である。しかし，賃借人が負う具体的な修繕義務の範囲は，賃料がどの程度値引きされているかを考慮して決すべきであり，大修繕の義務まではないというべきであろう。

　賃貸物の修繕は，賃借人にとってばかりか，賃貸人にとっても所有物の保存の点から利害に関わることである。したがって，賃借物が修繕を要する状態にあるときには，賃貸人がその事実を知らないならば，賃借人は遅滞なく賃貸人に通知しなければならない（615条）。また，賃貸人の行う賃借物の保存に必要な行為を賃借人は拒むことができない（606条2項。賃貸人による修繕に対する賃借人の受忍義務違反は解除事由となる）。賃貸人が賃借人の意思に反して保存行為をしようとし，賃借した目的を達することができないならば，賃借人は契約を解除することができる（607条）。

　なお，修繕可能であり，修繕が必要になった事情につき賃借人に帰責事由がないにもかかわらず，賃貸人が修繕義務を履行しない場合には，賃貸人の債務不履行となる。修繕義務の不履行により，賃借物の一部が滅失・使用収益不能になり，それが賃借人に

帰責事由がないものであるならば，賃料は，使用収益できなくなった部分の割合に応じて，賃料は減額される（611条1項）。また，賃借物の一部が滅失・使用収益不能になり，使用可能部分だけでは賃借の目的を達することができないときには，契約解除も可能である（同条2項）。なお，賃貸人による修繕義務の不履行は債務不履行であるため，損害が生じたならば，一般の債務不履行責任として損害賠償請求（415条1項）が可能であり，催告して契約解除もできる（541条）。また，修繕義務の不履行の程度に応じて，賃借人は賃料の支払を拒絶できる（大判大4・12・11民録21輯2058頁）。

　　(b)　賃借人による修繕　　原因の如何を問わず（賃借人に帰責事由があって修繕が必要になった場合を含め），賃借物の修繕が必要である場合に，その旨を賃借人が賃貸人に通知し，あるいは賃貸人が知ったにもかかわらず，賃貸人が相当の期間内に修繕しないとき，または，急迫の事情があるときは，賃借人は自ら修繕をすることができる（607条の2）。

　(ウ)　費用償還義務　　(a)　必要費償還義務　　賃貸人が修繕義務を負っていながら賃借人が修繕をした場合の修繕費（607条の2）や借家における備え付けのエアコンの修理費のように，通常の用法に適する状態に目的物を保存するのに必要な費用（必要費）を賃借人が支出したときは，賃借人は，直ちに賃貸人にその費用の償還を請求することができる（608条1項）。

　　(b)　有益費償還義務　　借家の入口への通路をコンクリートで舗装するように，賃借人が目的物の改良のための費用（有益費）を支出したときは，目的物の価格の増加が賃貸借終了時に現存する限りで，賃貸人の選択により，賃貸人は，支出された費用あるいは増価額のどちらかを償還しなければならない。この場合，賃

貸人の請求があるならば，裁判所は相当の期限を猶予することができる（608条2項・196条2項）。608条は任意法規であるから，必要費・有益費償還義務を軽減・免除する特約も有効である。

　(c)　費用償還請求権の行使期間　　賃借人の必要費・有益費償還請求権は，目的物の返還時から除斥期間である1年以内に請求しなければならない（622条・600条1項）。

　(エ)　契約不適合の場合の債務不履行責任　　賃貸借は有償契約であるから，賃貸人は，売主と同じ契約不適合の場合の債務不履行責任を負担する（559条）。賃借物の数量が不足していたり，賃借物に瑕疵があったり，抵当権などの担保物権が付着していた場合には，それぞれ売買の該当規定を準用することになる（前述Ⅲ3(3)・(4)(ア)参照）。

　(2)　賃借人の義務　　(ア)　賃料支払義務　　賃借人は使用収益の対価として約定された賃料を支払わねばならない（601条）。賃料は金銭やその他の代替物でもよい。

　天候等により収益が左右される性格から，農牧地の賃貸借では，不可抗力で賃料より少ない収穫（＝収益）しか得られなかったときは，賃借人は，収益の額に至るまでの賃料減額請求権を行使することができ，その状態が2年以上継続するときには，契約解除権を行使できる（609条・610条）。

　火災・風水害などにより，賃借物が賃借人に帰責事由なく一部が滅失その他の事情で使用収益をすることができなくなった場合は，賃借人に滅失の割合に応じて賃料の減額請求権が与えられ，また，残存する部分だけでは契約目的を達成できないときは，賃借人に契約解除権が与えられる（611条）（(1)(イ)参照）。一部滅失・使用収益不能に賃借人に帰責事由がないことについては，賃借人側に主張立証責任がある（学説上，争いがある）。

　賃料支払時期は契約で定められるのが通常であるが，特約をしなければ，動産・建物・宅地の賃貸借では毎月末に支払うべきである（後家賃・後地代。なお，614条参照）。

　(イ)　敷金・権利金等の支払　　賃貸借において敷金の差し入れが約束されている場合には，賃借人は，敷金を賃貸人に提供しなければならない。敷金に関しては，判例法が形成されていたが，現行法は，その成果を条文化している（「第4款　敷金」622条の2を新設）。不動産の賃貸借の成立にあたっては，敷金のほかにも，賃借人から賃貸人に権利金・保証金などの名称の金銭が支払われることが多い。これらの金銭は，賃貸人の返還義務等に相違がある（後述(b)）。

　(a)　**敷金**　　(i)　敷金の定義　　敷金は，「いかなる名目に ★★ よるかを問わず，賃料債務その他の賃貸借に基づいて生ずる賃借人の賃貸人に対する金銭の給付を目的とする債務を担保する目的で，賃借人が賃貸人に交付する金銭」（622条の2第1項括弧書き）と定義されている。そのため，契約上の呼称が権利金や保証金となっていても，上記の定義に該当するものは，敷金として扱われる。

　(ii)　敷金によって担保される範囲　　敷金により担保される範囲は，賃借人の賃料債務や損害賠償債務等である。賃借人が賃貸借に基づいて生じた賃料等の金銭債務を履行しないときは，賃貸人は，敷金をその債務の弁済に充てることができる。しかし，賃借人から賃貸人に対して敷金をその債務の弁済に充当するよう請求することはできない（622条の2第2項）。賃貸借契約終了における原状回復に伴う費用も担保されるが，使用により通常生じる賃借物の損耗・劣化による損傷については担保されない（621条括弧書き参照）。

　(iii)　敷金返還債務の発生時期　　敷金返還債務の発生時期に関しては，契約の終了時と解するか，賃借物の明渡時と解するかについて争いがあり，判例は，明渡時説を採用し（最判昭 48・2・2民集 27 巻 1 号 80 頁），**賃借人の賃借物の返還と賃貸人の敷金返還との間の同時履行**については，一個の双務契約から生じる対価的債務の関係にないこと，および，両債務の間には著しい価格の差があることなどを理由に否定していた（最判昭 49・9・2 民集 28 巻 6 号1152 頁）。

　現行法は，判例にしたがい，①賃貸借が終了して賃貸物の返還を受けたとき（最判昭 48・2・2），または，②賃借人が適法に賃借権を譲り渡したときに（最判昭 53・12・22民集 32 巻 9 号 1768 頁），賃貸借に基づいて生じた金銭債務を敷金の額から控除した残額を賃借人に返還する義務が生じると定めた（622 条の 2 第 1 項 1 号・2 号）。したがって，賃貸借契約が終了する場合には，賃貸人は，特約がない限り，賃借物の明渡しを確認して，契約継続中に生じた未払賃料等の債務だけでなく，契約終了後，賃借物の明渡時までに生じた賃料相当額を含む一切の金銭債務を敷金の額から控除して，残額を賃借人に返還しなければならない。それゆえ，賃借人の債権者が敷金返還請求権を差し押さえた場合でも，差押債権者は，目的物の返還時において未払賃料等の敷金による被担保債権を控除した残額についてのみ，敷金返還請求権を行使することができる（最判昭 48・2・2）。なお，賃貸借の終了に当たって敷金から一定金額を差し引いて一部を返還しない「敷引特約」は，敷引金の金額が賃料等に比較して高額に過ぎると評価すべきものである場合は，消費者契約法 10 条により無効であり（最判平 23・3・24 民集65 巻 2 号 903 頁），契約が災害により途中終了する場合には，敷引特約を適用することができず敷金を返還しなければならない（最

判平 10・9・3民集 52 巻 6 号 1467 頁）とする判例がある。

　敷金から未払賃料等が控除される関係は，敷金契約の性質から
生じる敷金の未払賃料等への充当によるものである。それゆえ，
賃貸人の債権者が賃料債権を差し押さえた場合でも，賃貸借契約
が終了し，目的物が明け渡されたときは，未払賃料債権は，敷金
の充当によりその限度で消滅することになり，差押えの効力は，
敷金により充当された部分には及ばないことになる（最判平 14・
3・28 民集 56 巻 3 号 689 頁）。

　(iv)　賃貸人の地位の移転と敷金　　対抗力ある賃借権が設定
された賃貸不動産の譲渡により賃貸人の地位が移転した場合
（605 条の 2 第 1 項），または，賃貸人の地位を移転する合意に基づ
き賃貸人の地位が移転した場合（同条 2 項後段・605 条の 3）には，
実際に敷金が新・旧賃貸人間で引き継がれると否とを問わず，敷
金返還義務は当然に新賃貸人に承継される（605 条の 2 第 4 項）。た
だし，承継される額は旧賃貸人に対する債務額を控除した残額で
ある（最判昭 44・7・17 民集 23 巻 8 号 1610 頁）。このような結論が是
認されるのは，敷金が新賃貸人に承継されないとすると，賃借人
が関知しない賃貸人の変更により，賃借人は，旧賃貸人が無資力
のときに敷金の返還を得られず，新賃貸人からは新たに敷金の差
し入れを要求されるという，リスクを負わされることになるから
である。

　(v)　賃借人の地位の変更と敷金　　これに対して，不動産賃
借権が適法に譲渡され，賃借人の地位の変更があったときは，敷
金に関する権利義務は，原則的に新賃借人に承継されない（最判
昭 53・12・22）。このため，賃貸人は，賃貸借に基づいて生じた旧
賃借人の未払賃料等の金銭債務を敷金から控除した残額を旧賃借
人に返還しなければならない（622 条の 2 第 1 項 2 号）。旧賃借人に

とって，自ら差し入れた敷金により新賃借人の金銭債務を担保しなければならないことは，予期に反する不利益を被る虞があるため，この結論は是認されるのである。

(b)　権利金・保証金・更新料・礼金　　賃借人から賃貸人に交付される金銭には，敷金のほかにも，権利金・保証金・更新料・礼金などがある。権利金には，①営業を含めて賃借する場合に支払われる営業権の対価としての性質を有するもの，②賃料の前払的性質をもつもの，③賃借権の譲渡・転貸の承諾料の性質を有するものがあるとされている。保証金には，新築建物の賃貸借にあたって賃借人が建物建築の協力金として支払うものや，その他いろいろな性格のものがある。判例は，原則として，賃貸人の権利金返還義務を認めない。保証金の返還義務については，契約の趣旨を考慮して決めるべきである。更新料は，契約更新に当たって慣習的に賃借人から賃貸人に交付される金銭であり，賃料の補充ないし前払，契約を継続するための対価等の趣旨を含む複合的な性質を有するものである。更新料支払の合意をしながら賃借人が不払をする場合には，契約の解除事由になる（最判昭59・4・20民集38巻6号610頁）。礼金は，借家契約締結に当たって賃借人から賃貸人に提供される1〜2ヵ月分の賃料に相当する金銭であり，契約締結への謝礼や賃料の前払などの性格がある。礼金については，賃貸人の返還義務はないと解されている。

(ウ)　用法遵守義務・目的物保存義務　　賃借人は，契約の定めおよびその物の性質に応じて目的物を使用収益しなければならず（用法遵守義務。616条・594条1項），使用期間中は善管注意保存義務を負う（400条）。なお，不動産の賃貸借では，使用方法に関して，動物を飼育してはならないとか，近隣に迷惑をかけてはならないとかの特約が定められることが通例である。これらの特約は，賃

借人に不合理なことを強要していない限り，有効である。

　用法遵守義務に違反して賃借人が賃借物を使用収益した場合には，賃貸人は，債務不履行として，損害賠償請求権と契約解除権を行使できる。

　用法遵守義務違反による損害賠償請求権については，賃借物の返還を受けた時から1年の除斥期間の適用があり，また，賃借物の返還を受けた時から1年を経過するまでは消滅時効の完成が猶予される（622条・600条。前述Ⅴ3(2)(ア)も参照）。用法遵守義務違反を理由として賃貸借契約を解除する際には，賃貸人・賃借人間の信頼関係が破壊されているか否かが重要になる（4(3)(イ)）。

　賃借人は，上記の義務のほか，賃貸借関係の終了の際に賃借物返還義務・原状回復義務・収去義務を負うが，これらの義務については後述する（4(6)）。

4　賃貸借の終了

　賃貸借は，期間満了や解約申入れにより終了する。そのほか，一般の契約と同様に，解除により，また，債権の消滅原因である履行不能・混同によっても終了する。

　(1)　賃貸借の存続期間と終了　　(ア)　賃貸借の存続期間　　民法上の賃貸借の存続期間は，最長50年である。契約でそれよりも長い期間を定めても，その期間は50年になる。存続期間は更新することができるが，更新後の期間も更新時から50年を超えることができない（604条）。旧法では，最長の存続期間は20年とされていたが，現行法は，太陽光発電のパネル設置のための土地の賃貸借などに配慮して，賃借権の存続期間の長期化が図られ，永小作権の存続期間の上限50年（278条1項）との均衡等から50年の期間が選択された。このように最長期間の制限はあるが，民

法は最短期間を定めていない。しかし，不動産の賃貸借については，賃貸人側の事情により一方的に短期の存続期間を押しつけられることは不当であるので，特別法は，賃貸借の存続保障のための措置を講じている（この点について，借地権に関して後述 6 (2)(イ)(a)，借家権について後述 6 (3)(ア)(a)参照）。

(イ)　期間の定めのある賃貸借と終了　　期間の定めのある賃貸借は，更新がない限り，期間満了により終了する。契約の更新は当事者間の合意で自由にできる（604条2項参照）。期間満了後に賃借人が目的物の使用収益を継続しているにもかかわらず，これを知って賃貸人が異議を唱えなかったときは，前と同一の条件でさらに賃貸借をしたものと推定される（黙示の更新，619条1項前段）。ただし，更新後の賃貸借は期間の定めのないものとなり（同項後段），敷金を除いた，前契約に差し入れられた担保（保証人の保証債務など）は期間満了により消滅する（同条2項）。

　期間を定めた賃貸借でも，当事者の一方または双方が期間内に解約をする権利を留保することが可能であり，解約権を留保したときは，期間の定めのない賃貸借の解約申入れの規定（617条）にしたがって契約は終了する（618条）。

(2)　期間の定めのない賃貸借と解約申入れ　　賃貸借の期間を定めなかったときは，当事者はいつでも解約の申入れをすることができ，解約申入れから一定期間（土地は1年，建物は3ヵ月，動産・貸席は1日）経過後に賃貸借は終了する（617条1項，収穫の季節がある土地の賃貸借について同条2項）。

　この解約申入れについても，借地借家法・農地法による修正が施されている（後述 6 (3)(ア)(b)，6 (4)(ア)）。

(3)　解除　　(ア)　解除の原因と効果　　賃貸借における契約解除は契約関係の終了原因であるが，その効果は，通常の解除とは

異なり，遡及的効果（545条1項）をもたず，将来に向かって契約関係を解消させる解約告知の性格をもつ（620条。なお，前述第2章Ⅴ1⑶参照）。この場合に，債務不履行があれば，415条1項に基づく損害賠償を請求することができる。

　民法は，賃借人に607条（賃借人の意に反する賃貸人の保存行為）・610条（減収による解除）・611条2項（賃借物の一部滅失等による解除）で解除権を与え，また，賃貸人にも612条2項（賃借権の無断譲渡・転貸）で解除権を与えている。このようにとくに定められている場合のほか，賃貸人は，賃借人の債務不履行・義務違反を理由に契約を解除することができる。

　⑷　**債務不履行・義務違反を理由とする解除と信頼関係破壊の法理**　★★
賃借人の債務不履行・義務違反を理由とする解除に541条（解除の通則）が適用されるか，また，適用されるとしても何らかの修正が必要かについては，土地・建物の賃貸借をめぐって，争いがあった。

　たとえば，賃貸人Ａからマンションを借りているＢが賃料を1ヵ月延滞したときや，室内で動物を飼ってはいけないという特約に違反して子どもが拾ってきた猫を飼ったような事例を考えてみよう。解除の通則規定の541条が適用されるとするならば，賃料支払の遅滞や特約違反はＢの債務不履行・義務違反であるから，Ａは，催告して，相当期間内に賃料の支払や猫の飼育の中止が行われなければ，契約を解除できるであろう。しかし，現行法の下で不履行の軽微性により解除が制限（同条ただし書）されるとしても，形式的な不履行の事実だけで解除が認められるとするならば，ＡがＢの違約を理由に賃借人側の事情を無視した解除をする事態も生じる。また逆に，Ａが再三注意をしているにもかかわらず，Ｂが長期にわたって賃料を支払っておらず，あるい

は，借家で数十匹の猫を飼育し，ゴミ屋敷の状態にしている場合
にも，契約解除のために改めて 541 条による催告をしなければな
らないと解するのも妥当性に欠けるであろう。そこで，このよう
な問題に対して，判例は，541 条を適用しながらも，信頼関係を
基礎とする継続的契約である賃貸借の特殊性を考慮して，契約の
継続中に信頼関係を裏切って賃貸借関係の継続を著しく困難なら
しめるような背信的行為が賃借人にあった場合には，催告を要せ
ず賃貸借を将来に向かって解除できると解した（最判昭 27・4・25
民集 6 巻 4 号 451 頁）。すなわち，賃借人の債務不履行・義務違反
が賃貸人・賃借人間の信頼関係を破壊している場合には 541 条に
より無催告解除が可能であり，信頼関係破壊の程度に達していな
ければ解除ができないとの判例法理を形成したのである。この考
え方は，現行法の下でも維持されよう（賃借人の債務不履行・義務違
反が信頼関係破壊の程度に達していることの主張立証責任は，解除権を行使
する賃貸人側にある）。

　(4)　賃借物の全部滅失等による賃貸借の終了　　賃借物が全部
滅失その他の事由により使用収益することができなくなった場合
には，賃借人に使用収益させるという契約目的を達することがで
きないため，賃貸借は当然に終了する（616 条の 2）。建物賃貸借
では，朽廃が賃貸借の終了事由である全部滅失に当たるかが争わ
れるケースが多い。なお，賃借人の善管注意保存義務（400 条）
違反による賃借物の滅失の場合には，賃借人は，債務不履行とし
て賃貸人に対する損害賠償義務を負う。

　(5)　混同　　賃借人が賃貸借の目的物の所有権を取得するなど
して，賃借人と賃貸人の地位が同一化した場合には，賃借権を存
続させる利益がある場合を除いて，賃貸借は終了する（520 条。自
己借地権〔借地借家 15 条〕の例外がある。後述 6 (2) (オ) (d) 参照）。

(6)　賃貸借契約終了の効果　　(ｱ)　賃借物返還義務　　賃貸借契約が終了したときは，賃借物が滅失していない限り，賃借人は賃借物を賃貸人に返還する義務を負う（601条）。賃借物を返還できないときは，価額を返還しなければならない。

(ｲ)　原状回復義務　　賃借物を受け取った後にこれに生じた損傷がある場合には，賃貸借契約の終了による賃借物の返還に際して，賃借人は，その損傷を原状に復して返還しなければならない（621条本文）。ただし，その損傷が賃借人の帰責事由によるものでないときは，原状回復義務を負わない（同条ただし書）。帰責事由がないことの主張立証責任は，賃借人にある。

　通常の使用収益により生じた損耗ならびに賃借物の経年変化は，賃貸借に通常予定されているものであり，それによる減価の回収を含めて賃料が設定されているものと考えられるため，原状回復の範囲から除かれる（621条本文括弧書き。使用貸借の原状回復義務〔599条3項〕と相違する点である）。

　この規定は，任意法規であり，通常の損耗を原状回復義務の範囲に含めることは可能である。しかし，その旨の特約（通常損耗補修特約）は，賃借人に予期せぬ負担をかけるものであるため，当事者間で明確に合意されていなければならない（最判平17・12・16判時1921号61頁）。

(ｳ)　附属物の収去義務・収去権　　賃借人は，賃貸借契約終了に伴い，賃借物を受け取った後にこれに附属させた物（例：借りた店舗に設置した看板等）を収去する義務を負う。賃借人は，原状回復義務の一態様として収去義務を負うが，損傷に関する原状回復義務と相違して，帰責事由がない場合でも賃貸人の収去請求に応じなければならない（(ｲ)参照）。ただし，賃借物から分離することができない物または分離するのに過分の費用を要する物（例：

食堂用に借りた店舗に設置した排水施設等）については，収去義務はないため，現状のまま返還すればよい（622条・599条1項）。この場合，その物は，付合により賃貸物所有者の所有に帰する（242条・243条）。しかし，賃借人の収去義務の不能に帰責事由があり，賃借物に損傷が生じたならば，賃貸人は賃借人に対して損害賠償を請求できる（599条3項参照）。

　賃借人は，前述のように，賃貸人からの収去請求権が行使されれば，それに応じる義務があるが，賃借物を受け取った後にこれに附属させた物（例：借りたマンションに設置したエアコン等）を契約継続中でも自ら収去する権利を有する（622条・599条2項）。ただし，その収去により損傷が生じた場合には，前述(イ)の原状回復義務が生じる。

5　賃貸借の効力──第三者との関係

★★　(1)　**賃借権の譲渡・賃借物の転貸**　　(ア)　原則　　建物を譲渡するにあたって敷地の賃借権を賃貸人に無断で第三者に譲渡し，あるいは，レンタルショップから借りたキャンプ用テントを店に無断で友人に又貸しするように，賃貸人の承諾なしに賃借人が賃借権を第三者に譲渡し，賃借物を転貸（以下「賃借権の譲渡・転貸」という）することは禁止されている（612条1項）。この規定に違反して，賃貸人に無断で第三者に賃借物の使用収益をさせた場合には，原則的に，賃貸人は契約を解除できる（同条2項）。これは賃借権が相対権である債権であることから生じる性質である。賃貸人をA，賃借人をB，賃借権の譲受人・賃借物の転借人をCとして，この問題をさらに検討することにしよう（図6参照。賃貸人が賃貸物の所有者である一般的事例を図示している）。

　まず，612条1項の趣旨は，Aの承諾を得ない限りB・C間の

図6　賃借権の無断譲渡・賃借物の無断転貸

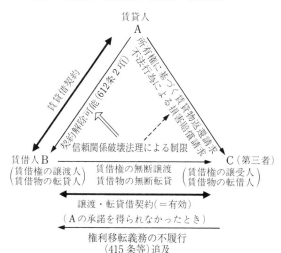

譲渡・転貸はＡに対する効力をもたないという意味であって，Ｂ・Ｃ間の譲渡・転貸借契約自体は有効である。したがって，ＢはＣに対して賃借権譲渡の対価や賃料を請求することは可能である。また，ＢはＣのために速やかにＡの承諾を得る義務を負い，これが不可能な場合には，Ｃは債務不履行を理由にＢ・Ｃ間の契約を解除（541条），損害賠償を請求（415条）できる（借地の場合には，借地借家19条〔後述G⑵(サ)(e)(ⅲ)〕にも注意）。なお，ＡがＢ・Ｃ間の譲渡・転貸を認めず，賃借物の明渡しをＣに求めてきた場合には，Ｃは，Ｂに対して売買による譲渡では代金を，転貸では賃料の支払を拒絶でき（576条〔転貸の場合は同条類推〕），譲渡・転貸契約を解除（541条）し，損害賠償を請求できる（415条）。

　無断譲渡・無断転貸を理由とするＡ・Ｂ間の賃貸借契約のＡによる解除には，Ｃが賃借物を使用収益したことが必要である。

この点で，判例は，土地賃借人が借地上に建てた建物を第三者に賃貸することは建物の使用収益であって，土地の転貸にあたらないとして解除を認めず（大判昭 8・12・11 大審院裁判例 7 巻 277 頁），これに対して，借地上の建物の譲渡には土地賃借権の譲渡が伴うとし（最判昭 47・3・9 民集 26 巻 2 号 213 頁），また，B が飲食店用に借りた店舗での営業を経営委託の名目で C に委ねた場合には C による賃借物の使用収益があったとして（最判昭 39・9・24 裁判集民 75 号 445 頁），それぞれ解除を認容している。なお，無断譲渡・無断転貸の効力は賃貸人 A に対抗できないため，A は，B との間の契約を解除しなくとも，C に対して所有権に基づいて賃借物の返還を請求し，また，不法行為による損害賠償を請求できる（最判昭 41・10・21 民集 20 巻 8 号 1640 頁）。

★★
★★　　(イ)　**信頼関係破壊の法理による解除権の制限**　　建物賃貸借が大家さんと店子というような身分関係に立脚していた民法典成立時には，賃借権の無断譲渡・無断転貸自体が賃貸人と賃借人の人間関係を裏切る行為であって，解除に値するものであった。しかし，賃貸借関係が純粋に財産的な基盤の上に成り立つものとなるにしたがって，とくに不動産賃貸借に関わる無断譲渡・無断転貸を一律に禁止し，その形式的な違反を解除原因とすることに批判が強まってきた。また，宅地の賃借人が大きな財産を投下して建てた建物を売却したいと思ったが，敷地賃借権の譲渡について賃貸人の承諾が得られないために仕方なしに賃貸人に無断で賃借権を譲渡したような場合に，賃貸借契約の解除が許されるとするならば，賃借人にとってあまりにも酷であろう。

　　このため，判例は，信義則などを用いて解除権を制限するようになり，さらに，「賃貸人に対する背信的行為と認めるに足らない特段の事情がある場合」は無断譲渡・無断転貸を理由に契約を

解除できないという，信頼関係破壊の法理を展開するに至った（最判昭28・9・25民集7巻9号979頁。「特段の事情」の主張立証責任は賃借人が負う〔最判昭41・1・27民集20巻1号136頁〕）。

　いかなる場合に信頼関係の破壊（背信的行為）があると判断されるかについては，一概にいうことはできないが，一般的には，使用収益の主体に変化があっても使用収益の実態に変化がない場合には，未だ信頼関係の破壊はないということができよう（なお，借地権の譲渡・転貸における裁判所による承諾に代わる許可について，後述6(2)(オ)(e)(ⅲ)参照）。

　⑺　**適法な転貸における賃貸人・賃借人・転借人の関係**　　賃貸　★★
人による転貸の承諾がある場合には，賃借人による転貸は適法なものとなる（借地権の転貸につき裁判所の許可のある場合〔後述6(2)(オ)(e)(ⅲ)〕，あるいは，信頼関係を破壊しないために無断転貸を理由に解除できない場合にも，転貸は適法である）。613条は，適法な転貸の効果について規定しているが，ここでは，賃貸人の承諾がある場合について説明する（他の適法とされる転貸でも，賃貸人・賃借人・転借人間の関係は同様である）。

　⒜　転貸借に基づく債務の賃貸人に対する転借人の直接履行義務　　賃貸人による承諾は，賃借人，転借人のいずれに対して行ってもよい。賃借人Ｂが賃借物を転借人Ｃに転貸することに賃貸人Ａが承諾した場合には，ＣはＡに対してＢとの間の賃貸借（転貸借も当事者Ｂ・Ｃ間では通常の賃貸借である）関係の効力を主張できる（転貸の承諾によりＡ・Ｂ間の賃貸借にも変化は生じない。したがって，1つの目的物を対象にして，Ａ・Ｂ間の賃貸借とそれに基づくＢ・Ｃ間の賃貸借という2つの賃貸借が重畳的に成立することになる）。そして，ＣはＡ・Ｂ間の賃貸借に基づくＢの債務の範囲を限度に，Ａに対して転貸借に基づくＣの債務を直接履行する義務を負うこと

になる（613条1項前段）。すなわち，転借人Cは，転貸人Bに負っている債務を転貸人（賃借人）BがAに負っている債務の範囲でAに直接に履行する義務を負い，逆に，AはCに対してCがBに負担する債務を前記の範囲で直接に履行するように請求できる。この規定は，A・C間には賃貸借契約関係はないものの，転貸借によって不利益を被らないように賃貸人を保護するために特に規定されたものである。もっとも，AB間の賃貸借とBC間の賃貸借は，それぞれ独立したものであるから，Cの保管義務違反等によりCにAに対する損害賠償責任が生じたとしても，Bに転借人Cに関する選任・監督の過失がない限り，Bは，Aに対してCと連帯して損害賠償責任を負うことはない（大判昭4・6・19民集8巻675頁は，転借人Cは賃借人Bの履行補助者であるとして，Cの過失についてBの責任を認める）。また，賃貸人Aとの間で賃貸借上の権利を有しない転借人Cは，Aに対して，修繕（606条1項）・費用償還（608条）を請求することはできない。

　CがAに直接履行する義務を負う債務は，用法遵守義務・善管注意義務・返還義務およびそれらの義務違反による損害賠償義務などを含むが，最も重要なのは賃料債務である。たとえば，AがBに月額賃料20万円で貸している部屋をBがCに月額賃料30万円で転貸し，Aがその転貸を承諾した場合には，Aは，A・B間の賃貸借に基づく賃料20万円の範囲でC・B間の転貸借に基づく賃料を直接自分（A）に支払うようCに請求することができる。この際，Cが転貸借の弁済期以前にBに賃料（転借料）を前払いしていても，Aは，Cに対して改めて賃料を支払うように請求できる（613条1項後段）。この規定の意味は，賃貸人Aの転借人Cに対する賃料の直接請求権の空洞化を防ぐところにある。なお，この制度はAを保護するためのものであるため，賃

貸人Aが転借人Cへの請求をせずに，本来あるように，賃借人Bに対して権利を行使することを妨げない（同条2項）。

(b) 賃貸借契約の合意解除と転貸借　適法な転貸借では，賃貸人Aと賃借人とBの間の賃貸借契約を基礎として転貸人（賃貸人）Bと転借人（賃借人）Cとの間の転貸借（賃貸借）契約が成立するため，土台となるA・B間の賃貸借契約が消滅するならば，その上に成立しているB・C間の転貸借契約は，消滅することになる。しかしながら，賃貸人Aが賃借人Bによる転借人Cへの転貸に承諾を与えて，C・B間の賃貸借（転貸借）関係を認めておきながら，後になってAがA・B間の賃貸借を合意解除しても，それによりB・C間の賃貸借は影響を受けない（613条3項）。「2階に上げておいて，ハシゴを外す」ようなことは許されないからである。この場合，AはCに使用収益をさせる義務を負い，CはAに転借料をA・B間の賃借料の限度で支払うことになり，A・B間の賃貸借の範囲内でA・C間の関係は存続することになると解される。もっとも，賃貸借契約が債務不履行で解除された場合には，賃貸人の承諾のある転貸借契約も，賃貸人が転借人に対して賃借物の返還を請求した時に履行不能により終了する（同項ただし書，最判平9・2・25民集51巻2号398頁）。賃料不払を理由に契約を解除するには，賃貸人は，事前に転借人に通知等をして，適法な転借人に賃料の代払により債務不履行状態を解消させる機会を与える必要はないと解するのが判例であるが（最判平6・7・18判時1540号38頁），転借人に催告して代払の機会を与えるべきであろう。

(エ) 適法な賃借権の譲渡における賃貸人・旧賃借人・新賃借人の関係　賃借権の譲渡に賃貸人による承諾がある場合には，賃借権の譲渡は適法なものとなる（借地権の譲渡につき裁判所の許可の

ある場合〔後述**6**(2)(オ)(e)(iii)〕，あるいは，信頼関係を破壊しないために無断譲渡を理由に解除できない場合にも，賃借権の譲渡は適法である）。賃貸人Ａが賃借人ＢによるＣへの賃借権の譲渡に承諾したような適法な賃借権の譲渡がある場合には，借主の地位は譲受人Ｃ（新賃借人）に移転し，従前の賃借人Ｂ（旧賃借人）は契約関係から抜け出ることになる。旧賃借人Ｂが賃貸人Ａに敷金を差し入れていた場合には，Ａ・Ｂ間の賃貸借でＢに生じた債務を敷金から差し引いて残額をＢに返還しなければならない（622条の2第1項2号，上記**3**(2)(イ)(a)(v)参照）。

★★　　(2)　賃借人の第三者に対する関係　　　(ア)　**賃借物の譲渡による譲受人に対する賃借人の関係**　　　賃借権は相対権としての債権であるから，賃借人は，賃貸人に対して目的物の使用収益を請求できるが，賃貸人が売買により目的物を譲渡したときは，譲受人（新所有者）に対しては使用収益させるように請求できない。したがって，目的物が売買されれば，賃貸人の債務不履行責任を問えるにせよ，それに関わる賃貸借契約は破られる。「売買は賃貸借を破る」のである。

　しかし，生活・経営の基盤をなす土地・建物などの不動産賃貸借において，目的物の譲渡で賃貸借関係が覆されては，賃借人は大いに困るであろう。このため，民法は，不動産の賃貸借につき，登記したときは以後その不動産に物権等を取得した者にも対抗できると定めた（605条）。だが，債権たる賃借権には物権のような登記請求権がないと判例（大判大10・7・11民録27輯1378頁）・通説は解しており，賃貸人の協力を得られなければ，賃借権登記をすることはできない。このため明治30年代には，賃借権登記の欠缺を利用して，地主が賃貸土地を売却し，建物を壊して立ち退くように新所有者が賃借人に迫る事態が多発した。この「地震売

買」と呼ばれた社会問題を解決するために，建物保護法（明治42年）が制定され，借地上に建てた建物を借地人が登記することで借地権（賃借権・地上権）の対抗力を確保する手段が与えられたのである（旧建物保護1条）。そしてその後，借家・農地の賃借権についても，賃借権登記に代わる簡便な対抗要件の手段が定められてきている（借地権・借家権に関する605条に代わる対抗要件は，現在では借地借家法10条・31条に受け継がれて規定されている。後述 6 (2)(オ)(a)，6 (3)(エ)(a)。農地の対抗要件は，農地法16条）。なお，特別法によるものも含めて，不動産の賃借権の対抗要件は，二重賃貸借の場合の優劣を決める基準にもなる。

　(イ)　**賃貸不動産の譲渡と賃貸人の地位の移転**　　賃貸不動産が譲 ★★
渡された場合に，賃借権に対抗要件が備わっていれば，賃借人は譲受人に対して賃借権の存続を主張できるが，賃貸人たる地位については，如何なる要件の下で譲渡人から譲受人に移転するか，また賃貸人の地位の移転を賃借人に対抗するための要件は何かが問題として残る。現行法は，この問題に関して，従来の判例の立場を条文化するとともに，賃貸不動産の流動化の便宜を図る規定を新設した。

　　(a)　賃貸不動産の所有権の譲渡による賃貸人の地位の移転
　不動産賃借権が対抗力を備えている場合において，賃貸不動産の所有権が譲渡されたときは，当該不動産の賃貸人の地位は，その譲受人に当然に移転する（605条の2第1項）。目的物を使用収益させる賃貸人の債務は所有者であれば誰でも履行可能であり，対抗要件を備えた賃借人の使用収益を譲受人は拒否できないために，契約上の地位の移転に関する一般的な規律（539条の2）と相違して，賃貸人の地位の移転には，譲渡人・譲受人間の合意も賃借人の承諾も必要とされない。

　(b)　賃貸借の対抗要件を備えていない賃貸不動産の譲渡と賃貸人の地位の移転　　譲渡人が賃貸人であるときは，対抗要件を備えていない賃貸不動産が譲渡された場合でも，譲渡人と譲受人の合意により，賃貸人の地位は譲受人に移転する（605条の3前段）。この場合，目的物を使用収益させる賃貸人の債務は，所有者であれば誰でも履行可能なために，契約上の地位の移転に関する一般的な規律（539条の2）の例外として，賃借人の承諾は不要であるが，賃借権に対抗要件が備わっている賃貸不動産の譲渡（605条の2第1項）と相違して，譲渡人・譲受人間の合意は必要である。

　(c)　賃貸不動産の譲渡の際の賃貸人たる地位の留保　　賃貸人A・賃借人B間の賃貸借関係がある賃貸不動産の譲渡に際して，①賃貸人である譲渡人A・譲受人Cの間で賃貸人たる地位を譲渡人Aに留保する旨の合意に加えて，②当該不動産を譲受人Cが譲渡人Aに賃貸する旨の合意をしたときには，賃貸人の地位は譲受人Cに移転しない（605条の2第2項前段）。

　この規定は，「不動産小口化商品」などの不動産投資の仕組みを簡易に形成するために役立つものである。すなわち，Aが賃貸する複数の賃借人B_1～B_nの居住するビルを所有者であるAがCに譲渡するが，譲受人Cと譲渡人Aとの間の合意でAに賃貸人の地位を留保することでA・B_1～B_n間の賃貸借関係を存続させるとともに，Cを賃貸人，Aを賃借人とする賃貸借の合意をするならば，C・A間の賃貸借とA・B_1～B_n間の転貸借の関係が形成される。この賃貸借・転貸借関係の下では，C（賃借人Aに対する賃貸人）は，ビル管理およびビル居住者B_1～B_nに対して負担する修繕義務・費用償還義務等の負担を従前どおりA（賃借人B_1～B_nに対する賃貸人）に委ねて，AがB_1～B_n（賃貸人Aに対する賃借人）から賃貸人として徴収する賃料収入だけをAから取得でき

る。そして，このような仕組みにおいて，不動産小口化商品では，Cは，B_1〜B_nから得られる賃料を配当として取得できる権利を小口化して投資家に販売することになるのである。

この仕組みにおいて問題になるのは，賃借人B_1らの意思とは無関係に，B_1らがCとの関係で転借人の地位に立たされ，AとCまたはその承継人との間の賃貸借が終了することにより，A・B_1〜B_n間の転貸借関係も終了させられる虞である。このため，本規定では，このような場合に備えて，譲渡人と譲受人またはその承継人との間の賃貸借が終了したときは，譲渡人に留保されていた賃貸人たる地位は，譲受人またはその承継人に移転すると定め（605条の2第2項後段），C（またはその承継人）とB_1〜B_nとの間の直接的な賃貸借関係を生じさせることによりB_1らを保護している。

(d)　賃貸人たる地位の移転を賃借人に対抗するための要件

前記(a)(b)(c)において，賃貸不動産を譲渡された譲受人またはその承継人が，賃貸人の地位の移転を受けたことを賃借人に主張して，賃借人に対して賃料請求，契約解除などの権利行使をするには，当該不動産について所有権移転登記をしなければならない（605条の2第3項・605条の3後段）。

(e)　賃貸人の地位の移転と敷金返還債務と費用償還債務

前記(a)(b)(c)において，賃貸不動産の譲受人またはその承継人に賃貸人の地位が移転する場合には，敷金返還債務（上記3(2)(イ)(a)参照）と費用償還債務（上記3(1)(ウ)参照）は譲受人またはその承継人が承継する（605条の2第4項・605条の3後段）。

(ウ)　**賃借物の使用収益を妨害する者に対する関係**　　605条の2　★★
第1項に定める民法および借地借家法その他の法令による賃借権の対抗要件を備えた賃貸不動産の賃借人は，当該不動産の占有を

図 7　賃借物の使用収益を妨害する者に対する関係

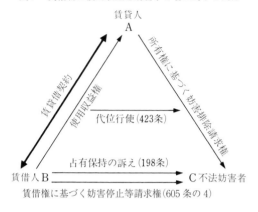

第三者が妨害している場合には，第三者に対して妨害の停止を請求できる。また，賃貸不動産が第三者により占有されている場合には，占有の返還を請求することができる（605 条の 4）。このほかに，対抗要件の具備の有無を問わず，占有権を有する賃借人は，占有訴権（197 条）に基づく占有保持の訴え（198 条）の行使が可能であり，また，賃借人は，債権者代位権の転用により，賃貸人の所有権に基づく妨害排除請求権を代位行使して妨害者に対して妨害の排除を請求することもできる（現行法は，転用型債権者代位権に関して登記請求権等の保全のための債権者代位権〔423 条の 7〕のみを定めたが，対抗力を具備しない賃借権に関する妨害排除のために債権者代位権の転用を認める判例〔大判大 9・11・11 民録 26 輯 1701 頁〕は今後も維持されると解される）。なお，学説では，賃借権を無権限で不法に妨害する場合には，妨害者には賃借人の対抗要件の欠缺を主張する正当な利益がないため，賃借人は対抗力を備えなくても妨害排除請求ができると説くものもある。

6　宅地・建物・農牧地賃貸借の特別法

(1)　不動産賃貸借特別法の成立と発展

※　以下では，法律上の用語（　）内に代えて，慣用的に使用
されている用語である地主（借地権設定者），借地人（借地権者），
転借地人（転借地権者），家主（建物の賃貸人），借家人（建物の賃借
人）を用いる。

　土地を長期に使用収益する法的関係については，民法起草者は
用益物権（地上権・永小作権）を予定していた。しかし，地主と土
地利用者との間の力関係から，用益物権はあまり利用されず，地
主にとって有利な債権関係たる賃貸借契約が多用されることにな
った。また，民法制定後に都市への人口集中が進んだが，新たな
住民の多くは都市に家を賃借し，そこから深刻な借家問題も生じ
た。このような事態の推移の中で，重要性を増してきた不動産賃
貸借について，生活の基盤たる意義に着目し，賃借人の地位を強
化する目的をもって，宅地賃貸借に関する建物保護ニ関スル法律
（明治42年法40号）・借地法（大正10年法49号），建物賃貸借に関す
る借家法（大正10年法50号），および農地賃貸借に関する農地法
（昭和27年法229号）などの特別法が制定されることになった。こ
れら特別法により民法の賃貸借規定が修正されたが，その主要な
点は，①賃貸借の期間の長期化と更新の保障（存続保障），②賃貸
物の所有権が第三者に譲渡された場合の賃借権の保護（対抗力の
保障），および，③賃借権の譲渡・転貸に関する保障（譲渡性の保
障）である。そして，これらの修正を通して，賃借人の権利は著
しく強化され（賃借権の物権化），不動産賃借権は独立した財産権
の性格をもつようになったのである。

　ところで，建物保護法・借地法・借家法からなる借地・借家法
制は，制定以後若干の修正が加えられたが，ほぼ70年間にわた

って不動産賃貸借に関わる主要な法律としての効力を維持してきた。しかし，近年になって，戦後の住宅難にも改善の動きがみられ，また，都市化の著しい進行により土地の高度利用が進むにつれて，借地・借家関係の画一的な法的規制に対する反省が生じるようになった。そして，この反省に基づいて，従来の借地・借家法制を抜本的に見直し，多様化する借地・借家需要に対応して当事者が設定できる借地・借家契約の種類を増やすとともに，当事者の権利義務関係についても合理化する法律改正が行われ，借地借家法（平成3年法90号）が制定された。

　借地借家法は，従前の建物保護法・借地法・借家法の規定に若干の修正を施して，これらの法律を吸収する形で廃止し，また，従来認められなかった形式の借地・借家関係を新設している。なお，建物保護法・借地法・借家法が廃止されて借地借家法が制定されたことで，法律施行前の借地・借家関係に対しても借地借家法が原則的に適用されるが，既に成立している契約関係に大きな変化を与えることは望ましくないため，存続期間・契約更新など借主の権利の存続に関する部分については，従前どおり借地法・借家法の下での権利関係と同一に取り扱われるものとされている。そこで，以下においては，借地借家法の内容について概観するが，借地借家法施行前に締結された借地・借家契約に基づく権利関係（以下，「旧借地関係」「旧借家関係」と呼ぶ）についても，適宜説明を加えることにしたい（借地・借家契約にともなって借地人・借家人から提供される敷金等の扱いについては，前述3(2)(イ)参照）。

　(2)　宅地賃貸借の特別法（借地借家法における借地関係）　　居住用・事業用を問わず建物所有の目的で地上権や賃借権の設定を受けて土地を使用収益する場合には，借地借家法の適用がある（以下，(2)(3)においては，借地借家法は条数のみで引用する）。借地借家法は，

機能の同一性に着目して，建物所有を目的とする地上権と土地賃借権を総称して「借地権」と呼んで，同一の基準で保護している（2条1号）。しかし，実際に特別法による保護の強化を必要としているものは，土地賃借権である。

　⑺　借地権の種類　　借地権としては，借地法の下で唯一存在していた更新が認められる借地権とほぼ同内容の「普通借地権」のほかに，更新が認められない三つの類型の「定期借地権」（後述⑼）が存在している。もっとも，借地借家法は，普通借地権と全く別個の制度として定期借地権を創設したのではなく，存続期間と更新に関わる強行法規の特約による排除（適用除外）を一定条件の下で許容することで，当初の契約で定められた時点で確実に終了する定期借地権の設定を可能としている。このため，普通借地権と定期借地権とは，存続期間，更新および契約終了時の建物買取請求権などに関してのみ相違しており，その他の点では，全く同一の効力を有するものであることに注意を要する（表4参照）。したがって，以下では，まず，相違点に着目して，存続期間，更新制度，および，契約終了時の建物買取請求権を中心に普通借地権（後述⑻）と定期借地権（後述⑼）について説明し，次いで，借地法以来例外的に認められている一時使用目的の借地権に触れ（後述⑽），そして，借地権一般に原則的に共通するその他の効力等（後述⑾）について述べる。また，借地借家法施行後も存続する旧借地法の適用のある借地に関する規定についても確認しておく（後述⑿）。

　⑻　**普通借地権**　　定期借地権を設定する意思で，その要件を　★
満たす契約を締結しない限り，建物所有を目的とする地上権・土地賃借権は「普通借地権」となる。

　　⒜　存続期間　　借地権の存続期間を契約で定めなかった場

179

表4　各種の借地権

借地権	利用目的	期間	契約方法	契約の更新（4条・5条・6条）	建物再築による存続期間の延長（7条）	建物買取請求（13条）	契約終了時の建物	建物譲渡の可否
普通借地権（3条）	用途制限なし	30年以上	書面による契約は不要	可	可	可	建物買取請求（13条）	可
定期借地権 一般定期借地権（22条）	用途制限なし	50年以上	①契約更新をしない ②長期による存続期間の延長をしない ③建物買取請求をしない 公正証書等書面による契約	不可	不可	不可	建物取壊し（原則）	可
定期借地権 事業用定期借地権等（23条）	事業用建物所有に限る（居住用は不可）	10年以上〜30年未満（※2）	公正証書による契約	不可	不可	不可	建物取壊し	不可
定期借地権 事業用定期借地権等（23条）	事業用建物所有に限る（居住用は不可）	30年以上〜50年未満	①契約更新をしない ②長期による存続期間の延長をしない ③建物買取請求をしない ①〜③の特約を定めた公正証書による契約	不可	不可	不可	建物取壊し（原則）	可
定期借地権 建物譲渡特約付借地権（24条）（※1）	建物譲渡特約が付された借地権の内容による	30年以上	30年以上を経過した時点で建物を相当の対価で借地権設定者に譲渡すること 書面による契約は不要	建物譲渡特約が付された借地権の内容による	建物譲渡特約が付された借地権の内容による	建物譲渡特約が付された借地権の内容による	地主（借地権設定者）に移転	―
一時使用目的の借地権（25条）	臨時設備の設置その他一時使用のため	最低限の期間	書面による契約は不要	不可	不可	不可	臨時設備の撤去	不可
旧借地権	用途制限なし	契約で期間を定めた場合（堅固建物用建物30年以上、非堅固建物用建物20年以上）契約で期間を定めなかった場合（堅固建物60年、非堅固建物30年）（旧借地法2条）	書面による契約は不要	可（旧借地法4条・5条・6条）	可（旧借地法7条）	可	建物買取請求（13条1項）	―

※1　10年以上〜30年未満の事業用定期借地権を除く普通借地権・定期借地権に特約として設定する

※2　普通借地権の要件を満たしていないために、普通借地権に関する条文の適用がない

合には，存続期間は 30 年になる。契約でそれより長い期間を定
めたときは，その期間となる（3条）。なお，たとえば 20 年など
と 30 年未満の期間を契約で定めても，借地人に不利な特約とし
て無効であって（9条），期間は 30 年になる。

　(b)　更新後の存続期間　　最初（1回目）の更新のときは，
更新後の存続期間は 20 年，2回目以降の更新のときは 10 年とす
る。合意でそれより長い期間を定めたときは，その期間となる
（4条）が，それよりも短い期間を定めたときは，その特約は無効
であり（9条），1回目では，存続期間は 20 年，2回目以降では 10
年になる。

　(c)　**契約の更新**　　当初の契約による存続期間満了後の契約　★★
の更新については，①合意による更新，②借地権者（借地人）か
らの請求による更新，③借地人の使用継続による更新の方法があ
る。①の合意による更新は，当事者の契約による更新であるから，
建物が既に滅失していても可能である（存続期間については制限があ
る。(b)参照）。これに対して，②③の更新（法定更新）は，建物があ
る場合に限って認められる。ただし，借地権設定者（地主）が
「正当の事由」（以下，「**正当事由**」という）のある異議を借地人に遅　★
滞なく述べたときには，更新は拒絶される（5条1項・2項・6条）。

　正当事由については，借地借家法は，当事者間の自主交渉の際
の指針にもなるように，ⓐ地主および借地人が土地の使用を必要
とする事情のほかに，ⓑ借地に関する従前の経過，ⓒ土地の利用
状況，および，ⓓ地主が財産上の給付をするとの申出を考慮すべ
き要素であるとした（6条）。たとえば，地主側が自分の住宅を建
築しなければならない場合（ⓐ参照），地主が恩恵的に借地人に土
地を貸していた場合（ⓑ参照），高層ビルの立ち並ぶ商業地域の中
に借地人の居住する平屋が取り残されているような場合（ⓒ参照），

★　あるいは，地主が**立退料**の支払や代替土地の斡旋をするという申出をした場合（ⓓ参照）には，一要素だけでは必ずしも正当事由が備わるとはいえないものの，正当事由を肯定するために有利な事情といえよう。なお，立退料は，「他に正当の事由の内容を構成する事実が存在することを前提に，土地の明渡しに伴う当事者双方の利害を調整し，右事由を補完するものとして考慮され〔る〕」正当事由の判断要素であり，立退料の提供だけで正当事由を満たすものではない（最判平6・10・25民集48巻7号1303頁）。

　土地の使用継続による更新に関しては，地主に対抗できる適法な転借地人がいる場合には，その者の土地の使用継続を借地権者の土地の使用継続とみなす旨，規定されている（5条3項）。

　（d）　建物の滅失・再築の場合の存続期間　　（i）　借地権の存続期間満了前の建物の滅失・再築　　当初の存続期間内に借地上の建物が火災で焼失，地震で倒壊，あるいは老朽化したため取り壊されるなど滅失した場合には，借地人は建物を再築を希望するであろう（当初の存続期間内であれば再築する権利はある）。このとき，借地人が残存期間を超えて存続する建物の再築をする場合には，地主の承諾のあったときに限り（借地人からの再築の通知に対して，地主が2ヵ月以内に異議を述べなかったときも承諾があったものとみなされる），借地権は承諾日あるいは再築日のいずれか早い日から20年間延長される。ただし，残存期間がそれよりも長いとき，または，それよりも長期の合意が成立したときは，その期間による（7条1項・2項。転借地権が設定されている場合の転借地人による再築について，同条3項）。これは，地主と借地人との間の利害を調整しつつ，再築建物に相応しい存続期間を保障しようとした規定である。なお，地主の異議がありながら，あるいは，その承諾を得ないで残存期間を超えて存続する建物を再築したときは，期間の延長はなく，

当初契約した期間満了時に更新の可否（「正当事由」の有無等）が判断されることになる。

(ⅱ)　借地契約更新後の建物の滅失　　存続期間が満了し契約
更新があった後に建物が滅失した場合に，借地人が地主の承諾なく残存期間を超えて存続すべき建物を築造したならば，地主は，正当事由がなくても借地契約の解約申入れをすることができ，借地権は解約申入れの日から3ヵ月を経過することで消滅する（8条2項・3項。転借地権が設定されている場合の転借地人による再築について，同条5項）。このように建物再築に原則的に地主の承諾が必要であり，再築が困難になっているために，借地人は再築を断念することもあろう。このような場合には，借地人は，一方的に契約を解約することができ，解約申入れ後3ヵ月の経過で契約は終了する（8条1項・3項。同条4項にも注意）。これに対して，地主の承諾が得られるならば，当初の存続期間中の滅失・再築と同様に，借地権の存続期間は20年延長される（7条1項）。なお，解釈により，地主の承諾なく借地人が再築を強行したにもかかわらず，地主が契約を解約しなければ，借地契約は，更新後の契約の残存期間存続する（期間満了により，更新の余地なく契約は終了する）。

このように，更新後に火災・地震などで建物が滅失したときは，再築の自由は著しく制約されている。しかしながら，更新後に残存期間を超えて存続する建物を再築しようとする場合で，借地人に「やむを得ない事情」（たとえば，新築建物が更新後間もなく類焼したような事情）があるにもかかわらず地主が承諾をしないときは，地主が借地権消滅の申立て（8条2項）ができない旨を定めた場合を除き，借地人は，裁判所に対して地主の承諾に代わる許可の裁判を申し立てることができる。裁判所は諸般の事情を考慮して許可を判断するが，存続期間を20年よりも短縮したり，借地条件

を変更したり，また，再築承諾料の支払を借地人に命じることもできる（18条）。

建物の滅失・再築に関する 7 条・8 条の規定は片面的強行規定であり，地主に不利な特約をすることは可能であるが，借地人に不利な特約をしても無効である（9条）。

　(e)　存続期間満了時の建物買取請求権　　借地人側が更新を希望しないため，あるいは，地主側に正当事由があるために，存続期間満了により借地権が消滅する時点で借地上に建物が存在するならば，借地人は，所有建物とその附属物の買取りを地主に請求することができる（13条 1 項）。この建物買取請求権は，借地人の投下資本の回収のため，また，建物が取り壊されることによる国民経済的な損失を防止するために，借地法から受け継いで規定されたものである。ただし，借地借家法は，当初の存続期間途中で地主の承諾なしに建物を滅失・再築し，本来の期間満了時に更新のない場合，および，更新後の建物の滅失・再築に地主の承諾も解約申入れもなく残存期間が満了した場合について，新築建物の代金を即時に支払わされる地主の不利益を考えて，地主の請求により，裁判所は代金支払に相当の期間の猶予を与えることができるものとした（同条 2 項）。借地権の期間満了により転借地権も消滅する場合には，建物買取請求権は借地上に建物を所有する転借地人と地主の間に成立する（同条 3 項）。

　なお，借地人の債務不履行による解除により借地権が消滅する場合には，借地法の下では，借地人は建物買取請求権を行使できないものと解されていた（最判昭 35・2・9民集 14 巻 1 号 108 頁）。この判例は，借地借家法 13 条の建物買取請求権についても維持されるだろう。

　建物買取請求権は形成権であるので，借地人 B が地主 A に建

物買取請求をすると，その時点でＡ・Ｂ間に建物売買契約が締結されたことになる。そしてＡから建物代金が支払われるまでは，Ｂは，同時履行の抗弁権・留置権を行使して，建物と敷地の明渡しを拒むことができる。ただし，敷地の明渡しまでは賃料相当額を不当利得としてＢはＡに支払わねばならない（大判昭18・2・18民集22巻91頁）。

　建物買取請求権が行使された場合に地主が支払う建物の「時価」は，建物が現存するままの状態の価格であり，借地権価格を加算しないが，場所的環境を斟酌して決定すべきである（最判昭35・12・20民集14巻14号3130頁）。

　建物買取請求権を排除する特約は，借地人・転借地人に不利なものであるため無効である（16条）。

　(ｳ)　**定期借地権**　　借地借家法は，借地方式による多様な土地　★
利用を可能にするために，存続期間が一定期間に限られる更新のない三類型の定期借地権を認めた。

　　(a)　**一般定期借地権**　　当事者が借地権の存続期間を50年以　★
上として設定する場合には，通常では借地人に不利なものとして無効とされる特約（9条・16条参照）の内，①契約を更新しない特約（5条参照），②建物再築による期間延長を認めない特約（7条参照），ならびに，③建物買取請求権を行使しない特約（13条参照）も有効と扱われる（22条1項）。一般定期借地権（条文の見出しは「定期借地権」となっているが，後述の(b)(c)の類型も「広義の定期借地権」であるので，ここでは「一般定期借地権」と呼ぶ）は，マンションや店舗・貸ビルを借地上に建築して，50年間以上収益をあげた後に土地を返還するというような借人の収益事業の目的のために，安い権利金で土地を借りることを可能にするためのものであるが，目的が特定されていないため，一代限りの住居を建築するために

も利用できる。

　一般定期借地権の設定のためには，公正証書その他の書面（電磁的記録によることも可能である〔22条2項〕）により，期間を50年以上としたうえで，上述の①②③の特約をした契約を締結しなければならない。これらの要件を満たしていなければ，成立した借地権は普通借地権として扱われる。当該借地権が一般定期借地権であることを第三者に対抗するためには，この特約を土地登記簿に登記する必要がある（不登78条3号・81条8号）。

　一般定期借地権に基づいて建てられた建物の借家関係については，取壊し予定の建物の賃貸借（39条），および，借地上の建物の賃借人の保護（35条）に関する規定の適用がある。

★　　(b)　**事業用定期借地権等**　　(i)専ら事業用の（居住用部分を含まない）建物の所有を目的とし，かつ，30年以上50年未満の存続期間で借地権を設定する場合には，一般定期借地権と同様に，通常では借地人に不利なものとして無効とされる特約（9条・16条参照）の内，①契約を更新しない特約（5条参照），②建物再築による期間延長を認めない特約（7条参照），ならびに，③建物買取請求権を行使しない特約（13条参照）も有効と扱われる（23条1項）。また，(ii)専ら事業用の（居住用部分を含まない）建物の所有を目的とし，かつ，10年以上30年未満の存続期間で設定された借地権では，契約の更新がなく，建物が再築されても期間の延長もない（3条〜8条・18条を適用しない）ため，期間満了により確定的に借地権が消滅し，また，建物買取請求権もない（13条の適用がない）ため，期間満了とともに土地が更地で地主に返還される（23条2項）。上述の(i)(ii)の事業用定期借地権を設定するためには，必ず公正証書によって契約しなければならない（同条3項）。(i)の事業用定期借地権を設定するには，3つの特約をしなければならないのに

対して，(ⅱ)の場合には，普通借地権に特約を設定したものではないため（30年未満の普通借地権は認められない），10年以上30年未満の事業用定期借地権の合意をすると，特例である定期借地権の規定が自動的に適用されることになる。そして，これら2つの事業用定期借地権の規定により，事業用定期借地権は，事業の要求に応じて，10年以上50年未満の期間で柔軟な設定が可能となっている。

　この事業用定期借地権は，存続期間が短く更新ができないが，設定にあたって権利金が少なくてすむため，事業用の店舗（コンビニ，ガソリンスタンド）や倉庫・工場などを建てようとする者にとっては，メリットがある。第三者に対する対抗要件としては，不動産登記を必要とする（不登78条3号・81条7号・8号）。

　(c)　**建物譲渡特約付借地権**　　普通借地権（(イ)参照），一般定　★
期借地権（(a)参照），30年以上50年未満の期間の事業用定期借地権（(b)(ⅰ)参照）を設定する契約とともに，借地権を消滅させるため，契約設定後30年以上を経過した日に借地上建物を地主に相当の対価で譲渡することを特約することも有効である（24条1項）。この建物譲渡特約付借地権は，一定期間経過後に建物の利用関係をまるごと地主が引き継ぐ形で借地関係を終了させることを可能にすることで，賃貸マンション等のための敷地を容易に確保する途をディベロッパーに開こうとしたものであるが，目的に限定がないため，個人用住宅所有のためにも利用できる。

　建物譲渡の日は，契約後30年以上を経過した特定の日とすることも，30年経過後に地主が請求する日とすることもできる。前者ではその日になると，また，後者では地主の予約完結権の行使により，譲渡契約の効力が発生し，建物所有権とともに敷地の借地権が地主に帰属することになって，混同（民179条・520条）

等により借地権が消滅することになる。

　建物譲渡特約付借地権の設定には，借地契約とともに建物譲渡契約をすることが必要だが，特別の方式は要求されていない。建物譲渡契約としては，通常は，売買契約（予約）が考えられるが，相当な対価が借地人に提供されるものであれば，代物弁済契約（予約）や交換（予約）でもよい。いずれにせよ，建物の譲渡を確実にするためには，地主は，契約と同時に建物所有権移転請求権保全の仮登記（不登105条2号）等を経由して，建物に第三者の権利が設定されても問題が生じないようにしておくべきである。

　ところで，譲渡特約の実行により建物が地主に譲渡されて借地権が消滅すると，建物に居住していた借地人や，地主による建物の仮登記後に建物に入居した借家人は，前者は権原がないため，また，後者は対抗力が劣後するために，地主に対して居住する権利を主張できなくなる。このため，これらの建物に居住している旧借地人・借家人が請求したときは，地主との間に，期間の定めのない建物賃貸借（法定借家権）が成立するものと定めている（なお，借地期間満了前に建物所有権の移転があったときは，借地人に認められる法定借家権の存続期間は借地権の残存期間である）。法定借家権の賃料は，当事者の協議が調わない場合には，裁判所がこれを定める（24条2項）。地主は，上記の法定の期間の定めのない建物賃貸借に代えて，借地権者，または，借家人との間で定期借家契約（後述(3)(イ)(a)）を締結することもできる（同条3項）。

　(エ)　一時使用目的の借地権　「臨時設備の設置その他一時使用のために借地権を設定したことが明らか」であるときには，普通借地権で認められる借地権の存続保障に関わる規定（3条～8条），期間満了による建物買取請求権の規定（13条），および，借地条件変更の許可の規定等（17条・18条）の適用がなく，また，

定期借地権に関する規定（22条〜24条）の適用もない（25条）。しかし，その他の規定，とくに，借地権の対抗力に関する規定（10条），借地権の譲渡・転貸に関する規定（14条・19条・20条）の適用はある。

　一時使用目的の借地権は借地法が認めていたもので（旧借地9条），一時使用といえるためには，当事者間の合意だけでは十分ではなく，借地の利用目的，借地上に建設する建物・施設の構造を含めて短期間の借地であることに客観的合理的な理由がなければならない（最判昭45・7・21民集24巻7号1091頁）。たとえば，博覧会用展示場のための借地などは，一時使用といえよう。

　(オ)　借地権に共通するその他の効力等　　(a)　**借地権の対抗力**　★★

　建物保護法は，借地人が借地上の建物を登記することで第三者に借地権を対抗できるようにした（前述5(2)(ア)参照）。借地借家法は，この建物保護法の下で認められた対抗力付与の制度を吸収するとともに，さらに，建物が滅失した場合でも対抗力を暫定的に確保する方法を新設した（10条）。

　(ⅰ)　借地権（建物所有のための地上権・土地賃借権）は，借地上に借地権者が登記した建物を所有するならば，第三者（新地主・二重賃借人）に対抗できる（10条1項）。建物登記は建物を所有する借地人が自ら実行できるため，地主の協力を必要とする土地登記簿への賃借権登記（民605条）と相違して，借地権の対抗力を確保するために困難な点はない。

　建物登記は，所有権保存登記だけでなく，表示の登記でもよいとするのが判例（最判昭50・2・13民集29巻2号83頁）の考え方である。

　ところで，建物登記の内容が借地権の実体と相違するときに，その登記に借地権の対抗力を認めることができるか。たとえば，

借地の地番を間違えて登記した場合（一番地の借地上にある建物を二番地にあるものとして登記した場合），あるいは，借地上の建物を借地人の親族の名義で登記した場合はどうか。この点につき，建物保護法の下での判例は，更正登記の可能性などを理由に，地番違いについては対抗力を認めたが（最大判昭40・3・17民集19巻2号453頁），権利者を推知できないなどの理由で，親族名義については対抗力を否定している（最大判昭41・4・27民集20巻4号870頁〔長男名義〕）。

　　(ⅱ)　上に述べたように，借地上の建物を登記することで借地権に対抗力を付与するとしても，登記した建物が滅失（焼失・倒壊・取壊滅失）してしまえば登記の実体がなくなり，同時に借地権の対抗力も失われてしまう。この欠陥を除去するために，借地借家法は，建物の滅失から2年間は所定の事項を記載した看板を借地の見やすい場所に「掲示」しておけば，建物がなくても対抗力が失われないものと定めている（10条2項）。この掲示があると，掲示後に登場した第三者（新地主・二重賃借人）に借地人は借地権を主張できるが，2年以内に建物を再築・登記しなければ，掲示後に登場した第三者に対する対抗力も喪失することになる（大規模な災害の被災地における借地借家に関する特別措置法4条に，大規模災害被災地の借地権の対抗力に関する借地借家法10条1項の特則が定められている）。

　　(ⅲ)　借地権に対抗要件（地上権・土地賃借権登記，建物登記，掲示）が備わっていないならば，借地の所有権を譲り受けた第三者（新地主）Aは，原則的に，借地上の建物を収去して土地を明け渡すように借地人Bに請求できるはずである。だが，この場合でも，借地権の存在を良く知りながら土地を譲り受け，借地上の建物に登記のないことを奇貨としてBに立退きを迫ることは権利

濫用であるとして，Aの請求を拒否した判例もある（最判昭38・5・24民集17巻5号639頁）。学説の中には，さらに一歩進んで，民法177条に関する判例法を類推し，登記などの対抗要件の欠缺を主張できない背信的悪意の第三者に対しては，対抗要件がなくとも借地権を対抗できると説くものもある。

　(b)　**地代増減請求権**　　地代（地上権の対価を「地代」，賃借権の対価を「借賃」といい，借地借家法は両者を「地代等」と総称するが，ここでは「地代」と呼ぶ）については，土地への租税・公課の増減や土地価格の昂低その他の経済変動により，また，近隣の地代との比較で賃料が不相当になった場合に，契約の条件にかかわらず，当事者は将来に向かって地代の増減を請求することができる。ただし，地代を一定期間は増額しない特約があるときは，それにしたがう（11条1項）。事情変更の原則の具体化である。

　地代増減請求権は形成権であるから，請求したときから適正額への増減の効果が生じる。しかし，地代増額につき協議が調わないならば，借地人は，地代額に関する裁判が確定するまで相当と認める金額の支払（供託）を行えば，債務不履行責任を負うことはない（11条2項本文。賃料確定後の精算について，同条2項ただし書参照）。地代減額についても同様の規定がある（同条3項）。

　なお，地代増減請求訴訟に関しては，適切・迅速な解決を図るため，まず，調停の申立てをしなければならない（調停前置主義。民調24条の2）。調停では，調停委員会の場で専門家のアドバイスを受けつつ，当事者間で話し合い解決の方法が探られる。しかし，当事者間で合意に至らず，当事者が「調停委員会の定める調停条項に服する」旨の書面による合意をしたときは，調停委員会は適切な解決案を定めることができ，この解決案が調書に記載されると調停が成立したものとみなされ，また，その記載に裁判上の和

解と同一の効力が与えられる（民調 24 条の 3）。

　このほか，地代に関しては，弁済期の到来した最後の 2 年分の地代について，借地人（転借地人）が借地上に所有する建物の上に地主の先取特権が与えられるとの規定がある（12 条）。

　(c)　借地上建物の取得者の建物買取請求権　　借地人が建築した借地上の建物を第三者に譲渡した場合には，同時に第三者に対して借地権を譲渡ないし借地を転貸したこと（借地権の譲渡・転貸）になる。この場合，地主の承諾がなければ，借地権の譲渡・転貸は地主に対抗できず（民 612 条），借地契約の解除により，第三者は建物を収去し，土地を明け渡す危険にさらされることになる（前述 5 (1)参照）。このため，借地借家法は，地主の承諾拒否により，借地人の投下資本の回収ができず，建物が取り壊される国民経済的損失を防止することを目的として，第三者（建物譲受人）に地主に対する建物とその附属物の「時価」による買取請求権を与えた（14 条。建物の「時価」については，前述(イ)(e)参照）。

　判例では，借地上の建物の譲渡以前に既に借地契約が債務不履行を理由に解除されている場合（最判昭 38・11・14 民集 17 巻 11 号 1346 頁）のみならず，建物譲渡後でも買取請求権を行使する以前に借地契約が賃料不払を理由とする債務不履行で解除された場合（最判昭 33・4・8 民集 12 巻 5 号 689 頁）にも，第三者（建物譲受人）の建物買取請求権は否定されるものと解している。

　(d)　自己借地権　　土地所有権者が借地権付マンション（区分所有建物）を建築・分譲しようとする場合に，混同（民 179 条 1 項・520 条）の原則があるため，土地所有権者が同時に借地権者になることができず，多くの困難な問題が生じる。この困難を解消するため，借地借家法は，借地権設定にあたり，「他の者と共に〔借地権を〕有することとなるときに限り」，自己の所有地上に自

己の借地権が成立すること（自己借地権）を認めた（15条1項）。それゆえ，地主Aがマンションを建て，最初にその一部屋をBに分譲して，Bに借地権を設定する場合には，未だ売れていない自分の所有する他の部屋の部分についてもA自身を借地権者として借地権の準共有の登記をすることができるようになった（Aは，以後，自分が保有する借地権付分譲マンションを逐次販売できる）。また，借地権付分譲マンションの一部を土地所有者が買い戻すときにも，借地権と所有権の混同の問題が生じるが，この場合にも，借地借家法は自己借地権を認め，土地所有者が自分の所有地上に借地権を有することができるものとした（同条2項）。

　(e)　借地条件の変更等　　借地借家法の第2章第3節（17条〜21条）は，非訟事件として裁判所が後見的に関与し，当事者双方の利害の調整を図りつつ，地主・借地人間の権利関係に関する紛争を処理する方法について定めている。また，その手続については，借地借家法第4章「借地条件の変更等の裁判手続」等に定められているが，裁判所は，鑑定委員会の意見を聴いて裁量的な処分を下す。

　(ⅰ)　借地条件の変更　　防火地域の指定や周辺の土地利用の変化から，当初の契約で定めた建物の種類・構造・規模・用途を変更する必要がありながら，借地条件の変更の協議が当事者間で調わなかったときは，当事者の申立てにより，裁判所は借地条件を変更することができる。借地の利用上相当な増改築につき当事者間の協議が調わなかったときも，同様である。この際，裁判所は，他の借地条件に変更を加え，財産上の給付を命ずることもできる。この借地条件の変更等の申立ては，適法な転借人も行うことが可能である（17条）。

　(ⅱ)　借地契約更新後の建物再築の許可　　18条（(イ)(d)(ⅱ)参照）。

　(iii)　土地賃借権の譲渡・転貸の許可　　民法612条に関する判例法によれば，賃貸人に無断で賃借権を譲渡・転貸しても，信頼関係を破壊しない特別の事情があれば，賃貸人は契約を解除できない（前述5(1)(イ)参照）。これにより，土地賃借権の譲渡・転貸の可能性がある程度開けたが，無断譲渡・無断転貸が後に信頼関係を破壊するものであると判断されて，契約解除される賃借人の危険は全くなくなったわけではない。そこで，借地借家法は，賃借権者Bが借地上の建物を第三者Cに譲渡する場合，および，第三者Cが競売・公売で借地上の建物を取得した場合に，Cが賃借権を取得（譲渡の場合は敷地の転借もある）しても不利益がないにもかかわらず賃貸人Aが承諾を拒むときは，譲渡・転貸の事例ではB，競売・公売の事例ではCの申立てにより，裁判所はAの承諾に代わる許可を与えることができると定めた。この際，裁判所は，許可を与える代わりに一定の金額を支払うよう命じることもできる。なお，賃貸人Aから，対抗的に，自ら建物の譲渡を受け，賃借権の譲渡（敷地の転貸）を受けたいと申し出ることも可能である（19条・20条）。

　19条・20条は，転借地権が成立している敷地上の建物の譲渡・競売・公売の場合にも準用される（19条7項・20条5項）。17条～19条の規定に反する特約で借地人・転借地人に不利なものは無効である（21条）。

　(カ)　旧借地関係　　借地借家法施行前（平成4年7月31日まで）に成立した旧借地関係に関しては，借地借家法施行後も借地権の存続保障に関する部分（更新など）は「なお従前の例による」とされ，借地法の規定とその下での判例法の適用があるものとして扱われる（借地借家法の制定附則〔以下「附則」という〕参照）。このことは，旧借地関係が更新されても，相続や譲渡により当事者に変

更があっても，同様である。また，更新にあたって，当事者間で
今後の契約については借地法よりも借地人にとって不利になる借
地借家法の適用があると合意しても，それは無効である（旧借地
11条参照）。

旧借地関係に関して，借地法によって規律されるのと同一に取
り扱われる主要な点は，以下のとおりである（詳細については，附
則4条以下）。

　(a)　借地権の存続期間　　借地権の存続期間は，堅固な建物
（コンクリート造等）の所有を目的とするものは60年，非堅固な建
物（木造等）の所有を目的とするものは30年であるが，建物が期
間満了前に朽廃した場合には，借地権は，その時点で消滅する
（旧借地2条1項）。これに対して，契約で堅固な建物について30年
以上，非堅固な建物について20年以上の存続期間を定めるなら
ば，借地権は，その期間満了で消滅する（同条2項）が，この期間
よりも短い存続期間を契約で定めた場合には，期間を定めなかっ
たものとして，存続期間は，堅固な建物につき60年，非堅固な
建物につき30年になる（最大判昭44・11・26民集23巻11号2221頁）。

　(b)　更新　　①合意による更新では，堅固な建物用の借地で
30年以上，非堅固な建物用で20年以上の期間を約することがで
きるが，そうでないときは，それぞれ30年，20年（建物が途中で
朽廃したときはそこまで）になる（旧借地5条）。②更新時に建物が存
在していれば，借地人は前契約と同一の条件で更新するように地
主に請求できる。地主が遅滞なく異議を述べ，更新拒絶の正当事
由があれば更新されない（旧借地4条1項）。この正当事由の存否
の判断についても，借地法の規定とその下での判例法が適用され
る。③借地人が借地権の消滅後も借地の使用を継続し，それに地
主が遅滞なく異議を述べないときも，②と同一の取扱いとなる

（旧借地6条）。なお，②③の更新において，更新後の存続期間は，堅固な建物では30年，非堅固な建物では20年になる（ただし，期間満了前に建物が滅失すれば，借地権はそこで終了する）。④借地権の消滅前に建物が焼失や取壊しなどで滅失した場合において，残存期間を超えて存続する建物を借地人が再築するのに賃貸人が遅滞なく異議を唱えなかったときは，借地権は建物滅失の日から堅固な建物用で30年間，非堅固な建物用で20年間存続する。ただし，残存期間がそれ以上であるときはその期間による（旧借地7条）。

　(3)　建物賃貸借の特別法（借地借家法における借家関係）　　居住用・事業用の使用目的による区別なく，建物とその一部の賃貸借（借家）には借地借家法の第3章「借家」の規定が適用され，民法の賃貸借の特別法として，建物賃借人（借家人）の保護が図られている。借家法では，更新が保障された1種類の建物賃貸借関係（普通借家権）だけが設定できたが，借地借家法の下では，そのほかにも，更新が認められない2種類の期限付建物賃貸借関係（期限付借家権）が設定できるようになった。そして，平成11（1999）年の借地借家法改正により，定期建物賃貸借（以下「定期借家」という）制度が創設され，従来は限定的に認められていた期限付借家権の限界が取り払われることになった（後述(イ)参照）。

　なお，一時使用のための建物賃貸借には借地借家法の適用が全くなく，民法の賃貸借の適用を受ける（40条）。公営住宅の使用関係については，公営住宅法および条例に規定があるが，それに特別の定めがない限り，民法および借地借家法の借家関係の規定の適用があるものと解される（最判昭59・12・13民集38巻12号1411頁〔信頼関係破壊の法理の適用を肯定〕）。

　以下では，借地権に関する説明と同様に，相違点である期間と更新に着目して，まず普通借家権（後述(ア)）と定期借家権（後述

(イ)) および取壊し予定の建物の賃貸借（後述(ウ)) を説明し，次いで，借家権一般に原則的に共通するその他の効力等（後述(エ)) について述べることにしたい。なお，借地借家法施行前に設定された旧借家関係については，借地借家法の更新に関する規定の効力は遡及せず，借家法の下におけるのと同一の取扱いを受ける（附則12条。もっとも，借家関係では，存続期間・更新に関して借地法と借地借家法との間の相違点はほとんどない）。

　(ア)　**普通借家権**　(a)　存続期間と契約の終了　借家契約で　★
1年以上の期間を定めるならば，その約定は有効だが，1年未満の期間を定めたときは，期間の定めがないものとみなされる（29条1項）。なお，定期借家権制度の導入に伴い，賃貸借期間を長期50年に限定する民法604条の規定は建物賃貸借に適用がない（29条2項）。このため，普通借家契約および定期借家契約では，50年を超える期間を定めることもできる。

　期間の定めのある契約では，当事者間の合意により契約の更新をすることができる（合意更新）。この合意がない場合に，当事者が期間満了の1年前から6ヵ月前に相手方に対して更新拒絶の通知，または，条件を変更しなければ更新しないとの通知をしなければ，借家関係は同一条件で自動的に更新される（法定更新。26条1項）。賃貸人（家主）の方から更新拒絶をするためには，「正当の事由（正当事由）」がなければならない（28条。正当事由については，後述(b)参照）。また，更新拒絶の通知をしても，期間満了後に借家人（賃貸人の承諾を得た適法な転貸借があるときは転借人〔26条3項〕）が使用を継続する場合において，家主が遅滞なく異議を述べないと，借家関係は更新されたものとして扱われる（同条2項）。このようにして更新された契約は，期間の定めのないものとなる（同条1項ただし書）。

　これに対して，期間の定めのない借家契約は，家主・借家人の
いずれからもいつでも解約の申入れをすることができ，解約申入
れがあれば，家主側からのときはその後6ヵ月，借家人側からの
ときはその後3ヵ月で，契約関係は終了する（27条1項，民617条
1項）。もっとも，家主側からの解約申入れには正当事由が必要で
あり，解約申入れをしても借家人（適法な転貸借があるときは転借人）
が建物の利用の継続をしているときは，家主側から遅滞なく異議
を述べないと，契約関係は継続することになる（27条2項）。

　(b)　正当事由　　家主の更新拒絶・解約申入れを可能とする
正当事由については，主として，家主・借家人（適法な転貸借があ
る場合には転借人を含む）が建物を必要とする事情が考慮されるが，
補充的に，借家に関する従前の経過，建物の利用状況・現況，さ
らに，財産上の給付（代替建物・立退料）の申出の諸要素も考慮さ
れる（28条。借地に関する(2)(イ)(c)の説明も参照）。

　以上に説明した諸規定に反する特約で，借家人に不利なものは
無効とする（30条）。

★　(イ)　**定期借家権**　　定期借家権は，契約期間を固定化し，賃料
収入を確実にすることで借家経営者に借家事業のインセンティブ
を与えて，増加する借家世帯に対してファミリー向けの広い借家
等の多様な借家を供給することや，さらに，賃貸ビル等の不動産
について投資物件として流動化・証券化する可能性を開く効果も
期待されていた。

　(a)　定期借家権の成立　　期間の定めがあり（期間の長短につ
いては制限がない），期間満了により契約が終了して更新のない建
物賃貸借（定期借家）契約をする場合には，公正証書等の書面に
より契約を締結しなければならない（38条1項）。この契約に際し
ては，賃貸人は，借家人に対して予め契約書とは別に書面を交付

して,「この賃貸借は更新がなく,期間満了により終了する」ことを説明する必要がある(同条3項)。この書面による説明を怠るときは,契約更新がないとする特約は無効になり,普通借家権が成立する(同条5項)。なお,第1項の書面を電磁的記録により,また,第3項の書面の交付を法務省令の定める電磁的方法で提供することも可能である(同条2項・4項)。

(b)　定期借家契約の終了　　1年以上の期間を定めた定期借家契約では,賃貸人は,期間満了の1年前から6ヵ月前までの間(通知期間)に借家人に対し期間満了により賃貸借が終了する旨の通知をしなければ,その終了を借家人に対抗できず,期間満了時に契約を終了させることができない。ただし,通知期間経過後に通知が行われた場合には,通知の日から6ヵ月間は借家契約がなお継続することになり,借家人は賃料を支払って借家を利用できる(38条6項)。

(c)　中途解約　　定期借家契約は中途解約できないのが原則である。しかし,例外として,床面積200平方メートル未満の居住用建物の定期借家契約において,①転勤,療養,親族の介護などのやむをえない事情があること,および,②①の事情で借家を自己の生活の本拠として使用することが困難になったことという2要件が充たされる場合には,借家人は1ヵ月前の申入れにより契約を中途解約することが認められる(38条7項)。

(d)　片面的強行規定　　契約終了および中途解約に関する前述の38条6項・7項の規定に反する特約で借家人に不利なものは無効である(同条8項)。

(e)　賃料の増減　　定期借家契約においては,賃料改定に関する特約が優先され,賃料増減額請求権に関する32条の適用がない(38条9項)。

(ウ)　取壊し予定の建物賃貸借　　法令または契約で一定期間経過後に建物を取り壊すことが明らかである場合には，建物取壊し時に建物賃貸借が終了することを特約できる。たとえば，更地で引き渡す約束をして土地を売却した売主が土地を引き渡すまで土地上の建物を賃貸する場合，一般定期借地権・事業用定期借地権に基づいて建築された建物を賃貸する場合，および，行政法上の規制で除去しなければならない建物を賃貸する場合などに，この類型の期限付借家権を利用できる。この特約は建物を取り壊すべき事由を記載した書面（電磁的記録でも可）で行わなければならない（39条）。上の(イ)で説明した定期借家権と相違して，借家人は，建物が取り壊されない限り，契約を伸長することができる（建物取壊しにより賃貸借が終了することを特約する範囲でのみ30条の適用が排除されるため，取壊し以前の借家人の期間伸長請求権を奪う特約は無効である）。

(エ)　借家権に共通するその他の効力等　　(a)　借家権の対抗力　借家人が建物の引渡しを受けることで，第三者（たとえば，建物の買主）に対する対抗力は備わる（31条）。借地の場合と相違し，登記を必要とせず，借家人は，借家に居住するだけで第三者に対抗できる。借家の現実の引渡しを受けなくても，簡易の引渡しは当然として，指図による占有移転，また，外部からわかる表示をするならば占有改定でも対抗要件としての「引渡し」は認められる。

片面的強行規定であるため，この規定（31条）に反する借家人に不利な特約は無効である（37条）。

(b)　賃料増減請求権　　家賃に関しては，借地関係に関する地代増減請求権と同様の規定がある（32条。前述(2)(オ)(b)参照。定期借家権における賃料の増減については，前述(イ)(e)参照）。経済事情の変動

や近隣の賃料と比較して不相当になった場合に，賃料の増減請求が可能であるとする本規定は，強行法規である（最判昭31・5・15民集10巻5号496頁）。

　ところで，不動産会社Ａが建築に関与した建物（ビル・マンション）を所有者Ｂから一括して借り上げ，Ａが管理・運営するとともに，転貸して得る収益を賃料に関する特約に基づき建物所有者（賃貸人）Ｂに配分する「サブリース」契約では，経済事情の変化により契約時にＡがＢに約束した賃料を払えず，Ａが賃料減額を求めるのに対して，約束された賃料の支払を求めるＢとの間で紛争が生じる。この問題に関して，判例（最判平15・10・21民集57巻9号1213頁）は，サブリースも建物賃貸借契約であり，契約の諸事情を考慮すべきであるとしても，強行法規である事情変更の原則に基づく賃料増減額請求権の規定の適用は排除できないと判示している。なお，近年増加している賃貸住宅のオーナー（賃貸人）が不動産業者に管理を一任する「賃貸住宅の管理業務」における業者とオーナーとの間のトラブル防止を目的とする賃貸住宅管理業法（令和2年法60号）も参照。

　(c)　造作買取請求権　　借家人Ｂは，期間満了または解約申入れによる賃貸借の終了時に，賃貸人Ａの同意を得て建物に付加した畳・建具やエアコンなどの造作を時価で買い取るようＡに請求することができる（33条1項）。Ａの承諾を得てＢが借家をＣに転貸し，Ａ・Ｂ間の賃貸借契約終了の結果，Ｃの転借権が消滅するときは，ＣはＡに対して直接に造作買取請求権を行使できる（同条2項）。

　この規定の趣旨から，合意解除による賃貸借終了の場合は買取請求ができるが，債務不履行による解除時には買取請求できないというのが借家法の下での判例（大判昭13・3・1民集17巻318頁）

である。33条は任意法規であるため（37条参照），家主は，特約をするならば，取付けに同意した造作を買い取らなくてもよい。

　(d)　建物転借人の保護　　家主Ａから建物を賃借している借家人ＢがＡの承諾を得て建物を転借人Ｃに適法に転貸している場合に，Ａ・Ｂ間の借家契約が期間満了・解約申入れにより終了するならば（Ａ・Ｂ間の契約終了に際しては，Ｃが建物を使用する必要性を含めて正当事由が判断される。前述(ア)(b)参照），その上に成立しているＢ・Ｃ間の転貸借契約も終了することになる。しかし，Ｃにとって，Ａ・Ｂ間の契約の終了で突然に建物を明け渡さねばならないのは不都合であるから，借地借家法は，ＡはＣにもＡ・Ｂ間の契約の終了を通知しなければ契約終了をＣに対抗できないと定めた（34条1項）。そして，通知をした場合には，転貸借は通知後6ヵ月の経過により終了する（同条2項）。

　また，Ａ・Ｂが借家契約を合意解除しても，Ｃに対して解除の効果を対抗できない（民613条3項本文）。これに反して，Ａ・Ｂ間の借家契約がＢの債務不履行で解除された場合には，ＡはＣに解除の効果を対抗できるものとしている（同条3項ただし書）。しかし，Ｂの賃料不払の場合には，前述34条1項の規定の趣旨を類推してＡはＣに代払の催告をしてＣが履行しなかった場合にはじめてＡ・Ｂ間の契約を解除できる，と解すべきであろう（5(1)(ウ)(b)参照）。

　上記の規定（34条）に反する転借人に不利な特約は無効である（37条）。

　(e)　借地上の建物賃借人の保護　　地主Ａから借地権の設定を受けたＢが借地上に建物を建築してＣに当該建物を賃貸した場合に，借家人Ｃは，建物を使用すると同時に，その敷地も利用することになる。だが，ＣはＡとの間に土地の使用につい

て契約を締結しているわけではないため，Ｂの借地権が消滅すれば，Ｃの敷地使用の根拠も失われ，Ａは，Ｂに対して建物収去・土地明渡しを請求できるとともに，Ｃに対しても建物退去・土地明渡しを請求できる。通常の場合，Ｂから建物を借りるにあたって，借家人Ｃが建物の敷地の権利関係を調べることはないから，このようなＡからの請求は，Ｃにとって全くの不意打ちとなり，著しい不利益を与えることになろう。そこで，借地借家法では，借地上の建物を賃借する者を保護するため，借地権が期間満了で消滅して，借家人Ｃが建物を明け渡さねばならなくなった場合でも，Ｃが借地契約の期間が満了することを1年前までに知らなかったときには，土地の明渡しについて，Ｃがその事実を知った日から1年の範囲で明渡しの猶予を認めることを裁判所に求めることができることにした（35条1項）。

この規定により，期間満了で建物を収去しなければならない一般定期借地権・事業用借地権の場合のみならず普通借地権でＢが期間満了による契約終了時に建物買取請求権を行使しなかった場合でも，借家人Ｃは，建物明渡しを猶予してもらえることになる。

この規定（35条）に反する借家人に不利な特約も無効である（37条）。

（f）　**借家権の承継**　　家主Ａから建物を借りて内縁の妻Ｃ　★と住んでいる借家人Ｂが死亡した場合に，借家権は相続の対象となるか。たとえば，Ｂの相続人たるＤに相続されるのか，あるいは，相続人ではないが借家に居住しているＣが借家権を承継するのか。

判例によれば，Ｃは，Ｄが相続した借家権をＡに対して援用して，居住を継続できるものと解されている（最判昭37・12・25民

集16巻12号2455頁〔事実上の養子〕）。しかし，Bの相続人がいない場合には，Cは借家権を主張する根拠を失う。この事態に対処して，借地借家法は，相続人なしに居住用建物の借家人が死亡した場合に，借家人と同居している内縁の配偶者や事実上の養子がいれば，借家人死亡後1ヵ月以内に反対の意思を表明しない限り，借家の賃貸借に関して生じた債権・債務を含めて，その者が借家権を承継できると定めている（36条）。なお，Dが借家権の相続を主張してCを借家から追い出すような場合には，権利濫用としてDの権利主張を制限すべきであろう（最判昭39・10・13民集18巻8号1578頁）。

(4)　農牧地賃貸借の特別法　　農地と採草放牧地（「農牧地」という）の賃貸借については，農地法の適用がある。農牧地の賃貸借に関しては，耕作者の高齢化や後継者不足，耕作放棄地の増加，国の政策としての農業の成長産業化など，農業を取り巻く環境の変化の中で，頻繁に法令の改正が行われていることに注意を要する。

(ｱ)　賃貸人と賃借人との間の法律関係　　農地法では，解約の制限と更新の保障により農牧地賃貸借の存続保護が図られているが，さらに，賃貸借の成立（書面の作成が義務づけられている。農地21条）・譲渡・解約申入れ・更新拒絶・解除に，原則として，農業委員会または都道府県知事の許可が必要とされ，農牧地賃借人はなお一層手厚く保護されている（農地3条・18条）。

借地借家法と同様に，事情変更による賃料増減請求権も定められている（農地20条）が，賃料の標準額を農業委員会が定めるとする規定や，賃料が不可抗力により収穫物の価格の一定割合を超えるに至ったときにはその割合に相当する額まで小作料を減額できるとする規定（農地旧22条・23条）は，平成21年の改正（平成

21 年法 57 号）により廃止された。

　(イ)　農牧地賃貸借の対抗力　　農牧地賃貸借では，借家と同様に，農牧地の引渡しにより対抗力を取得する（農地 16 条）。

Ⅶ　雇　用

1　雇用の意義

　(1)　雇用の意義・法的性質・社会的作用　　雇用は，後に述べる請負，委任，寄託とならんで，他人の労働力を使用するための契約であり，労務提供型契約の一つである。

　たとえば，スーパーの店員として時給 1300 円の約束で 1 ヵ月間働くというように，雇用は，当事者の一方（労働者）が相手方（使用者）に対して労働に従事することを約束し，使用者がこれに報酬の支払を約束することで成立する（623 条）。諾成・有償・双務契約である。

　雇用（民法では「雇用」と呼ばれている契約は，労働法では「労働契約」と呼ばれており，両者は同じ意味である）は，使用者の指揮命令にしたがった一定期間の労働力の提供に報酬の支払を約束する点で，労務の成果たる「仕事の完成」に対して報酬を約束する請負と相違し，また，受任者の自由な判断に委ねて法律行為や事務処理を行わせる委任とも相違している（この意味で，労務提供に際して裁量の余地のある弁護士・医師と依頼者・患者との間の契約は雇用ではなく，委任ないし準委任と考えられている）。さらに，仕事の内容は使用者が自由に指示できるので，雇用は，物の保管だけを仕事とする寄託とも相違する（表 1）。

　企業が多くの人を雇い入れて生産・販売活動をしていることをみても分かるように，報酬を支払って他人の労働力を利用するこ

とは，普遍的な現象である。それゆえ，雇用は，売買・消費貸借・賃貸借とならんで，現代の最も重要な契約の一つである。

(2)　**民法の定める雇用と労働法**　　民法の定める雇用は強行法規的内容をほとんど含んでおらず，当事者の自由な合意で雇用条件を定めることが可能である。しかしながら，労働者は生活を維持するためにはぜひとも雇用されて働かねばならない状況にあるため，雇用条件が当事者の自由意思に全く委ねられたままであるならば，とくに失業者の多い不況期になると，使用者は自己に有利な契約内容を一方的に労働者に押しつけることも可能になる。このような使用者との間の力関係の相違による労働者の地位の劣悪化に対しては，労働者は，団結し，ときに労働争議などの手段で強く自己の立場を主張した。そして，この労働条件改善の運動と労働関係の安定が社会の安定に役立つとの認識の中から，先進資本主義国では，労働者の保護を図る目的をもつ特別法が制定され，社会法の一分野たる「労働法」が形成されたのである。

わが国の労働法領域では，新憲法で保障された労働基本権（憲27条・28条）に基礎をおいて，労働基準法，労働組合法，労働関係調整法などの多くの法律が制定され，なかでも労働基準法は，同居の親族のみを使用する事業と家事使用人を除くすべての労働者の労働条件の最低基準を規定している（労基1条・116条2項）。それゆえ，民法の雇用に関する規定はその適用領域をほとんど失っているといってよい状態である。また，労働基準法の対象にしていない出向，懲戒，解雇といった問題については，従来は，一般条項である信義則，権利濫用，公序良俗などに基づく判例法により規制していたが，平成20（2008）年3月に施行された**労働契約法**によってルールが明文化された（労働契約法は，公務員と同居の親族のみを使用する場合について適用除外にする。労契21条）。なお，労

働基準法，労働契約法は賃金を支払って労働者を事業のために使用する労働契約を対象にしており，使用従属関係の要素がある場合には形式上は請負契約，委任契約となっていても，その対象に入る。雇用に関する詳しい検討は「労働法」に委ね，ここではその基本的部分についてだけ触れる。

2　雇用の成立

雇用は諾成契約である（623 条，労契 6 条。なお，労働条件の明示が義務づけられている〔労基 15 条 1 項。罰則として，同法 120 条〕）。契約内容について，使用者は，労働者の理解を深めるようにし，労働者および使用者は，その内容を可及的に書面により確認すべきである（労契 4 条）。

未成年 A の労働契約では，親権者（後見人）B が未成年者に代わって契約を締結することは禁止されており，違反の契約は無効であるとともに，処罰の対象になる（労基 58 条 1 項・120 条）。また，民法は，未成年者が職業を営むには親権者（未成年者後見人）の許可を必要としている（823 条・857 条）。つまり，A は自己の意思で B の許可を得て労働契約を締結すべきであり，これにより，親などが未成年者を「食い物」にすることを防止しているのである（労働契約が未成年者に不利な場合の契約解除権について，労基 58 条 2 項参照）。

さらに，児童保護のために，労働基準法は，15 歳に達した日以降最初の 3 月末日（義務教育期間終了）までの児童の使用を禁止している。13 歳以上の児童については，健康・福祉に有害でないこと，労働が軽易であること，修学時間外であることの要件を満たし，労働基準監督署長の許可をえる場合に，使用者は，非工業的業種で使用することができ，また，13 歳未満の児童につい

ても，映画の製作・演劇の事業に限って，同様の条件のもとで使用することができる（労基 56 条）。

　雇用契約は，成立にあたって錯誤や強迫などがあれば取り消されるが，取消しの効果としては，労務が既に提供されて報酬が支払われた部分については契約を遡及的に無効にするのではなく，解約と同様に，将来に向かって契約を失効させる効果を生じさせるにすぎないものと解されている（630 条・620 条参照）。これは，取消し以前に提供された労務関係を不当利得の対象にせず，法律関係の簡潔な清算を可能にするためである。

3　雇用の効力

　(1)　労働者の義務　　(ア)　労務提供義務　　労働者は，使用者の指揮命令の下で，労務を提供しなければならない（623 条）。

　労務の質は人により大いに異なるので，労働者は，使用者の承諾のない限り，原則として自己に代わって第三者に労務を提供させることはできない（625 条 2 項。違反による解除，同条 3 項）。使用者も，労働者の承諾なくして（ただし，就業規則・労働協約等に労働者の利益に配慮した規定があるならば，個別的承諾は不要と解されている。最判平 15・4・18 判時 1826 号 158 頁〔出向命令〕），労務の提供を受ける権利を第三者に譲渡することはできない（同条 1 項）。これに違反した譲渡は無効である（出向については，労契 14 条参照）。

　(イ)　付随的義務　　労働者は，契約時に周知されていた就業規則に定められた合理的な労働条件（労契 7 条）を遵守する義務，労務の提供過程で知りえた使用者の営業上の秘密を外部に洩らさない義務（秘密保持義務），虚偽の事実を公表して使用者の信用を毀損しないようにする義務などを負う。労働者の職務に関する発明については，特許法に職務発明の定めがある（特許 35 条）。

(ウ)　労働者の義務違反　　労働者が義務にはなはだしく違反するときは，債務不履行を理由として契約は解除（解雇）される（後述4(3)(ア)）。解雇に至らない場合にも，使用者は，就業規則にしたがい懲戒をすることができる。これは，規則違反に対して企業の秩序維持の観点から認められている制裁であり，したがって懲戒の程度も規則違反の程度・態様に照らして合理的な理由があり社会通念上相当なものでなくてはならない（労契15条，労基91条参照）。

雇用においては，労働者を雇う際に生じる使用者の損害（なお労基16条参照）を担保する目的で，労働者の近親者などによる身元保証・身元引受けが多く行われている。これについては，身元保証法が詳細に規定している（本シリーズⅢ・第5章Ⅴ7(3)参照）。

(2)　労働者の報酬請求権　　(ア)　報酬請求権　　労働者は，提供した労務に対して報酬を請求できる。報酬額は，通常は，労働契約・就業規則・労働協約で定められる（なお，最低賃金法がある）。

報酬の支払時期は，労務提供後である（624条1項。週給・月給を期間によって定めた場合について，同条2項参照）。労働基準法によれば，原則として，使用者は，賃金を毎月1回以上，一定期日に，通貨で直接労働者に対してその全額を支払わねばならないとしている（労基24条。罰則として，労基120条）。したがって，労働者は，労務を提供しなければ報酬を得られないのが原則である（ノーワーク・ノーペイの原則）。

労働者による労務の提供と使用者の報酬支払義務（労働者の報酬請求権）は，双務契約における対価関係にあるため，給付としての労務提供の不履行の原因・事情によって，反対給付の報酬支払義務（報酬請求権）に影響が生じる。

(イ)　使用者の責めに帰すべき事由による労務提供の不履行　　　た　★

とえば，使用者 A が労働者 B を違法に解雇したため，裁判による解雇無効が確定して復職できるまで B の就労が妨げられたような場合には，使用者の責めに帰すべき事由による労務提供の不履行であり，危険負担に関する 536 条 2 項に基づき，労働者 B は，解雇期間中の報酬（賃金）を請求できる。

　ところで，労働基準法 26 条は，使用者の責めに帰すべき事由による休業に際して，使用者は，休業期間中，労働者に平均賃金の 60% 以上を支払わねばならないとしており，この規定による休業手当と上述の 536 条 2 項との関係が問題になる。これに関して，判例（最判昭 62・7・17 民集 41 巻 5 号 1283 頁）は，労基法 26 条の「使用者の責に帰すべき事由」は 536 条 2 項の「債権者の責めに帰すべき事由」よりも広く，不可抗力を除く使用者側に起因する経営，管理上の障害を含むと判示している。このため，たとえば，親会社 C の経営難から下請会社 A が資材の獲得ができずに A の工場が 1 週間休業し，労働者 B がその間就業できなかったような場合には，B は，報酬請求権はないが，労基法 26 条に基づき A から休業手当の支給を受けることができる。

★　　㈡　**履行の割合に応じた報酬請求権**　　労働者は，①使用者の責めに帰することができない事由で就労不能になったとき，または，②雇用が履行の中途で終了したときは，既に履行した割合に応じて報酬を請求できる。たとえば，洪水により工場施設が浸水して操業できなくなった場合や労働者の病気や交通事故（自損事故を含む）による就労不能は，①に当たり，労働者の死亡による雇用の中途終了などは，②に該当するといえよう。この場合には，既に労務を提供した割合で報酬請求が可能である（624 条の 2）。

　なお，労働者が 536 条 2 項の危険負担に基づき報酬請求権を行使する場合には，労働者側に使用者の帰責事由を主張・立証する

責任があるが，履行の割合に応じた報酬請求権を行使する場合には，使用者に帰責事由がないことを主張・立証する必要はない。

　(3)　使用者の義務　　㋐　報酬支払義務　　既述（(2)）参照。

　㋑　付随的義務　　使用者は，報酬支払義務のほかにも，労務提供の場所，労務提供のための施設・器具等の設置・管理，または労務の管理にあたって，労働者の生命・健康等を危険から保護するように配慮する**安全配慮義務**を負っている。この安全配慮義　　★
務は，契約（契約類似）関係の付随的義務として信義則上認められるものであり，雇用関係において最も大きな意義をもつものである（最判昭 50・2・25 民集 29 巻 2 号 143 頁。労契法 5 条は，安全配慮義務を明文化した。本シリーズⅢ・第 3 章Ⅲ 3 (1)参照）。なお，現行法は，人の生命・身体の侵害による損害賠償請求権の消滅時効の期間に関して，債務不履行（安全配慮義務違反）と不法行為との間にあった相違を解消している（167 条・724 条の 2）。

　㋒　その他の義務　　使用者は，さらに，労働基準法により業務上の負傷・疾病について無過失責任を負い（労基第 8 章），この責任の負担のために政府管掌の労働者災害補償保険（労災保険）への加入が強制されている。労災保険による補償給付の存在は，不法行為や安全配慮義務違反を理由とする労働者から使用者への損害賠償請求権を排除するものではないが，労災保険による補償が行われたときは，使用者の支払うべき損害賠償は，同一事由について，その価額の限度で減額される（労基 84 条 2 項）。

4　雇用の終了

　雇用は，賃貸借と同様に，期間の定めがある場合には，期間満了および解除により，期間の定めがない場合には，解約申入れにより終了する。そのほか，雇用に特有な終了原因もある（前述 3

⑴(ア)も参照）。なお，契約解除の効力については，賃貸借（620条）と同様に，遡及効がない（630条）。

(1)　**期間の定めのある雇用と解除**　　民法は期間の長短については何らの定めもしていない。しかし，あまりに長期間労働者を契約で束縛することは問題であるので，5年経過後はいつでも，使用者は3ヵ月前，労働者は2週間前に予告をして，契約を解除することができる（終期が不確定な雇用契約も同じ。626条）。

　この点について，労働基準法は，一定の事業の完了に必要な期間を定めるもののほかは，原則として3年を超える期間の契約を締結してはならないと規定している（労基14条）。また，労働契約法は，必要以上に短い期間を定めた有期雇用契約を反復更新することを規制し（労契17条2項），有期雇用契約が反復更新されて契約期間が5年を超えたときは，労働者の申込みにより，同一条件の無期雇用契約に転換されるものと規定している（労契18条）。したがって，民法の規定は，労基法の適用のない「事業又は事務所」に使用されない労働者（労基9条）や「同居の親族のみを使用する事業及び家事使用人」（労基116条2項）についてのみ適用され，実社会では大きな意味を持っていない。

　期間満了後に労働者が引き続いて労務に服しているときは，契約は更新される（629条。契約のために差し入れられていた担保の扱いを含めて，賃貸借に関する619条とほぼ同内容である。前述Ⅵ4⑴(イ)参照）。なお，使用者が有期雇用契約の契約期間を複数回更新している場合には，労働者側に更新期待権が発生するため，更新拒絶（雇止め）をすることはできない（労契19条）。

　(2)　**期間の定めのない雇用と解約申入れ**　　雇用の期間を定めなかった場合には，各当事者は解約申入れをして，契約を終了させることができ，契約は解約申入れから2週間後に終了する

（627条1項）。週給・月給などの形で報酬を定めた場合には，使用者は，当期の前半（その週・月の前半）に次期（翌週・翌月）に対して解約申入れをしなければならない（同条2項。6ヵ月以上の期間をもって報酬を定めた場合の使用者の解約申入れについて，同条3項）。これに対して，労働者は，期間によって報酬を定めた場合であっても，いつでも解約申入れをすることができる。

　労働基準法は，上記の民法の原則に修正を加え，使用者側から労働者を解雇する場合には，少なくとも30日前に予告するか，30日分以上の平均賃金を支払わねばならないと定めた（労基20条。労働者側に一定の事情があるときの解雇制限について，労基19条1項参照）。

　すでに述べたように，借地借家法では賃貸人からの解約申入れに正当事由の存在が要求され，一方的な解約申入れで生活の本拠を奪われないように，借家人の保護が図られている。雇用も労働者とその家族の生存に関わる契約であるため，判例は，政治的信条等を理由とする解雇（労基3条）や不当労働行為である解雇（労組7条）を無効として，解雇権の濫用の法理を展開し，使用者側からの解約申入れ（解雇）を厳格に規制している。この判例法により確立された解雇権濫用法理は，現在では労働契約法16条に明文化されている（なお雇均9条も参照）。

　（3）　その他の終了原因　　(ｱ)　「やむを得ない事由」による解除　　期間の定めの有無にかかわらず，「やむを得ない事由」があるときは，各当事者は直ちに契約を将来に向かって解除することができる。ただし，その事由が当事者の一方の過失により生じたときは，その当事者は損害賠償をしなければならない（628条。期間の定めのある契約では，やむを得ない事由がある場合でなければ，使用者は，期間内は解雇できない〔労契17条1項〕）。628条を根拠にして，労働者に著しい義務違反がある場合や地震などの天災で工場が破

壊された場合には，使用者は即時に労働者を解雇でき（労基20条1項ただし書参照。なお，行政官庁の認定を受ける必要がある〔労基20条3項・19条2項〕），労働者は，親の看病のため帰郷しなければならないときなど緊急を要する事情の場合には，直ちに退職できる。また，原則として，1年を超える期間の定めのある労働契約を締結した労働者は，628条の規定にかかわらず，1年を経過した日以後においては，いつでも退職することができる（労基137条）。

　労働者に債務不履行がある場合にも，628条により解除すべきであり，解除の一般規定（541条以下）の適用はないと解する説が有力である。

　㈠　使用者の破産手続開始決定　　使用者が破産手続開始決定を受けた場合には，労働者または破産管財人は，627条にしたがって，契約を終了させることができる。この場合には，各当事者は，相手方に対して解約により生じた損害賠償を請求することができない（631条）。

　㈡　当事者の死亡　　労働者の死亡は，労務提供義務の一身専属性から，雇用契約の終了原因となる。これに対して，使用者の死亡は，原則として，契約終了原因ではない。

Ⅷ　請　負

1　請負の意義

（1）　請負の意義・法的性質・社会的作用　　建設会社が注文を受けて住宅を建築するように，請負は，当事者の一方（請負人）が「仕事を完成する」こと（住宅建築など）を約束し，相手方（注文者）がその「仕事の結果」（住宅の竣工）に対して報酬を与える約束を内容とする契約である（632条）。諾成・有償・双務契約で

ある。

　請負では，建築という有形的な労務であろうと，輸送という無形の労務であろうと，請負人は労務を提供して「仕事」を完成しなければならず，仕事の完成が契約の目的となっている。この点で，雇用・委任など他の労務提供型契約と相違する（表1）。

　分業の進んだ社会では，各分野で専門化が進み，自ら行うよりは報酬を約束して専門的技能や知識のある人に仕事をしてもらったほうが便利であり，より完全な仕事ができるようになってきている。したがって，専門の分化に応じて請負の対象も多様になり，運送契約のように商法の下で特別に規律されるものも現れている。

　(2)　製作物供給契約　　たとえば，注文者Ａがオーダーメードの洋服を洋服職人Ｂに注文すると，Ｂは自分の仕事場で自ら生地などの材料と労力を提供して作った洋服をＡに引き渡し，Ａは引き渡された洋服に代金を支払うことになる。この関係は，Ａの注文によりＢが製作する点をみると請負と考えられるが，他方，Ｂによる製作物の所有権の移転に対してＡが代金を支払う点をみると売買とも考えられる。そこで通説は，このような契約を製作物供給契約と呼んで，両契約類型の要素が混ざった混合契約であると考えている。製作物供給契約では，製作の側面では，請負に関する注文者の解除権や目的物の契約不適合に関する責任の特則（641条・636条）などの適用があり，また，供給の側面では，売買に関する代金支払時期・場所（573条・574条）などの規定の適用があると解される。

　(3)　特別法・約款による請負の規制　　社会の専門化が進むにつれて，請負の対象は広がってきており，契約に関与する法主体の力関係も多様になってきている。それとともに，各種の請負を規制するには民法の規定だけでは不十分であると感じられ，この

領域でも多くの特別法が生まれている。その一つは，運送に関する分野であり，商行為として特別の規定（商569条以下）があるほか，道路運送法，鉄道営業法，海上運送法，航空法などの法律，および各種の約款が具体的な契約関係を規律している。また，もう一つの重要な分野は建設工事に関する請負である。ここでは建設業法で原則的な規制をしているほか，公共工事に関する公共工事標準請負契約約款や民間請負工事に関する民間（七会）連合協定工事請負契約約款が作成・利用され，当事者間の利害調整が図られている。

2　請負の成立

請負は当事者間の合意のみで成立する諾成契約であり（632条），書面などの作成を必要としない。建設業法は，建設工事請負に関する契約条件を書面で明らかにするように定めている（建設19条）が，紛争予防のためであって，契約成立の要件ではない。

3　請負の効力

(1)　請負人の義務　　(ア)　仕事完成義務　　請負人は仕事を完成する義務を負う（632条）。

契約で仕事の完成時期が決められているときは，請負人は，約束の時期に仕事を完成させるように，適当な時期に仕事に着手すべき義務がある。請負人が仕事完成に適当な時期に仕事に着手しない場合には履行遅滞となり，また，約束の時期に仕事の完成が不能とみられるに至ったならば履行不能であって，注文者は契約を解除できる（大判大15・11・25民集5巻763頁。541条・542条1項）。

★★　(イ)　**完成物引渡義務と所有権の帰属**　　(a)　注文者Aが請負人Bに建物の建築のような物の製作を注文したときは，Bは完成し

た物（建物）を引き渡す義務を負う。このとき，完成建物の所有権は誰に帰属するのであろうか。また，完成建物が一時的にせよBに帰属するならば，何時の時点で所有権がAに移転するのであろうか。

　判例によると，材料提供の主体を基準に判断しており，①注文者Aが材料の全部ないし主要部分を提供した場合には，加工（246条）に関する規定の適用はなく，建物所有権はAに帰属する（大判昭7・5・9民集11巻824頁）。②請負人Bが材料の全部ないし主要部分を提供した場合には，原則として，所有権はBに帰属し，引渡しによってAに移転する（大判大3・12・26民録20輯1208頁）。ただし，③当事者間に特約があれば，Bが材料を全部提供した場合であっても，竣工と同時に建物所有権をAは取得でき，請負代金が全額または大部分支払われているときは，この特約があるものと推認できる，とされている（最判昭46・3・5判時628号48頁参照。なお，請負人Bが建築を下請負人Cに下請けさせ，Cが材料の主要部分を提供した場合にはCが所有権を取得する〔大判大4・10・22民録21輯1746頁〕）。

　学説には，この判例の見解に同調するものもあるが，最近の有力説は，請負人Bが材料の全部ないし主要部分を提供したときでも，当事者の意思を解釈して，完成建物の所有権は原始的にAに帰属すると主張している。Rの建物所有権取得を認めても，Bに敷地利用権がないため建物を収去しなければならなくなること，また，Bの請負代金回収の手段としては所有権取得を認めずとも，留置権（295条），先取特権（325条以下），同時履行の抗弁権（533条）の利用が可能であることを考え合わせると，この有力説の方が妥当だと思われる。

　(b)　建物が独立した不動産といえる段階に達していない「建

217

前（出来形部分）」である場合でも，動産たる「建前」の所有権について，判例は，完成建物の場合と同様に，材料提供の主体を基準に判断している。それゆえ，注文者Ａのために，請負人Ｂが下請負人Ｃに材料を提供させて建前を築造させたときは，Ｃが建前の所有権を取得する（Ｃが中途で工事を中止したため，新たにＡが第三者Ｄに請け負わせ，材料を提供させて工事を完成させたときは，Ｃ・Ｄ間の所有権の帰属は，246条2項〔加工〕の規定にしたがって決められる〔最判昭54・1・25民集33巻1号26頁〕）。なお，契約が途中で解除された際の建前の所有権がＡに帰属するとの特約がＡ・Ｂ間にある場合には，一括下請負人Ｃが自ら材料を提供して建前を築造したとしても，Ａ・Ｃ間に格別の合意があるような特段の事情がない限り，ＣはＢの履行補助者的立場にあるにすぎないから，中途解除の際の建前の所有権はＡに帰属する（最判平5・10・19民集47巻8号5061頁）。

　(ｳ)　**下請負**　請負人（元請人）が仕事の全部ないし一部を第三者（下請人）に請け負わせることを下請負（下請）という。請負の目的は仕事の完成にあるから自ら労務を提供する必要はなく，特約がある場合や演奏・講演など請負人自身による仕事がとくに意義をもつ場合を除き，下請負は許される。下請負人は請負人の履行補助者または履行代行者であるため，その債務不履行について請負人は原則として責任を負う（なお，建設業法22条は原則的に一括下請を禁止する。建設工事では，注文者は，請負人の技能・管理能力等を評価して契約しているため，工事をすべて他人に委ねることは禁止されるのである。また，一括下請負〔丸投げ〕を認めると，工事代金の中間搾取やそれに伴う手抜工事の虞も生じる）。請負人が労働者を使って仕事を完成させることができるのは，いうまでもない。

★★　　(ｴ)　**仕事の滅失・損傷**　請負人Ｂが注文者Ａから建築を請け

負った建物を A に引き渡す前に焼失したように，仕事の目的物が滅失・損傷した場合に，B の仕事完成義務や報酬請求権はどうなるのだろうか。

(a) **仕事完成前の仕事の滅失・損傷**　B が未だ仕事を完成しない前に，建物が焼失したような場合には，次のように考えることができる。

(ⅰ) **仕事完成が不能な場合**　①Bに帰責事由があって建物を焼失させたならば，B は，仕事完成義務の履行不能による債務不履行責任を負うとともに，仕事の全部不能により A には利益がないため，報酬請求ができない（415条・634条1号）。②A・B双方に帰責事由がなく（例：延焼等）建物が焼失したならば，B は債務不履行責任を負わないが，仕事の全部不能により A には利益がないため，報酬請求ができない（415条1項ただし書・634条1号）。③A に帰責事由があって建物を焼失させたならば，A は，報酬全額の支払義務を負う。なお，仕事完成義務を免れたことでB が得た利益は償還しなければならない（536条2項）。

(ⅱ) **仕事完成（再築）が可能な場合**　①Bに帰責事由があるときは，B は，仕事完成義務があるため，増加費用を負担して仕事を完成させねばならず，完成が遅れたならば，履行遅滞の責任を負う（412条1項）。A には増加費用の負担義務はない。②A・B双方に帰責事由がなく（例：延焼等）建物が焼失したならば，仕事完成義務を負う B は，損害賠償義務を負わないが（415条1項ただし書），A に報酬および増加費用等の請求もできず，自らの負担で仕事を完成させなければならない（旧法の下での判例である大判明35・12・18民録8輯100頁は，Bが滅失の危険を負担すると判示する）。なお，建設工事約款（1⑶参照）では，原則的に請負人にリスクを負わせるとともに，保険による損害補償の措置を講じている。③

219

Aに帰責事由があるときは，Bに仕事完成義務は残る。Bは，履行遅滞の責任を負わず，損害賠償として増加費用をAに請求できる（415条）。

　　(b)　仕事完成後・引渡前の滅失・損傷　　Bが仕事を完成したが，目的物（完成建物）をAに引き渡す前に，目的物が焼失したような場合である。この場合，仕事のやり直し（再築）が物理的に可能であっても，Bの債務は，主たる部分では履行されている（「特定」された完成建物の従たる引渡債務だけが残っている）ため，滅失の原因がA・Bいずれにあるとしても，Bの仕事完成の債務を問うことはできず，仕事完成は客観的に不能になったといえよう。したがって，(a)(i)と同様の結論になろう。

★★　　**(2)　仕事の目的物の契約不適合の場合における請負人の担保責任（注文者の権利）**　　業者に請け負わせて設置した貯水槽から水漏れするなど，請負人が種類または品質に関して契約の内容に適合しない仕事の目的物を注文者に引き渡したとき（引渡しを要しない場合にあっては，仕事が終了した時に仕事の目的物が種類または品質に関して契約の内容に適合しないとき）は，注文者は，請負人の契約不適合の責任（担保責任）を問うことができる。

　現行法では，有償契約としての共通性から，債務不履行責任である売買における契約不適合の場合の売主の「担保責任」（562条以下および債務不履行責任の一般原則）を包括的に準用するとともに（559条），特に請負において例外となる規定（636条・637条）のみが置かれている。

　　(ア)　追完（修補）請求権　　前述の貯水槽の水漏れなど請負人から引き渡された仕事の目的物が（仕事の内容が引渡しを要しない場合には，仕事が終了したときに）契約不適合の場合には，注文者は，履行の追完として目的物の修補を請求できる（559条・562条1項。

仕事の内容によっては，代物請求も可能である。同条2項に注意）。もっとも，契約不適合が重要でなく，追完に過分の費用を要するときなど，取引上の社会通念に照らして追完が不能と評価される場合には，追完請求は認められないと解される（この考え方は，修補請求の限界を定めた，旧634条ただし書と同じである）。

　(イ)　報酬減額請求権　　注文者が相当の期間を定めて追完（修補請求）の催告をしても（上記(ア)），請負人がその期間内に追完しない場合には，注文者は，その不適合の程度に応じて報酬を減額できる（559条・563条1項）。①追完が不能であるとき，②請負人が追完を拒絶する意思を明確に表明したとき，③一定の期間内に追完をしなければ契約をした目的が達成できないとき（定期行為），④その他催告をしても追完を受ける見込みがないことが明らかなときは，催告をすることなく，直ちに報酬の減額を請求できる（559条・563条2項。同条3項に注意）。

　減額される報酬額は，完成すべき仕事に対する未履行部分の割合を約定した報酬額に乗じたものとなろう。

　(ウ)　損害賠償請求権　　注文者は，追完に代え，または，追完とともに損害賠償の請求をすることができる。

　　(a)　追完（修補）請求に代わる損害賠償請求　　注文者は，催告をして，相当期間内に請負人が追完しない場合，および，追完の催告自体が無意味であるといえる，①追完が不能であるとき，②請負人が追完を拒絶する意思を明確に表示したとき，③特定の日時または一定の期間内に履行をしなければ契約目的を達成できない場合において，請負人が履行の追完をしないでその時期を経過したとき（定期行為），④注文者が催告しても履行の追完を受ける見込みがないときには，催告を要せず，追完に代わる損害賠償の請求ができる（415条2項・559条・563条1項の法意〔売買における

追完に代わる損害賠償（Ⅲ 3㈘）を参照）。旧634条2項および判例〔最判昭54・3・20判時927号184頁〕は，修補請求が可能であっても，修補請求をしないで損害賠償を請求することを認めているが，追完請求権の優位性を含めて売買の担保責任の規定を包括準用する現行法の立場からは，第一次的には，可能な限り修補請求をすべきであろう）。

　損害賠償については416条の適用があり，債務不履行としての履行利益の賠償であり，賠償額は，通常は，契約不適合による目的物の市場価値の低下分あるいは不適合な箇所を追完（修補）するに要する費用となろう。もっとも，旧法の下での判例には，請負人が建築した住宅に重大な瑕疵があって建て替えるほかに方法がない場合に，契約の履行利益に応じた損害賠償として，建替費用の賠償を請負人に命じているものもある（最判平14・9・24判時1801号77頁）。このような場合には，現行法でも，追完に代わる損害賠償として建替費用を請求することが可能であろう。

　　㈎　追完（修補）請求とともにする損害賠償請求　　注文者は，契約不適合な箇所の追完（修補）を求めるとともに，仕事の完成が遅れたことなどにより生じた損害の賠償も請求できる。

　上記㈠追完と㈡報酬減額の請求と相違して，注文者が㈢の損害賠償を請求する場合には，請負人は，帰責事由がないことを主張・立証して免責を受けることができる（415条1項ただし書）。

　なお，注文者の追完（修補）請求権と請負人の報償請求権は同時履行（533条）の関係に立つが，請負人が追完（修補）に代わる損害賠償に応じない限り，注文者は，瑕疵の程度や契約両当事者の交渉態度等を考慮して信義則に反すると認められるときを除いて，同時履行の抗弁として報酬全額の支払を拒絶でき（最判平9・2・14民集51巻2号337頁。533条。この方法により，注文者は，報酬債務の履行遅滞の責任を免れることができる），また，注文者の損害賠償債

権により請負人の報酬債権を相殺することもできる（代金減額に請負人が応じない場合においても，同様に扱うことが可能であろう）。

　㊅　契約解除権　　注文者が追完（修補）をするように請負人に催告してから相当期間が経過しても追完しないならば，注文者は，契約を解除することができる。ただし，契約不適合の程度が軽微な場合には解除はできない（559条・564条・541条）。また，契約不適合のために契約の目的を達成することできない場合で，①追完が不能なとき，②請負人が追完拒絶の意思を明確に表示したとき，③定期行為，④追完の催告をしても追完される見込みがないときには，無催告解除をすることが可能である（559条・542条1項3号～5号。解除の効果として545条）。なお，引渡し後であっても，注文者の解除権行使に対して，修補不能な部分を除いて一部完成とみなして契約の一部解除（542条2項1号）を認めて，欠陥のない完成部分について注文者が受ける利益の割合に応じた報酬（634条参照）を請負人が注文者に請求できないかは，検討を要する問題である。

　旧法は，建物その他土地の工作物の請負契約に関しては解除を認めていなかったが（旧635条ただし書），現行法は，建物等に関する請負契約の解除について特別扱いをしていない。請負の目的物である建物に契約目的を達成できないような契約不適合があった場合に，解除による建物解体を社会経済的損失であるとして解除不能とすることには，合理性がないからである。

　㊇　請負人の担保責任の制限　　種類または品質に関する契約不適合が注文者の供した材料の性質または注文者の与えた指図によって生じた場合には，注文者は，契約の不適合を理由とする前記の救済（㊀～㊅）を受けることができない（636条本文）。ただし，請負人がその材料または指図が不適当であることを知りながら告

223

げなかったときは，この限りでない（同条ただし書）。

　(カ)　請負人の担保責任の期間の制限　　注文者が種類または品質に関する契約不適合を知った時から 1 年以内にその旨を請負人に通知しないときは，注文者は，請負人の担保責任に基づく前記の救済 ((ア)〜(エ)) を受けることができなくなる。しかし，請負人が仕事の目的物を注文者に引き渡した時（その引渡しを要しない場合にあっては，仕事が終了した時）において，請負人が契約不適合について悪意・重過失であるときは，前記の期間制限の適用がない（637条）。仕事の目的物の引渡時（引渡しを要しない場合には仕事終了時）に契約不適合による権利行使が可能となるので，その時から10年で，注文者が契約不適合を知って 1 年以内に請負人に通知した場合には注文者が契約不適合を知った時から 5 年で，追完請求権・報酬減額請求権・解除権は時効消滅する（166条 1 項）。

　なお，住宅品質確保促進法（前述Ⅲ 3 (5)(ア)参照）は，新築住宅の建設工事請負契約において住宅の基本構造部分に瑕疵がある場合には，注文者は請負人に対して引渡し日から10年間は前記の請負人の担保責任 ((ア)〜(エ)) を追及することができると規定している（住宅品質94条 1 項。特約により瑕疵の範囲を拡張し，また，20年以内で期間を伸長できる〔同法97条〕）。しかし，上記の期間内でも，注文者が新築住宅の瑕疵を知った時から 1 年以内に請負人にその旨を通知しないときは，前記の請負人の担保責任 ((ア)〜(エ)) を追及できない（同法94条 3 項，民637条 1 項）。

　(3)　注文者の義務　　(ア)　報酬支払義務　　注文者は請負人に報酬を支払う義務を負う（632条）。請負人の報酬請求権の発生時期については，判例は，請負契約成立と同時に発生すると解している。したがって，工事完成前に報酬債権を差押え・転付することも可能である（大判昭 5・10・28民集 9 巻1055頁）。報酬の支払時

期は，特約のない限り，仕事の目的物の引渡しと同時，目的物の引渡しを必要としない請負では，仕事終了時である（633条・624条1項）。つまり，注文者の報酬支払に対して，請負人の仕事完成義務は先履行の関係に立つが，目的物引渡しは同時履行の関係にある。もっとも，建築請負では，契約成立時，上棟時，完成引渡時など数回に分けて報酬を支払うのが通常である。

　⒤　注文者が受ける利益の割合に応じた報酬（割合的報酬請求権）　①注文者の帰責事由なく仕事の完成が不能になった場合（注文者・請負人双方に帰責事由がない場合および請負人に帰責事由がある場合を含む），または，②請負が仕事完成前に解除された場合において，既にされた仕事の結果のうち，可分な部分の給付によって注文者が利益を受けるときは，その部分を仕事の完成とみなして，請負人は，その利益の割合に応じて報酬を請求することができる（634条）。①の事例で，請負人が割合的報酬請求権を行使するために，注文者に帰責事由がないことを主張・立証する必要はない。なお，③注文者に帰責事由がある完成前の仕事の不能の場合は，536条2項の適用があり，請負人は，報酬全額の請求ができる（前述⑴㈡⒜⒤③参照）。

　㋒　協力義務　必要に応じて，注文者は，材料を供給し，また，指図を与えるなど仕事の遂行について請負人に協力する義務を負う。

　㋓　目的物引取（受領）義務　判例（最判昭40・12・3民集19巻9号2090頁）は否定しているが，注文者は完成した仕事の目的物を引き取る義務があると解する学説も有力である。

4　請負の終了

　仕事の完成（引渡し）という契約目的の達成のほか，契約一般

に共通する解除や前述した担保責任における解除により請負は終了するが，さらに特別の解除権が定められており，その行使によっても請負は終了する。

(1)　**仕事未完成の間の注文者の任意解除権**　注文者は仕事未完成の間はいつでも請負人の損害を賠償して契約を解除できる（641条）。注文した仕事が途中で不要になった場合に備えたものである。請負の目的が可分であるときは，注文者は，未完成部分についてだけ解除できる（建物の建築請負で一部が竣工しているときは，未完成の部分についてのみ解除できる〔大判昭7・4・30民集11巻780頁〕）。損害賠償の範囲は，請負人の支出費用と仕事完成により得る利益（節約できた労務と費用を控除する）である。なお，解除をするために，損害賠償を事前に提供する必要はない。

(2)　**注文者の破産手続開始決定による解除権**　注文者が破産手続開始決定を受けた場合は，請負人または破産管財人は，契約を解除することができる（642条1項本文）。ただし，請負人による解除は，仕事完成前に限られる（同項ただし書）。請負人の仕事完成前に注文者が破産した場合には，請負人は，仕事完成の先履行義務を負っているために，仕事を完成しても報酬の支払を受けられない危険が生じる。本条は，この危険に備えた規定である。

　請負人が契約解除した場合には，請負人は，既に行った仕事の報酬およびそのなかに含まれない費用について，破産財団の配当に加入できる（同条2項）。また，破産管財人による契約解除によって，請負人側に仕事完成により得られる履行利益が失われるため，その損害賠償債権については破産債権として破産財団の配当に加入できる（同条3項）。請負人が契約解除した場合には，請負人は，損害賠償請求ができない（同条3項前段）。

Ⅸ　委　任

1　委任の意義・法的性質・社会的作用

　大阪への一時的な転勤のために，戻ってくるまでの間，東京の家屋を誰かに賃貸することを親戚に依頼するように，当事者の一方（委任者）が法律行為をすることを相手方（受任者）に委託し，相手方が承諾することで成立する契約が委任である（643条）。委任は，報酬の支払が要件ではないため，原則的には，諾成・無償・片務契約である。ただし，報酬支払の約束も可能で（648条），この場合には，諾成・有償・双務契約となる。

　委任の対象は，上述の賃貸借契約の締結のように，法律行為をすることである。しかしながら，留守中の家屋の維持・管理などの法律行為でない事務を委託する準委任にも委任の規定が準用されるので（656条），結局，「委任」は広く事務処理一般を対象とすることになる。

　民法の定める委任は，有償の委任や法律行為でない事務の「委任」も認めているために，請負や雇用と区別しにくいものとなっている。契約内容を具体的に検討したうえで，その性格を決することになるが，①仕事の完成が契約の目的となっておらず，そして，労務の内容が法律行為をすることである場合，あるいは，②依頼者の個別的な指図を受けずに労務提供者が独立して事務（一般に，知的な事務）を処理できるならば，①の要素で請負と相違し，また，②の要素で雇用と相違するため，委任とみることができよう（表1）。

　専門化の進む社会の中で，請負と同様に，委任も多く用いられる契約になってきている。とくに，いわゆる専門的職業人と呼ば

れる弁護士・不動産鑑定士・公認会計士・司法書士・税理士・医師などに仕事を依頼する契約は，わが国では有償の委任ないし準委任と理解されており，事務処理を専門家に依頼する傾向が強まるとともに，この契約類型は重要性を高めつつある。もっとも，医師に治療を依頼する契約は，それが患者の生命・身体に関わるものであるために，医師の説明義務や守秘義務などの特殊な問題もあり，医療契約という特殊（無名）契約だと解する説も強い（美容整形や入れ歯の作成などの医療を対象にする契約は，一定の成果の達成を約束しているために請負であると解されている）。

　成年後見制度の改正に伴い，「任意後見契約に関する法律」（任意後見法）により創設された**任意後見契約**も特殊な委任契約である。任意後見契約は，精神上の障害により判断能力が不十分な状況における生活・療養看護および財産管理に関する事務の全部または一部について委任者（本人）が受任者（代理人）に対して代理権を付与する委任契約であり，家庭裁判所が任意後見監督人を選任した時から契約の効力が発生する旨の特約を付したものである（任意後見2条1号）。この制度により，たとえば，高齢者は，事理弁識できる段階で将来の任意後見人として相応しいと思う者（任意後見受任者）をあらかじめ選んで，精神上の障害により判断能力が不十分になった段階における事務処理の代理権を与えておき，判断能力が不十分になったと認められる時に本人，配偶者，四親等内の親族または任意後見受任者の申立てにより家庭裁判所に任意後見監督人を選任してもらうことで，委任契約の効力を発生させるとともに，任意後見人の代理権行使を通して自らの判断能力の不足を補うことができる（本シリーズⅠ・第5章Ⅱ1(1)(ウ)参照）。

　なお，株式会社と取締役の関係のような団体と役員との関係も委任であると解されているが，特別法の中に特則がおかれている

（会社330条など）。また，特殊な委任として，仲立営業や問屋営業
などもあるが，それらについては商法に定めがある（商543条以
下・551条以下）。

2　委任の成立

　委任（「準委任」も「委任」の規定が全面的に準用されるので〔656条〕，委任・準委任を含めて「委任」として説明する）は，委任者・受任者間の事務処理委託に関する合意によって成立する諾成契約である（643条）。委任にあたって委任状が委任者より交付されることも多いが，それは第三者に対する受任者の権限を証明する手段であって，契約成立の要件ではない。

　なお，任意後見契約は，本人の真意による有効な契約が締結されることを制度的に担保し，紛争予防の観点から契約の有効性の確実な立証を可能にするために，法務省令で定める様式の公正証書によることが要求されており，要式契約である。また，公正証書の作成があると，公証人から登記所への嘱託により任意後見契約の登記がされる仕組みになっている（任意後見3条，後見登記5条）。

　特別法では，委託を受けた場合には原則として承諾を拒めない公法上の義務を課しているものがあり（医師19条1項，公証3条），また，委託を拒むときには，遅滞なく依頼者に通知する義務があると規定するものもある（弁護29条）。

3　委任の効力

　⑴　受任者の義務　　㋐　善管注意義務　　受任者は委任の本旨に従い，善良な管理者の注意をもって事務を処理する義務を負う（644条）。たとえば，弁護士は，少なくとも通常の弁護士が払

う程度の注意をもって事務処理をしなければならない。

判例（最判平25・4・16民集67巻4号1049頁）は，法律事務を受任した弁護士に関して，選択した事務処理の方針のリスクと他に選択肢があるならばその存在を依頼者（委任者）に説明する善管注意義務があると判示している。また，医療訴訟の増加に伴い，医師の善管注意義務に関しては，多数の判例が蓄積されている。

委任者・受任者間の人間的な信頼関係や専門性に対する信頼が基礎にあるために，この注意義務の程度は，たとえ無償でも低くなることはないと解されている。したがって，1円の診査報酬で生命保険加入者Cの健康診査を行い，Cの明らかな肺疾患を見逃して健康体であると保険会社Bに報告した嘱託医Aは，Cの死亡によりBが多額の保険金（1694円余）を支払わざるをえなくなった場合に，善管注意義務違反を理由にBに対する支払保険金に相当する損害の賠償責任を免れない（大判大10・4・23民録27輯757頁）。もっとも，学説には，委任の報酬が事務の内容に比して著しく低廉であるときには，報酬に照らしてできることに限界もあるため，注意義務の程度を軽減し，あるいは，委任者との関係で損害賠償額を減額すべきだと主張するものも多い。

(イ) 事務処理義務の一身専属性（自己執行義務） 当事者間の信頼関係を基礎にする委任の性質上，受任者は，自ら事務を処理しなければならず，原則的に，他人に事務処理を代行させることはできない。ただし，例外的に①委任者の承諾を得たとき，または②やむを得ない事由があるときは，受任者は，復受任者を選任することができる（644条の2第1項）。この場合に，委任者Aに対して受任者Bが復受任者Cの行為について責任を負うかは，BがCに関する選任・監督義務を尽くしたか否かではなく，BがAに対して負う事務処理義務の債務不履行があるか否かによ

り判断される（本シリーズⅠ・第5章Ⅱ1(3)(イ)も参照）。また，受任者
Bと復受任者Cの間は，選任に当たってB・C間で締結された委
任等の契約により規律され，Cに契約違反があれば，Cは，Bに
対して債務不履行責任を負う。

　ところで，委任者Aが受任者Bに代理権を付与し，Bが代理
権を有する復受任者Cを選任する「代理権を付与する委任」で
は，①代理権の側面では，Cは，AがBに与えた代理権の範囲
でAの代理人となる。そして，AのためのCの代理行為の効果
は，Aに帰属する（106条参照）。また，②復委任の側面では，C
は，Aに対して，B・C間の契約により定められる権利・義務の
範囲内で，A・B間の委任契約におけると同一の権利を有し，義
務を負う（644条の2第2項）。すなわち，Cの権利として，報酬請
求権（後述(2)(ア)）・費用償還請求権（後述(2)(イ)）が，また，義務と
して，善管注意義務（前述(ア)）・受領物引渡義務（後述(ウ)(b)）等が
生じる（たとえば，A・B間で100万円の報酬が，また，B・C間で80万
円の報酬が約束されていた場合には，CはAに80万円の報酬を請求できる）。
これに対して，委任者Aから代理権を与えられていない受任者
Bが復受任者Cを選任した場合には，AとCの間には契約関係
がないため，A・C間には何らの権利義務関係も生じない。

　委任者の受任者に対する事務処理請求権も，受任者の承諾なし
には，原則的に譲渡できないと解される（625条1項類推）。

　(ウ)　その他の義務　　(a)　報告義務　　受任者は事務処理の過
程で委任者の要求があればいつでも現状を報告する義務があり，
また，委任が終了したときは遅滞なく事務の経過および結果を報
告しなければならない（645条）。

　(b)　受領物などの引渡義務　　受任者は，委任者から受領し
たものを含めて，事務処理にあたって受領した金銭やその他の物，

収取した果実を委任者に引き渡さねばならない。受任者が委託を受けて自己の名で取得した権利も委任者に移転しなければならない（646条）。

　なお、委任者Aが受任者Bに特定の不動産の購入を代理権が伴わない形で依頼して代金を渡した場合には、Bが売主から不動産を取得すると同時にその所有権をAに移転する合意があらかじめあったと解すべきであり、AはBにB名義で購入した不動産の移転登記を直ちに請求できる（大判大4・10・16民録21輯1705頁）。

　(c)　金銭消費の責任　　委任者に引き渡すべき金銭や同人のために用いるべき金銭を自己のために消費したときは、受任者は、消費した日以後の利息支払の義務を負う。受任者の背任的行為であるため、金銭を引き渡すべき時期以前においても、消費した金銭に利息を払わねばならないのである。利息以上の損害があるならば、委任者は、その分の賠償請求も可能である（647条）。

　(d)　忠実義務　　依頼者の弁護士等の専門家への委任や会社と会社の取締役との間の委任などでは、受任者は専ら委任者の利益を図り、委任者のために忠実に事務を処理しなければならない忠実義務を負うと解されている（会社355条，信託30条など）。善管注意義務と忠実義務の関係については、議論があるが、善管注意義務を具体化したものであるとの見解が有力である。その意味では、委任者の利益のために事務処理をする契約である「委任の本旨」（644条）の解釈から忠実義務を引き出すことが可能である。

　(2)　委任者の義務　　(ｱ)　報酬支払義務　　(a)　有償委任と報酬　　特約がなければ、委任者に報酬支払の義務はない（648条1項）。

　委任が無償であるとの原則的な規定は、信頼関係に基づいた高

級労務の対価は無形の名誉であり，報酬を受けることは賤しいとするローマ法の伝統にしたがうものである。しかし，現在の委任では，特約で報酬支払が定められている場合の方が多い。また，特約がなくとも，慣習上報酬の請求を認めるべき事例も多く（弁護士への訴訟委任が有償であることは一般取引上の慣例であるとする〔大判明45・7・1民録18輯679頁〕），さらに，商人が営業の範囲内で他人の委託を受けて事務を処理したときは，常に相当額の報酬を請求できるものとされている（商512条）。

(b) 報酬額　　報酬額は通常は契約で定められる。宅地建物取引業者は，国土交通大臣の定める報酬額を超える報酬を受け取れない（宅建業46条）。弁護士の報酬は自由化されたが，事件受任の際に報酬事項を含む委任契約書を作成しなければならない（日弁連「弁護士の報酬に関する規程」5条）。

(c) 報酬支払時期　　委任には，高齢者の介護に対して支払われる報酬のように，事務処理の労務に対して報酬が支払われるものと，弁護士の成功報酬や不動産仲介における報酬のように，委任事務を処理した成果に対して報酬が支払われるものがある。この二類型に対応して，民法は，前者の雇用に近似する履行割合型委任と後者の請負に近似する成果完成型委任の報酬支払時期に関する規定を設けている。

(i) **履行割合型委任における報酬支払**　　事務処理の労務に対 ★
して報酬を支払う履行割合型委任では，受任者が報酬を請求することができるのは，労務を提供して委任事務を履行した後である。ただし，期間をもって報酬を定めたときには，受任者は期間経過後に報酬の支払を請求できる（648条2項・624条2項）。

受任者は，①委任者に帰責事由なく委任事務の履行ができなくなったとき，または，②契約が解除されるなど，委任の履行が中

途で終了したときは，既に履行した割合に応じて報酬を請求することができる（648条3項）。なお，受任者が①の割合的報酬を請求するには，委任者に帰責事由がないことを主張・立証する必要はない。委任者に帰責事由があって委任事務の履行ができなくなったときは，受任者は，委任者の帰責事由を主張・立証して，約束した報酬の全額を請求できる（536条2項）。

★ 　（ii）**成果完成型委任における報酬支払**　委任事務を処理した成果に対して報酬を支払う成果完成型委任で，成果物の引渡しを要するときは受任者による成果物の引渡しと同時に，引渡しを要しないときは成果の完成後に，委任者は，報酬を支払わねばならない（648条の2第1項）。成果完成型委任は，成果完成により報酬が支払われる点で請負と類似しているために，請負の報酬に関する634条が準用される。そのため，①委任者の帰責事由なく中途で事務処理ができなくなったとき，②成果が完成する前に委任が解除されたときは，受任者が既に履行した事務処理のうち可分な部分の給付により委任者が利益を受けるならば，その利益の割合に応じて，受任者は，報酬を請求できる（648条の2第2項・634条。①の帰責事由がないことの主張立証責任および委任者に帰責事由があって委任事務の履行ができなくなった場合の報酬請求権に関しては，上記(i)と同じ）。

　成果完成型委任に属する不動産仲介において，買受人Bが不動産仲介業者AにC所有の土地等の買受けの仲介を依頼して買受契約の成立を停止条件として報酬支払を約束していたのに，仲介がほぼ達成できる段階でBがAを出し抜いてCとの間で買受契約を直接成立させた場合に，130条1項により停止条件が成就したものとみなして，AはBに対して約定の報酬全額を請求することができるとする判例（最判昭45・10・22民集24巻11号1599

頁）がある。

　（イ）　その他の義務　　事務処理を遂行する受任者に経済的損失を与えないために，有償・無償を問わず，委任者は，次のような義務を負い，また，受任者は，下記の権利を有する。まず，委任者は，①受任者の請求があるならば，事務処理に必要な費用を前払しなければならない（委任者の費用前払義務。649条）。受任者は，②事務処理に必要なために立て替えた費用につき，支出日以降の利息を付して償還を請求することができ（受任者の費用償還請求権。650条1項），また，③委任者のために自己の名で負担した債務を自己に代わって委任者に弁済させ，あるいは，弁済期まで委任者に担保の提供を求めることができる（受任者の代弁済請求権・担保供与請求権。同条2項）。さらに，④受任者が事務処理のため過失なく損害を被ったときは，受任者は，委任者の過失の有無を問わず，委任者に対して損害賠償請求することができる（受任者の損害賠償請求権。同条3項）。もっとも，有償委任では危険の対価も含めて報酬額が決められているので，委任者の無過失損害賠償責任（④）は無償委任の場合に限られると解する有力説がある。

4　委任の終了

　委任には，委任事務の終了や債務不履行による解除など契約一般の終了原因のほか，特殊な終了原因がある。

　(1)　**両当事者による任意の解除（任意解除権）**　　委任は両当事者　★においていつでも（任意に）解除することができる（651条1項）。この任意解除権は，委任が当事者間の信頼関係に基づくものであるため，相手方との間の信頼関係が維持できなくなった場合に，解除することを認めたものである。解除は，将来に向かってのみ効力を有するため，告知の性格を持つ（652条・620条）。なお，任

意解除権を放棄する特約が有効かについては，特に委任者による解除権放棄をめぐって議論があるが，契約自由の原則から，公序良俗に違反し，あるいは，脱法行為とならない限り，有効と解する見解が有力である。

　任意解除が認められるとしても，①相手方に不利な時期に解除するとき，あるいは，②委任者が受任者の利益をも目的とする委任を解除したときは，相手方に生じた損害を賠償しなければならない。ただし，やむを得ない事由があるときは，損害賠償の必要はない（651条2項）。①の「相手方に不利な時期」とは，たとえば，受任者による解除において，解除後に直ちに委任事務処理をしてくれる他人を得ることが委任者に困難な場合などであり（同項1号），また，②の「受任者の利益をも目的とする委任」とは，たとえば，債権者（委任者）Bが債務者Cに対する債権の取立てを受任者Aに委任し，取立金額の1割をAのBに対する債務の弁済に当てるというような場合である。もっとも，受任者が専ら報酬を得るという利益は，解除されれば当然に失われる利益であるため，報酬の特約があるという理由だけでは，受任者は損害賠償請求権を取得できない（同項2号括弧書き）。①②の解除に際して，損害賠償の必要がないとされる「やむを得ない事由」とは，当事者の対人的信用関係に照らして著しく不誠実な態度がある場合などを指す（最判昭43・9・20判時536号51頁）。

　なお，違約を理由に債務不履行による解除権を行使した場合において，違約の事実がなかったとしても，任意解除権の行使には理由を問わないため，任意解除の意思表示があったものとして解除の効力を認めることができる（大判大3・6・4民録20輯551頁）。

　(2)　その他委任に特有な終了事由　　①委任者または受任者の死亡，②委任者または受任者の破産手続開始決定，③受任者が後

見開始の審判を受けたことによっても委任は終了する（653条）。当事者相互の信頼関係に立脚する委任の性格から認められた終了事由であるが，契約の趣旨によっては，委任者の死亡でも終了しないと解すべき余地もある。たとえば，父が非嫡子の中学卒業までの養育を第三者に委任して毎月の養育費の支払を約束したような場合（大判昭5・5・15新聞3127号13頁）には，契約は委任者の死後も継続する。また，委任者が受任者に対し，入院中の諸費用の病院への支払，自己の死後の葬式を含む法要の施行とその費用の支払，入院中世話になった者への謝礼金の支払等を依頼する委任は，委任者の死亡によっても契約を終了させない合意を包含する趣旨のものであるため，653条と抵触せず，死後も継続すると解すべきである（最判平4・9・22金法1358号55頁）。なお，受任者の権限が破産管財人の権限と抵触することになる委任者の破産手続開始決定の場合を除いて，民法の定めに反する特約をすることも認められる。

　(3)　終了時の特別措置　　委任の終了に際して相手方に不測の損害を与えないように，特別の措置が定められている。1つは，受任者側の応急措置義務である。受任者側は，委任終了時に急迫の事情があるときは，委任者側が自ら事務処理できる状態になるまで応急の措置をとらねばならない（654条）。第2は，委任終了事由の通知である。当事者の一方に委任終了の事由が生じた場合には，相手方に通知したとき，または，相手方が委任の終了を既に知っていたときでなければ，終了事由をもって相手方に対抗できない（655条）。そのため，通知をせず，相手方が終了事由を知らなかったならば，知るに至るまで，委任契約が継続することになる。

X　寄　託

1　寄託の意義・法的性質・社会的作用

　建物改築に際して家具の一時保管を引き受けるように，当事者の一方（寄託者）がある物を保管することを相手方に委託し，相手方（受寄者）がこれを承諾することによって効力が発生する契約が寄託である（657条）。寄託は，原則的に無償・片務契約であり，申込みと承諾により成立する諾成契約である。しかし，手荷物の一時預かりをみてもわかるように，現在の通常の寄託では，報酬の支払が約束されている。この場合は，諾成・有償・双務契約である。

　寄託は，労務提供型契約の一種であるが，労務が保管である点に特徴がある（表1）。対象は物であるので，不動産も寄託できるが，実際には動産を対象とするものがほとんどである。

　たとえば，飼犬を隣家に預ける場合に，短時間であるならば寄託であろうが，期間が長くなってえさの心配や病気になったときの世話のような管理行為まで含むようになると，準委任の色彩を帯びるに至る。このように，ときに，寄託と委任を区別することは難しく，委任に寄託の要素が含まれていることも多い。また，条文上も，寄託には委任の規定の一部準用があり（665条），両者の法的性質にも共通するところが多い。

　民法が原則としている無償寄託の社会的意義は，失われてきている。これに対して，証券会社を受寄者とする有価証券を目的物とした消費寄託などは，日常的に行われており，消費寄託に加えて消費貸借の規定が準用される預貯金契約に基づく金銭消費寄託は，日々の生活で利用されている。また，倉庫などのように，営

業として物の保管を引き受けることも多様に展開しつつあるが，これについては商法上に規定がある（商事寄託〔商595条以下〕）。

　なお，コインロッカー・貸金庫や貸駐車場のように，預かる側が労務を提供することなく物の保管場所だけを提供する契約は，保管場所の賃貸借であって，寄託ではない。

2　寄託の成立

(1)　寄託契約の諾成契約化と寄託物の受取り前の寄託者の解除権　★

　寄託は，旧法ではローマ法以来の沿革に由来して要物契約であったが，現代社会では要物契約とする合理性に乏しいため，現行法では合意により成立する諾成契約とした（657条）。しかし，寄託を諾成契約とすると，契約成立後，寄託物の預入れ前に，寄託者が寄託物を受寄者に保管させる必要がなくなったとしても，契約が成立しているために，寄託物を受寄者に保管させる寄託者の義務は継続することになる。この不都合を回避するために，寄託者は，有償・無償を問わず，受寄者が寄託物を受け取るまで契約解除をすることができ，解除により損害（例：保管場所の準備のための費用など）を被った受寄者には，寄託者に対する損害賠償請求権が認められると定めている（657条の2第1項）。

　(2)　寄託物の受取り前の無償受寄者の解除権　　寄託が合意のみで成立することから，軽率に寄託物の保管の約束をした無償の受寄者が寄託上の義務の履行を強制されることがないように，また，受寄者の意思が不明確になって紛争が生じることがないようにする必要がある。この目的で，657条の2第2項は，書面による寄託を除いて，寄託物を受け取るまでは，無償の受寄者に契約解除権を認めている。

　(3)　受寄物が引き渡されない場合の受寄者の解除権　　有償の

寄託や書面による無償寄託の場合には，受寄者は，上記(2)の解除権を行使できないため，寄託者が解除もせず，寄託物の引渡しもしないときには，保管場所を維持し続けねばならない不利益を被る。このため，657条の2第3項は，有償寄託と書面による無償寄託の受寄者について，寄託物を受け取る時期を経過したにもかかわらず，寄託者が寄託物を引き渡さない場合に，相当期間を定めて引渡しを催告し，期間内に引渡しがないときには解除ができるとしている。

3　寄託の効力

(1)　受寄者の義務　　(ア)　保管義務——自己使用禁止の原則・再寄託の制限・注意義務　　寄託の目的は保管することにあるので，受寄者は，寄託者の承諾がなければ，寄託物を自ら使用してはならず，また，第三者をして使用させてはならない（658条1項）。受寄者は，寄託者の信頼を受けて保管を引き受けたのであるから，原則的に，自ら保管すべきであるが，寄託者の承諾を得たとき，および，やむを得ない事由があるときは，寄託物を第三者に保管させること（再寄託）ができる（同条2項）。

この場合，第三者（再受寄者）は，再受寄者の権限内で，寄託者に対して受寄者と同一の権利（例：費用償還請求権など）を有し，義務（例：寄託物返還義務など）を負う（658条3項）。なお，再受寄者の行為に関する受寄者の寄託者に対する責任は，受寄者が寄託者に対して負う保管義務の内容により規律される。

無償寄託の受寄者は，自己の財産におけると同一の注意をもって寄託物を保管する義務を負う（659条）。寄託者は受寄者が日頃どのように自己の物を保管しているかをみて受寄者を信頼して保管を依頼するので，それが当事者の意思に合致し，また，無償で

もあるので，善管注意義務よりも低い程度の注意でよいとされているのである。有償寄託の受寄者は，善管注意義務（400条）を負う。もっとも，商人がその営業の範囲内で寄託を受けるときは，有償寄託・無償寄託を問わず善管注意義務を負担する（商595条）。

（イ）　通知義務　　たとえば，真の所有者と称する者が現れて，受寄者が保管している物の返還請求の訴えを提起したり，差押えや仮処分をしたような場合には，寄託者がその事実を知っている場合を除いて，寄託者が対抗措置をとれるように，受寄者は遅滞なく寄託者に通知しなければならない（660条1項）。

（ウ）　目的物返還義務　　契約が終了した場合には，受寄者は目的物を寄託者に返還しなければならない。受寄者は，第三者（所有者を含む）が寄託物について権利を主張するときでも，原則として，寄託物を寄託者に対して返還すべきであり（660条2項），寄託者に返還した受寄者は，権利を主張する第三者が損害を被っても，損害賠償の責任を負わない（同条3項）。受寄者が寄託者に対する返還義務を例外的に負わないのは，①寄託者の指図があったとき（同条2項本文），および，②同条1項に定める通知義務を果たした場合（または同項ただし書により通知を要しない場合）において，確定判決等にしたがって第三者に寄託物を引き渡したときである（同条2項ただし書）。

　返還場所は保管をなすべき場所であるが，受寄者が正当な事由があって目的物を移転したときは，現在ある場所で返還できる（664条）。

　判例は，契約上の返還請求権が消滅時効にかかっても，所有権者である寄託者は，所有権に基づく返還請求ができるとしている（大判大11・8・21民集1巻493頁）。

　その他，委任の規定（前述Ⅸ3⑴（ウ）参照）の準用により，受寄者

は，受領物などの引渡義務（646条），金銭の消費についての責任（647条）を負っている（665条）。

(2) 寄託者の義務　(ア) 有償寄託における報酬支払義務
報酬（保管料）支払の特約がある場合には，寄託者は受寄者に約定した報酬を支払わねばならない。保管料支払義務の内容は履行割合型委任における報酬支払義務と同様である（665条・648条。なお，商512条）。すなわち，支払時期は，保管義務の履行後である。ただし，期間をもって報酬を定めたときには，受寄者は，所定の期間経過後に報酬の支払を請求できる（665条・648条2項・624条2項）。

受寄者は，①寄託者に帰責事由なく寄託の履行ができなくなったとき，または，②契約が解除されるなど，寄託の履行が中途で終了したときは，既に履行した割合に応じて報酬を請求することができる（665条・648条3項）。なお，受寄者が①の割合的報酬を請求するには，寄託者に帰責事由がないことを主張・立証する必要はない。寄託者に帰責事由があって債務の履行ができなくなったときは，受寄者は，寄託者の帰責事由を主張・立証して約束した報酬の全額を請求できる（536条2項）。保管義務の履行後に支払う報酬と保管物の返還とは同時履行（533条）の関係に立つ。

(イ) 損害賠償義務　たとえば，預かっていた缶からペンキがしみ出て受寄者の家具を汚損したように，寄託物の性質または瑕疵から生じた損害について，寄託者は受寄者に賠償しなければならない。ただし，寄託者が過失なくしてその性質または瑕疵を知らなかったこと，あるいは，受寄者がそれを知っていたことを寄託者が証明できるならば，責任を負う必要はない（661条）。

(ウ) 費用償還義務など　委任の規定（前述IX3(2)(イ)参照）の準用により，寄託者は，費用前払（649条），立替費用償還，債務の

代弁済など（650条1項・2項）の義務を負う（665条）。

4 寄託の終了

契約一般に共通な終了原因のほか，特殊な終了原因があるが，両当事者による任意の解除は認められていないなど，委任と相違するものとなっている（契約成立時の解除権については，2を参照）。

（1）寄託者の返還請求権　　寄託者は，寄託物返還の時期につき契約で定めがあっても，何時でも契約を解除（告知）して，その返還を請求することができる（662条1項）。保管を委託する必要がなくなったにもかかわらず，寄託者を拘束して預け入れさせる必要はないからである。有償寄託のときは，受寄者は，解除時までの報酬を請求でき（665条・648条3項2号），また，期限前の返還請求で被った損害（例：保管場所として借りていた賃料など）の賠償を請求できる（662条2項）。

（2）受寄者からの返還　　受寄者は，寄託期間の定めがあるときは，期間満了時まで保管しなければならないが，やむを得ない事由があるならば，期間前に返還することも認められる（663条2項）。期間の定めがない場合には，受寄者はいつでも寄託物を返還できる（同条1項）。

（3）寄託物の一部滅失・損傷による損害賠償および受寄者の費用償還請求の期間制限　　返還不能である寄託物の全部滅失と相違して，保管中に生じたものか否か不明になることが多いため，返還された寄託物の一部滅失または損傷に関する寄託者の損害賠償請求および受寄者が支出した費用の償還請求は，寄託者が返還を受けた時から1年以内にしなければならない（664条の2第1項）。これは除斥期間である。また，寄託物の一部滅失または損傷による損害賠償請求権は，寄託者が返還を受けた時から1年を経過す

るまでの間は，時効は完成しない（同条2項）。同様の規定は，使用貸借（600条），賃貸借（622条）にも存在している（前述V 3(2)も参照）。

5　特殊の寄託

(1)　混合寄託　　混合寄託とは，受寄者が寄託を受けた代替性ある寄託物を，他の寄託者から寄託を受けた同種・同等の物と区別せずに混合して保管し，寄託者の請求により，寄託されたのと同量のものの返還をする特殊な寄託である。混合寄託は，寄託者全員の同意がある場合にのみ行うことができる（665条の2第1項・2項）。混合寄託は，たとえば，油・穀物・金属などを対象として行われる。

混合して保管された受寄物は，寄託者の共有になるが，各寄託者が単独で寄託した物と同量の物を返還請求することが可能である（665条の2第2項）。また，混合寄託された受寄物の一部が滅失した場合には，各寄託者は，混合して保管されている寄託物の総量に対する寄託した物の量の割合で返還請求することができる。たとえば，10万キロリットルの石油タンクにAの石油が8万キロリットル，Bの石油が2万キロリットル混合寄託されていたところ，タンクが破損して5万キロリットルが残ったとしたならば，Aは，4万キロリットルを返還請求することができる。この場合において，損害賠償を請求することは，可能である（同条3項）。

(2)　消費寄託　　受寄者が寄託を受けた物の所有権を取得するとともに，消費し，同種・同等・同量の物を寄託者（預金者）に返還することを約する契約を消費寄託という（666条1項）。目的物としては，代替物であればよい。

消費寄託では寄託の規定の適用のほか，受寄者が受寄物を消費

したうえで返還義務を負う消費貸借との類似性に着目して，貸主の引渡義務（590条・551条）と受領した物と同種・同等・同量の物の返還ができなくなった場合の借主の価額償還義務（592条）について，消費貸借の規定を準用している（666条2項）。

　消費貸借の引渡義務が準用されるのは，消費寄託では，目的物の所有権が寄託者から受寄者に移転するため，同じ効果を持つ消費貸借の貸主の引渡義務を寄託者に負わせたのである。また，寄託物と種類・品質・数量の同じ物を受寄者が返還できなくなった場合も，消費貸借と類似する問題であるため，消費貸借の借主と同様に価額を受寄者に償還させることにしたのである。

　なお，消費寄託の中でも預貯金契約に基づく金銭を目的物とする金銭消費寄託は，受寄者（金融機関）が金銭の寄託を受けるとともに運用する契約であり，受寄者にとっても利益がある。それゆえ，期間の定めのある寄託で，受寄者は，やむを得ない事由がなければ期限前返還ができないとの規定（663条2項）は，寄託者の一方的な保管の利益を図るものであり，預貯金の実務的運用からは適当ではない。そこで，666条3項は，預貯金契約に係る金銭の消費寄託では，消費貸借の返還時期に関する591条2項を準用し，受寄者（金融機関）は，返還時期の定めの有無にかかわらず，いつでも返還できるものとした。そして，同条3項を準用して，返還時期の定めがありながら，期限前に返還したことで損害を被った寄託者は，損害賠償請求ができると定めた。

ⅩⅠ　組　合

1　組合契約と組合

(1)　組合契約の意義・法的性質・社会的作用　　Aが人を派

遺し，Bが資金を提供して，Cの発明を商品化する事業を行うように，数人の当事者が出資して共同事業を営む合意をすることで成立する契約が組合契約である（667条）。この契約により複数の構成員（組合員）をもつ共同事業のための団体が形成されるが，これを組合と呼ぶ。

　組合契約は，互いに出資して団体たる組合を結成する目的をもつものであって，民法は諾成・有償・双務契約の一類型として規定している。だが，学説の中では，対立する意思の合致で成立する本来の契約ではなく，むしろ，団体結成という同一方向に向けられた意思より成る合同行為だと主張する声が強い（表1）。組合契約では，①組合員は他に未履行の組合員がいることをもって出資義務の履行を拒絶できず，同時履行の抗弁権の適用がない（667条の2第1項・533条），②危険負担の規定の適用がないため，不可抗力で，ある者の出資義務が履行不能となっても，他の者は，出資義務を拒めない。（667条の2第1項・536条），また，③組合員の債務不履行は契約解除ではなく，脱退，除名や組合解散により処理される（667条の2第2項）など，契約総則の適用が制限されると解されている。合同行為説は，これらの結論を無理なく説明できる利点があるのである。

　組合契約により結成される団体（組合）は，法人格をもたないため，安定した事業の遂行にとって必ずしも適切なものではない。しかし，参加者の主体性を残しつつ，事業を共同して合理的に運営する方法として，また，事業終了後に解散することを予定して特定の共同事業のために一時的に団体を結成するには便利な方法である。そのため，組合契約は，弁護士の共同事務所の形で，また，大型建設請負における共同企業体（最判平10・4・14民集52巻3号813頁）の形などで利用されている。

　(2)　**団体としての組合**　　組合は人の集団である点で，社団法　★★
人と共通する性質を有する。しかし，社団法人では，社員の個々
の人格は団体の内部に埋没し，団体自体が法人格をもって取引主
体として現れるのに対して，組合では，個々の組合員の個性を相
当強く残したまま人的結合体が形成されており，組合が取引主体
のように機能するものの，組合自体は法人格をもたないために
個々の組合員が権利・義務の最終的な帰着点となる（なお，本シリ
ーズⅠ・第2章Ⅵ2(3)参照）。

　団体は，一方で，個々の構成員の人格が団体に埋没して常に団
体として行動する社団型団体と，他方で，人的結合体の中に個々
の構成員の個性を相当強く残している組合型団体とに分けて考え
ることができる。しかし，社会に実在する団体をみると，いずれ
かに整然と分類できるものでなく，社団色の強い団体とか，組合
色の強い団体というように，中間型も多く存在している。したが
って，社団と組合とは連続的なものであって，団体の名称が「組
合」であっても，労働組合・農業協同組合・消費生活協同組合な
どのように特別法により規制され，法人格が与えられている社団
型団体も存在する。また，法人の成立に法律の根拠を必要とする
ため（33条），社団型団体でありながら法人格のない「権利能力
なき社団」も発生するとともに，実質的には組合型団体でありな
がら，法律により「会社」という名称と法人格を与えられた持分
会社（会社575条以下）のようなものも生じるのである。

　したがって，民法の組合の規定が適用される組合は，特別法に
より規制されていない，共同事業のために契約に基づき結成され
た法人格をもたぬ組合型団体ということになる。

　組合は公益・私益，営利・非営利を目的とする共同事業を営む。
「共同の」事業である点から，ある者（営業者）の事業のために組

合員が出資する匿名組合（商 535 条）や他の者の犠牲で一部の者だけが利益を得る組合（他の動物の獲物を独り占めしたイソップ物語の獅子の話に因んで「獅子組合」という）は，民法上の組合と性格を異にする（獅子組合は無効であるが，特定の組合員だけが損失を負担するとしても，利益の分配の約束があるならば，組合契約は有効である〔大判明 44・12・26 民録 17 輯 916 頁〕）。

2　組合の成立

(1)　組合契約による組合の成立　　組合は，2 人以上の当事者（組合員）が出資をして共同事業を営むことを約束する組合契約（667 条 1 項）により成立する。契約の中では，通常，組合の目的，出資・地位の変動など組合員に関わる事項のほか，団体たる組合の運営に関する規約も定められる。

　組合契約では，出資が約束されねばならないが，出資は金銭のみならず労務でもよく（同条 2 項），財産的価値のあるものすべてが対象となる。

(2)　組合契約締結の擬制　　共同鉱業権者間では組合契約をしたものとみなされ（鉱業 43 条 5 項），会社設立の発起人間（発起人組合〔大判大 7・7・10 民録 24 輯 1480 頁〕）でも一種の組合関係が成立するものと解されている。

(3)　一人の組合員についての意思表示の無効等と組合契約への影響　　組合員の一人について制限行為能力や意思表示に瑕疵がある場合であっても，組合と取引した第三者の利益を考え，また，他の組合員の期待を考えると，法律行為に関する規定を単純に適用して意思表示の無効または取消しにより組合契約を無効にすることはできない。そのため，第三者と組合との取引開始の前後を問わず，意思表示の無効・取消し原因のある組合員は，その主張

ができるが，他の組合員の間では組合契約の効力に妨げはない（667条の3）。意思表示の無効・取消し原因のある組合員が既に組合に出資を行っている場合には，出資の返還を請求することができる（121条の2第1項）。

　なお，組合に関する規定（667条の2第1項・2項・667条の3）が契約に関する一般ルールと相違することから，組合を契約ではなく合同行為と解する見解があることについて，上記1(1)参照。

3　組合の業務執行

　(1)　内部的業務　　(ア)　各組合員が業務の決定・執行をする場合　　組合契約で業務を委任された者がいないときには，各組合員が業務執行にあたり，組合の意思決定は頭数の過半数で行う（670条1項）。

　(イ)　委任を受けた業務執行者がいる場合　　組合契約により業務の決定・執行を一部の組合員や第三者に委ねることもできる（670条2項）。業務の決定・執行の委任を受けた者（業務執行者）が複数いる場合には，意思決定はその過半数で行い，各業務執行者が執行する（同条3項）。業務執行者がいる場合でも，組合の業務について，総組合員の同意により決定し，または，総組合員が執行することができる（同条4項）。

　前記(ア)(イ)いずれの場合でも，組合の常務（日常的な軽微な業務）は各組合員または各業務執行者の自主的判断で行えるが，業務完了前に他の組合員または業務執行者が異議を述べたときには，組合員または業務執行者全員の過半数による意思決定を要する（670条5項）。

　組合の業務執行を委任された組合員については，委任に関する644条から650条まで（受任者の権利義務）の規定が準用される

（671条。組合員以外の第三者たる業務執行者〔670条2項〕については，委任の規定が直接に適用される）。委任を受けた組合員たる業務執行者が辞任し，あるいは，これを解任するには「正当な事由」（病気・職務上の非行など）が必要であり，さらに，解任には他の組合員の一致を要する（672条）。なお，委任を受けて業務執行者となった組合員以外の第三者の委任契約の解除による辞任・解任は何時でも可能であるが，解任には組合員全員の一致を要する。

　業務を委任した場合には，業務執行者でない組合員は業務の決定・執行権限を失うが，業務と組合財産の状況を検査する権限はなお保有する（673条）。組合員を保護する規定である。

★★　　(2)　対外的業務（**組合代理**）　　A・B・Cが結成したD組合の事業のためにEの所有地を買うには，Dに法人格がないことからすると，A・B・C全員が共同してEと土地売買契約を締結しなければならなくなる。しかし，組合員の人数が多くなるならば，それは大変な手間であり，合理的でない。したがって，通常は，誰かが他の組合員から代理権を得て法律行為をすることになるが，これを組合代理と呼ぶ。組合代理においては，民法総則の代理の規定が原則的に妥当する。

　(ｱ)　業務執行者を定めていない場合　　各組合員は組合の常務については他の組合員を代理する権限をもつ（670条の2第3項）。常務に属さぬ組合の業務については，各組合員は，組合員の過半数の同意を得て，他の組合員の代理をすることができる（同条1項。なお，たとえば，総員7人の組合員のうち過半数である4名が共同して行為するように，組合員の過半数が共同することでも組合を代理できる〔最判昭35・12・9民集14巻13号2994頁〕）。この要件を満たさないで組合の業務につき代理行為をしたときは，当該組合員は，無権代理の責任（117条）を負うか，当該行為は，権限外の代理行為であ

るので，要件が備われば表見代理（109条・110条）になる。

　(イ)　業務執行者を定めた場合　　業務執行者があるときは，業務執行者だけが対外的な代理権限を有する。複数の業務執行者がいる場合には，各業務執行者は，組合の常務に関しては単独で組合員を代理することができるが，常務に属さぬ組合の業務については，業務執行者の過半数の同意を得たときに限り，組合員を代理することができる（670条の2第2項・3項）。この要件を満たさない業務執行者の代理行為は，無権代理（117条）ないし表見代理（109条・110条）となる（上述(ア)参照）。

　なお，業務執行者は，組合の事業目的の範囲を超えない限り，第三者に対して組合員全員を代表する権限を有し，組合規約で業務執行者の権限を制限しても，その制限は善意・無過失の第三者には対抗できない（最判昭38・5・31民集17巻4号600頁）。

　(ウ)　組合代理と顕名主義　　組合代理をするときには，組合自体に法人格がないために，理論的にいうならば，全組合員の名において法律行為をしなければならないであろう。しかし，判例は，便利を考え，組合名だけの表示や組合名と肩書を付した代表者名の表示でも十分だとしている（最判昭36・7・31民集15巻7号1982頁）。

　(3)　組合と訴訟　　組合員全員が共同して訴訟当事者となることが原則であるが，判例は，代表者の定めのある組合では，組合に訴訟上の当事者能力があると解している（民訴29条参照〔最判昭37・12・18民集16巻12号2422頁〕）。

4　組合の財産関係　　★★★

　(1)　組合財産と合有　　組合は，組合員の出資（667条），未出資者への出資請求権，遅滞にある金銭出資者への利息・損害賠償

請求権（669条）や事業を通して取得した各種の権利義務を組合財産として有する。

　組合財産は，組合自体に法人格がないため，総組合員の共有に属する（668条）。だが，組合の財産が物権法に定める共有のように共有者により持分権が自由に譲渡でき，いつでも分割請求できるものとするならば，組合の共同事業にさしさわりが生じるであろう。それゆえ，組合財産は，個々の組合員の財産関係から切り離された財産，組合の事業のための拘束の下にある財産として扱われることになる（676条参照）。したがって，民法は「共有」と表現しているが，学説の多くは，「合有」と称すべきものだと主張している。

　この「共有」関係に基づいて，組合財産を構成する個々の権利・義務について各組合員の持分が生じると一般的には考えられているが，さらに組合財産全体に対する持分権が認められるかについては争いがある。最近の考え方では，この組合財産全体に対する持分（包括的持分）は組合員たる地位の財産的側面であるとみて，組合員の地位の問題として論じる傾向にある。

　(2)　組合の有する物権的な権利　　組合財産に属する所有権などの物権的な権利は総組合員の「共有」（668条）に属し，各組合員は出資額の割合に応じてその権利の上に持分を有する。しかし，組合財産に属する権利は組合の事業のための財産であるので，各組合員は組合の清算前に分割を求めることはできない（676条3項）。ただし，組合員全員の合意で分割することは可能である（大判大2・6・28民録19輯573頁）。

　A組合の組合員Bが組合財産である甲建物の所有権の持分をCに譲渡したような場合，この処分はB・C間の契約としては有効であるが，Aは，Cの持分取得にもかかわらず，組合の事業の

ために甲建物を自由に使用・収益・処分することができ，また
Aの債権者もその債権に基づき組合財産である甲建物の全価値
について執行することができる。つまり，組合員の持分の処分は
組合および組合と取引のある第三者に対抗できない（676条1項）。
また，組合員の債権者は，組合財産に対する権利行使が禁止され
ているため（677条），組合員Bの債権者Dが組合財産である甲
建物を差し押さえることもできない。

　上記の例で，甲建物をEが不法占拠したようなとき，判例は，
共有に関する252条5項を適用して，各組合員は単独でEに対
して妨害排除を請求することができるという（最判昭33・7・22民
集12巻12号1805頁〔組合財産たる建物に不法な保存登記をした登記名義
人に対する一組合員からの抹消登記請求を認めた事例〕）。

　物権的財産に関する登記では，組合に権利能力がないために組
合名義の登記はできず，組合員の共有名義の登記か，受託者とし
ての代表者名義の登記を行う。

　(3)　組合の債権　　組合の債権も総組合員の「共有」に属する
が，組合の共同目的のために拘束されている。債権の内容が可分
な金銭債権のようなものであっても，持分の割合で分割されて
個々の組合員が単独で請求できるものとはならず（676条2項），
組合代理の方法（前述3(2)）により請求されねばならない。

　このため，第三者Cに対して債務を負っているA組合の組合
員Bは，AのCに対する債権を持分の範囲で自己のCに対する
債務と相殺することはできず（676条2項），また，Bの債権者C
は，Bに対する債権を自働債権としてAに負う自己の債務をB
の持分の範囲で相殺することはできず，組合財産に対するBの
持分を差押えすることはできない（677条）。

　(4)　組合の債務　　たとえば，B・C・Dが2対2対1の損失

分担の約束で A 組合を結成して，E 銀行より事業に必要な 300 万円を借りたとする。この場合，300 万円の債務は，B・C・D 全員に「共有」的に帰属することになり，損失分担割合に応じた各組合員個人の分割債務になることはない。それゆえ，E は，A 組合の組合員 B・C・D の共有する組合財産に対して 300 万円の範囲で権利行使することができる（675 条 1 項）。また，組合員は組合の債務について個人的な責任を負うため，E は，選択により，B・C・D に対して均等割合で 100 万円ずつ権利行使することもできるし，また損失分担割合により B・C 両人に対しては各 120 万円，そして D に対しては 60 万円の範囲で権利行使することもできる（均等割合で権利行使ができるとしたことは，債権者 E を保護するためである）。ただし，E が債権の発生時に組合内部での各組合員の損失分担割合を知っていたときは，E は，その割合で権利行使しなければならない（同条 2 項）。組合の債務は，基本的には組合財産が責任財産となるが，組合員が組合の積極・消極財産を「共有」しているという性質から，各組合員の個人的な責任は免れないのである。

　民法上の組合は，組合員が個人的にも責任を負うが，実質的には組合である合名会社では，組合（会社）財産から弁済を受けられる限りでは，組合員（社員）の個人財産に執行することができない（会社 580 条 1 項）。また，有限責任事業組合（LLP）契約法は，民法の組合の特例として，出資者全員が有限責任である組合の設立を認めている（有限組合 1 条）。

　なお，損失分担が等しい組合員 B・C・D より成る組合 A に対して 300 万円の債権を有する E から B が債権（300 万円）の譲渡を受けた場合でも，300 万円は A の組合財産から弁済されるべきものであるため，B の A に対する債務の持分（負担部分）との

間で混同は生じず，A組合に対して300万円の債権を行使できる（大判昭11・2・25民集15巻281頁）。

　(5)　損益分配　　事業の遂行により利益・損失が生じたときは，組合員に分配する。この損益の分配割合は組合契約で決められるものであるが，利益・損失の分配割合の一方について定められているときは，それは両方に共通の割合と推定され，さらに，まったく定めがないときは，出資の価額に応じて分配する（674条）。共同事業を営むという組合契約の性質から，一部の組合員が利益の分配をまったく受けない旨を組合契約で定めることは，公益事業を目的とする組合を除いて無効であるが，一部の組合員が損失を分担しないことを定めることは有効である（大判明44・12・26民録17輯916頁）。

5　組合員の変動

　(1)　組合員の変動と組合の同一性　　組合が純粋な契約関係であるとすると，新たに組合に加入する者があり，また，組合員の1人が組合から離脱したいと考えるならば，契約当事者の変更をもたらすものであるため，組合契約を一度解消し，新たな契約関係を形成しなければならないことになる。しかし，それでは事業の遂行の点で不都合が生じる。そこで，民法は，団体性に着目して，組合の同一性を維持しつつ，組合への新組合員の加入と組合からの組合員の脱退を認めた。

　(2)　組合員の加入　　組合員全員の同意により，または，組合契約の定めにしたがって，組合は，新組合員に出資をさせて，組合に加入させることができる（677条の2第1項）。

　加入した組合員は，組合財産に対して持分を有し，その結果として既存組合員の持分の割合は減縮する。加入者は，加入前に生

じた組合債務に個人的に弁済する責任を負わない（677条の2第2項）。

（3）　組合員の脱退　　㋐　任意脱退　　組合契約で組合の存続期間を定めなかったとき，または，ある組合員の終身の間組合が存続すべきことを定めたときには，各組合員は，いつでも自らの意思で組合から脱退することができる。ただし，やむを得ない事由（例：組合の事業方針に変更があり，組合員の利益と著しく対立するなど）がある場合でなければ，組合に不利な時期（例：事業経営・経済の状況から組合の目的達成に不利益な時期など）に脱退することは許されない（678条1項）。また，組合の存続期間を定めたときでも，やむを得ない事由があるならば，脱退することができる（同条2項）。やむを得ない事由がある場合には，組合の存続期間の定めの有無にかかわらず，常に任意脱退できるとする678条の規定は強行法規であり，組合員の自由を著しく制約するようなやむを得ない事由があっても任意脱退できない旨を組合契約で定めても，公序良俗に反して無効である（最判平11・2・23民集53巻2号193頁）。

㋑　非任意脱退　　組合は組合員個人の資質や能力に着目し，信頼関係に基づいて結成されたものゆえ，それが失われるようになるならば，本人の意思によらないでも，組合員の脱退が生じる。この脱退事由としては，①組合員の死亡，②破産手続開始決定，③後見開始の審判を受けたこと，および，④除名があげられている（679条）。組合員を除名するには，正当な事由（例：重大な義務の不履行・不正行為など）があって，他の組合員全員の一致がなければならない。除名した組合員に除名の効果を対抗するには，当該組合員に対する通知を要する（680条）。

（4）　脱退の効果　　脱退組合員と残存組合員の間で，財産関係

を清算しなければならない。この清算は，脱退時の組合財産の状況に基づき（脱退時にまだ完了していない事項については完了後に計算することができる），事業の収支がプラスであれば脱退組合員の持分にしたがって相当する財産を払い戻し（現物の払戻しが組合の事業に影響を与えるときは，出資の種類を問わず金銭で払い戻してよい），収支が赤字であるときは，脱退組合員に損失分担の割合にしたがった額を払い込ませることにより行う（681条）。

　脱退組合員は，脱退後の組合の事業には一切責任がないが，脱退までに生じた組合債務については脱退後も個人的責任を負うため（680条の2第1項前段），脱退に際して組合との間で財産関係を清算したにもかかわらず，組合の債権者から権利行使される可能性がある。このため，債権者が全部の弁済を受けない間は，脱退組合員は，組合に担保を提供させ，または組合に対して自己に免責を得させる請求をすることができる（同条1項後段）。組合との間で財産関係を清算して脱退した組合員が脱退前の組合の債権者に対して個人的に債務を弁済したときは，脱退組合員は，組合に対して求償することができる（同条2項）。

　組合員の脱退があっても，組合は同一性を保って存続する。組合員が減ったわけであるから，組合財産に対する残存組合員の持分の割合は当然に増加することになる。

　(5)　組合員の地位の譲渡　　組合契約により認められているとき，また，全組合員の同意があるならば，契約上の地位の譲渡に関する規定（539条の2）にしたがい，組合員の地位を譲渡することも可能である。

6　組合の解散と清算

　(1)　組合の解散　　組合の事業を終了することを解散という。

このことは組合契約の解消でもある。組合契約の解消は解散によるものとされており，通常の契約解除は認められない。

　民法は，解散事由として，①目的たる事業の成功・成功不能の確定，②組合契約で定めた存続期間の満了，③組合契約で定めた解散事由の発生，④総組合員の同意を規定している（682条）。なお，組合員が一人になった場合も，人的結合により共同事業を行う組合の目的を満たさなくなるため，解散事由と解されている。このほか，やむを得ない事由（組合の業務を継続できないような組合員間の不和など）があって，組合員から解散請求があった場合（683条）も解散事由である。解散請求は，組合契約の解除権行使と解されるが，その効果には遡及効がない（684条・620条）。

　(2)　組合の清算　　組合が解散すると，組合財産を整理し，残余財産を分配するために清算手続に入る。したがって，組合は清算の範囲でなお存続することになる。

　清算は清算人が実施する。原則として組合員全員が清算人であるが，清算人を選任してもよい（685条。清算人の職務執行，辞任・解任などについて，686条～688条2項参照）。

　組合の債務を弁済して残余財産が生じれば，出資の価額に応じて各組合員に分配すべきである（688条3項）。

XII　終身定期金

1　終身定期金の意義・法的性質・社会的作用

　終身定期金契約とは，「当事者の一方が，自己，相手方又は第三者の死亡に至るまで，定期に金銭」などを相手方や第三者に給付することを約束するものである（689条）。諾成契約であり，有償（給付を受ける者が反対給付をする場合）であれば，双務契約であ

り，無償であれば，片務契約である。親が事業を受け継がせた子から生涯定期的に一定の生活費を受け取るような約束がその例である。第三者に対する給付を約束した場合には，第三者のためにする契約（537条以下）の適用があり，無償で定期金を給付する場合には，贈与に関する550条以下の適用がある（表1）。

　終身定期金契約は，生涯保障のために親子契約のようなものが社会で多用されるだろうと想定して，規定されたものである（大判昭3・2・17民集7巻76頁は，親が長男に公債および株券を移転し，長男が受け取る利息・配当金を親の生存中は親に交付すると約束した場合に，終身定期金契約の成立を認めた）。しかしながら，この役割は社会保障制度の発展とともに国民年金や厚生年金などの特別法に定められた公的年金制度が担うことになり，終身定期金契約である保険会社の終身年金も契約や約款で細かい定めがされて，民法の規定は現在ではほとんど利用されていない。

2　終身定期金に関する定め

　終身定期金に関しては，定期金の計算（690条），特殊な解除事由（691条），定期金債権の存続の宣告（693条）などの規定がおかれている。

Ⅷ　和　解

1　和解の意義

(1)　和解の意義・法的性質・社会的作用　　商品代金の100万円が未払だとAがBに請求したのに対して，Bが全額を既に返済していると争い，A・B間の話合いの中で，Bが30万円だけ支払うことで紛争に決着をつけたとする。この場合，たとえB

が代金50万円を未払であったことが後に判明しても，互いに譲歩し合ってＡ・Ｂ間で紛争解決の合意に達したのであるから，Ａは，紛争をむし返して，Ｂにさらに20万円を支払えとはいえないであろう。このように，当事者が互いに譲歩して，その間にある紛争を止める約束をすることを和解という（695条）。和解は，諾成契約であり，若干の不利益を相互に負担し合って争いを止める債務を当事者双方が負うので，有償・双務契約である（表1）。

　和解は，紛争を裁判で決着させる費用と時間を省くために便利であって，わが国のように「和」が強調される社会においては，黒白の決着をつけずに互譲の形で紛争を収める手段として，好んで利用される傾向にある。

　(2)　和解と類似の制度　　民法上の和解と類似する制度に，裁判上の和解，調停，仲裁合意がある。

　裁判上の和解は，裁判所における和解であり，これはさらに訴訟上の和解（民訴89条参照）と訴え提起前の和解（即決和解＝民訴275条）に分かれる。また，調停は，民事調停法や家事事件手続法に定められているように，調停委員が仲介して行う和解である。いずれも調書（電子調書）に記載されれば確定判決と同一の効力を有し，強制執行の基礎となる（民訴267条，民調16条，家事268条1項など）。裁判上の和解と調停に法律行為の規定が適用されるかについては争いもあるが，判例は，合意に錯誤があれば無効（現行法の下では取消し）となり（最判昭33・6・14民集12巻9号1492頁は，裁判上の和解につき錯誤無効を認める），また，行為能力の制限を理由に取り消せると解している。

　仲裁合意は，当事者の合意により紛争の解決を第三者たる仲裁人の示す判断に任せることであって，仲裁人の判断に服する形で紛争を止める点で，和解と相違する（仲裁2条1項）。

　なお，近年では，各種の裁判外紛争解決（ADR）機関が設立されて利用されているが，そこでは，裁判外の話し合いの中で紛争解決を図るため，中立・公正な第三者による和解のあっせんが試みられている（裁判外紛争解決3条も参照）。

2　和解の成立

　(1)　争いの存在　　条文上は，当事者間で自由に決着できる権利・義務関係に関する争いの存在が和解の前提として必要であるとしている（695条）。それゆえ，たとえば，認知請求権は法律が非嫡出子に与えた権利であり，当事者間の契約で処分できないため，認知をめぐる争いで金銭を得て認知請求権を放棄することを約することはできない（大判昭6・11・13民集10巻1022頁）。しかし，最近の学説は，当事者が処分できるものであるならば，権利・義務関係に関する厳密な意味での「争い」の存在は不要であるとし，「真実はどうであれ」という意思で互譲し権利・義務関係について安定した確実な法律関係を形成する合意を和解と考えている。

　(2)　当事者の譲歩　　和解の成立のためには，原則的には，当事者間で何らかの不利益を負担し合う互いの譲歩（互譲）がなければならない。しかし，この互譲も広く解してよく，当事者の一方のみが不利益を負担して争いを止めても，なおその者が主観的に法律関係を確定する利益を得たと認めることができるならば，それで十分である。

　(3)　紛争終結の合意　　和解の内容をもって今後の法律関係として確定させ，たとえ真実と相違していたとしても，争いをむし返さないという合意が当事者間で成立しなければならない。

　この合意自体は契約であるので，行為能力や公序良俗に関する規定などの意思表示や法律行為の成立要件・有効要件に関する規

定（5条など。および，90条・95条・96条など）の適用がある（なお，後述3(2)）。

3　和解の効力

(1)　**法律関係の確定効**　たとえば，A・B間の債務をめぐる争いで，Bが30万円支払う和解が成立した場合には，後に債務が50万円あったことが判明しても，Aは紛争をむし返して残りの20万円をBに請求できない。和解には合意された内容に法律関係を確定する効力があるのである（696条）。

★　(2)　**和解と錯誤**　和解による確定効は，紛争停止のために当事者が「真実はどうであれ」という意思で互譲した部分に及ぶ。したがって，この範囲内において，後に当事者の思惑違いが判明しても，錯誤の主張は許されない。しかしながら，当事者が和解の当然の前提としていた事項や全く争いの対象となっていなかった重要な事項に思い違いがあるならば，その部分に関する錯誤を主張して，和解契約を取り消せる（95条1項2号）。たとえば，売掛金債権をめぐる争いで，債権者が仮差押え中の「特選金菊印苺ジャム」150箱で代物弁済する和解を成立させたところ，後にこのジャムが粗悪品であることが判明したような場合には，争いの対象でない和解の前提部分（ジャムの品質）に錯誤があったものとして，債権者は和解契約の取消しを主張できるのである（前掲最判昭33・6・14〔旧法の下では錯誤により無効とされた〕）。

(3)　**不法の和解**　和解の内容が公序良俗（90条）や強行法規（91条）に反するときは，和解は無効である。また，たとえば，賭博による債務の支払のため振り出された小切手の支払について和解が成立したように，公序良俗違反で無効とされる法律関係を基礎として，その債務履行について和解が成立したような場合に

も，原因関係の不法性は和解で払拭されないため，和解は無効となる（最判昭46・4・9民集25巻3号264頁）。

　(4)　**示談と後遺症**　　一方的に権利主張を放棄するものもある　★★
ため，そのすべてを和解とみなせるかについては議論があるものの，事故の補償交渉の際に行われる示談も，一般的には和解であると解される。示談の中では，一定の金銭（示談金）の支払後は被害者は当該事故に関して一切の損害賠償請求権を放棄する旨，あるいは，支払われる金銭以外に当事者間には何らの債権債務がない旨（清算条項）が合意されることが多い。このような合意の及ぶ範囲について，判例は，示談当時予想しえた損害には及ぶが，予想外の後遺症や治療に基づく損害までには及ばないものと解している（最判昭43・3・15民集22巻3号587頁。なお，後述第4章Ⅵ6(2)参照）。

第4章　不法行為

I　序　説

1　不法行為法の意義

(1)　一般第三者間の損害賠償　　サラリーマンＡが，マイカーによる家族旅行からの帰途，不注意で運転を誤ったために通行人Ｂを負傷させ，Ｂが，1ヵ月ほど仕事を休まなければならなくなったとしよう。この場合Ｂは，自己の身体を過失によって侵害する不法行為があったとして，Ａに対して治療費や逸失利益などの損害賠償を請求することができる（709条，自賠3条参照）。

　このように，他人の不法行為によって損害を被った者は相手方に対して損害賠償請求権を取得するが，契約責任が契約という既存の特別の法律関係に基づいて生じるのとは異なり，不法行為法で問題となるのは，Ａ・Ｂのように一般第三者間における損害賠償責任である。ひととひととの社会的接触の緊密化は損害発生の可能性を増大させており，損害賠償責任を通じて社会生活一般の規律をめざす不法行為法の役割はそれだけ大きくなっているといってよい。

(2)　不法行為法の組立て　　(ｱ)　一般の不法行為と特殊の不法行為　　不法行為は，成立要件の規定の仕方によって，一般の不法行為と，特殊の不法行為に分けて考えることができる。

　一般の不法行為とは，過失責任主義を宣明する709条の適用に

よって成立する不法行為
である。これに対して特
別の要件が加わる特殊の
不法行為には，一般の不
法行為と同様民法典第3
編第5章に規定されてい
るもの（714条〜719条）
のほかに，特別法による
ものがある。

フランス・ドイツの一般の不法行為

> フランス民法1382条（現1240条）　いか
> なる行為によるにせよ，フォート（過
> 失）によって他人に損害を与えた者は，
> その損害を賠償する義務を負う．
> ドイツ民法823条1項　故意または過失
> により，他人の生命，身体，健康，自由，
> 所有権，またはその他の権利を違法に侵
> 害した者は，その他人に対し，それによ
> って生じた損害を賠償する義務を負う．
> 　（このルールでは，不法行為の成立はそこに
> 　列挙されている保護法益〔絶対権〕の侵害が
> 　目安となっているが，他方で，加害行為の態
> 　様に着目して保護法規違反〔823条2項〕と
> 　故意のある良俗違反〔826条〕の場合にも，
> 　損害賠償義務が生じるとされている）

★

（ロ）　**統一的不法行為要
件**　（a）　一般の不法行
為をどのように規定するかは立法政策の問題であるが，日本民法
では，709条という基本的なひとつのルールによって不法行為の
要件が律せられていることから，同条は統一的不法行為要件を定
めたものと解されている。

　（b）　沿革的に関連のある外国法の中では，単一ルール主義は
フランス民法（1382条〔現1240条〕）で採用されているが，日本民
法709条の特色は，同法とは異なり，権利（法益）侵害によって
損害が発生したことが要求されていることにある。これに対して，
ドイツ民法では，中心となるルール（823条1項）が他の条項（823
条2項・826条）によって補完されるという多元的な構成がとられ
ている。のちにふれるように，両民法は不法行為法の基本構造を
考えるうえで重要な意義をもっている。

　二つの立法政策のうち，多元的ルールのもとでは，不法行為の
外延が比較的明瞭であるのに対して，基本となる単一ルールには，
社会生活の発展に柔軟に対応しうる長所がある。それは，特別法
（無過失責任立法）のない場合や契約責任が成立しがたい場合にも

救済の門戸を広げることを可能にするが，不法行為が無制約に認められてよいわけではないから，統一的不法行為要件のもとでは，不法行為の成立範囲を画する適切な基準が設定される必要がある。

★★　　**2　基本概念（基本構造）の重要性**

不法行為は，社会生活のあらゆる局面で生じる可能性があるとともに，不法行為訴訟では紛争解決のあり方をめぐって当事者間に激しい価値判断の対立が生じることが少なくない。わが国では，これらの不法行為の多くが一般条項である 709 条を通じて処理されてきたために，多種多様な問題を包摂せざるをえない同条の解釈をめぐって実にさまざまな見解が現れ，不法行為法に対する見方は多岐に分かれている。そこで本章では，まず，不法行為法の基本概念ないし構造についてその考え方を理解することが必要であると考え，それを中心に叙述をすすめることにする。

II　不法行為法の発展

1　責任帰属の原理

(1)　過失責任主義　　(ア)　立法者の選択　　不法行為法の立法において最も重要な課題は，加害者と目されるべき者に損害賠償責任を帰属させる原理（帰責根拠）をどこに求めるかということであるが，民法は，当時の西欧諸国と同じように，19 世紀になって広く近代不法行為法の根幹となるに至った，過失責任主義（709 条）を選択することにした。

過失責任主義には，過失があれば損害は塡補されるという積極面と，過失なければ不法なし（イェーリング）といわれるように，個人の活動に最小限の制約しか加えないという消極面の，両面が

あるが，過失責任主義が選択された経緯からいえば，そこで重きを置かれていたのは後者であった。近代産業がもたらす事故損害の弊害は，わが国でも，立法者において認識されていなかったわけではない。それにもかかわらず，故意・過失の有無を問わず責任を負わされる原因主義では，取引の発達が害されることが懸念された結果，ひとの自由な活動領域を保証する役割を担うものとして過失責任主義が採用されたのである。かつて大阪アルカリ事件として著名な判例（大判大5・12・22民録22輯2474頁）で，硫煙が付近の農作物に被害を与えた場合について，損害を予防するため，化学工業の性質にしたがって相当の設備を施した以上は過失はない，とされたことがあったが，ここには，過失責任主義の意図が当初どこにあったのかが端的に示されているといってよい。

　（イ）　過失責任主義の射程範囲　　過失責任主義は，立法者の構想としては，一般の不法行為だけではなく，民法典の中で特殊の不法行為と呼ばれるものについても広くあてはまるものと理解されていたのであるが，他方で，無過失責任の役割に無関心であったわけではない。通常の生活をしている者を対象とする民法としては，この主義をとらないというだけであって，特別法によってそれを実現することに対しては反対ではない，というのが立法者の基本的な考え方であった。

　しかしながら，わが国では，事故損害の多発にもかかわらず，立法者の念頭にあったようには問題はスムーズに解決されなかったため，一般条項としての709条には，それだけ過大な役割が担わされることになったのであるが，このような事情は不法行為理論の展開を考えるうえで，よく理解しておくべきことがらである。

　（2）　無過失責任主義　　（ア）　損害の合理的配分　　社会生活を営む各人に損害が生じた場合，不法行為法はその損害の公平な負

担をめざす制度であるが，損害塡補の視点から考えると，危険な
事業活動から生じた事故損害のように，過失責任よりも無過失責
任の方が，社会的にみた損害配分という点では適切と考えられる
生活分野がある。

　損害塡補機能の強化は，一般の不法行為における過失概念を操
作的に適用したり，特殊の不法行為を実質的に無過失責任に近づ
けることによってもある程度は可能である。しかし，それにはお
のずと限度があるため，過失責任に代わる帰責原理が必要とされ
るのである。

★　(イ)　**危険責任と報償責任**　　(a)　不法行為法は，一般には過失
責任から無過失責任へと発展してきたといわれている。しかし，
無過失責任という概念それ自体は，過失責任のように積極的な帰
責根拠をあらわすものではなく，むしろ過失がないのに責任を負
わされる諸々の場合の総称と解すべきものとされている（有力説）。
その意味で重要なのは，無過失責任とすべき場合の積極的な根拠を
明らかにすることである。

　無過失責任を基礎づけるものとしては，危険責任と報償責任の
二つの考え方がある。

　危険責任とは，損害発生の可能性の高い危険源を支配する者は，
そこから定型的に生じる結果に対してみずから責任を負うべきで
あるとする帰責原理であるのに対して，報償責任とは，利益を得
る者が損失をも負担すべきであるという考え方に基づく帰責原理
である（最判昭 63・7・1 民集 42 巻 6 号 451 頁参照）。

　危険な活動の増加に伴って危険責任への比重が高まっているが，
その意図を具体的にどのようなかたちで実現するかは，危険源の
タイプに応じた立法政策の問題である（たとえば，わが国で典型的な
危険責任立法と考えられるのは，自賠法 3 条と原子力損害賠償法 3 条である

が，両者は規定の仕方が異なることに注意。なお，製造物責任法など各種の特別法については，Ⅴ6参照）。

　　(b)　過失責任主義ないし無過失責任主義の選択は，いずれが一般的に妥当かという問題ではない。われわれの社会生活には，個人の自由な活動を尊重したうえで損害の公平な負担を図らなければならない場合と，企業活動のように，企業責任を通じて損害の合理的配分をめざすべき場合とが並存していることを考えると，重要なのは，無過失責任主義を過失責任主義と対等の地位に引き上げ，それぞれにふさわしい生活分野を類型化していくことであろう。

　　なお，この問題については，法の経済分析という新しいアプローチから，市場メカニズムを用いて事故の一般的抑止を図るには，過失責任ルールは効率的でないとする見方もあることに注意しておきたい（3(2)参照）。

2　不法行為法の補完と代置

(1)　責任保険　　無過失責任や過失責任の厳格化を通じて損害賠償責任が認められやすくなると，社会的に有用な活動が萎縮するおそれもある。このようなマイナス面をカバーするためには，損害負担のリスクを同種の危険な活動に従事する者の間に広く分散させる制度が講じられればよいわけであるが，この趣旨に沿う法制度として責任保険制度がある。

　　責任保険とは，損害賠償責任を負わなければならなくなった者が，それを理由として保険者から一定の給付を受ける，保険契約の一種である。事故発生の可能性をもつ（潜在的）加害者があらかじめ責任保険契約を締結しておけば，保険金を賠償金の支払にあてることができる。これを社会的にみれば，保険料は，賠償金

図 8　責任保険

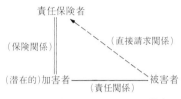

※直接請求権が特別に認められる場合
　がある（自賠16条 1 項参照）。

支払の負担を，同種の責任保険を締結しているすべての者に分担させる役割をはたすことになる（責任の社会化）。

　責任保険は，加害者側に立つ可能性のある者が締結する契約であるという点で，形式的には，あくまでも加害者のための保険であるけれども，加害者の支払能力が確保されることによって実際に利益を受けるのは，被害者側であるから，機能的には，被害者のためにする保険といってよいほどの重要な意義を担うものである（被害者救済）（たとえば，自賠法では責任保険への加入が強制されたり〔5 条〕，保険者に対する被害者の直接請求権が認められる〔16条 1 項〕など，被害者保護のための特別の工夫が講じられている）。このように，責任保険の普及と，その内容の整備は，不法行為法の発展と密接に関連しており，その意味で，責任保険は，不法行為法と表裏の関係にあってこれを補完する制度と位置づけることができる。

　(2)　各種の補償制度　　加害者が責任保険契約を締結していれば，被害者は，自己の損害賠償請求権を実現することがそれだけ容易になるが，加害者に損害賠償責任が認められない場合には，賠償義務の存在を保険金給付事由（保険事故）とする責任保険の性質からして，責任保険にはそもそも出番の機会を与えようがない。そのために，被害者保護の社会的要請がとくに強い分野では，

加害者の責任の有無にかかわらず，被害者の損害を塡補する特別の補償制度を設けるべきであるとの議論が生じる場合がある。

　わが国でも，労災補償制度（労働者災害補償保険法〔昭和 22（1947）年〕）や「公害健康被害の補償等に関する法律」（昭和 48〔1973〕年）など，その数は多くないけれども，特定分野を対象とする個別的補償制度は存在する。しかし，比較法的にみると，ニュージーランドでは，すでに，特定の事故類型とはかかわりなく人身事故一般に対して被害者救済を図る事故補償法（1972 年。1982 年に大改正がなされた）が実現をみ，わが国でも注目されている。

　このような統一的（総合的）補償システムの狙いは，最終的には，被害者救済について，不法行為法との代置を実現することにある。

3　被害者救済システムの形成　　　　　　　　　　　　★★

　(1)　複数の救済源による損害塡補　　被害者補償制度は，従来からとくに人身事故を中心に議論されることが多かった。しかし，この制度の創設をまつまでもなく，現在でも人身事故の被害者は責任保険のほかに，各種の社会保障制度からも一定範囲の救済を受けることができるし，被害者自身が自衛策としてあらかじめ生命保険や傷害保険のような私保険を利用していれば，保険金の給付を通じて被害者の不利益が回復されることになる。このように，不法行為の被害者は，次第に充実することが予想される多くの救済源から各種の給付を受けられるのであって，このような複数の法制度を包摂するシステムをかりに被害者救済システムと呼べば，不法行為法は，その一翼を担う法制度と位置づけることができ，その特色は，被害者と加害者が個別的に対立して損害の塡補が図られるところにある。

被害者救済システムの下では，一つの不法行為をめぐって損害填補の重複が生じるため，その調整という視点から不法行為法の役割をとらえ直すこともこれからの課題とされている（たとえば，労災12条の4参照）。

（2）　不法行為法の目的　　近代法における民刑両責任の分化に伴い，損害填補機能が不法行為法の主要目的とされるに至った。その場合に重要なのは，損害の配分のあり方であり，当事者間では公平な負担が，また社会全体からみれば損害の合理的な配分が実現される必要がある。

制裁的機能ないし，それに関連する事故予防的機能は，不法行為法では，副次的なものと解されている。しかし，近年は，加害行為の抑制を図る意味で制裁的機能を再評価する見解があるほか，より一般的には，不法行為法の目的は，他の法制度（被害者救済システム，刑法，行政法など）との関連で規定されるべきであるとの認識が高まっている。

ちなみに，加害行為の抑止という点では，事故から生じた損害を事故の原因となっている活動に負担させれば費用が高くつく結果，活動が抑止されるのではないか，という理論を不法行為法に応用すべきである，という市場メカニズムにおける費用収益分析に基づく新しいアプローチ（一般的抑止）にも注目する必要があろう。

Ⅲ　一般の不法行為

1　序

Aが，公園でジョギングをしていたところ，自転車に乗っていたBに接触されて負傷し，タクシーで帰宅せざるをえなくな

ったとする。

　一般の不法行為が成立するためには，709 条の法文を分析すると，

　①　Ｂに故意または過失があったこと（2）

　②　Ａの権利または法律上保護される利益が侵害されたこと（3）

　　（以下，「権利」と「法律上保護される利益」の両者を合わせて「被侵害利益」ないし「保護法益」と呼び，「法律上保護される利益」のみを指示するときは「法益」と呼ぶことにする）

　③　Ｂに責任能力があること（712 条・713 条）（6）

　④　Ａに損害が発生し，Ｂの加害行為との間に因果関係があること（損害発生の因果関係）（7）

が要件となるが，賠償請求が認容されるためには，さらに，

　⑤　Ａに生じた損害が，Ｂに賠償させるのが妥当と認められる範囲に含まれていること（賠償範囲の画定）（8）

も必要である。

　このうち，②は直接には侵害の対象，被侵害利益に関する要件であり，平成 16 年改正前の 709 条では権利の侵害のみがあげられていた。ところが，権利が侵害された場合でなければ不法行為の救済が得られないとすると被害者救済の範囲が狭められるおそれがある。

　そのため，法律上保護される利益も被侵害利益として明文化され，被害者の保護が広げられることになった。平成 16 年改正でこのような改正が実現できたのは，709 条の要件について，違法な行為によって損害が生じた場合には，損害賠償責任が生ずるとの考え方があり，通説的地位を占めていたからである（「権利侵害から違法性へ」）。

　このように違法性には被侵害利益の範囲を拡大する側面がある
が，それにとどまらず法律秩序に対する違反として侵害行為の態
様を評価する側面もあることが認められてきた。その一方で，①
の過失においても侵害行為の態様に関わる側面がある。そこで，
違法性と過失の接近ないし混淆というあらたな問題が生じ，違法
性という709条にない要件が必要とされるのかどうか，①と②の
要件をめぐって学説は対立している。これをどう解するかは，不
法行為法の構造にかかわる基本問題であるが，ここでは，ひとま
ず①と②を分けて説明し，そののちにあらためて両者の関係，特
に違法性と過失の関係をまとめて取り上げることにしたい（5）。

　つぎに，不法行為の成立要件全体についていうと，伝統的には
被侵害利益が現に侵害されたことによって損害が発生するまで
（①〜④）が不法行為の成立に関係し，賠償範囲の画定は，不法行
為の効果の問題としてこれと区別するのが通例とされていた。こ
の点について本章では，⑤のように，この問題を不法行為の効果
ではなく，不法行為の成立の問題として説明することにしている
が，それは，賠償範囲の画定も広い意味では，加害者の帰責性に
関係があると考えられるからである。

2　故意・過失

（1）　自己責任の原則　　一般の不法行為では，故意または過失
があれば賠償責任を負わされる（過失責任の原則）が，ここでは，
各人は，自己の行為についてのみ責任を負うのであって，他人の
行為についてまで責任を問われることはないとする原則が，当然
の前提とされている。この原則を，自己責任の原則という。

　不法行為法上，法的評価の対象となる自己の行為があるといえ
るためには，その行為がその者の意識あるふるまい（挙動ないし動

作といってもよい）であることが要求される。そして，Ａが責任無能力者のＢをそそのかして財布を盗ませた場合のように，他人を自己の手足として利用した場合にも，自己の行為と評価され，責任を免れることはできない。

　自己責任を問う前提としてのこの種の行為については，その性質を，目的達成に向けられた「意思に基づく人間の動作」であるとして，人の意思活動に重きを置いて説明する有力説もある（刑法における目的的行為論からの示唆）。

　なお，不作為による不法行為については，のちに4⑴で述べることにする。

　⑵　故意と過失の関係　　一般の不法行為が成立するためには，故意または過失のいずれかが認められればよい。

　故意犯の処罰を原則とする刑法とは異なり，帰責原因の種別をとくに区別する必要はないが，民法では，社会生活で不可避的に生じる損害の公平な負担がめざされているため，不法行為法で主として問題となるのは，過失による不法行為である。

　そこで，故意・過失の帰責原因については，過失による不法行為を中心に説明することにするが，その問題は，実体法上のもの（⑵〜⑹）と，訴訟法上のもの（⑺）に分けることができる。

　このうち，本項（⑵）で取り上げるのは，故意・過失の関係ならびに過失の客観化という現象である。

　㈠　故意・過失の異同　　⒜　故意とは，婚姻関係を破壊する目的で不貞の関係を継続する場合のように，結果発生を認識しながらそれを認容してある行為をしようとする，主観的な意思の態様である。

　結果発生の可能性が認識されているにすぎない場合でも，結果発生が行為者において認容されているのであれば，なお故意が認

められると解されている（未必の故意）。

　(b)　過失も，故意と同じように，行為者の主観的な意思の態様として，結果発生を知るべきであったのに不注意のためそれを知りえないこと，あるいは知りえないままある行為をするという心理状態として説明され，それがかつては通説的理解とされていた。このことは，意思の緊張の欠如に，過失責任の帰責根拠が求められていたことを意味する。

　(c)　このように，故意と過失は，不法行為の主観的要件として同じ性質をもつと解されていたが，つぎに述べる過失の客観化という問題を考慮し，両者の異質性を強調して帰責原因を二元的に理解する説も有力である（故意・過失の実際上の差異や，不法行為法の構造との関係については，5(2)(ウ)，8(4)(エ)など参照）。

★　(イ)　**過失の客観化とその理由**　(a)　判例は，過失について上記のような伝統的理解をふまえた判断をしていたわけではなく，そこで問題にされていたのは主に，損害発生の防止に必要にして十分な注意義務を尽くしたかどうかという，客観的（行為＝注意）義務違反の有無であった。

　過失の重点が，行為者の意思の態様ではなく，行為の態様，すなわち，客観的行為義務違反の問題に転ずることを，過失の客観化という。

　たとえば，前出の「大阪アルカリ事件」（大判大5・12・22民録22輯2474頁。Ⅱ1(1)(ア)参照）では，化学工場からの排出物によって農作物に被害が生じた場合に，相当の設備が施されていたかどうかが問われ，後出の「梅毒輸血事件」（最判昭36・2・16民集15巻2号244頁。Ⅳ2(2)(イ)参照）では，業務の性質に照らし，危険防止のために実験上必要とされる最善の注意義務が要求されているが，そこにいう注意義務が，たんなる意思の態様でないことは明らかである。

(b)　過失が客観化した事情としていくつかの理由が考えられるが，その中で重要なのはつぎの二つである。

第一は，危険な活動や施設からの不可避的な損害発生の可能性に直面する一般市民の立場を考えれば，意思の緊張が欠けていたかどうかではなく，損害防止措置があらかじめ講じられていたかどうかを，問題にすべきである，ということであり，

第二は，訴訟上の理由であるが，内心の心理状態を立証するといっても結局は外部にあらわれた行為態様に基づいて判断せざるをえず，そのことが，間接的ながらも，過失を客観的義務違反ととらえることに影響したのではないか，ということである。

以上のうち，第一の理由は，過失は，そのようにとらえるべきであるとする，いわば不法行為法の発展をふまえたものであるのに対し，第二の理由については，訴訟に伴う立証上の制約が，結果的には，第一の問題に有利に作用したとみることができる。

(3)　**過失概念の意義**　　(ア)　**客観的義務違反**　　過失の客観化　★★
に異論はないとすれば，過失概念に対しては，それをふまえた定義が与えられればよいわけである。これについて学説では結果回避義務違反ないし損害回避義務違反といった言語的表現が用いられているが，これは，結果（損害）回避という注意義務の目的に重点を置いた定義の仕方であり，義務違反の態様を中心に据えるならば，（法的）作為不作為義務違反（有力説）を過失と呼ぶことも可能である。

ただ，ここで注意しなければならないのは，過失の客観化によって，意思の態様という主観的要素が過失概念から排斥されてしまうのかどうかである。この点は，これからの課題ということになる（これを考慮して，過失について一応の定義をしておけば，過失とは，結果発生を回避すべき義務違反を包摂する帰責概念である，といってよいで

あろう）が，のちに述べるように，不法行為理論が転換期にあって，違法性と過失をめぐる学説が対立している現状にかんがみると（5⑴㋑参照），過失概念については，ひとまずその客観化が理解されていればよいわけであるから，本章では，便宜上，そのことを端的に示す客観的（行為＝注意）義務違反を，過失と呼んでおくことにする。

　㋑　過失概念の規範化　　過失＝客観的義務違反は，これを機能的にみれば，過失の内容が心理状態（意思の態様）という事実的なものから，そうあるべきであったのにそのようにしなかったという，規範評価的なものに変質してきたことを意味する。これについて注意しておくべきことが二つある。

　第一は，過失は，加害者個人の責任を積極的に基礎づけるというよりも，行為義務違反の態様を通じて損害の公平な配分を図る手段としての性格が強くなることである。

　第二に，過失の規範化がすすむと，結果回避のためになすべきことがあったはずであるという点で，義務違反の態様としては，作為義務的なものに対する違反が認められやすくなるといってよい。損害発生の危険の増大を考えれば，このことの重要性はおのずと明らかである。

　ちなみに，企業危険に基づくものではないが，闘犬の襲撃によって幼児が死亡した場合に，飼育場所を提供して日頃から飼育に協力していた者について，便益の提供の結果として生じる他人の生命・身体に対する危険の発生を防止すべき高度の注意義務を負っていたとする判例（最判昭57・9・7民集36巻8号1572頁）があるが，ここには，便益の提供といえども損害発生の危険が高い場合には，おのずとそれに対処する方策が講じられるべきことが示されている点で注目される。

　㈡　立法者の見解　　それでは立法者は，過失についてどのように考えていたのであろうか。709条の過失をどう解すべきかは，最終的には権利侵害（平成16年改正前709条）についての検討をまたなければならないけれども，立法過程でまず目にとまるのは，過失について，「為スベキコトヲ為サヌトカ或ハ為シ得ベカラザル事ヲ為ストカ又ハ為スベキ事ヲ為スニ当ツテ其方法ガ当ヲ得ナイトカサウ云フヤウナ風ノ場合ヲ総テ過失ト致シマシタ」（法典調査会民法議事速記録〔商事法務版〕）と述べられている（フランス民法や旧民法につながる考え方）ことである。これをそのまま素直に読めば，内心の心理状態ではなく，客観的な行為義務違反の態様が問題とされていると解することができ（通説），これをふまえると，判例・学説の動向は，立法者がすでに考えていた過失の理解を，その方向にそって発展させたものにすぎないともいえる。

　ただ，法典調査会では，他方で，これと一見矛盾するかのように，不法行為において，「其行為ノ基トナリマスル意思ノ有様ト云フモノハ積極的ニ消極的ニ故意又ハ過失デナケラネバ行カヌ」（同速記録）と述べられている箇所があるため，旧民法にはなかった権利侵害の要件（不法行為の客観的要件）が平成16年改正前709条に取り込まれたことによって，過失は，それとの対比において主観的な意思の態様として理解されていた，とする見方が一部にはある（ドイツ民法につながる考え方）。こちらが立法者の見解に近いと考えれば，過失の客観化は，過失の意味内容が変わってきたという点において，過失の変質をあらわすことになるであろう。この考え方をとっても，過失の義務違反的側面の重要性は認めざるをえないのであるが，過失の客観化が，このように，過失の変質ととらえられる場合には，それによって，過失の意思的側面が払拭されることになるのかどうかという問題が，残されることに

なるわけである。

　(4)　過失の法的構成　　(ア)　結果回避義務違反と予見可能性

　過失における客観的義務違反は，前述のように，結果回避義務違反ととらえることができるが，過失の有無は，この結果回避義務違反のみで判断されるわけではない。

　結果発生について予見可能性がなければ，当事者には，具体的状況において講ずべき回避義務の内容がわからず，またそれを要求するのも妥当とはいえないから，過失ありとされるためには，予見可能性のあることが当然の前提とされている（通説・東京地判昭53・8・3判時899号48頁〔東京スモン判決，とくに289頁〕参照）。つまり，予見可能性があるにもかかわらず適切な措置を講じなかったがゆえに損害賠償責任を課すのが，過失責任の特徴である。

★★　(イ)　**過失の構成と被害者救済**　　(a)　結果回避義務違反説は，このように，予見可能性プラス結果回避義務違反を過失とみているが，過失に対する規範的理解がすすむと，予見可能性についても，そこに予見義務というものを想定する余地が生ずる。たとえば，予見義務を尽くせば予見可能性があったと評価してよい場合や，損害発生の危険性を予見すべき調査義務ないし予見義務に対する違反がそれ自体として問責されてよい場合は，少なくないはずである。

　そこで，過失の構成においても予見義務を取り込むことが考えられるが，そうすると，予見可能性の問題は，そこに包摂され，過失も，端的に，このような予見義務を含む（広義の）結果回避義務違反と解してよいことになろう。

　なお，日本不法行為法リステイトメント709条（これについては，巻末「参考文献」参照）では，過失についての従来の議論が，「行為をする者が，その種類の行為をする者に通常期待される予見の義

務又は結果回避の義務に違反したことにより，法律上保護される
べき他人の利益を侵害した場合には，その損害を賠償する責任を
負う」という形で結実しており，これも参考にすることができよ
う。

　(b)　過失については，結果回避義務違反説とは対立する形で，
予見可能性があれば過失を認めてよいとする考え方（予見可能性
説）が一部にはある。これは，心理状態説では，過失は，結果発
生を知るべきであったのに不注意のためにそれを知りえない心理
状態として，予見可能性が中心に据えられていた点に着目し，心
理状態という枠をはずしたうえで，その趣旨を拡大した構成とい
える（大阪アルカリ事件＝大判大5・12・22民録22輯2474頁の原審・大
阪控訴院の立場）。この考え方をとれば，帰責根拠もはっきりして
いるため，企業責任の追及は容易になり，被害者救済の範囲は広
がるかもしれない。

　しかし，予見可能性説は，損害の公平な負担という点からみて，
過失責任一般に妥当する考え方とはいいがたいうえ，これらの問
題はすでに述べたことからわかるように，結果回避義務違反説の
下でも十分に考慮できることがらである。したがって，結果回避
義務違反説と予見可能性説とは，いずれをとるかという二者択一
の問題ではなく，心理状態説ないし予見可能性説の意図は，どの
範囲までいかしうるかという，結果回避義務違反説における斟酌
のあり方の問題として受け止めるべきものである。

　(c)　ここで，過失の法的構成と被害者救済の関係を考える素
材として，予見可能性ないし予見義務に重きが置かれ，その点で
特徴的な判決例をあげておくことにする。

　(ⅰ)　新潟水俣病事件として有名な新潟地裁昭和46年9月29
日判決（下民集22巻9＝10号別冊1頁）では，化学企業には安全管

理義務があり製造工程から生ずる排水を一般の河川等に放出して処理しようとする場合には，最高の分析検知の技術を用いて調査して（予見義務）万全の措置をとるべきであるとする。それにつづいて結果回避のための具体的方法にふれているが，それについて，最高技術の設備をもってしてもなお人の生命，身体に危害が及ぶおそれがあるような場合には，企業の操業短縮はもちろん操業停止までが要請されることもあると解されているのが注目される。ここには，結果回避義務を尽くす方法を限定し，それを通じて，実質的には，予見義務違反（予見可能性）のみに基づいて過失が認められてよい場合のあることが，示唆されているわけである。

　(ii)　さらに興味ぶかいのは，カネミ油症事件の一審判決である福岡地裁昭和52年10月5日判決（判時866号21頁）で述べられている，食品製造業者の注意義務に関するつぎのような考え方である。すなわち，ここでは，「食品の出荷以前に生じまたは存在した原因によって，食品に人の生命，健康を害する瑕疵（欠陥）が生じ，その瑕疵（欠陥）ある食品を摂取したことによって人の生命，身体に被害が及んだ場合には，それだけで瑕疵（欠陥）ある食品を製造，販売した者の過失が事実上強く推定され，そのような瑕疵（欠陥）の発生または存在が食品製造業者に要求される高度なかつ厳格な注意義務〔予見義務〕を尽しても，全く予見し得なかったことが主張，立証されない限り，右推定は覆えらないものというべきである」として，予見義務に焦点をあてた過失の推定にふれたうえ，すすんで，この推定は，瑕疵発生の防止措置が存在しないことによっても左右されるものではない，とまで論じられているのである。

★　**(5)　過失の基準**　　(ｱ)　抽象的過失と具体的過失　　(a)　過失は，だれを基準とするかによって，具体的過失と，抽象的過失と

に分けられる。

具体的過失とは，損害を惹起した加害者の個人的能力を基準とするもの（659条・827条参照）であるが，709条の「過失」は，それとは違って，当該加害者が属する職業，地位，立場などにふさわしい一般標準人ないし合理人としての注意義務，すなわち，「善良な管理者の注意」（400条，善管注意義務）を怠ることであり，これは抽象的過失と呼ばれる。

抽象的過失は，過失の基準を，具体的個人を離れて抽象的，一般的にとらえている点において，内心的な意思の態様を直接に問題とする過失＝心理状態説からは説明しがたく，その意味で，抽象的過失は，過失の客観化によく符合する考え方であるといってよい。

過失の基準を被害者の立場から考えれば，他人が，標準的な注意を払っているものと信頼しえてはじめて，安心して社会生活を営むことができる。抽象的過失の中には，このような被害者の信頼は保護されてしかるべきであるという契機が含まれているとして，そこに，故意による不法行為とは基礎を異にする，過失責任に固有の帰責根拠があると考える見解（信頼責任説）もある。

（b）　つぎに，過失は，注意義務違反の程度によって，軽過失と重過失（重大な過失）に分けることができる。重過失とは，わずかな注意さえ払えば結果発生を容易に予見ないし回避しえたにもかかわらず漫然と見すごした（最判昭32・7・9民集11巻7号1203頁参照）というように，注意義務を怠った程度が著しく，とくに非難に値する場合をいう。

なお，失火者は，特別法により，重過失がある場合にかぎって賠償責任を負うことになっている（後掲Ⅴ6⑶参照）。

（イ）　信頼の原則と注意義務の配分　　（a）　道路交通のように，

加害者側と被害者側の両者がともに自動車の運転という同種の危険な活動に従事している場合には，同じ交通関与者として，双方に標準的な注意義務を課す（注意義務の配分）ほうが，道路交通は円滑にすすむであろう。そこで，たまたま加害者になった者も，相手方が標準的な運転者としての注意義務を遵守しているものと信頼して自動車を運転していたのであれば，相手方に損害を与えたとしても，交通法規を守っていた加害運転者を免責させてよい場合が生ずる。この考え方を，信頼の原則という。

　信頼の原則は，もともとは，ドイツの交通事情を背景として生まれたものであるが，わが国でも採用されている。たとえば，赤信号無視の車両に対する注意義務について，最高裁昭和 52 年 2 月 18 日判決（交民集 10 巻 1 号 1 頁）によれば，「信号機の表示する信号によって交通整理が行われている交差点を通過する車両は，互いにその信号に従わなければならないのであるから，このような交差点を直進する車両の運転者は，たとえそれが深夜であっても，特別の事情のない限り，信号を無視して交差点に進入してくる車両のありうることまでも予想して，交差点の手前で停止できるように減速し，左右の安全を確認すべき注意義務を負うものでない」（なお，先例として，最判昭 43・7・25 判時 530 号 37 頁参照）とされている。

　　(b)　社会的接触の緊密化を考えれば，信頼の原則に含まれる注意義務の配分という考え方は，交通事故に限定される必要はない。しかし，信頼の原則は，加害者の免責に作用することになる（被害者は損害賠償を請求できない）ので，それに代わる社会的価値（たとえば，道路交通の円滑化）との衡量を避けることはできず，その利益衡量を通じて，妥当な適用範囲を画することが必要である。

　　(ウ)　取締法規違反と過失　　行政上の取締法規では，行政目的

を達成するため，一定の行為に対し，作為（命令）ないし不作為（禁止）義務が定型的に規定されている（たとえば，食品衛生法や医薬品医療機器等法で業者に要求される安全確保義務）。過失は，客観的な行為義務違反であるから，そこで要求される結果回避義務と取締法規上の作為・不作為義務との間には，同質性があり，両者の関係が問題となる。

　これについては，行政法規では通常，具体的状況において結果回避のために必要な措置のすべてが規定されているわけではないから，法規違反が過失となるかどうかを判断するさいには，まず，その法規の趣旨，内容の具体性の程度について検討すべきものとされている。したがって，行政法規を遵守していさえすれば過失を認める余地はない，ということはできないけれども，反対に，この種の法規では，行政上の目的からその内容が一般的になりがちであるとはいえ，結果回避義務が定型的に定められているので，法規違反があれば，いちおう過失があるものと推定してよい，と解されている（通説）。

　(6) 過失を判断するファクター　**㋐ 損害惹起の危険性と被**　★★
侵害利益の重大さ　　過失が，意思の緊張の欠如した心理状態を意味するにすぎないのであれば，過失ありとするためには，そのような事実が証明されればよいのであって，過失を判断するファクターをとくに問題にしなくてよいはずである。しかし，過失概念が，客観的（行為＝注意）義務違反として，規範的性格を帯びてくると，過失の前提にある結果回避義務について，その設定に関連するファクターを，あらかじめ抽出しておく必要が生じる。

　結果回避義務の範囲や程度を決める主要なファクターとして，従来から異論なくあげられているのは，①加害者の支配下にある行為に内在する損害惹起の危険性の大きさ（たとえば，医療行為で

はこの危険性が大きい。一般的には，自動車など交通機関の運行のように，行為それ自体に危険性が含まれているものとか，適当な措置を講じなかったために，損害惹起の危険性が高まるものとか，類型的に場合を分けて考える必要がある）と，②被侵害利益の重大さ，である。

　(イ)　社会的に有用な行為に対する評価　　(a)　損害を惹起した行為の中には，たまたまそのような結果を招いたけれども，それ自体としては，社会的に有用な行為であるという場合がある。そこで，損害惹起の危険性が大きいにもかかわらず，あえてそのような行為がなされる理由，つまり，当該行為に含まれている社会的価値が，過失判断においてどのように評価されるべきか，という問題が生じる（たとえば，名誉毀損のケースでは，表現の自由との衡量が不可欠である）。

　過失の有無は，個々のケースの諸々の特殊性をふまえて判断されるために，このようなファクターも暗黙裡に考慮されていたと考えられるが，①・②に加えて，このファクター（結果回避義務を課せられることによって犠牲にされる利益〔③〕）が明示される場合が多くなっている。これについては，③のファクターは，より高度の価値判断を伴うものとして，①と②の関係から結果回避義務があると判断される場合でも，③の価値がそれよりも大であれば，過失は認められないこともあるというように，ファクター相互間の定式化を図る試みもあることに注意したい。

　(b)　実際には，過失の有無は，①・②・③を中心とした諸事情の総合的な利益衡量に委ねられると解されるが，社会的に有用な行為のファクターを取り込むことに対する批判（被害者保護が薄くなるおそれはないか）に応えるためには，利益衡量が行われるさいの統一的指針が与えられることが望ましい。

　この点で，一応の目安にしてよいと思われるのは，709 条では，

損害の発生に加えて権利または法律上保護される利益の侵害があった場合というように，侵害の対象が明記されていることである。

　被侵害利益について立法者の念頭にあったのは，不法行為の成立に対する歯止めとしての役割であった。旧規定で選択されたのは権利の概念であったが，判例による法形成を明文化して法律上保護される利益が付加されることになったのである。損害の発生だけでなく侵害の対象が独立の要件とされていることは，権利ないし法律上保護される利益はその侵害に対してどのように保護されるべきか，つまり，被侵害利益の保護のあり方を問う問題がそれ自体重要であることを示唆していると解することもでき，そうすると前述の三つのファクターの中でまずあげられるべきものは，被侵害利益の重大さ（②），ということになる。

　(7)　故意・過失の立証　　(ア)　立証責任の負担者　　不法行為では，契約責任とは異なり，被害者は，特定の社会関係がなくても709条の要件が満たされてさえいれば，加害者に対し損害賠償を請求することができる。そのため，故意・過失の立証責任は，他の権利侵害や損害の発生（因果関係）の要件と同じように，特例がなければ，自己の権利を主張する被害者が負担すべきものとされている。

　(イ)　過失の一応の推定　　しかし，この原則を貫けば，立証に失敗した被害者は，常に敗訴の危険を負わされることになるので，被害者としては，経験則上なんらかの過失があることを推測させるような状況事実を証明すれば，それで一応の証明がなされたものとして扱い，被害者の負担が軽減される場合がある。これは，過失の事実上の推定ないし一応の推定と呼ばれ，それが働くと，加害者のほうから，そこに疑問をはさむのがもっともと思われるほどの反証がなされなければ過失が認定される。この方法は，経

験則に基づいているため，それが認められる場合でなければ適用できないが，医療過誤のような高度の専門的技術にかかわる人身事故では，被害者救済にとってその意義は大きい（最判昭51・9・30民集30巻8号816頁参照）。

なお，過失は，客観的義務違反をあらわす規範的概念であるから，危険な活動の性質に対応して厳しい結果回避義務が設定されたり，予見義務ないし予見可能性に重きが置かれるような操作がなされると，実体法上も，過失が認められやすくなることに注意しなければならない。

　(ウ)　立証責任の転換　　被害者救済を図る最善の方法は，過失の立証責任を立法によって加害者側に転換させることである（714条・715条参照）。

これについてリステイトメントでは，業務上の過失によって生じた人身損害について，「人の生命又は身体に損害を及ぼすおそれのある業務に従事する者がその業務を行うにつき他人の生命又は身体に損害を加えたときは，その損害を賠償する責任を負う。ただし，その者が業務上の義務を尽したときは，この限りでない」（リステイトメント709条の2）として，709条の原則を修正する提案がなされており，注目される。

3　権利（法益）侵害ないし違法性

　(1)　被侵害利益の意義　　(ア)　法文上の要件　　故意・過失は，過失責任主義の帰責原因として，また損害の発生は，不法行為法が損害賠償法であることの当然の帰結として，いずれも不可欠の要件であり，これらの要件が充足されていれば，それだけで，一般の不法行為の成立を認めることは，理論的には可能である（フランス民法1382条〔現1240条〕参照）。しかし，わが国では，不法行

為の結果をあらわすのに損害の発生のみに着目するのであれば境がなくなって不法行為の成立が広がりすぎることを懸念して，侵害の対象を明記するという方法を採用した。709条（平成16年改正前）の権利の侵害がこれにあたるが，平成16年改正後の条文では文言が改正され，被侵害利益として権利または法律上保護される利益が併記されることになった。これは判例準則を明文化したものにすぎず実質的な変更はないものとされるが，旧規定下において侵害の対象が拡大される過程で，それを基礎づけるために解釈上709条にはない違法性という概念が導入された。新規定における権利または法律上保護される利益の侵害の意義を明らかにするためにはその経緯を理解しておくことが必要である。

　(イ)　権利侵害から違法性へ　　(a)　不法行為の成立要件として侵害の対象を明記することは，その保護法益を侵害しない以上，不法行為上サンクションを課されることはないことを意味する。旧規定における「権利侵害」には加害者側の活動の自由の保障が含意されていたのであるが，被害者側からみると被害者の権利を保護するとの権利保護のメッセージも取り込まれていたと読むこともできる。

　この旧規定下における権利侵害は，立法者においてはもともと財産権だけではなく人格的利益も含まれ，かなり広く解されるべきものであった。しかし，この要件が，ドイツ民法に典型的にあらわされているように（ドイツ民法823条1項では，いわゆる絶対権が列挙されている），権利の概念に即して厳格に理解されると，権利侵害の要件はおのずと限定的に作用し，保護の範囲が不当に縮限されるおそれが生じる。なぜなら，社会的接触の多様化に伴って，不法行為法で保護されねばならない利益の範囲はますます拡大されると考えられるのに対して，709条は統一的不法行為要件を体

現するものであるため，わが国では，一般の不法行為については，このルールによるしか保護の手段はないからである。

　たとえば，かつて判例（大判大3・7・4刑録20輯1360頁〔雲右衛門浪曲レコード事件〕）では，浪曲のレコードが権限なくして複製販売されたケースについて，浪曲には著作権がないから「権利侵害」にはあたらないとして，損害賠償請求が認められなかったことがある。しかし，このように断ぜられては，当事者ならずとも，不法行為法に対していかにも奇異な法感情を抱いたであろうことは想像に難くない。

　(b)　権利侵害には，このような不当な解釈が生まれる余地が内在しているために，この要件が709条に付加された事情をふまえつつ，709条を通じて保護される利益は広い範囲にわたるものであることを積極的に基礎づけることが必要とされたのである。

　旧規定下で不法行為上の保護の拡大の道を拓いたのは，大審院大正14年11月28日判決（民集4巻670頁〔大学湯事件〕）である。

　この事件では「大学湯」という湯屋業の老舗も売買や贈与などの取引行為の対象となる以上，法規違反の行為で売却が妨げられれば得べかりし利益が侵害されたことになり，不法行為が成立すると判断された。この結論を導くにあたって，問題とされたのは709条における侵害の対象，すなわち権利侵害の意義である。判旨によると，侵害の対象は所有権，地上権，債権，無体財産権，名誉権など「一ノ具体的権利」であることもあり，あるいはこれと「同一程度ノ厳密ナル意味ニ於テハ未タ目スルニ権利ヲ以テスヘカラサル」ものも「法律上保護セラルル一ノ利益」であることもある。すなわち，「吾人ノ法律観念上其ノ侵害ニ対シ不法行為ニ基ク救済ヲ与フルコトヲ必要トスト思惟スル一ノ利益」も「権利」侵害の対象となるのである。

このように大学湯事件では侵害の対象に焦点をあて権利侵害を広く解したのであるが，この拡大を理論的に基礎づけるべく提唱されたのが，違法性概念による基礎づけ，すなわち権利侵害そのものの要件を違法性という法文にない概念に代えるべきであるとする違法性理論（「権利侵害から違法性へ」）である。

この理論に指導的役割をはたした学説（末川博・権利侵害論〔1930年〕）によると，不法行為では法規範への違反が問題なのであって，権利侵害はあくまでも行為が違法なことを示す一つの徴表にすぎない。違法な行為がなされたのかどうかが決定的なのであって，権利侵害がなければ不法行為は成立しないというわけではないのである（権利というものは，許容的法規によって保護された利益が帰属者において主観的にとらえられたもの〔たとえば，所有権においては，法令の制限内ではあるが，その所有物を自由に使用，収益，処分することが許容されている。206条参照〕と考えれば，権利侵害は，この法規違反を意味するにすぎないことになる）。

このように違法性理論を採用すると，不法行為法上の保護は，権利侵害という法文上の限定的な要件に拘束される必要はなくなるが，違法性理論では法規範に対する違反，法律秩序に対する違反が問題とされるのであるから，そこには被侵害利益の拡大では尽くしえない侵害行為の態様に対する評価（違法な行為）が加わっていることに注意を要する。

(ｱ)　**違法性説と権利拡大説**　　ところで，不法行為法上の保護★を広げるためには，違法性理論を受容することしか方法がなかったわけではない。権利侵害が要件とされていた規定の下においても権利の概念を拡大的に解釈する（「権利」の種別を増やす）ことによって，ほぼ同様の目的を達成することが可能であったはずである（権利拡大説。なお，大学湯事件においても「権利ト云フカ如キ名辞ハ其

ノ用法ノ精疎広狭固ヨリ一ナラス各規定ノ本旨ニ鑑テ以テ之ヲ解スルニ非サ
ルヨリハ争テカ其ノ真意ニ中ツルヲ得ンヤ」とされていることが興味深い）。

　これは，法文にも忠実で，人格権のような新しい権利概念の法
認にも適しているが，ただ，権利概念を通じてしか議論がなしえ
ないとすると，この概念の性質上，ものごとの処理が固定化しや
すいのではないかとの懸念もある。これに対して，違法性説の特
色は，権利拡大説のように権利概念にとらわれることなく，違法
性という条文にない概念を用いて，弾力的な解決を図ろうとした
ことにある（ドイツ民法823条1項と対比すれば，わが国では，違法性概
念が意図的に導入されたことがわかるであろう）が，このことは，不法
行為法の構造に対しさまざまの見方があらわれたことと深くかか
わっているのである。

　(3)　違法性の判断基準　　(ア)　二つの考え方　　違法性の判断
基準には，被侵害利益の保護のあり方について，基本的には，二
つの考え方がある。第一は，権利侵害を違法性の徴表とみるもの
であり，第二は，違法性の有無は，被侵害利益の種類，性質と，
侵害行為の態様とを相関関係的に衡量して判断すべきものとする
考え方である。後者は，相関関係説と呼ばれ，違法性の判断基準
に関する通説の到達点とされている。

　前者は，先に述べた違法性説を理論的に基礎づけた学説から読
み取れるものにすぎず，後者のように，違法性の判断基準一般が
提示されているわけではないが，権利侵害を違法性の徴表とする
ことは，被侵害利益の中にその利益の性質ゆえにとくに保護に値
するものがあることが示唆されているとみることもでき，その点
に特色がある考え方である。

★　　(イ)　**伝統的通説（相関関係説）の確立**　　(a)　相関関係説とは，
違法性の判断において，被侵害利益の種類，性質と侵害行為の態

様とが相関的な関係にあるものと考え，それに基づく比較衡量の
あり方を定型的な枠組みとして提示したものである（この説は，我
妻栄・事務管理・不当利得・不法行為（新法学全集）〔1937年〕にはじまる）。
それによると，他人の行為によって侵害される利益には，法的保
護に値する程度に差異があり（たとえば，所有権は，最も強固な利益
の一つ），他方では，侵害行為の不法性（悪性ないし非難性）にも大
小がある。そして，被侵害利益が弱くても加害行為の悪性が大き
ければ，その侵害行為には違法性があると判断されることになる。

　そのさい，侵害行為の態様として考えられていたのは，刑罰法
規違反の行為，取締法規違反の行為，公序良俗違反の行為，ない
しその変形としての権利の濫用（日照利益の保護に関する，最判昭
47・6・27民集26巻5号1067頁，および景観利益の保護に関する，最判平
18・3・30民集60巻3号948頁参照）である。

　(b)　相関関係説がめざしているのは，被侵害利益の保護を侵
害行為の態様との関係で相関的にとらえる一種の利益衡量論であ
り，相関関係説を通じて不法行為法は，その基本の構造において，
きわめて柔軟な性格を与えられることになった。これに対して，
権利侵害が違法性の徴表と解される場合には，そのかぎりで，利
益衡量的判断はひとまず排斥されていることになるわけである。

　(ウ)　相関関係説の問題点　　相関関係説の特色は，侵害行為の
態様を，違法性を判断するファクターとして積極的に取り入れた
ことにある。それによって，弱い利益でも，侵害行為の悪性が強
ければ保護しうることになったが，この説は違法性と過失の峻別
を前提に（この点については後述5参照），違法性の判断基準として
提唱されたものであるため，違法性と過失の融合が指摘されるよ
うになったのちは，理論的には問題もあることがわかってきた。
すなわち，

　第一に，相関関係説では，侵害行為の態様として，前述のように，刑罰法規違反の行為や取締法規違反の行為があげられている。しかし，前者は故意に（刑法では，原則として故意犯が処罰される），後者は過失に（(2)(5)(ウ)参照）それぞれ関連し，違法性のレベルであらためて取り上げるべき問題ではないのではないか，との指摘がある。

　第二は，過失の客観化に関係することであるが，過失が，心理状態ではなく客観的（行為＝注意）義務違反であるとすると，それも一種の侵害行為の態様ではないかとの考えが生じる。そうすると，これも違法性の問題として扱ってよいことになるが，相関関係説では，この点はとくに考慮されていない。これは，違法性と過失との混淆ないし融合といわれる問題であり，直接には，相関関係説に対する批判となっているが，ここではその枠を越えて，違法性を過失と区別する（通説）こと自体が問われているといってもよいであろう。

　(エ)　相関関係的衡量の浸透　　このように，伝統的通説に対しては，相関関係というなじみやすい判断枠組みにもかかわらず，その見直しが必要とされることについては，ほとんど異論は見当たらない。そのための作業をすることは，相関関係説の基礎にある違法性理論そのもの，の再検討につながらざるをえないが，これは，不法行為法の再構成にかかわる問題でもある。そこで，これについては，のちに独立して取り上げることにし(5)，ここでは，「権利侵害から違法性へ」のテーゼの下に結実した通説の成果を，ひとまず，確認しておくことにしよう。すなわち，相関関係説そのものに対して否定的判断がなされるとしても，問題処理の手法としての相関関係的衡量はむしろ浸透しているのではないか，ということである。

　まず，709条の「権利侵害」の要件について通説は，これを違法性に代えるべきであると主張したが，はじめに述べておいたように，それによって，709条で保護される対象は，法的に保護に値する利益であればよいとすることに理論的な基礎づけが与えられたこと，つぎに，相関関係説を通じて，侵害行為の態様が，不法行為責任の判断にとって重要なファクターになる場合があることが示唆されたこと（たとえば，氏名権の保護に関する，最判昭63・2・16民集42巻2号27頁参照），さらに，相関関係説は柔軟な枠組みであるために，多様なファクターの斟酌が必要とされる生活分野では，不法行為責任の成否が主に違法性の観点から判断される場合が少なくない（たとえば，生活妨害＝公害における受忍限度論。これについては，のちにⅣ4でふれる），ということである。

　(4)　現行709条の意義　　**(ア)　平成16年改正の趣旨**　　不法行 ★★
為法上その侵害に対して救済があたえられる対象は，旧規定では「権利」とのみ規定されていたところ，現行法では「権利」のほかに「法律上保護される利益」が加わった（以下，両者を合わせて呼ぶときは「保護法益」，区別するときは「法律上保護される利益」を「法益」とする）。判例による法形成，学説による法発展により確立した解釈を条文において明示したものとされている。

　「法律上保護される利益」という概念は「大学湯事件」で使用されたものであり，これにより保護法益の拡大が図られ，違法性説を通じて理論的基盤が確立された経緯に照らせば，判例準則を条文に反映させたものにすぎないとの理解はそのとおりであろう。したがって，権利侵害ないし違法性をめぐる従来の議論は新規定下においてもそのままあてはまることになるが，判例準則を法文化する場合，現行709条のように侵害対象を併記することが唯一の選択肢であるわけではない。

　不法行為法リステイトメント709条では「法律上保護されるべき他人の利益」として侵害対象が統一されており，判例準則の条文化としてはこちらのほうが一般条項としての709条の趣旨にかなうともいえるからである。不法行為法が最終的で包括的な救済規範であることを考えると，改正規定において709条の保護法益が二つの法概念により明示されたことが逆に不法行為上の保護の制約にならないよう柔軟に解釈される必要がある。

　「法律上保護される利益」とは，広く「吾人ノ法律観念上」不法行為上の救済が必要とされる利益（前出大学湯事件参照），すなわち法律秩序への違反を理由としてその侵害にたいしてサンクションが課されるべきと判断される利益であり（法的保護に値する利益〔最判平6・2・8民集48巻2号149頁参照〕），個別の法律に具体的に定められる利益に限られるわけではない。本条が統一的不法行為要件であることを考えると，「法律上保護されるべき利益」の意味に解して事態適合的な対応が求められる場合もあろう。そのように対応することが，709条の権利侵害（平成16年改正前）をどう解するかは709条それ自体の解釈問題であるとして，不法行為法を開かれたものとした大学湯事件のメッセージに沿うことになると考えられる。

　(イ)　改正規定の展望　　709条の改正の趣旨は以上につきるが，被侵害利益の把握に焦点が絞られたことが新たな動きを生じさせる可能性もある。

　不法行為の成立において，被侵害利益と行為態様との相関的な衡量が問題とされる場合には，柔軟な解釈が可能となるが，その反面で，被侵害利益のもつ構成要件上の独立性が損なわれるおそれもある。この点，改正規定では被侵害利益に焦点があてられたとされるが，侵害の対象として二つの概念が併用されたことは，

被侵害利益を独立の要件として受け止め，重視したものと理解することもできよう。もっとも，被侵害利益の表記に関するこのような扱いは，なにゆえに二つの法概念が区別されているのか，違法性の判断基準に違いがあるのではないかとの，実質的な問題に発展する可能性がある。

　違法性の判断基準については，既述のように大きくは二つの考え方がある（(3)(ア)参照）。「権利侵害」を違法性の徴表とみる考え方（違法性徴表説）と，違法性は被侵害利益と行為態様との相関的な衡量に委ねられるとする考え方（相関関係説）である。支配的であったのは後者の判断枠組みであるが，前者では，「権利侵害」とそれ以外の法益侵害とでは違法判断において違いがあることが前提とされている。保護法益を二つの概念で包摂する改正規定は前者の系譜に親和的であるということもでき，不法行為の構造の転換を促す議論がはじまる可能性もある。

　不法行為上の救済が必要とされる保護法益が多種多様であることを考えると，社会構成原理として，基本的なものと，そうでないものを区別し，それに対応した保護のあり方を構築することが重要となるが，「権利」侵害と「法律上保護される利益」侵害の併記はその必要性を条文の形で示唆したものと解しえないわけではない。不法行為法のあらたな始まりである。

　〔絶対権〔物権〕と相対権〔債権〕の峻別という伝統的アプローチは法典上の法律構成に着目するものであるが，生命，身体，自由，健康が絶対的な保護を享受すべき法益と解されるのは，法律関係を担う権利主体，人格的利益の帰属主体である「人」そのものの保護の必要性という法律秩序における基本的な価値判断に基づく。このような実質的判断からすると，契約上の利益は，保護法益の排他的帰属の侵害が問題となる物権侵害と異なる考慮が必要とされる場合であるとしても，契約それ自体は社会構成原理として基本的な

保護法益であることに変わりなく，それに対応した保護を享受すべきものである。）

(5)　なお，別の観点から，違法性概念に代えて，権利・法益侵害要件を再評価する見解も現れている。この見解は，不法行為法で問題となる権利・法益侵害の救済について，憲法と関連づけて，権利・法益の内容を確定し，保護の範囲を定めていく。また，憲法上の基本権を保護する制度として不法行為法を位置づけており，被害者のみならず，加害者にも基本権があることを意識させる点でも重要である。したがって，不法行為が発生するということは，基本権同士の衝突が起きていた場面であるととらえることができ，不法行為の成否は，被害者の基本権と加害者の基本権との較量を経て決められることになる。

4　違法性をめぐる問題

違法性については，不法行為の成否に関連する特別の問題として，不作為による不法行為と，違法性阻却事由（正当化事由）がある。これを違法性のレベルで扱うのは，通説のとらえ方であるが，のちに述べるように，違法性と過失の関係に対する理解の仕方いかんによっては，その位置づけが異なる可能性もある。

(1)　不作為による不法行為　　(ア)　不法行為法上の意義

(a)　他人の損害発生に積極的に関与（作為）しなくても，消極的態度をとった（不作為）こと自体が，不法行為になる場合がある。

たとえば，Aが，近所のよしみでBの幼児Cを預かっていたが，部屋の掃除のためほんの少し目を離している間に，Cが，道路に飛び出し，自動車に轢かれて死亡したとする。Cの親Bが，Aに対して損害賠償を請求するためには，A・B間の約束から契

約上の義務が引き出されればよいが，それがなければ，不作為による不法行為が問われることになる。

　(b)　不作為が不法行為となるためには，その前提として，作為をなすべき義務（作為義務）があることが必要である。通説では，不作為による不法行為は，侵害行為の態様の一類型とされ，不法行為の成立要件としては，違法性の問題とされている。これは，不作為による不法行為をいわば侵害行為の消極的態様ととらえ，作為義務が特別に肯定できる場合には，それを通じて積極的態様の場合と同じ法的評価に服させてもよい，との考えに基づくものである。

　不作為の不法行為に対するこのような位置づけは，過失が，主観的要件として違法性と対置されている場合には，非常にわかりやすい考え方である。ところが，過失の客観化により，現在では，過失は，結果回避のための客観的義務違反と解されている。そのため，過失の中でも作為義務的なものの違反（危険な活動に対処するためには，あらかじめ十分な損害防止措置を講じる必要がある）が重要になるのに伴って過失の認められる範囲が拡大されてくると，不作為による不法行為に介在する作為義務の問題は，それだけ，過失の問題に近づくことに注意しなければならない。

　なお，不作為の因果関係については，本来は，そのようなものを想定することはできないはずである。しかし，作為義務の内容にかなう行為があれば結果が回避されたであろうと判断できる場合には，作為による不法行為と同様の因果関係を擬制し，作為義務違反者を問責してよいと解されている（有力説）。

　(イ)　**個人の自由と作為義務**　　(a)　不作為によっても不法行為　★が認められるということは，ひとの容態は，積極的であれ消極的であれ，それが意思の支配下にあるとみられる限り，広く不法行

為の世界に取り込まれることを意味する。しかし，個人の自由，すなわち，個人は，その行為の選択において自由が保障されていることを考えると，特別の作為義務を認めるには，それに足る十分な根拠がなければならない。その点で，不作為による不法行為は，不法行為法上の帰責を考える原点，といってよい問題である。

　(b)　作為義務の根拠については，①それが法令に基づいているときは，とくに問題は生じない（たとえば，親権者の監護義務〔820条〕）。その他の法源としては，②契約のほかに，③慣習や条理があるが，①と②以外のものを，より一般的に，公序良俗の見地から導き出す考え方もある。

　さらに近時では，作為義務を認める実質的な基準をあきらかにする学説もある。たとえば，自己の先行行為により，損害発生の危険を生じさせたならば，その危険の実現を回避するために，作為義務を負う，という考え方である（最判昭62・1・22民集41巻1号17頁は，電車の脱線転覆事故であるが，電車のレールへの置石行為には関与しなかった者について，その前の話し合いに参加していたことを先行行為ととらえ作為義務違反の可能性を指摘する）。

　(2)　違法性阻却事由（正当化事由）　(ア)　意義　小学校の校舎で学友らと「鬼ごっこ」の遊戯中，1年生の女児Xが2年生の女児Bによって傷害を受けたとする。XはBの親権者Yに対して，損害賠償を請求しうるであろうか（Xが，Bではなく，その監督者Yを相手にするのは，Bには責任能力がないからである。714条1項参照）。判例（最判昭37・2・27民集16巻2号407頁）は，このようなケースにおいて，「自己の行為の責任を弁識するに足りる知能を具えない児童が『鬼ごっこ』なる一般に容認される遊戯中前示の事情の下に他人に加えた傷害行為は，特段の事情の認められない限り，該行為の違法性を阻却すべき事由あるものと解するのが相当

であるから」Bの不法行為は成立しないとして，それに基づいて
加害者Bの監督義務者Yの責任を否定した。

　このケースで，Bの傷害行為が違法性を欠くとされたのは，そ
れが社会通念上許される範囲内にあると考えられたからである。
このように，他人の法益に対する侵害行為があっても，特別の事
由によって不法行為が成立しない場合がある。通説は，これを違
法性阻却事由として説明してきたが，違法性概念を認めない立場
（5⑵㋐(a)）では，過失阻却事由ないし不法行為阻却事由という
ことになる。

　このように，不法行為法上の位置づけは，その構造に対する理
解に応じて異なるけれども，ここで論じられているのは，ある侵
害行為を不法行為法上の帰責の世界から解放すべきかどうかとい
うことであり，そこには，評価的判断が含まれざるをえないわけ
であるから（違法性の評価的機能については，5⑵㋑(b)参照），通説に
したがって，違法性阻却事由としておくことにも，なお意義はあ
る，といってよいであろう。

　違法性阻却事由の中には，正当防衛や緊急避難のように，民法
に規定されているもの（720条）と，解釈上認められるもの，と
がある。

　㋑　正当防衛と緊急避難　　(a)　たとえば，Bが，路上でゴル
フスイングの練習をしていたAに注意したところ，突然Aがク
ラブを振り上げ殴りかかってきたが，Bは子供を連れていたので
逃げるいとまがなく，やむをえず相手を突き倒し負傷させたとす
る。このケースのように，「他人の不法行為に対し，自己又は第
三者の権利又は法律上保護される利益を防衛するため，やむを得
ず加害行為をした者」は，正当防衛として，損害賠償責任を負わ
ない（720条1項本文）。また近所の飼犬に襲われたので玄関前にあ

ったバットで殺傷した場合のように，「他人の物から生じた急迫の危難を避けるためその物を損傷した」ときには，緊急避難となるが，この場合にも，正当防衛と同じく，違法性が阻却される（同条 2 項）。

　(b)　正当防衛では，「他人の不法行為」がなければならないが，緊急避難では，危難の原因として問題とされているのは，人ではなく物である。そのため，違法性が阻却される範囲も，緊急避難では，危難の原因となったその物の毀損行為に限られるのに対して，正当防衛は，「不法行為」者以外の第三者に損害を与えた場合にも成立しうる（たとえば，設例で，B が隣家に逃げこむため垣根を壊した場合。720 条 1 項ただし書）。なお，正当防衛の原因となった不法行為については，その他人に，故意・過失や責任能力がなくてもよいと解されている（通説）が，危険にさらされている利益と，正当防衛によって侵害される利益との間には，合理的な範囲内での法益均衡の原則があてはめられる必要がある。この均衡が失われると過剰防衛となり，正当防衛は成立しない。

　(ウ)　自力救済　　たとえば，無権限者が建てたバラックを土地所有者が取り壊すように，自己の保護法益が侵害されたとき，保護法益の主体みずからが侵害の除去を図ることがある。これを自力救済という。

　自力救済は，社会秩序の維持が国家権力に委ねられている近代法のもとでは原則として許されないが，私人の権利保護を実質的に保障するという見地から，自力救済が認められてよい場合がある（通説。自力救済によって相手方に損害が生じたとしても，賠償責任はない）。

　自力救済の要件については，最高裁昭和 40 年 12 月 7 日判決（民集 19 巻 9 号 2101 頁）が，「私力の行使は，原則として法の禁止

するところであるが，法律に定める手続によったのでは，権利に対する違法な侵害に対抗して現状を維持することが不可能又は著しく困難であると認められる緊急やむを得ない特別の事情が存する場合においてのみ，その必要の限度を超えない範囲内で，例外的に許されるものと解することを妨げない」（傍論），と述べているのが参考になる。

(エ)　被害者の承諾　　被害者が，あらかじめ自己自身の判断に基づいて，自己に対する権利侵害（法益侵害）を承諾している場合には，その者の権利（法益）がみずから処分されたことになるため，被害者に不法行為法上の保護を与える必要はなく，加害行為の違法性が阻却されることは，古くから当然のこととされている。ただ，被害者の承諾があるといえるためには，それが公序良俗に反しないことが必要であり，被侵害利益の種類や承諾の事情などを考慮して，慎重に判断されなければならない。

(オ)　正当業務行為　　(a)　自力救済や被害者の承諾では，違法性が阻却される趣旨は一義的でわかりやすいが，そのほかに，正当業務行為あるいは正当行為として，違法性が阻却される場合がある（刑35条参照）。このうち，現行犯の逮捕（刑訴213条），親権に基づく懲戒権の行使（822条），事務管理による他人の権利領域への干渉（697条以下）のように，すでに法令によって許容されている行為が違法でないことについてはとくに問題はない。

(b)　しかし，法令によらなくても，生命・身体に対する侵襲をはらむ医療行為（一般病院における入院中の高齢患者の身体拘束の適法性の判断について，最判平22・1・26民集64巻1号219頁参照）やスポーツ，遊戯中の加害行為（設例の「鬼ごっこ」事件参照）のように，社会的に正当な（業務）行為をめぐって，個別的に違法性の阻却が問題になることがある。被害者の承諾と同じく，実質的には，

公序良俗が基準となると解されているが，承諾という被害者側の
特定の事情ではなく，ここでは，加害者側の行為の正当性という
より一般的な問題に目が向けられ，他方では，自力救済とも異な
って緊急性は必ずしも要件とされていないので，被害者を説得し
うるに足る合理的な利益衡量が行われる必要がある。

5　違法性と過失の関係

　709 条の法文に則すると，不法行為が成立するためには，故
意・過失があること，他人の権利・法益が侵害されたこと，が必
要である。両者の関係については従来から議論のあったところで
あるが，ここでは 709 条が改正されるまでの議論の経緯，とくに
この問題の中心を占める違法性と過失の関係にふれ，あわせて不
法行為法の構造を展望しておくことにする。

　⑴　不法行為法の基本概念　　㋐　二つの基本概念　　不法行
為法の構造について，わが国では，すでにその基本的理解に関し
て対立が存在するが，その端緒となったのは，平成 16 年改正前
709 条の権利侵害の要件について，これを違法性に代えるべきで
あるとする解釈があらわれたことである。

　この学説の直接のねらいは，法的保護の拡大にあったが，それ
にとどまらず，違法性を不法行為の客観的要件と解したため，過
失は，それとの関連で主観的に理解すべきものとする帰結をもた
らすことになった。それによれば，過失は，行為者の主観的要件，
すなわち，意思の緊張を欠いた非難されるべき心理状態として説
明されるべきものである。

　過失が，このように，違法性との対置で問題にされる場合には，
不法行為において損害賠償責任を問われるのは，加害者の意思の
あり方に倫理的に非難されるべきところがあったからである，と

図9　不法行為法の構造

「範型」(旧)

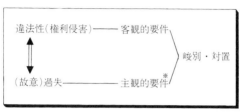

※行為者の主観的側面(意思の態様ないし心理状態)

して，過失責任主義の帰責根拠を示すことは容易になるかもしれない。いずれにせよ，違法性と過失との対立的構造は，体系の理念型としては安定しているため，違法性の具体的判断基準としての相関関係説とあいまって通説的地位を占めるに至ったのである。

　このような理解がのちに与えた影響の大きさにかんがみると，違法性と過失を峻別・対置する構造を「範型」(旧) と呼ぶことも許されよう。

　(イ)　不法行為理論の変容　　(a)　問題は，過失概念を意思の態様 (心理状態) ではなく結果回避のための客観的 (行為) 義務違反と解するのが通例となったため，この「範型」では不法行為法の基本構造を説明しがたくなったことにある。すなわち，過失を客観的義務違反とみることは，そこでも一種の行為態様が問題にされていることを意味するが，行為の客観的側面の評価は違法性が受け持つとされているのであるから，過失の内容をこのように理解することは，違法性と過失を峻別する通説の構造に抵触するおそれがあるからである (違法性と過失の混淆)。

　実際の適用面でも，過失を判断するファクターと，違法性 (相関関係説) を判断するファクターとの間には重なりあう部分があ

り，利益衡量的な判断の仕方においても，両者は近似している。

　さらに相関関係説自体についても，その判断枠組みには問題があることがわかってきた。

　(b)　このような状況のなかにあって，学説では，あたらしい「範型」を求める模索が，いまなお，続けられている。理念的には強固にみえるものでも，現実との乖離が大きくなると，基本構造はおのずと転換を迫られる。こうした動向のなかで最も注目されたのは，違法性概念はわが国では不要であるとする，通説の根幹を否定する主張（平井宜雄・損害賠償法の理論〔1971 年〕）である。

　これは，違法性概念は，法的保護を拡大する道を開いたことでその役割を終えたとの認識の下に，過失概念を中心に据える構想を提示するものであるが，これ以後，不法行為理論は，文字どおり転換期を迎えることになった。

★★　(2)　不法行為法の構造　　(ア)　**学説の対立**　　不法行為法の構造については，基本概念の単複によって，大きくは，二つの考え方に分けることができる。

　(a)　まず，不法行為の基本概念を一元的にとらえ，それを過失概念に統一すべきであるとする考え方がある。すなわち，通説の範型とされた違法性と過失との対置は，もともとはドイツ民法に由来し，日本民法にはなじまない。わが国では，違法性概念を通じて不法行為法上の保護が拡大される道が開かれたけれども（「権利侵害から違法性へ」），それが実現されたことによって，この概念の役割はすでに終わった。そこから，ドイツ民法上の違法性と過失をともに含む概念が，日本民法 709 条の「過失」＝損害回避義務違反であるとする結論が導かれる（図 10 ①）。

　これによれば，少なくとも，基本概念としての違法性は，日本民法から消失すべきもの，ということになるが，その意味で，こ

図10　学説の対立（典型例）

「範型」(図9参照) との関連

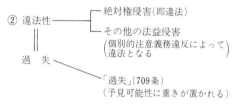

　の見解は，基本の構造の転換を図るという点では最も徹底しており，学説に与えた影響は大きい。その中には，違法性概念の後退を認めたうえで，故意・過失，「権利侵害」(平成16年改正前709条) のそれぞれを，独立の要件と考えるべきであるとする，条文の構成に則した解釈提案もある。

　なお，基本概念の一元的把握としては，過失＝結果回避義務違反と理解しながらも，「故意又ハ過失ニ因リテ他人ノ権利ヲ侵害〔スル〕」(平成16年改正前709条) という全体で違法性が判断されるとする見解もある。これは，不法行為責任の最終判断を違法性概念に服させているため，違法性が基本概念とされていると解することもできるが，実質的に考えれば，ここで基本に据えられているのは，過失＝結果回避義務違反の問題である。

　(b)　学説には，これと反対に，違法性と過失の役割を区別したうえで，それぞれに通説の範型とは異なる意義を付与する見解もある。たとえば，過失が結果 (損害) 回避義務違反ととらえら

れる場合は，通常は，そこに予見可能性のあることが当然に含まれているのであるが，両者を区別して，予見可能性は過失に，結果回避義務違反そのものは違法性のレベルで，というように二つの概念にふり分けられることがある（図10②）。

このようなふり分けが主張される背景には，過失の主観的側面（有責性）は，過失の客観化によっても失われることはない，との考え方がある。このふり分けの思考については，それを徹底させたものとして，709条の法文を構成要件的にとらえ，それに該当するケースに対して，違法性判断と有責性判断を加えるという，刑法と同種の体系化を説く見解もある。

(イ) 学説の問題点と展望　(a) 不法行為の成否を考える場合には，客観的義務違反（結果回避義務違反）の有無が重要な判断要素となることについては，学説の間にはほとんど異論はない。それにもかかわらず，違法性と過失の関係（不法行為法の構造）について学説が対立する主な原因としては，①709条の過失は，もとからそのように解されるべきものであったのか，あるいは，本来は主観的なものが客観的なものに転じた結果なのか，という二つの見方がありうることと，②違法性概念に付与する意味が，それぞれの立場で異なっていること，の二つを考えることができる。

後者について，違法性がたんに権利侵害に代わるものとしか理解されない場合には，それが過失＝結果回避義務違反説（立法者の見解については，2(3)(ウ)）に結びつくと，違法性概念不要説に相当の理由があることは確かである。なぜなら，権利侵害の要件を広く解することができる以上，不法行為法上の保護は，この意味の過失概念の規範的操作に委ねられれば十分であって，保護の対象を拡大させるだけのために，違法性という，法文にない概念を存続させておく必要はないからである。

(b)　問題は，違法性が，このように，旧規定下で権利侵害に代わる成立要件として，構成要件的な側面に限定されて論じられていたのかということ，むしろそこには，違法性判断という評価的側面（法秩序ないし法規範に違反する行為，つまり，違法な行為によって損害が惹き起こされたがゆえにサンクションが加えられる）が，不即不離に結びつけられていたのではないか，ということである。

　違法性（客観的要件）と過失（主観的要件）との対置にはこのような側面があり，違法性がそこから離れて不法行為法を開かれたものとするためにわが国独特の用い方をされてきたにせよ，長い間過失とならぶ基本概念とされてきたのも，違法性にはこのような評価的機能が伴っていたことに一因があるともいえるのである。

　過失＝結果回避義務違反説を基本とする一元的理解を十分にふまえたうえで，なおかつ，違法性を被侵害利益に関する要件として，その判断を社会的な法感情に委ねるとの主張があるが，そのことは，不法行為の成否において，過失概念には包摂しえない，もうひとつのアプローチが必要なことを示している。

　このように，違法性が評価的側面から議論される場合には，たんなる構成要件ではないから，それを用いることについて法文上の制約を受けることはないし，必要があれば，全法秩序にわたる広い範囲の価値判断を不法行為法に取り込むことが可能となるであろう。

　この意味では，被侵害利益や侵害行為の種類，性質が，ますます多様化していくことを考えると，違法性と過失を基本概念とする従来の「複眼的アプローチ」にも，それなりの理由はあったといえる。

　㈦　複眼的アプローチ　　不法行為法の構造についての帰趨はまだわからない。ここでは，上に述べた理由で，従来のように，

二つのアプローチを通じて不法行為の成否を判断するのがベターであると考え，侵害行為の態様を考慮している通説＝相関関係説の成果をいかして（平成 16 年改正規定は判例・通説を確認したにすぎないとされる），ひとまず以下のように説明しておきたい。

　生命，身体の侵害や物の毀損のように，これを権利の侵害と解することに問題のない場合には，そこに過失が認められれば，それだけで違法な行為があったとされてよいが，被侵害利益の性質がそれほど強固なものでない場合とか，損害の程度が軽微な場合には，それだけでは足りず，全体として社会的に是認しえない態様で侵害がなされたとの判断をまたなければ積極的に違法とは評価しえない，ということである。

　このように，不法行為には，過失＝結果回避義務違反に重きが置かれる場合と，侵害態様の悪性が前面に出る場合とがあるが，後者では，加害者に故意が認められる場合が多いであろう。

　具体的な権利（法益）保護の諸類型については，のちにⅣで述べることにする。

　なお，不法行為法の構造については，故意と過失との関係に対しても，過失の客観化に伴う帰責根拠の差異を理由に，両者を別個の不法行為類型と解する有力説もある。

　故意と過失とでは，従来も，不法行為の成立要件（債権侵害では，故意のあるときに限って不法行為が認められる場合がある）や損害賠償の範囲，賠償額の算定（とくに慰謝料）などで実際上違いが生ずる場合があるとされていたが，この有力説では，両者は理論的にも異質な類型として，それぞれにふさわしい要件，効果が求められることになる。

6　責任能力

(1)　**責任能力と責任無能力者**　　(ア)　**意義**　　不法行為によって他人に損害を与えた者に損害賠償責任を問うためには，その者が，知能ないし判断能力について，最低限一定の能力を備えていることが必要である。この能力を，責任能力と呼び，そのような能力を欠く者を，責任無能力者という。

　民法は，責任無能力者として，「自己の行為の責任を弁識するに足りる知能を備えていなかった」未成年者（712条）と，加害行為時に責任弁識能力を欠いていた者（713条）の，二つのグループについて規定している。

　(イ)　**責任能力制度の根拠**　　過失が，不法行為をしたそのひと　★個人の能力を基準とする具体的過失の意味に用いられる場合には，責任能力は，過失責任が採用される場合の論理的前提となる制度であると解することは容易である。さらに，抽象的過失の下でも，客観的な行為義務違反を広い意味での一種の意思活動と考えれば，意思活動を問責する最低限の条件として責任能力が要求されることは，説明のつかないことではない。

　しかし，過失の規範化がすすみ，意思的側面が後退してくると，責任能力制度を過失責任とのかかわりで理解することは，それだけ困難になることも確かである。そのために，責任能力は，端的に，能力の著しく低い者に，政策的考慮に基づいて免責を認める制度である，と解する有力説もある（これによれば，責任能力は，従来のように，不法行為の成立要件ではなく，たんに免責要件にすぎないことになる）。なお，不法行為の成否を最終的には違法性の判断に委ねる立場（5(2)(ア)(a)）では，責任能力は，行為者の違法性認識能力と説明される。

　(2)　**責任無能力者の種別**　　(ア)　**未成年者**　　未成年者が不法

行為をしたときに,「自己の行為の責任を弁識するに足りる知能」
を備えていなかったときは, その行為に対して, 損害賠償責任を
負わない (712 条)〔なお, 平成 30 年の民法改正で, 成年年齢は, 20 歳か
ら 18 歳に引き下げられた〕。この能力は, 一般に責任弁識能力と呼
ばれるが, それがあるといえるためには, たんに道徳上不正の行
為であることを弁識するだけでは足りず, 法律上なんらかの責任
が生じることを弁識する能力が必要である, と解されている (判
例・通説)。

　法律上の責任は, 人身侵害のように, 比較的容易にその責任が
認識できるものから, 人格権侵害や債権侵害のように, 立ち入っ
た判断を必要とするものまで, 多岐に分かれている。実際に, ど
の程度の責任弁識能力が要求されるかについては, 加害行為の種
類, 態様や被侵害利益の種類 (Ⅳ参照) のほかに, 未成年者の発
育の程度などを考慮して, 個別的に決められなければならない。
判例では, 12 歳あたりが一応の基準になると考えられている。

　(イ)　責任弁識能力を欠く者　　精神上の障害により「自己の行
為の責任を弁識する能力」を欠く状態にある間に他人に損害を加
えた者は, 責任能力がないとして免責される (713 条本文)。本条
は, もと「心神喪失者」を免責する規定として定められていたが,
心神喪失の文言が平成 11 年民法改正にともない削除されたため
(7 条参照), 本条も改められた。加害者は, 成年者であっても,
712 条の責任弁識能力を欠くのと同程度の状態にあったときは,
賠償義務の負担を免れる。

　ただし, 故意又は過失により一時責任弁識能力を欠く状態を招
いたことによって損害を加えた者は, みずから責任を負わなけれ
ばならない (713 条ただし書)。これは,「原因において自由な行為」
と呼ばれる問題であるが, たとえば,「酒ト云フモノハ……余計

飲メバ精神ガ錯乱スルト云フコトハ普通ノ人間ナラ知ラナケレバ
ナラ〔ズ〕」泥酔するのは「大イナル過失デアル」と，立法者が
述べていることからわかるように，責任弁識能力を欠く状態を招
くことについての故意または過失が要求される（通説）。

7　損害の発生と因果関係の存否

（1）　序　　不法行為が成立するためには，損害が発生したこと
が必要である。損害を被った者がいなければ損害賠償の問題は起
こらないからこれは当然のこととして，賠償請求が認められるた
めには，それに加えて，その損害が，加害者の行為を原因として
生じたものでなければならない。

　これは，加害行為と損害の発生との間の因果関係の問題である
が，709条で，故意・過失に「よって」権利・法益を侵害し，こ
れに「よって」生じた損害を賠償する責任がある，とされている
「よって」がこれにあたる。

　ここでは，損害の発生につづいて，不法行為における因果関係
の意義を概観したのち，不法行為の成立にとって不可欠の要件で
ある事実的因果関係について説明することにする。

（2）　損害の発生　　損害が発生したといえるためには，その損
害が，現実的なものでなければならない（損害の現実性）。他人が
勝手に建設予定地とされている空地を通行しても，通常はそれだ
けでは損害が発生したとはいいがたい。このような場合に，ごく
わずかでも損害賠償の義務を課すべきであるとする考え方が英米
法には存在する。しかし，わが国の現行法では，被害者に権利が
あることや，その侵害が違法であることの宣言を目的とする「名
目的損害賠償」は認められていない（通説）。

　損害は，財産的損害と精神的損害（非財産的損害，710条参照）に

分けることができ，精神的損害は，慰謝料と呼ばれる。

　財産的損害は，さらに，既存財産の積極的減少を表す積極的損害（所有物の滅失とか，人身事故における治療費，付添費の支出など）と，不法行為がなければ増加したはずの財産を取得しえなくなったことによって生じる消極的損害（逸失利益）に区別される。

★★　　(3)　**因果関係の意義**　　(ア)　相当因果関係の分析　　損害賠償の請求に必要とされる因果関係については，加害行為と相当因果関係にある損害が賠償される，というのが従来の通説的理解であった。相当因果関係は，のちに説明するように，主に損害賠償の範囲を画定する基準とされてきた概念であるが，一口に相当因果関係といっても，そこには三つの異質な問題が含まれていたことが有力説によって明らかにされている。すなわち，賠償額が最終的に確定されるまでには，次のような問題がある。

　まず，第一に，加害行為と損害の発生との間に，そもそも原因と結果の関係があるかどうかということが問題になる（①因果関係の存否）。

　第二に，これが肯定されたとしても，損害の発生は無限に広がる可能性があるため，そのすべてを賠償させるのでは当事者間の公平が失われるおそれがある。そこで，賠償されるべき損害を画定する必要が生ずる（②賠償範囲の画定）。

　そして，最後に問題となるのは，このようにして画定された損害を金銭に算定する作業である（③賠償額の算定）。

　これらはいずれも，広い意味では因果関係にかかわりがある問題には違いないが，因果関係の存否が直接に問われるのは，①の場合にすぎず，②や③で主題とされるのは，賠償範囲の画定や金銭評価のあり方という，それとは性質の異なる判断作用であるといってよい。

　①で問われているのは，不法行為の成立にとって不可欠の因果関係であり，それが存在しなければ，それだけで原告の請求は棄却されることになる。その意味で，今日では，これこそが因果関係の問題と呼ぶにふさわしいもの（事実的因果関係ないし自然的因果関係）で，ほかの問題とは区別されるべきことについて，ほぼ共通の理解が得られるようになっている。

　7でいう因果関係は，①にあたるものである。②は，不法行為訴訟の中核となる重要なテーマであるため，あらためて**8**で取り上げることにし，③は，賠償額算定の問題であるので，不法行為の効果のところ（Ⅵ）で説明することにしたい。

　(イ)　事実的因果関係の分離　　事実的因果関係を相当因果関係の概念から切り離す実益は，理論的には，因果関係の問題を事実上のレベルに押しとどめることによって，賠償範囲の画定は，それとは異質の法的価値判断に服する問題であることを認識させる点にある。実務的には，事実的因果関係を独立させれば，公害や医療過誤事件など因果関係の存否そのものの判断が困難なケースにおいて，因果関係の立証を直接に問題にすることが容易になることも重要である。

　(4)　因果関係の存否　　(ア)　条件関係の有無　　不法行為訴訟 ★では，原告は，それまで社会的に無関係であった者に対して損害賠償を請求するわけであるから，まず，自己の損害が，被告として選び出した者の行為を原因として生じたものであることを証明しなければならない。このように，被告の特定ということを考えると，事実的因果関係を認めるには，Aという原因行為がなければ，Bという結果が生じなかったという関係，つまり，「あれなければ，これなし」の条件関係があれば足りると解されている。

　ただし，例外的に，条件関係の公式を形式的に適用するだけで

表 5　不法行為訴訟のプロセス

区　　分	判断作用	問　題　点
①因果関係の存否	事実的レベル	法的判断を取り込む必要性はないか
②賠償範囲の画定	法的価値判断	権利侵害（被侵害利益）ないし損害に対する理解の仕方に関係する
③賠償額の算定	金銭賠償のあり方（原状回復の原則）	損害の種類・項目のとらえ方によっては，②と③の区別が，事実上，困難になることはないか

は，妥当な結論が得られない場合がある。Ｂの損害の発生には，Ａのほかにｃの行為も関与しているが，Ａ・ｃいずれの行為もそれだけで同一の結果を生じさせるに足るものであった場合（たとえば，Ａ・Ｃ両工場の排気ガスによってＢの農作物がすべて枯死した），Ａの行為がなくても，あるいはＣの行為がなくても，Ｂに損害が発生するから，条件関係説では，いずれに対しても因果関係はないことになる。しかし，被害者の立場を考えれば，それだけの理由で両者を免責させるのは許されるべきことではない。

　この意味では，事実的因果関係といっても，純粋に事実的（自然的）レベルにとどまるものではなく，そこには，損害の発生に関与したと目される者を実際に不法行為訴訟の被告としてよいかどうかという，法的な判断も含まれているのである。そして，このような法的側面を認識しておくことは，因果関係の立証にとっても有用なことである。

　(イ)　因果関係の立証　　(a)　因果関係の立証責任は，被害者側（原告）にある。しかし，不法行為には，医療過誤事件，公害，製造物責任（とくに薬害訴訟）のように，因果関係の連鎖を証明するためには専門的，科学的な知見が不可欠になるとか，証明すべき事実関係が加害者側の支配領域にあって，そこに近づくことがそ

もそも困難であるという場合も多い。このような当事者間のアンバランスを考えると，被害者救済を図るには，立証責任の負担を実質的に軽減する必要がある。

医療過誤事件の判例では，「訴訟上の因果関係の立証は，一点の疑義も許されない自然科学的証明ではなく，経験則に照らして全証拠を総合検討し，特定の事実が特定の結果発生を招来した関係を是認しうる高度の蓋然性を証明することであり，その判定は，通常人が疑を差し挟まない程度に真実性の確信を持ちうるものであることを必要とし，かつそれで足りる」（最判昭50・10・24民集29巻9号1417頁）と説かれているが（このことは，医師が注意義務にしたがって行うべき診療行為を行わなかった不作為と患者の死亡との間の因果関係の存否の判断においても異なるところはない，とされている〔最判平11・2・25民集53巻2号235頁〕），この趣旨は，因果関係の証明について広く指針となるものである。

　(b)　原告の負担の軽減は，不法行為の性質に即応した事物適合的なものでなければならない。その方法として，第一に，因果関係の証明についての心証の程度が全体として引き下げられる（たとえば，公害における蓋然性説）ことがあり，第二に，因果関係の連鎖を構成する事実が区別され，それに基づいて立証がなされる場合がある。

前者では，疫学の成果が活用されることがあり，後者では，新潟水俣病事件（新潟地判昭46・9・29下民集22巻9＝10号別冊1頁）において，結果から遡って，被害者側に近い部分（被害疾患の発生と原因物質，汚染経路など）が矛盾なく説明でき，汚染源の追究がいわば企業の門前にまで到達すると，加害者側（企業）の方で自己が汚染源になりえないことを証明しないかぎり，因果関係の起点にあたる原因物質の排出は事実上推認される，との注目すべき方

法が用いられた。このような分析的手法による一応の推定は，因果関係の存在を直接証明することがとくに困難な紛争類型に適合しやすいが，この方法がとられる場合には，連鎖する事実関係が複雑であるほかに，被侵害利益の種類やそれに対する法の保護目的なども考慮されるべきである。

8　賠償範囲の画定

(1)　序　　(ア)　賠償範囲の画定と帰責性　　(a)　原告のもとに生じた損害について因果関係が認められたとしても，そのすべてに対して賠償請求ができるわけではない。原告の損害賠償請求が認容されるためには，その損害が，賠償されるべき損害の範囲に含まれるものでなければならない，からである。

　たとえば，A社の週刊誌を読んでいたBは，そこに自分の名誉を毀損する記事を見つけて驚いた。Bにはまったく心当たりがなかったので，抗議のため急いでタクシーを拾ってA社に赴いたところ，途中で交通事故にあって重傷を負った。Bの入院中，海外留学中のひとり娘が看病のため帰国するまで付添婦を雇ったが，結局は，医師の治療ミスで死亡したとする。

　Bの死亡した原因は，A社が名誉毀損の記事を掲載したところまで遡ることができるが，A社はそもそも，Bの交通事故による重傷ないし死亡に対して責任を負わなければならないであろうか。

　さらに，上のケースで，交通事故は，マイカーに乗っていたCの運転ミスによる追突によって生じたものであるとすると，Cは，Bの重傷ないし死亡に関連する損害のうち，どの部分について賠償すべきであろうか。

　賠償されるべき損害の範囲を画定することを，ここでは「賠償範囲の画定」と呼び，その基準について説明することにする。

(b)　賠償範囲の画定基準については，違法性と過失との関係と同様に見解が多岐に分かれているため，はじめに叙述のすすめ方について述べておくと，まず，(2)において，判例理論である相当因果関係説（416条類推適用説）にふれたのち，(3)で，それに対する問題点を述べ，これに基づいて(4)で，賠償範囲の画定基準を取り上げることにする。これによって不法行為法は，損害賠償法としても，その基本構造が転換期にあることがわかるであろう。

　それにつづいて最後の(5)で，賠償範囲の画定とも関連する原因競合の問題についてふれておくことにしたい。

(c)　賠償範囲の画定基準をめぐって諸説があらわれるにいたったのは，債務不履行との差異を明らかにする必要性のほかに，賠償範囲の画定という問題の性質が根底から問い直されるようになったからである。すなわち，賠償範囲の画定は，相当因果関係の概念から想定されるような因果関係の問題（因果関係の法的限定）というよりも，因果関係のある損害の中から賠償責任を認めるのが妥当とみられる部分を画定すること，つまり，そこで問われているものの実質は，広い意味で，加害者の帰責性にかかわる事柄ではないかということである。賠償範囲の画定がこのような性質をもつものであるとすると，ここでの課題は，そのための帰責基準を明らかにすることといえようが，帰責性という点では，不法行為の成立要件とも関連がある，ということになる。

(イ)　**従来の議論との関係**　　賠償範囲の画定を前述の視点から　★★
取り上げることは，これを主に不法行為の効果の問題として説明してきたこれまでのすすめ方とは，その位置づけが異なっている。そこで，本章の立場と伝統的理解との差異について，一応述べておく必要があろう。

(a)　709条では，故意・過失に「よって」他人の権利（法益）

を侵害した者は，これに「よって」生じた損害を賠償する責任があるとして，因果関係を表すことばが二度使われている。そこで，従来は，前者は，不法行為の成立に，後者は，不法行為の成立が認められたのちの賠償範囲（責任範囲）に関する因果関係として両者を区別したうえで，後者を「損害賠償の範囲」と呼んで不法行為の効果に位置づけ，その範囲は，相当因果関係によって定まると解するのが通例とされていた。

このようなとらえ方は，被侵害利益と損害とを法文に則して区別し，損害が，その種類・項目のレベルで把握される場合にはそれほど問題は生じない。たとえば，交通事故で通行人が負傷（権利侵害）した場合には，これによると，負傷によって生じた入院費，付添看護費，休業損失，慰謝料などをどの範囲まで請求しうるかが，「損害賠償の範囲」といわれる問題であり，その画定を，不法行為の成立要件とは一応切り離すのも，法文に適合した一つの考え方であることは確かである。

　(b)　しかし，社会的接触の緊密化に伴い損害の発生も多様化してくると，このような考え方には，問題も含まれていることがわかってきた。

第一に，権利（法益）侵害までが不法行為の成立要件であるとしても，その権利（法益）侵害自体が，最初の侵害行為からみれば意外な結果であったという場合もある。そうすると，権利（法益）侵害についても，それが賠償範囲に含まれるかどうかを問題とせざるをえなくなる場合が生ずるが，実際にも相当因果関係は，不法行為の成立要件と，その効果を区別したうえで，後者（「損害賠償の範囲」）に限定して用いられてきたわけではない。

第二に，これは損害概念のとらえ方に関係する問題であるが，死傷事故についていえば，死傷それ自体を損害と把握すべきであ

るとする有力説がある。これにしたがうと，その死傷損害を加害者に賠償させるかどうかが判定されればよく，先に述べたような損害の種類・項目についてあらためて「損害賠償の範囲」を問題にする必要はないことになる。

　第三に，より一般的には，賠償されるべき損害を画定するということは，加害者からみれば，その責任範囲が問われていることを意味する。そうすると，これは，不法行為の成立要件と密接に関連し，それと切り離すことはできないのではないか，との問題が生ずるわけである。

　(2)　相当因果関係説＝416条（類推）適用説　　(ア)　損害賠償法の基本概念　　賠償範囲の画定については，債務不履行（契約責任）では416条という明文の規定が用意されているのに反し，不法行為にはこれに該当するものは存在しない。しかし，わが国では，416条は，不法行為にも（類推）適用されるとの判例が確立されており，それが通説となっている。そのリーディングケースとなったのは，富喜丸事件として有名な大審院連合部大正15年5月22日判決（民集5巻386頁）である（この判例法理は，最判昭48・6・7民集27巻6号681頁であらためて確認されているが，ここでは，多数意見に対して，学者出身の裁判官による有力な反対意見があることに注意する必要がある）。

　416条が不法行為に適用できる理由はこうである。債務不履行であれ不法行為であれ，相当因果関係にある損害が賠償されるべきであるとするのが損害賠償法に通じる原則であり，416条は，たんに，相当因果関係の範囲を明らかにしたものにすぎない。このように，416条は相当因果関係を体現するものである以上，同条が不法行為に適用されるのはむしろ自然なことである。

　これは，ドイツ民法の影響を受けた説明の仕方であるが，これ

によって相当因果関係は，わが国でも，損害賠償法の基本概念と目されるにいたったのである。

なお，富喜丸事件では，船の沈没による賠償額の算定について，沈没後の中間最高価格を基準とすることができるかが争われた。大審院は，これを賠償範囲の問題と解したことになるが，これについては，基準時は，賠償されるべき損害が画定されたのちの，その損害に対する金銭評価の問題とみる見解が有力である（Ⅵ 4 (2)(イ)参照）。

★　　(イ)　相当因果関係の内容　　(a)　加害行為と損害の発生との間に相当因果関係があるとは，その損害が「一般的ニ観察シテ相当ト認メ得ル範囲」（富喜丸事件判決）にあることを意味する。416条は，その相当因果関係の範囲を明らかにしたものとされるのであるから，相当因果関係の内容は，416条の解釈に委ねられることになる。

416条は，その1項において「通常生ずべき損害」（通常損害）の賠償を原則としつつ，2項では，特別の事情による損害（特別損害）についても，当事者にその事情を予見すべきであったときは賠償を請求することができるとしている。2項は，1項の原則を広げたものであるが，特別損害に対する賠償請求には予見可能性が要求されているために，416条の全体としては，予見可能性の限度で賠償範囲を制限するところに，その本来の趣旨がある（系譜的には，英米法に由来する制限賠償の原則）と解されている（なお，本シリーズⅢ・第3章Ⅳ 2(4)参照）。

(b)　ただし，判例には，416条に基づくものがあるほか，それにふれることなく，相当因果関係があるかないかによって賠償範囲が判定される場合も多い。

たとえば，判例は，母親Xが交通事故で瀕死の重傷を負った

との通知を受けた娘 A が，留学先（ウィーン）に赴く途中モスクワから急いで帰国したケースで，当該近親者において看護等のため被害者の許に赴くことが諸般の事情からみて社会通念上相当であり，被害者が近親者に対し右旅費を返還または償還すべきものと認められているときは，通常利用される交通機関の普通運賃の限度内では右旅費は通常損害にあたる（最判昭 49・4・25 民集 28 巻 3 号 447 頁）という。しかし，船舶の衝突による沈没事故においては，「独特ノ技能特別ナル施設其ノ他其ノ物ノ特殊ノ使用収益ニ因リ異常ノ利益ヲ得ヘカリシ」（前出富喜丸事件判決）ときにそれを喪失したという損害は，特別損害として，不法行為当時において予見可能であったことが証明されなければ賠償請求はできないとされる。

　これと反対に，相当因果関係によるものには，たとえば，会社の取締役や被用者の死傷事故に伴う企業（自体の）損害が問題となるケース（最判昭 43・11・15 民集 22 巻 12 号 2614 頁参照）がある（加害行為と，死傷による会社の利益の喪失との間の相当因果関係）。

　これについては，のちに間接損害ないし間接被害者の問題として取り上げることにするが，判例はさらに，父親と不貞関係（同棲）にある女性に対する未成年の子からの慰謝料請求について，その女性が害意をもって父親の子に対する監護等を積極的に阻止するなど特段の事情のないかぎり不法行為にならないとしたが，その理由づけに用いられているのは，相当因果関係の有無である。「けだし，父親がその未成年の子に対し愛情を注ぎ，監護，教育を行うことは，他の女性と同棲するかどうかにかかわりなく，父親自らの意思によって行うことができるのであるから，他の女性との同棲の結果，未成年の子が事実上父親の愛情，監護，教育を受けることができず，そのため不利益を被ったとしても，そのこ

とと右女性の行為との間には相当因果関係がないものといわなければならないからである」（最判昭 54・3・30 民集 33 巻 2 号 303 頁。これについては，Ⅳ 1 ⑵ ㈠参照）。

★　　㈦　**相当因果関係と 416 条の関係**　　相当因果関係は，前述のように，債務不履行と不法行為に共通する賠償範囲画定の通則とされている。それによって 416 条（＝相当因果関係）の不法行為への適用が導き出されたのであるから，それ以上に，この概念と 416 条の関係を問うことはあまり意味のないことかもしれない。しかし，沿革的にみれば，両者は，それぞれ異質な考えに基づくものである。

　相当因果関係は，ドイツ民法から取り入れられた概念であるが，そこでは，ある行為が一定の損害（結果）の不可欠の条件となっているとき（因果関係），それが同種の損害を惹起させる客観的可能性を一般的に少なからず高めるものであれば，それは，その損害に対する相当な条件，つまり，その損害と行為との間には相当因果関係がある，とされる。

　これが，相当因果関係の本来の意義であるが，416 条 2 項の意味における予見可能性が要求されていないため，賠償範囲は，ドイツの相当因果関係説の方が 416 条よりも広くなることに注意しなければならない。このように，賠償範囲に広狭の差が生じるのは，相当因果関係の概念は，完全賠償の原則に立脚しているのに対し，416 条は，制限賠償の原則によっているからである。

　したがって，相当因果関係を 416 条と等しいものとみる判例・通説の立場では，相当因果関係には，その沿革から離れた意義が付与されたことになるが，相当因果関係が今後もわが国で基本概念として維持されるのであれば，結論を正当化するためにのみ用いるのではなく，賠償範囲を画定する実質的判断基準が探究され

る必要がある。

(3)　相当因果関係説の問題点　　(ア)　序　　不法行為の賠償範囲について債務不履行の規定である416条を適用し，相当因果関係を基本概念とする判例・通説に対しては，かねてから有力な批判がある。それは，債務不履行と不法行為とを同じルールに服させるのは妥当でないとする実際的理由と，賠償範囲は因果関係の問題でないことを明らかにするには，相当因果関係の概念で説明しない方がよいとする理論的説明とに分けることができる。

(イ)　債務不履行（契約責任）との違い　　416条では，当事者の予見可能性は，賠償範囲を画定する重要なファクターとされている。これは，当事者がはじめから合理的な計算に基づいて締結した契約の不履行を律するには適切であっても，不法行為で問題となるのは，それまで社会的には無関係であった者の間の損害賠償請求である。したがって，不法行為では，加害者に予見可能性がないことを理由に賠償範囲を制限するのは妥当でない（有力説），と考えることもできる。

416条適用説を再確認した判例（最判昭48・6・7民集27巻6号681頁）においても，それに伴う実務上の難点を指摘する反対意見が現れ，興味ぶかい。「たとえば，自動車の運転者が運転を誤って人をひき倒した場合に，被害者の収入や家庭の状況などを予見しまたは予見しうべきであったというがごときことは，実際上ありうるはずがないのである」。その結果，416条を不法行為に適用すれば，特別損害（同条2項）の請求は，立証上の理由から至難なこととなろう。かくして，この不都合を回避するためには，「公平の見地からみて加害者において賠償するのが相当と認められる損害については，特別の事情によって生じた損害を通常生ずべき損害と擬制し，あるいは予見しまたは予見しうべきでなかっ

たものを予見可能であったと擬制することとならざるをえない」
と，されるのである。

★★　　(ウ)　**賠償範囲と帰責関係**　　(a)　賠償範囲が相当因果関係によ
って定まるということは，賠償範囲の画定が，事実的因果関係と
同様に，因果関係の問題として理解されていることを意味する。

　加害者は，因果関係のない損害に対して責任を問われるいわれ
はないから，賠償範囲が相当因果関係という因果関係に関連する
概念によって定められるのも，理由のないことではない。

　しかし，問題を実質的にとらえると，相当因果関係の下で判断
されているのは，(事実的)因果関係の及ぶ損害の中から賠償責任
を認めるのが相当とみられる部分を画定することである。これは，
因果関係の認定とは異なる判断作用であり，そこに価値判断の入
り込む余地があることを認めないわけにはいかない。そうすると，
賠償範囲にとって重要なのは，この種の法的価値判断の内容を明
らかにし，それに即した基準を設定することにある，といってさ
しつかえない。

　この点について，賠償範囲の画定は，因果関係ではなく，加害
者の帰責性に関係する問題であるとの認識が次第に有力となって
いるが，被害者からみれば，それは，被害者が保護される範囲の
問題ということになる。

　　(b)　賠償範囲の画定と因果関係の認定との乖離がすすむと，
それに対する議論のあり方にも，それぞれの法的性質にかなった
工夫が講じられる必要がある。この点を自覚的に取り上げ，前者
を「保護範囲」という新しい枠組みでとらえる学説がある。そこ
では，賠償されるべき損害は，のちに述べるように，義務射程に
よって定まる((4)(ウ)(b)(i)参照)と解されている。

　ちなみに，相当因果関係も，賠償範囲画定の法的性質をふまえ

て用いられるのであれば，それでもかまわないわけであるが，問題の所在をはっきりさせるためには，相当因果関係のような多義的な概念の使用は避けた方がよいということになる。

　⑷　賠償範囲を画定する基準　　㋐　序　　賠償範囲の画定について，判例・通説と，その問題点を述べてきたので，ここでは，それをふまえて賠償範囲を画定する基準について説明することにする。まず，㋑で，賠償範囲を画定する基礎にある問題として，損害賠償の原則について述べたのち，㋒において，賠償範囲を画定する二つの基本型について少し詳しく取り上げることにし，それにつづいて特殊問題として，㋓帰責原因（故意と過失の区別）と賠償範囲との関係にもふれておくことにする。

　㋑　**完全賠償主義と制限賠償主義**　　⒜　賠償範囲の画定の基礎　★★
にある損害賠償の原則には，理念型として，完全賠償主義と制限賠償主義の二つの立場がある。

　完全賠償主義は，損害賠償責任の原因となる要件がひとたび充足されれば，それによって生じた損害は因果関係のあるかぎりすべて賠償される，との考えに立脚しているのに対し，制限賠償主義では，賠償範囲は，責任原因との関連を考えて定められるべきものとされる。このように，賠償範囲が，故意・過失のような責任発生原因と切断されているかどうかによって両者を区別すれば，理念型としては，完全賠償主義と制限賠償主義との違いは，はっきりしている。

　　⒝　債務不履行では，416条で賠償範囲が制限されている（制限賠償の原則）のに，不法行為には，この種の規定がないのは何故であろうか。この，民法典を手にする者なら誰でも抱く素朴な疑問に対しては，とりあえず，起草者の語るところにしたがうのが自然であろう。

「元ヨリ原因結果ノ関係ガアリマスル以上ハ其原因ニ就イテハ
一ツノ他ノ標準ガ定メテアツテ其結果タル者ガ証明セラレマス以
上ハ其結果ノ全部ハ其責任者ガ賠償ノ責ニ任ゼナケレバナラヌト
云フノガドウモ相当デアラウ……是丈ケノ予想ガ備ハツテ居ツテ
夫レカラ損害ガ生ジタト云フ以上ハドウモ夫レヲ何処カラ切ルカ
ト言フコトハ法ノ規定トシテハ六カシイノデアリマス……原因結
果ノ関係ヲ予言〔予見？〕スルコトガ出来ルト出来ナイトカ云フ
コトハ言ヒカネマスルコトデアリマスカラ斯ノ如キ区別ヲセズシ
テ矢張之ハゑらすちつく〔弾力的〕ニナツテ居ル方ガ宜カラウト
思ヒマシタ殊ニ合議裁判ヤ何カデ大勢ノ例ノ賢明ナル裁判官ガ裁
判サレルモノデアリマスカラ夫レニ任セタ方ガ安心ト思フテ斯ウ
シタノデアリマス」（法典調査会民法議事速記録〔商事法務版〕・穂積陳
重委員発言）。

　これによると，不法行為では，予見可能性（416条2項）のよう
な過失と関連がありそうなファクターについては述べられていな
いから，理念型としては，制限賠償主義をとっていないことがわ
かる。要するに，起草者においては，原因結果の関係（因果関係）
が認められれば損害の全部について責任を負うとの考えを念頭に
置きつつも，その判断を裁判官（判例）に任せておけば，おのず
と妥当な結論がもたらされる，と解されていたといってよいであ
ろう。

　上に述べた起草者の考えは，賠償範囲の基準を設定するさいに
一応考慮しておくべき事柄であるが，他方には，416条の類推適
用が判例で確立されている以上，不法行為でも，制限賠償主義の
方向で問題の解決を図るべきであるとの見解がある。これは，相
当因果関係を損害賠償法の通則に据えて416条の不法行為への類
推適用を認める判例・通説に疑問を呈しながらも，416条が不法

行為に適用されてきたことの実質的意義を責任原因（予見可能性）
と賠償範囲が結合されていた点に求め，このような賠償範囲の定
め方は，今後も活かされるべきであると考えるものである。

　（c）　損害賠償の原則については，起草者見解と判例理論とは
理念的には対立しているようにみえるが，実際には，そのいずれ
を原則とするかによって，理念型から想定されるような大きな差
異が生じるというわけではない。

　ドイツ民法にいう相当因果関係は，完全賠償主義に沿うもので
あるが，それをそのまま貫徹するのではなく，法規範の保護目的
を配慮する（規範目的説）など，賠償されるべき損害を妥当な範囲
に抑えるためのさまざまな工夫が講じられている。

　これは，実質的には制限賠償主義への接近を意味するが，この
ように，制限賠償主義の趣旨を取り込まざるをえなくなったのは，
賠償範囲の制限なしには公平な解決を図りえなくなった社会的現
実（危険な活動が日常的になったため，わずかな不注意で不測の損害が起こ
る可能性が増えている）があるからである。

　したがって，完全賠償主義を原則とみる場合にも，賠償範囲の
画定ということは初めから考えておかなければならない問題であ
る。その点で，完全賠償主義と制限賠償主義とは，相反する原則
というよりも，賠償範囲が画定される場合のアプローチの違いを
示すもの，と解しておくのがよいであろう。

　(ｳ)　賠償範囲を画定する基本型　　(a)　(ⅰ)　賠償範囲を画定す
るには，因果関係の認定とは異なる法的価値判断が要求される。
それは，加害者の帰責性に関係する問題であるため，賠償範囲を
画定する基準を，ここでは，賠償範囲画定の帰責基準，と呼んで
おくことにする。

　賠償範囲画定の帰責基準については，学説は多岐に分かれてい

る。そこで以下では，その中から二つの基本型を選び，その特徴を述べておくことにしたい。

　二つの基本型は，416条を不法行為に適用すること，相当因果関係を基本概念とすること，のいずれにも消極的である点で共通しているが，第一のタイプでは，責任原因と賠償範囲の結合を図る制限賠償主義（理念型）の実現がめざされている。これに反して，第二のタイプでは，権利（法益）侵害に対する帰責性と，後続の損害に対する帰責性の判断が一応分けられているため，このタイプは，完全賠償主義のアプローチになじみやすいという違いがある。

★　　(ii)　**賠償範囲画定の帰責基準**において考慮すべき問題点は三つある。二つの基本型は，それぞれについて異なる見方をしているわけであるが，第一に，賠償範囲が帰責性に関係があるとすると，それと一般の不法行為の責任原因（故意・過失）とは関連があるのかどうか，あるいは，どのように関連するのかということである。

　第二に，損害は，抽象的には被害者に生じた不利益な状態を意味するが，賠償範囲画定のレベルで対象とすべき損害とは，具体的にどのようなものをいうのか。たとえば，死傷事故の場合，死傷それ自体を損害と考え，それに対する帰責性が問われればよいのか，あるいは，死傷によって生じた損害の種類・項目について考えるべきなのか。

　第三は，709条の法文の趣旨・体裁をどう解するかである。709条では，権利（法益）侵害と損害を区別したうえで，故意・過失を直接には，権利（法益）侵害に関係させているが，賠償範囲の画定もこのような法文上の体裁によって制約を受けるのかどうか。この点が問題となるのは，損害賠償法の構造が組み替えら

れなければならないとしても，法文の成立ちはできるだけ尊重すべきものと考えられるからである。

　(b)　(i)　**賠償範囲を画定する基本型**として，第一に，賠償範囲の画定を直接に責任原因（故意・過失）に結びつける考え方がある。過失による不法行為についていうと，過失は損害（＝結果）回避義務違反と解されるから，賠償範囲の画定に責任原因を反映させるためには，この義務の及ぶ範囲に入る損害にかぎって賠償請求を認めることにすれば，その目的は達せられることになる（義務射程説）。

　このタイプでは，責任原因と賠償範囲との結合を図る制限賠償主義の趣旨が最もすっきりとした形で実現されることになるが，これが受け入れられるためには，第一に，賠償範囲が責任原因に左右される以上，そこで対象となる損害についても，過失という基本概念に見合うだけの広がりのあるとらえ方をする必要がある（有力説によると，賠償されるべき損害のレベルでは，たとえば，生命侵害，身体創傷それ自体を問題とすべきである）。

　第二に，これは，法文の体裁に関係する問題であるが，709 条では，過失と損害の発生との間に権利（法益）侵害のあることが要求されている。したがって，責任原因と賠償範囲との直接の結びつきを考える場合には，この点をクリアーしなければならないが，そのためには，権利（法益）侵害は，独立の要件としてではなく，過失を判断する場合のファクターと解される必要があるであろう。

　われわれは，社会生活において一般に他人に損害を与えないよう注意を尽くすべきであるが，誤った行為によって思いもかけない不測の損害が生じることも少なくない。賠償範囲の画定に責任原因を顧慮するということは，そのような損害であっても，それ

が紛争の主題として取り上げられるのであれば，過失の有無（過失の範囲）は，その損害との関連で判断されるべきであることを意味する。

ここでは，過失は，原告の主張する損害との関係でいわば相対的に理解されているわけであるが，このことを適用される法規範の側からみると，規範の保護目的はその損害にも及ぶべきものであるかという問題と解することができる。

（ii）賠償範囲を画定する基本型として，第二に，被害者が請求する当該損害に直接焦点を合わせるのではなく，賠償範囲を画定する基点を設定したうえで，後続の損害について帰責性を判断する考え方がある。

709条では，権利（法益）侵害によって生じた損害を賠償すべきものとされ，被侵害利益と損害とは法文上区別されている。通説では，これに基づいて，不法行為の成立要件と効果（「損害賠償の範囲」）が分けられていたわけであるが，この法文の基礎にある考え方（基点の設定）を一般化すれば，権利（法益）侵害の帰責性そのものについても，成立範囲の問題として，不法行為の効果とは異なる法的処理をすることが可能である。

たとえば，Aの過失による交通事故で負傷（第一次侵害）したBが入院先の医師の手術ミスで死亡するとか，または，Cの過失で崖崩れが生じDの家屋が半壊（第一次〔の権利・法益〕侵害）したさい，あわてて飛び出した子供を助けようとした通行人Eが，重傷を負ったとする。このような場合に，Bの死亡ないしEの重傷は，後続（の権利・法益）侵害として第一次侵害と区別すれば，後続侵害には，賠償範囲を画定する基点となる第一次侵害とは異なる帰責基準をあてはめることができる。有力説によると，後続侵害に対する帰責は，それが第一次侵害によって設定された特別

の危険の実現であるか否かによって判断される（危険範囲説ないし危険性関連説）。たとえば，交通事故の負傷者が入院先の病院で流感にかかった場合，そのようなことはありふれたことで，被害者にとっては一般生活上の危険が実現したにすぎないと考えれば，流感による損害については，交通事故の加害者に責任を問いえないわけである。

　前述のように，賠償範囲を画定する第二の基本型の特徴は，一つの不法行為を機縁として損害が広がる場合，権利（法益）侵害について第一次侵害と後続侵害とに分け，それぞれについて帰責性を判断する（責任原因たる故意・過失の対象となるのは，第一次侵害に限られる）ことにあるが，ここでは，権利（法益）侵害と損害の発生とが区別されているため，権利（法益）侵害の結果として生じる損害については，それとは別に賠償範囲が画定される必要がある。

　通説において賠償範囲の対象とされていたのは，この意味の損害（これに対して，生命・身体侵害における死傷それ自体のように，権利侵害と密接不可分の関係にある不利益な事実が，侵害損害と呼ばれることがある）であり，それを律するのが相当因果関係ないし416条の主要な役割であった。しかし，このルールの不法行為への適用が批判されてくると，権利（法益）侵害から派生するこの種の損害（損害の種類・項目）に対しても，権利（法益）侵害（侵害損害）と同様，賠償範囲画定のあらたな基準が求められなければならないことになる。

　判例の分析に基づく有力説によると，このレベルの帰責基準としてあげられているのは，損害発生の確実性や損害賠償を認めることの被害者にとっての必要性である。たとえば，船舶の沈没による逸失利益（得べかりし傭船料）の請求に対して416条2項によ

る判断を必要とした富喜丸事件判決（前出大連判大 15・5・22）の趣
旨は，被害者が逸失利益（消極的損害）を確実に取得しうるもので
あることを要求したと解すべきであるとされ，他方，死亡事故に
伴う墓碑・仏壇の費用など積極的損害については，それが，被害
者にとって，社会観念上実際に必要な出費であったかどうかとい
う基準によって判断すべきものとされている（最判昭 44・2・28 民
集 23 巻 2 号 525 頁参照）。

　ちなみに，賠償範囲を画定する第一の基本型のように，損害概
念としては，物の喪失・毀損，人の死亡それ自体のように，損害
事実のうち最上位の損害事実にあたるもの（社会的にみて一個の損
害と解されるべきもの）のみが意義あるものという考えをとれば，
前述の問題は，このような損害を金銭に算定（評価）するための
資料にすぎず，賠償範囲の画定という問題から除かれることにな
るわけである。

　(c)　賠償範囲の画定は，制限賠償主義においてはもちろんの
こと，完全賠償主義の下でも避けることはできないが，前述の二
つの基本型は，この問題が判例・通説（416 条＝相当因果関係の等式
に基づいて，416 条の不法行為への適用を認める）から離れて新しいル
ールに委ねられる場合に，二通りの可能性があることを示してい
る。

　その一つは，責任原因をできるだけ忠実に賠償範囲の画定に反
映させる考え方であり，他は，責任原因のほかに，賠償範囲の画
定に特有の基準を取り入れて，賠償されるべき損害の枠づけを図
る考え方である。

　この二つの基本型のいずれの方向に進むべきかは，これからの
検討にまたなければならないが，損害発生の多様化に対処しやす
いという点では，違法性と過失の関係と同じように，賠償範囲の

画定についても複眼的なとらえ方をする後者のアプローチが，法文（709条）にも合致したベターな構成といえる。

　つまり，賠償範囲の画定に伴う帰責性の判断を，帰責関係（有力説）ということばであらわせば，被害者が損害賠償を請求するには加害者に帰責事由がなければならないけれども，その帰責性は，過失責任主義の基となっている帰責原因（故意・過失）と賠償範囲についての帰責関係の両面から判断されると考えるわけである。

　このように，帰責原因と帰責関係とが区別されると，416条が適用される契約責任との違いも，それだけはっきりしてこよう。

　(エ)　**帰責原因の区別と賠償範囲**　　不法行為の成立について，★
故意のある（意思的）不法行為と，過失による不法行為とを区別する有力説があるが (5(2)(ウ)参照)，そこでは，帰責原因の差異は，賠償範囲に反映されるべきものと考えられている。

　すなわち，故意による不法行為では，結果（損害）回避義務違反が問題となる過失不法行為とは違って，加害に対する（目的）意思があるわけであるから，その意思によって意図された結果に焦点が合わせられる必要がある。したがって，帰責関係において第一次・後続の権利侵害が区別される場合（賠償範囲を画定する第二の基本型）には，このように意図された結果までが第一次侵害になると考えれば，過失不法行為の場合に比べて賠償範囲が広がることは明らかであるし，また過失不法行為の賠償範囲は損害回避義務の及ぶ範囲によって定まる（義務射程説）とする立場（賠償範囲を画定する第一の基本型）でも，故意（意思）的不法行為があれば，意図された結果についてはもとより，事実的因果関係のあるすべての損害が原則として賠償されなければならない，と解されている。

　(オ)　**債権法改正と損害賠償の範囲**　　なお，損害賠償の範囲を画する416条は，2項の規定が，「特別の事情によって生じた損害であっても，当事者がその事情を予見すべきであったときは，債権者は，その賠償を請求することができる」と変更された（債権法改正）。これは規定の文言の修正にとどまるものであり，損害賠償の範囲についての基本的な考え方の変化に立ち入るものではない。以上にみた損害賠償の範囲をめぐる議論は，改正後も引きつがれる。

★　(5)　**不法行為における原因の競合**　　たとえば，交通事故の被害者に，もともと病的素因があり，それが加わって損害が発生・拡大したというように，結果発生に対して他の原因が競合している場合がある。このような原因競合が認められる場合にも，原告の請求する損害が被告とされた者の賠償範囲に含まれると判断されるかぎり，当該被告は，その損害に対して責任を負うと考えなければならない。しかし，原因が複数ある場合には，結果発生に対する寄与の度合（寄与度）を考えて，被告の責任の軽減を図る特別の工夫が必要とされるのではないか，ということがとくに実務において問題とされている。

　競合原因の典型例としてあげられるのは，①病的素因のような潜在的原因，②集中豪雨による洪水といった自然的原因，③交通事故ののちに医療過誤があったように，加害者の行為と第三者の行為が競合する場合（③では共同不法行為〔719条〕の成否も問題となる。交通事故と医療過誤が競合して被害者が死亡した場合に共同不法行為の成立を認めたものに最判平13・3・13民集55巻2号328頁がある）などである。

　この問題に対しては，原因の競合は因果関係にかかわりがあるため，原因設定者の責任を事実的因果関係のレベルで割合的ない

し部分的に把握する考え方と，加害者の減責には裁量性があることを考慮して，賠償範囲の画定や賠償額の算定といった法的評価のレベル，とくに後者の問題として処理する見解とがある。賠償額算定に関しては，民法にはすでに被害者（側）の過失を斟酌する過失相殺（722条2項）という法技術が用意されており，その制度趣旨との関連についても考慮する必要がある（Ⅵ5(1)参照）。

Ⅳ　権利（法益）保護の諸類型

1　権利（法益）保護のあり方

(1)　基本的な考え方　　不法行為法上保護に値する利益は，多種多様であるが，本節では，違法性と過失の関係に基づく不法行為法の構造をふまえて，具体的な権利（法益）保護のあり方について基本類型を取り上げ，その特徴を述べることにする。

　先に述べたように，不法行為の成立を被侵害利益の種別からみると，過失＝結果回避義務違反が認められれば違法と評価されてよい場合と，それだけではなく，全体として社会的に是認しえない態様で侵害がなされた場合にはじめて違法とみなされる場合とがある（Ⅲ5(2)(ウ)参照）。侵害態様の悪性ないし反社会性を判断するためには，害意や動機など行為者の主観的意図や，行為の手段・方法などが総合的に斟酌されなければならないが，従来の要件論との関連でいえば，そこでは，故意の有無や，相関関係説によって提示された公序良俗違反ないし権利濫用の考え方が目安として参考になろう。

(2)　被侵害利益の種別　　(ア)「人」の保護と「財産」の保護　★★

　被侵害利益の種別については，これまでは財産的権利として物権と債権，ないし，これらの権利に準ずるものが取り上げられた

のち，人格的権利の侵害にふれられるのが通例であった。これは，主として，権利には法律構成上その権利性に強弱があるとの考えに基づくもの（物権＝絶対権は，債権＝相対権よりも強固に保護されるべき権利である）で，侵害行為の態様との相関関係によって違法性が判定されるとする伝統的通説の下では，このような並べ方にもそれなりの合理性があったと考えられる。

　しかし，社会生活における法益保護のあり方という観点から不法行為法の役割を機能的にとらえると，冒頭に置かれるべきは，法的世界の担い手として人格を認められた「人」そのものの保護ではないかとの考え方もありうる。実際にも，人身被害の損害賠償が不法行為法の重要課題とされてきた事情も勘案して，以下では，基本類型として，人格的利益の保護，財産的利益の保護および生活妨害の順に取り上げることにするが，生活妨害が末尾にあるのは，法益保護のあり方について他にみられない特色があるからである。

　(ｲ)　法律観念の変遷　　法的保護の拡大が不法行為法の発展を意味することについては，疑いをさしはさむ余地はないであろう。しかし，そのような発展を支えているものは，被侵害利益に対するわれわれの法律観念であるとすると（前出の「大学湯事件」〔大判大 14・11・28 民集 4 巻 670 頁〕参照），法律観念には変遷がある以上，新しいタイプの利益が法認されるかたわら，かつて当然に保護されるべきものと考えられていた法益が，そうではなくなるということも，ありうるわけである。このように，法律観念の変遷は権利（法益）保護のあり方を考えるうえで重要な意義をもつものであるといってよい。

　たとえば，婚姻中の夫（Ａ男）が妻以外の女性（Ｙ女）と子供（Ｂ女）をもうけるなど不貞関係を継続した場合，妻（Ｘ₁）や未成

図11　配偶者・未成年の子からの慰謝料請求

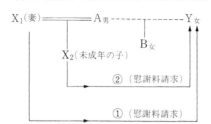

年の子（X₂）は，夫の貞操を求める権利や，親子関係から生ずる利益が侵害されたとして，相手方の女性（Y女）に対し慰謝料を請求しうるであろうか。

　妻（X₁）からの請求（図11①）は，古くから当然のごとく肯定されてきた問題であるが，その後の判例（最判昭54・3・30民集33巻2号303頁）においても，故意または過失があるかぎり，配偶者としての権利が侵害されその行為は違法性を帯びることになるとして，この結論はあらためて確認されている。

　しかし，不貞の関係といえども，それが自然の愛情に基づくものであれば，当事者の自由意思を尊重して，相手方女性の行為は，妻に対して直ちに不法行為となるものではないとする見方も可能であろう（前出最判の原審である東京高判昭50・12・22判時810号38頁参照）。このような立場が有力に主張されるようになってきたのは，婚姻に対する法律観念（社会観念）が変わってきたからであると，考えることもできよう（ちなみに，最判平8・3・26民集50巻4号993頁では，不貞行為があった当時婚姻関係がすでに破綻していたときは，特段の事情のない限り相手方第三者は不法行為責任を負わない，とされた）。

　これに対して，不貞行為の相手方に対する未成年の子（X₂）からの請求（図11②）は，比較的新しい問題である。この点につい

て前出の判例では，不貞行為をした女性が，害意をもって父親の子に対する監護等を積極的に阻止するなど特段の事情のないかぎり，不法行為にはならないとの判断が示された。

　このように，本件では未成年の子からの請求は棄却されたけれども，このケースを不法行為法上の救済の拡大という視点からとらえると，注目に値するのはむしろ，そのような特段の事情があれば，親子関係上の利益，すなわち，未成年の子が父親から愛情，監護，教育を受ける利益も法的に保護される場合のあることが示唆されている点である。

2　「人の法」と人格権

(1)　人格権概念の意義　　生命（711条），身体・自由・名誉（710条）など，「人」にかかわる利益（人格的利益）を第三者による侵害から保護することは，人格の自由な発展にとって不可欠の事柄である（「人の法」としての不法行為法）。人格的利益については，その総体を（一般的）人格権として把握する見解がわが国でも定着しつつある（差止請求との関連においてではあるが，「人格権としての名誉権」に言及した最大判昭61・6・11民集40巻4号872頁参照）が，人格権概念には，保護されるべき客体の範囲の明確化を通じて不法行為の成立が認められやすくなるという長所がある。

　人格権にどのような法益が包摂されるべきであるかはこれからの重要問題であるが，自己決定権の問題について，最高裁平成12年2月29日判決（民集54巻2号582頁）で「患者が，輸血を受けることは自己の宗教上の信念に反するとして，輸血を伴う医療行為を拒否するとの明確な意思を有している場合，このような意思決定をする権利は，人格権の一内容として尊重されなければならない」とされているのが注目される。

　人格権は，「人」に帰属する人格的利益をまもるための権利であるが，人格的利益は，人格の身体的側面（生命・身体・健康など）と，精神的側面（名誉・プライバシーなど）に大別される。

　人格的利益の侵害という点では同じでも，前者では，被害者の救済自体が重要課題とされるため，社会保障や保険制度など他の被害者救済システムとの共働を視野に入れる必要があるのに対し，後者で主に問題となるのは，行為者の自由活動領域の画定（表現の自由との調整）というそれとは別個の課題であり，両者は，それぞれ異質の問題を抱えていることに注意しなければならない。

　(2)　**生命・身体の侵害**　　〔ア〕　生命・身体は，極めて重大な保　★
護法益である（前出最大判昭61・6・11参照）ため，故意または過失によって侵害される場合には不法行為となることは明らかである。自動車事故による人身損害については，実質的に無過失責任を志向する特別法（自賠3条）によって被害者の救済が図られている。

　医療過誤のケースで，判例は，一般論として，「人の生命及び健康を管理すべき業務（医業）に従事する者は，その業務の性質に照し，危険防止のために実験上必要とされる最善の注意義務を要求される」（最判昭36・2・16民集15巻2号244頁〔梅毒輸血事件〕。この場合の注意義務の基準は，診療当時のいわゆる臨床医学の実践における医療水準〔判例〕とされているが，未熟児網膜症のケースで医師側の責任を肯定したものとして最判昭60・3・26民集39巻2号124頁参照。なお，臨床医学の実践における医療水準は全国一律に絶対的な基準として考えるべきものではなく〔最判平7・6・9民集49巻6号1499頁参照〕，また，医療水準は「医師の注意義務の基準（規範）となるものであるから，平均的医師が現に行っている医療慣行とは必ずしも一致するものではなく，医師が医療慣行に従った医療行為を行ったからといって，医療水準に従った注意義務を尽くしたと直ちにいうことはできない」〔最判平8・1・23民集50巻1号1

頁〕）との考えに立つが（医療行為に関する説明義務がチーム医療の場面で問題とされたケースとして，最判平20・4・24民集62巻5号1178頁がある），この趣旨は，医療行為以外の，生命・身体に対する侵害の危険を伴う業務に従事する者の注意義務の程度（高度の注意義務）についても，それぞれの業務の種別・性質に応じて広くあてはまるものである。この点で，同じ人身侵害でも，日常生活で偶発的に生じたものである場合とは区別して考える必要がある。

　(イ)　ところで，保護法益が重大なものであっても，被害者の救済をめぐって価値判断が多様に分かれることがある。これは，不法行為訴訟でしばしば見られる特徴でもあるので，この問題を考える興味ある事例として，過失概念をめぐって争われた前出梅毒輸血事件を取り上げておこう。

　X女はY国立病院に入院中，A医師が職業的給血者であるBから採血した血液を輸血されたが，Bは採血の12〜13日前に売春婦に接し梅毒にかかっていた（輸血当時は陰性期間中にあたる）ために，Xも梅毒に罹患して視力減退，歩行障害などの後遺症が生じ，離婚のやむなきにいたった。Aは，採血のさいに「身体は丈夫か」と聞いただけで，その他の措置を講じなかったので，XはAには過失があるとしてAの使用者であるYに対して損害賠償を請求した（715条参照）。715条によると，使用者Yに損害賠償責任が認められるためには，まず被用者であるAに過失がなければならない。この点について最高裁は，前述のような過失に対する考え方に基づいて，相当の問診をしなかったAには，過失＝注意義務違反があるとした。人の生命，健康をあずかる医師に対し最善の注意義務を要求することは誰にとってもわかりやすい論旨であるが，具体的ケースの解決としてAに過失を認めたことに対しては，複数の見方が可能である。

図12　梅毒輸血事件

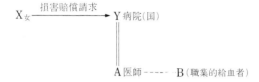

①第一に，保護法益の重大さにかんがみると，医療行為という業務の性質上最善の注意義務を尽くすことは医師として当然の義務である，とみることもできるが，②他方では，相当の問診をしたとしてもＢが真実を述べるかどうかは疑わしいことを考えれば，実質的には無過失責任が問題となっているのではないかとの評価も可能である。③第三に，それでは最高裁は本当にそれほど厳しい要求を医師に課したのかというと，必ずしもそうではなくて，要するに医師ならば通常人の場合とは違って発問の仕方に工夫があってもよかったのではないかということ，つまり専門職としての医師に期待をかけたにすぎず，決して不合理なことが要求されているのではない，との見方もありうるのである。④このように，医師の注意義務をめぐって異なる考え方が生じるのは，専門的職業人として業務遂行に裁量が認められている医師に対して注意義務をあまりに厳しくすることは，かえって治療を萎縮させ，結局は患者にとって好ましい結果をもたらさないおそれがある，ことも斟酌する必要があるからである。そこで，被害者救済の見地からは，問題の根本的解決を図るためには，損害の負担を社会的に分散させ，被害者の損害そのものは無条件に填補する保険制度が講じられるべきではないか，との考えも生じよう。

　不法行為訴訟では，このように，立法論も含めて，結論につい

ての評価の対立がしばしば起こるが，それだけに，権利（法益）保護のあり方について十分な理解が必要とされるのである。この問題に関連して，生命侵害が認定されない場合に相当程度の生存可能性それ自体を保護法益と認めることにより生命侵害の保護領域を前進させ，損害賠償請求の可能性を開いた判例（最判平 12・9・22 民集 54 巻 7 号 2574 頁。この問題を開業医の転送義務違反との関連で論じたものとして，最判平 15・11・11 民集 57 巻 10 号 1466 頁参照）が注目される。

　(3)　名誉・プライバシーの侵害　　(ア)　名誉侵害　　名誉侵害とはある言辞によって人の社会的評価（「名誉トハ各人カ其品性徳行名声信用等ニ付キ世人ヨリ相当ニ受クヘキ声価ヲ云フモノナリ」〔大判明 39・2・19 民録 12 輯 226 頁〕）を低下させる行為（名誉毀損）をいう（通説）が，それが不法行為といえるためには，原則として，その言辞が一定範囲に流布されることが必要である（報道の内容が社会的評価を低下させるかどうかは一般の読者の普通の注意と読み方とを基準として判断すべきもので，テレビ放送の場合〔一般の視聴者〕も同様である。最判平 15・10・16 民集 57 巻 9 号 1075 頁）。社会的評価は，法人など組織化された団体についても考えられるので，名誉毀損は法人に対しても成立しうる（最判昭 39・1・28 民集 18 巻 1 号 136 頁）。

　これに対して，たんに名誉感情が害されたにすぎない場合は，名誉毀損にはならないと解されている（判例）が，名誉感情も一種の人格的利益であるから，これについても積極的に保護を講じるべきであるとの有力説もある（最判平 14・9・24 判時 1802 号 60 頁参照）。

　名誉毀損的言辞がマスコミによって発せられた場合には，表現の自由と，人格権の保護との調整が問題となる。この点について，判例では，名誉毀損行為が，①公共の利害に関する事実に係り，

②もっぱら公益を図る目的に出た場合には，摘示された事実が真実であることが証明されたときは違法性がなく，また，たとえそのことが証明されなくても真実と信ずるについて「相当の理由」があるときは故意または過失がないとし，結局いずれの場合にも理由づけは異なるが，不法行為は成立しないと解されている（刑230条の2参照。最判昭41・6・23民集20巻5号1118頁，総選挙に立候補した者に関する新聞記事が問題となった）。

　なお，マスメディアが自社の記事ではなく，通信社から配信を受けた記事を掲載し（配信サービス），その記事が名誉毀損にあたるものであった場合における名誉毀損行為の成否については，最高裁平成23年4月28日（民集65巻3号1499頁）がある。

　近時では，インターネット上での表現行為においても名誉毀損が問題となっている（最判平24・3・23判時2147号61頁）。この事件では，ジャーナリストの表現行為による名誉毀損が問題となったが，さらに，私人によるソーシャルネットワーキングサービス（SNS）を介した名誉毀損（後述するプライバシー侵害も）が問題になりうるであろう。

　人格権の保護を重点的に考えれば，「相当の理由」による免責には慎重でなければならないが，他方では，アメリカの判例にならって，「現実の悪意」が認められなければ報道機関の責任を問いえないとする考えも現れていることにかんがみると，前記問題について適切な解決を図るには，事案の特質を斟酌した類型的考察が必要である（政党間の論評・批判に関して名誉毀損の成立を否定したものに最判昭62・4・24民集41巻3号490頁がある。また，ビラの配布による名誉毀損の成否が問題となった最判平元・12・21民集43巻12号2252頁では，論評の自由を認めるにあたり，相当性理論とほぼ同様の要件が用いられている。特定の事実を基礎とする意見表明〔論評〕による名誉毀損の成

否につき，最判平9・9・9民集51巻8号3804頁では，事実の重要部分を真実と信ずるについて相当な理由があれば免責される，とされた。法的な見解の表明それ自体は，それが判決等により裁判所が判断を示すことができる事項に係るものであっても，そのことを理由に事実を摘示するものとはいえず，意見ないし論評の表明にあたる。最判平16・7・15民集58巻5号1615頁）。

　名誉毀損については，さらに死者に対する名誉毀損という問題がある。遺族の敬虔感情の侵害を理由とするなど，遺族を間接的に保護すれば足りるとする説と，死者自身の人格権を認めたうえでその保護を考えるべきであるとする見解があり，後者をとれば，精神的側面における人格の保護が，論理的には一応完結するものと考えられる。

★★　　(イ)　**プライバシーの保護**　　プライバシーという保護法益の下で救済されるべきものは多岐にわたるが，主に問題となるのは，①私的生活領域への侵入（たとえば，住居ののぞき見），②私的事柄の公開（たとえば，日記・手紙などの公開），③個人情報の収集・管理・利用である。名誉毀損と対比すると，プライバシーの侵害では，社会的評価の低下はとくに問題にならないし，公表された内容が真実であることの証明によって違法性が阻却されることもない（真実であればあるほど，被害者にとっては，より深刻であるともいえる）。

　プライバシーの法理に指導的役割を果たした「宴のあと」事件（東京地判昭39・9・28下民集15巻9号2317頁）では，プライバシーも一つの権利として，「私生活をみだりに公開されないという法的保障ないし権利」と定義されている。これは，前記の②類型に関するケース（モデル小説によるプライバシー侵害〔夫婦生活〕。ノンフィクション作品で，実名を使用して前科を公表したことがプライバシー侵害にあたるとした東京高判平元・9・5高民集42巻3号325頁では，前記判決

で用いられた判断基準が基本的には踏襲されている）であるが，そこで問題とされたプライバシーの内容は，実質的には「ひとりでほうっておいてもらう権利」と解すべきものである。

　この伝統的な考え方に対して，近年は，コンピュータ社会の到来による個人情報の収集から個々人を保護するためには，プライバシー権に，より積極的な内容が付与されるべきであるとする考え方（「自己の情報をコントロールする権利」）が現れ，通説化しつつある。情報のコントロールを中心とする定義は，③類型以外にもあてはまる余地がある（前科の照会に応じたことが公権力の違法な行使にあたるとした最判昭 56・4・14 民集 35 巻 3 号 620 頁の補足意見では，「他人に知られたくない個人の情報は，それがたとえ真実に合致するものであっても，その者のプライバシーとして法律上の保護を受け，これをみだりに公開することは許されず，違法に他人のプライバシーを侵害することは不法行為を構成するものといわなければならない」と，述べられている。この理をすすめた最判平 6・2・8 民集 48 巻 2 号 149 頁では，「前科等にかかわる事実を公表されない法的利益」が表現の自由に優越する場合には，その公表により被った精神的苦痛の賠償を求めることができるとされた。推知報道〔犯人情報と履歴情報〕と名誉・プライバシー侵害に関するはじめての判断として，最判平 15・3・14 民集 57 巻 3 号 229 頁。少年事件に関して，研究目的で，必要な範囲で個人の病歴，成育歴，犯罪行為等を明らかにした場合においても〔ここでは表現の自由とともに学問の自由との調整が重要である〕，最高裁令和 2 年 10 月 9 日〔民集 74 巻 7 号 1807 頁〕は，前掲最判平 6・2・8 と同様の判断枠組みを用い，被害者側の利益に関して，少年事件に関するものであることから少年法の趣旨を考慮し，もう一方は，加害者側の利益や公表態様につき，研究目的であることや，個人を特定できないように対応していたこと，公表された論文が広く公刊され，読まれるものではないことなどと比較衡量し，違法なプライバシー侵害ではないとした。また近時では，イン

ターネット検索で表示される犯罪事実に関する検索結果の削除が問題となっている。差止請求との関連については VI 2(2)も参照）。

　ただ，これによって従来の考え方が不要になるのではなく，新しい定義が必要とされるほど，プライバシー権に基づく保護のあり方は多様化しているとの認識が重要である。個人情報の保護について，学生（大学）の識別を行うための単純な情報もプライバシーに係る情報として法的保護の対象となるとして，本人の同意を得ずしてこれを他人に開示した行為はプライバシーを侵害するものとして不法行為を構成するとした判例（最判平 15・9・12 民集 57 巻 8 号 973 頁）が注目される。さらに，個人情報が漏えいした場合にも，最高裁平成 29 年 10 月 23 日判決（判時 2351 号 7 頁）は，同様の判断枠組みで，当該個人情報流出によるプライバシー侵害の可能性を指摘する。

　判例の展開から，プライバシー侵害の違法性判断において，対抗利益との調整が問題となる場合には，利益の優越関係が重要なものとなるのに対し，こうした利益がない第三者への情報提供・漏えい事故では，個人情報を提供した者の同意が認められない場合には原則として違法なものとされ，そのうえで，個人情報の管理態様等の過失の有無が問われている。このように，プライバシー侵害の違法性判断はその侵害態様に応じて二類型に分かれて判断される可能性が最高裁の判例の展開から示唆される。このことは事態適合的なアプローチとして支持できよう。

　(ウ)　氏名権・肖像権の侵害　　(a)　氏名も，人格権の一内容を構成するが，人格権に含まれるというだけで，氏名権の具体的な保護のあり方が一義的に定まるわけではない。すなわち，氏名を他人に冒用されない権利（氏名専用権）は，当然に保護を享受すべきであるとしても，判例によると，氏名を正確に呼称される利益

は，それとは異なり，「その性質上不法行為法上の利益として必ずしも十分に強固なものとはいえない」ため，「不正確に呼称したすべての行為が違法性のあるものとして不法行為を構成するというべきではなく，むしろ，不正確に呼称した行為であっても，当該個人の明示的な意思に反してことさらに不正確な呼称をしたか，又は害意をもって不正確な呼称をしたなどの特段の事情がない限り，違法性のない行為として容認される」（最判昭63・2・16民集42巻2号27頁。韓国籍を有する外国人の氏名が，テレビのニュース番組で日本語読みされたことが問題となった）と解されているのである。

　ここには，氏名権の保護にとどまらず，具体的な保護法益の強固さの程度によって保護のあり方が多様化するものであることがうかがえ，その点が注目されるべきである。

　(b)　肖像権についても，これを保護する明文の規定はないが，実質的にはすでにわが国でも，保護法益として法認されている。

　またある者の氏名・肖像が，人々の関心を惹きつけることにより商品の販売の促進につながる等の顧客吸引力を備え，財産的な価値を持つものである場合には，パブリシティ権と構成される（最判平24・2・2民集66巻2号89頁）。

　肖像権には，人格的利益をまもることと，財産的利益をまもることとの，二つの側面がある。あらたな保護法益として多方面からの検討がもとめられる。（最大判昭44・12・24刑集23巻12号1625頁〔刑事〕，最判平17・11・10民集59巻9号2428頁〔民事〕〔ただし，同判決は，昭和44年（刑事）判決を参照したうえで「人は，みだりに自己の容ぼう等を撮影されないということについて法律上保護されるべき人格的利益を有する」と述べており，「肖像権」と述べているわけではない〕参照）。

　(4)　自由権の侵害　　人の自由な行動が保護されなければならないことは，明文（710条）で規定されている。自由の侵害は，

身体的側面（たとえば，道路の通行妨害）だけでなく，精神的側面においても問題になりうる（たとえば，共同絶交）。

(5)　その他の保護法益　　(ｱ)　貞操の侵害　　暴行・脅迫や詐術によるほか，職場での地位を濫用して，その意に反して性的交渉をもつことも，相手方に対して不法行為となる。ちなみに，男性に妻のあることを知りながら情交関係を結んだ場合には，承諾の有無も問題となりうるが，判例は，女性側の動機に内在する不法の程度に比べて男性側の違法性が著しく大きいときには，貞操等の侵害を理由とする女性の慰謝料請求が認められるとする（708 条参照。最判昭 44・9・26 民集 23 巻 9 号 1727 頁）。

(ｲ)　家族の保護　　家族は，第三者からの不当な干渉に対して保護される必要がある。第三者が夫婦の一方の配偶者と不貞関係をもった場合は，故意または過失があるかぎり他方の配偶者の夫，または妻としての権利（「貞操要求権」）の侵害を理由とする不法行為が成立する。これは，大審院以来判例として確立されている（ただし，その問題点については，1 (2) (ｲ)参照）。

このような場合に，未成年の子も，親子関係上の利益の侵害を理由として慰謝料請求をなしうるかについては，判例は，不貞行為の相手方である女性が害意をもって父親の子に対する監護等を積極的に阻止するなど特段の事情のないかぎり，不法行為にはならないと解している（最判昭 54・3・30 民集 33 巻 2 号 303 頁）。

(ｳ)　内縁の不当破棄　　内縁関係（準婚）を正当の理由なく破棄した者についても，不法行為責任が生じうる（最判昭 33・4・11 民集 12 巻 5 号 789 頁）。

ここで問われているのは，内縁関係においてまもられるべき法律上の利益の性質，すなわち婚姻法上の地位と同じに考えてよいかどうかである。準婚と解するのは，これを肯定的に解しなけれ

ばならない場合があることを示すものである。

3　財産的利益の保護

（1）　物権的権利の侵害　　（ア）　物権の排他的保護　　物権は，物に対する直接的支配が，すべての人に対する関係で排他的に保護されるべきことを内容とする権利（絶対権）として，民法上，権利性の最も強固なものと位置づけられてきた（その典型が所有権）。そのため，故意または過失があるかぎり，その侵害が原則として不法行為となることは当然と解されているが，このような物権の排他的保護を「財貨帰属秩序」に反する行為がなされたからであると説明する考え方もある。

（イ）　所有権の侵害　　たとえば，物の滅失・毀損，土地の不法占拠，他人の物を勝手に処分して所有権を失わせること（第三者による善意取得の場合）など，所有者に排他的に割り当てられている物の使用・収益・処分をなす権利内容（206条参照）の実現が阻害される場合には，所有権の侵害となる。土地の利用によって享受される生活利益の侵害にも，所有権侵害の側面があるが，これについてはのちに，生活妨害（4参照）のところで説明することにする。

（ウ）　占有権の侵害　　占有権が侵害された場合に占有者が損害賠償を請求しうることは，占有訴権に関する規定（198条～200条）で明記されている。これは，出訴期間が1年と定められている（201条）点に特色があるが，この損害賠償が不法行為に基づくものであることにおいては，一般の不法行為と変わるところはない（したがって，故意または過失が必要）とするのが，判例・通説の基本的な考え方である。これに対して，所有権や賃借権などの本権を有しない占有者には，物の使用・収益の喪失を内容とする損害に

ついてまで賠償請求を認めるべきでないことを理由に，占有権それ自体の侵害に基づく不法行為法上の救済を考える必要はないとの有力説がある。

　(エ)　用益物権の侵害　　地上権や永小作権や地役権など用益物権が侵害される場合の不法行為の成否は，所有権の侵害に準じて判断すればよいと解されている（通説）。なお，用益物権の侵害に準じた取扱いを受けるものに，鉱業権（鉱業 12 条），採石権（採石 4 条），漁業権（漁業 77 条）など，特別法上の物権の侵害がある。

　(オ)　担保物権の侵害　　債権担保が担保物権の目的であることを考えると，担保物権の侵害によって損なわれるものは，実質的には債権の財産的価値であるといえる。このことは，担保物権の侵害には，債権侵害に準じて扱われてよい側面があることを意味し，その点が，他の物権的権利の保護と異なるところである。

　たとえば，抵当権の登記が抹消されたり，質物の占有が侵奪された場合（352 条参照）のいずれにおいても担保物権の侵害が問題となりうるが，学説には，このような場合，前者では過失があればよいが，後者では故意が認められなければ不法行為は成立しないとする考え方がある。占有侵奪者にとっては，その目的物の上にある担保物権ないし債権の存在は目的物に比べて間接的な事柄にすぎないから，ここでは，担保物権といえども債権の保護に準じて故意が要求されることには，それなりの合理的理由があると解される。

　ちなみに，債権を担保するというその機能に照らせば，第三者が抵当権の目的物を毀損してその価値を減少させたとしても，それが被担保債権の満足を侵すものでないかぎり，担保権者は，損害賠償の請求はできないということになる。

　(カ)　知的財産権の保護　　物権と同様，排他的支配権としての

図13　債権侵害

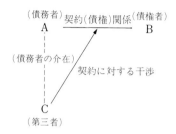

保護を享受すべき法益に，知的（無体）財産権があり，特別法で
保護されている。

　知的財産権は，著作権と，特許権のような工業所有権に大別さ
れるが，権利の客体が知的活動の産物であることから生ずる違い
はあるものの，保護のあり方は，基本的には物権の侵害に準ずる
と考えてよい。知的財産権の保護については，侵害のみなし規定
（たとえば，著作113条）や過失推定の規定（たとえば，特許103条）が
設けられていることに注意を要する。

　(2)　債権侵害　　(ア)　債権の対第三者保護　　債権が，債務者
との関係（債務不履行責任）だけでなく，第三者との関係でも保護
される法益であることについては，一般論として異論はない（大
判大4・3・10刑録21輯279頁）が，実際に債権が保護される場合は，
きわめて限定されている。債権侵害に固有の問題が生ずるのは，
債権の目的である給付が侵害された場合であるが，その中でもと
くに重要なのは，二重雇用や二重譲渡など，給付侵害に債務者自
身も積極的に介在している場合である。

　なお，債権者以外の者が弁済を受ける（478条参照）などして，
債権そのものが消滅する場合は，債権の帰属自体に侵害があった
と解されているため，債権の保護といってもそこには物権侵害に

準ずる側面があることに注意しなければならない。

★★　　(イ)　**債権（契約）保護のあり方**　　(a)　債権も第三者からの侵害に対して保護されることは認められながらも，債権の保護が，消極的に扱われてきた理由としてあげられるのは，物権（絶対権）と債権（相対権）を峻別する法律構成上の問題と，取引上の自由競争の保障という観念である。すなわち，債権の相対性が強調されると（ドイツ法の影響），債権は，不法行為法上も本質的にそれほど強固な保護法益ではないとする考え方を浸透させやすいし，また，自由競争を保障するためには，債権関係における当事者の主体性や自由意思を尊重することが重要であるから，債権侵害において不法行為の成立を認めるには，慎重にならざるをえないのである。

　　(b)　この伝統的理解に対して，近年，第三者による債権侵害の不法行為は，実はドイツ法からではなく，イギリス法から継受されたもので，イギリス法の下では，債権（契約）は，債務者との関係では対人権・相対権であるとしても，世間一般との関係では対世権である（前出大判大4・3・10参照）との考えに基づいて，早くから契約に厚い保護が与えられていたとする沿革的事情を明らかにする学説が現れた。

　　これにしたがうと，債権者・債務者間の法鎖である債権には，侵害態様において物権侵害にはみられない特殊性はあるものの，債権は物権に比べて権利性が弱いとア・プリオリに前提して債権の保護を考えるのは，妥当ではないことになる。この意味で母法がイギリス法であるとの指摘には，債権侵害に対する伝統的観念を考え直す契機が含まれていると解することができ，これからは，それをふまえた類型化がすすめられる必要がある。

　　(c)　次に，債権侵害の類型化に伴う問題点にふれておく。

（ⅰ）　債権侵害が不法行為となるには原則として故意が必要である。これは，すでに通説化しつつある見解であるが，その場合に，故意による良俗違反など侵害態様の悪性まで要求される（とくに，給付侵害に債務者の意思が介在している場合）のか，それとも，たんに故意があるということで足りるのかは，契約上の利益の保護に対する考え方のいかんに左右される問題である。

　なお，判例（最判昭30・5・31民集9巻6号774頁）によると，不動産の二重売買で第二買主が先に登記した場合には，たとえ第一買主の特定物債権の存在について悪意であったとしても，所有権を取得するのは第二買主であり，第一買主に対する不法行為は原則として成立しない（通説）。しかし，この通説的理解に対しては，近年，悪意の第二買主をも自由競争者として保護することは取引倫理上疑問があるとの認識も強まっており，今後は，それをふまえた解決策が積極的に検討される必要がある。

（ⅱ）　被用者が死傷事故にあった場合の会社自体の損害賠償請求（企業損害）には，雇用契約上の債権（労務給付請求権）侵害という側面がある（通説の類型では，給付侵害によって債権が消滅する場合に含まれる）ため，契約の保護に対する伝統的観念の変化が，この問題の解決に影響を及ぼす可能性がある（債権侵害としては，第三者の過失で足りるとする有力説があることに注意）。

（ⅲ）　債務者の一般財産を減少させる行為は，債権の財産的価値を損なわせるわけであるから，債権侵害として不法行為になりうる（大判大5・11・21民録22輯2250頁は，差押えを免れるためにした債務者との通謀による財産の仮装譲渡は，故意による債権侵害にあたるという）。

（3）　営業上の保護法益　　（ア）　営業活動の保護　　営業活動に対しても，不法行為法上の救済が講じられる必要がある（大判大

14・11・28民集4巻670頁〔大学湯事件〕参照）。ただ，営業活動に伴う利益は，所有権類似の明確な輪郭をもつ強固な保護法益とはいえず，侵害行為も多様であるため，不法行為の成否を判断するには具体的な利益衡量が必要で，わが国ではこれからの判例の集積にまつところが大きい。

　(イ)　営業の自由との調整　　とくに競争者が関与している場合は，自由競争の保障とのバランスを考えなければならず，侵害態様の悪性ないし反社会性の程度が重要なメルクマールとなる場合が多いと解される（大判昭15・8・30民集19巻1521頁では，独占的地位を濫用したボイコットが，不法行為にあたるとされた。最判平22・3・25民集64巻2号562頁では，競業行為者〔退職従業員〕のもちいた手段〔営業秘密を使用した営業活動，退職前からの取引先への営業活動など〕の正当性の有無や，行為〔元の会社の信用毀損を行う営業活動，元の会社の営業が弱体化した状況の利用など〕の信頼性の有無が，競業行為の違法性の判断において重視された）。

　不正競争ないし不公正な取引の規制については，特別法がある（商12条・13条，不正競争3条・4条，独禁25条など）。

　(4)　その他の財産的利益の保護　　不法行為法は，社会生活のすべてに及ぶ一般的救済規範であるから，救済の対象とすべき財産的利益にはさまざまの種類がある。したがって，保護のあり方についても一律のルールを引き出すことはできないが，判例には，被侵害利益が弱いとか，被侵害利益の内容自体がそれほど固まったものでないと解される場合には，過失概念だけではとらえがたい行為態様ないし主観的意図が積極的に考慮されているものがある。

　(ア)　建物に欠陥のある場合　　建物に欠陥があり，瑕疵修補費用相当額の損害を所有者が被る場合，建物所有者はその建物の建

築に関わる施工者や設計者と契約関係にあるならば，契約法に基づく救済（債務不履行責任や契約不適合に基づく各種救済）をうけることができるが，両者の間に直接の契約関係がないことも考えられる。

欠陥建物の所有者が瑕疵修補費用相当額の損害を被った場合において，最高裁は，建物の安全性が，居住者等の生命，身体，財産に関わる問題であるとして，建物の建築に携わる設計者，施工者等は，「建物の建築に当たり，契約関係にない居住者等に対する関係でも，当該建物に建物としての基本的な安全性が欠けることがないように配慮すべき注意義務を負うと解するのが相当である」とする（最判平19・7・6民集61巻5号1769頁。第二次上告審である最判平23・7・21判タ1357号81頁も参照）。

このタイプの事件では，被侵害利益としてどこに焦点をあてるのかが問われる。財産的利益と生活利益（人格的利益）の二つの側面からのアプローチがもとめられる。

　(イ)　制度が不当に利用される場合　　従来型の紛争類型としては，不当提訴がある（最判昭63・1・26民集42巻1号1頁）。制度の趣旨目的が違法性判断の基礎とされている点で共通するものとして，懲戒請求〔弁護58条1項〕がある（最判平19・4・24民集61巻3号1102頁）。

　(ウ)　契約の締結　　契約の締結過程において，不当な勧誘方法で取引を行い，勧誘を受けた者に損害が生じる場合もある。

　(エ)　競争秩序違反　　さらには，競争秩序違反など，新しいタイプの反社会的行為が訴訟にあらわれた場合の，適切な対応も重要である（価格協定について，最判平元・12・8民集43巻11号1259頁〔鶴岡灯油訴訟〕参照）。

4　生活妨害（公害）

(1)　**生活利益の保護**　生活妨害とは，騒音，振動，ガス・煤煙・臭気・熱の放散，水質汚染などによって，快適で健康な生活や平穏な生活の営みが妨げられることをいう。近接地の利用形態が変更されたことにより，それまで享受していた日照・通風の利益が受けられなくなった場合のように，生活妨害が消極的な形で生ずることもある（最判昭47・6・27民集26巻5号1067頁）。

　生活妨害には，たんに土地利用の妨害（所有権の侵害）があるにすぎないと解されるタイプもある。しかし，不法行為法上の救済の中心になるのは，その土地で営まれている生活そのものについての利益である。生活利益の保護は，人格の自由な発展にとって欠くことのできないものであるから，生活利益を人格的利益の一種，すなわち，生活妨害を人格権侵害の側面からとらえることも可能である（有力説）。ただし，生活利益の保護といっても，生活妨害が，生命・身体（健康）侵害にまで及ぶ場合には，そこに焦点を合わせた法的処理が講じられる必要がある。

　生活妨害の原因たる行為が，相当広範囲に及ぶ環境汚染を伴う場合は，通常，公害と呼ばれる。公害では，事業活動によって不特定多数の者が被害を受けるおそれがあるとともに，加害者側も複数者が関与するなど，不法行為の類型としては複雑な要因をはらんでいるものもあり，不法行為の一般法理だけでは十分に対応しえない問題も多い（大気汚染25条，水質汚濁19条では，事業者の無過失責任を認めている）。

★★　(2)　**保護の基準**　生活利益の享受が他人によって干渉されたとしても，ある程度までは忍容しないと，共同生活は成り立たない。したがって，生活妨害で主要な争点となるのは，通常，忍容が期待されてよい範囲の画定そのものであり，この点に他の類型

にはみられない特徴がある。

　この範囲を画定する基準は，受忍限度と呼ばれ，不法行為法上の救済が与えられるためには，生活妨害が社会生活上一般に被害者において受忍すべき限度を超えたものであることが必要とされる（最大判昭56・12・16民集35巻10号1369頁〔大阪国際空港事件〕，前出最判昭47・6・27など）。受忍限度の判定には，被侵害利益の性質や侵害行為の態様を含む多くのファクターが総合的に斟酌されることになるが，被害者の立場からみて重要なのは，損害の程度であると解することもできる（最判平5・2・25民集47巻2号643頁〔厚木基地訴訟〕では，基地の公共性だけを理由として受忍限度の範囲内にあると判断すべきではないとされた）。

　なお，理論的には，通説によると，受忍限度の判定は違法性の問題とされる。

　付言すると，生活妨害に対する救済に当初の間一定の役割を果たした権利濫用の法理（大判大8・3・3民録25輯356頁〔信玄公旗掛松事件〕）は，日照，通風という権利性の弱い生活利益に対する消極的な侵害が争点となったさいにあらためて援用されている（前出最判昭47・6・27）ことにかんがみると，この法理が活用される機会は，これからも失われることはない，と考えられる。

V　特殊の不法行為

1　序

（1）　三つのグループ　　一般の不法行為に対して，特別の要件で不法行為の成立が認められるもの（特殊の不法行為）は，三つのグループに分けることができる（表6）。第一は，責任主体の特殊性に着目するもので，これには，責任無能力者の監督者の責任

表6　特殊の不法行為

グループ	民法上のルール	法律構成・帰責原理
責任主体の特殊性	①責任無能力者の監督者の責任（714条） ②使用者の責任（715条）	過失の立証責任を転換する（中間責任）
複数主体による不法行為	共同不法行為（719条）	因果関係の要件について特殊な扱いがなされる
物の支配管理	①土地の工作物の瑕疵による責任（717条） ②動物占有者の責任（718条）	**(危険責任の原理)** 占有者―中間責任 所有者―無過失責任 中間責任

（714条）(2)と，使用者の責任（715条）(3)がある。第二は，不法行為が複数主体によってなされるもので，共同不法行為と呼ばれる（719条）(4)。第三は，物の支配管理から生ずる責任で，民法典では，土地の工作物の瑕疵による責任（717条）(5(1)) と，動物占有者の責任（718条）(5(2)) について規定されている。

　(2)　法律構成・帰責原理　　特殊の不法行為を法律構成ないし帰責原理からみると，第一のグループでは，監督者や使用者の過失について立証責任が転換され，その分責任が重くなっているため，過失責任と無過失責任との間の中間責任であると解されている。第二の共同不法行為では，その要件が充足されると複数の関与者が連帯責任を負わされるが，因果関係について一般の原則が修正されているところに特色がある。

　以上の二つのグループに対して第三のグループでは，損害が人の支配管理する物から生じた，という点に目が向けられており，なかでも，工作物の所有者には，工作物の瑕疵から生じた損害に対して無過失責任が負わされていることに注意しなければならな

い。これは，過失責任主義に立つ民法典の唯一の例外規定であり，そこに含まれる帰責原理は，今後ますます重要になると考えられる。

(3) **特別法に基づく不法行為**　　特別の要件に基づく不法行為には，特別法で定められているものもある（6）。本節ではその中から，工作物責任に連続する帰責原理（危険責任）を基礎とする，自動車事故における運行供用者の責任（自賠3条）（6(1)）と，早くから存在する，失火責任法（6(3)）を取り上げるほか，製造物責任法（平成7〔1995〕年7月1日施行）（6(2)）についても，その概要を述べておくことにする。その他の特別法については，主要なものをあげておく（6(4)）ことにしたい。

なお，国家賠償法には，工作物責任と同趣旨の規定（国賠2条）があるほか，使用者の責任と類似するがそれよりも内容的に責任が強化されている規定（国賠1条）が設けられており，民法にとっても参考になるところが多い。

2　責任無能力者の監督者の責任

(1) **意義**　　不法行為によって他人に損害を加えた者が，責任能力をそなえていなかったという理由から免責される場合には（712条・713条参照），その行為者の監督者は，①監督義務を怠らなかったこと，または②その義務を怠らなくても損害が生ずべきであったことを証明しないかぎり，その損害に対して賠償責任を負担しなければならない（714条1項）。

免責事由の②は平成16年改正法で追加されたもので，同様の規定は旧規定下の使用者責任（715条1項ただし書参照）にはすでに存在していた。これは因果関係の不存在を理由とするものであるが，監督者の責任においても改めて明示されたことは監督者の責

任範囲（監督者の義務違反と責任無能力者の加害行為との間のつながり）を画するうえで重要な意味をもつ。

監督者の責任は，沿革的には家族団体の統率者としての家長の責任に由来する。しかし，民法では，過失責任主義との調和を図るため，監督者の責任についても，その根拠はあくまでも監督上の義務違反があったことに求められている。ただ，監督者の過失は，加害行為そのものについての過失ではないこと，免責事由について立証責任が転換されていること，の二点において一般の場合よりも責任は重いものとされていることに注意を要する（中間責任）。

なお，監督義務は，責任無能力者が特定の加害行為をしないように監督する義務か，それとも，日常生活における一般的監督を問題とすべきか，考え方は分かれるが，監督義務は，監督者という特別の地位に基づくものであることを考えれば，後者と解すべきであろう（通説）。

この点について，子供による事故が人身に危害を与える危険性が低くかつ偶発的なものである場合において，親権者の714条責任においても，一般的な監督義務ではなく，特定性のある監督義務が問題となることを示した判例が注目される（最判平27・4・9民集69巻3号455頁）。

監督者の賠償義務については，失火による損害賠償責任を失火者に重大な過失がある場合に限定している失火責任法との関係も問題となるが，監督者に未成年者の監督について重大な過失がなかったときは賠償義務を免れる，とされた（最判平7・1・24民集49巻1号25頁）。

(2)　監督者　　(ア)　賠償義務を負担するのは，責任無能力者に対して法定の監督義務を負う者である。責任能力を欠く未成年者

に対しては，親権を行使する者として，親権者（820条），親権代行者（833条）および未成年後見人（857条）である。

　統合失調症や認知症を発症したために責任能力を失った者については，従来の学説によると，成年後見人と，精神保健及び精神障害者福祉に関する法律に定められていた保護者が，法定の監督者として，賠償義務を負担する，とされていた。

　これに対し，精神障害等により，責任能力を喪失した者に対しては，成年後見制度や精神福祉法制の改正により，法定の監督義務の根拠となる規定が改正・削除され，法定監督者が原則としていない状況にある（最判平28・3・1民集70巻3号681頁）。そこで，最高裁は，①精神障害者自身の生活状況や心身の状況などとともに，②精神障害者との親族関係の有無・濃淡，③同居の有無その他の日常的な接触の程度，④精神障害者の財産管理への関与の状況などその者と精神障害者との関わりの実情，⑤精神障害者の心身の状況や日常生活における問題行動の有無・内容，⑥これらに対応して行われている監護や介護の実態など諸般の事情を総合考慮して，「第三者に対する加害行為の防止に向けてその者が当該責任無能力者の監督を現に行いその態様が単なる事実上の監督を超えているなどその監督義務を引き受けたとみるべき特段の事情が認められる場合には，衡平の見地から」準監督者となる者と同視してその者に対し714条1項を類推適用して，被害者保護の欠缺を補おうとする。

　しかし，同判決によってすべてが解決したわけではない。精神障害者の加害による損害賠償責任の問題の解決は，714条のみならず709条や他の制度（たとえば責任能力制度や社会保障制度等）さらには立法論（たとえば，責任能力制度の改正や衡平責任の導入）も含め，統一的にすすめられるべきである。

　〔イ〕　法定の監督者に代わって責任無能力者を監督する代理監督者（714条2項。保母，教員，精神病院の医師，少年院の職員など）も同様の責任を負う。代理監督者は，法律や法定の監督者との契約によって責任無能力者の監督を委託されるわけであるが，責任の負担については，個々人ではなく，施設・事業体自体ないしその長を負担者とすべきであるとの考え方もある。

★　(3)　**監督者の補充的責任**　　監督者が未成年者や精神障害者による不法行為に対して責任負担者とされるのは，責任無能力のゆえに行為者みずからは賠償責任を免れる場合に限られる。その点で，714条では，監督者は重い責任を負わされるかもしれないが，それは，あくまでも補充的なものにすぎない。しかし，これでは，行為者に責任能力が具備されていさえすればその者に賠償資力が欠けていても，被害者は監督者に賠償請求することができず，不公平な結果が生ずる可能性がある。責任能力があるとしてもなお未成年者であることから親権者の親権に服しており（818条・820条），親権者はこの者の行為に干渉する可能性が大きく，ここに民法709条の監督義務の根拠を見出すことも可能である。

　そこで，判例は，責任能力ある未成年者の不法行為についても，「監督義務者の義務違反と当該未成年者の不法行為によって生じた結果との間に相当因果関係を認めうるとき」は，監督者に709条による不法行為が成立すると解して，不法行為の一般ルールに基づいて被害者の救済を図っている（最判昭49・3・22民集28巻2号347頁。中学3年生の男子による殺人事件）。709条による場合は，結果発生についての損害防止義務が問題とされるわけであるから，監督者の義務違反も，それに即して具体的に判断される必要がある。

3　使用者の責任

(1)　意義　　(ア)　使用者は，被用者が第三者に損害を加えた場合には，それが「事業の執行について」なされたものであるかぎり，みずからが賠償責任を負担しなければならない（715条1項本文）。ただし，使用者は，選任・監督について過失がなかったこと，または相当の注意をしても損害が生じたであろうことを証明すれば，責任を免れることができる（同項ただし書）。

使用者が被用者のした不法行為についてこのような特別の責任を負わされるのは，使用者は他人を使用して自己の活動範囲を広げることができるからである。活動範囲の拡大は，一方では使用者に利益をもたらすが，他方では損害発生の危険もそれだけ増大する。前者に着目すれば，使用者責任の基礎には報償責任（「利益の存するところに損失をも帰せしめる」，最判昭63・7・1民集42巻6号451頁）の考え方があるということができる（通説）が，後者からみれば，それだけでなく，被用者（危険源）を支配する立場にある者に課される危険責任という考え方も，そこに含まれていると解することができる。

使用者は，このような対外的な関係にとどまらず自己の雇用する労働者に対しても責任を負うが，この関連で「業務の遂行に伴

図14　使用者の責任

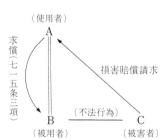

う疲労や心理的負荷等が過度に蓄積して労働者の心身の健康を損なうことがないよう注意する義務」に言及する判例（最判平12・3・24民集54巻3号1155頁。715条に基づく使用者の責任）があらわれたことが注目される。

　(イ)　使用者責任では，免責事由として，被用者に対する選任・監督上の過失が問題とされている。そのかぎりで，責任無能力者の監督者の責任と同様に過失責任主義との調和が図られている（ただし，過失について立証責任が転換されているため，実質的には中間責任）が，その一方で，使用者の責任については，これを他人（被用者）の不法行為に対する代位責任として説明する考え方がある（通説）。

　これによると，使用者は他人の不法行為について特別に責任を負わされるわけであるから，使用者の免責は，例外的なものとならざるをえない。このように，代位責任説をとれば，715条1項ただし書の免責は容易には認められないことになるが，ただ，使用者責任（企業責任）の強化という点では，このような代位責任性が強調されるよりも，より一般的に，事業範囲の拡大に伴い自己責任の範囲も拡張されると解するほうが，報償責任や危険責任の原理とも対応しやすいと考えることもできる。

　(2)　使用者責任の成立要件　　使用者責任が成立するためには，使用者と不法行為者との間に使用関係があること（(ア)），被用者が事業の執行につき損害を加えたこと（(イ)），その損害は第三者に対して加えられたものであること（(ウ)），使用者に免責事由がないこと（(エ)），が必要である。

　このうち，使用関係は，企業から家事使用人まで広い範囲に及び，使用者の免責も，実際にはほとんど認められていない（事実上の無過失責任）。

成立要件の中で最も重要なのは,「事業の執行について」という使用者責任の外枠を画する要件であり,賠償資力ある使用者に請求しようとする被害者側の主張のどこまでを認めるのが妥当かという問題が,この要件を通じて問われることになるわけである。

(ｱ)　使用者と被用者の使用関係　　使用者責任が認められるためには,まず「ある事業のために他人を使用する」という関係が存在しなければならない。

　(a)　類型化の必要性　　ここで「事業」とされるのは,企業的活動である必要はなく,日常的に仕事と呼ばれるほどのものであれば,すべて事業に含まれる(たとえば,庭の手入れ。判例・通説)。したがって,一時的なものでもよいし,営利的なものであるかないかも問わない(さらに,暴力団のシノギのような違法性の強い事業も含まれる。最判平16・11・12民集58巻8号2078頁)。このように,事業は広く解されているために,使用者責任の要件,効果は,事業や使用関係の性質に応じて類型的に考察される必要がある(企業責任が問題にされる場合と,個人的な使用関係が問題にされる場合とに大別することができよう)。

　(b)　**実質的な指揮監督の関係**　　使用関係があるといえるた　★めには,雇用契約ないし労働契約のように,他人に仕事をさせることを本旨とする契約がある場合には問題ない。しかし,このような契約関係がなくても,仕事の遂行にあたって両当事者に実質的な指揮監督の関係が認められれば,使用関係があると解されている(最判昭56・11・27民集35巻8号1271頁では,兄が,自分の所有する車を弟に運転させ,帰宅する途中で発生した交通事故について,兄弟間に使用関係があるとされた)。

これに対して,仕事に従事する側に自主性や独立性が認められている場合には,このような実質的な指揮監督の関係があるとは

いえないから，使用関係は成立しない。たとえば，請負人と注文者との間には原則として使用関係が認められないのはそのためである。

　しかし，請負人が自分の請け負った仕事を下請させるときには，下請人に対する指揮監督を伴うことが多く，その場合には，元請人の使用者責任が問題となる余地がある（大判昭11・2・12新聞3956号17頁）。弁護士については，依頼者との間の使用関係に肯定的な判例もあるが，独立した専門的職業人であることを理由に，学説はこれに批判的である。

　A（使用者）・B（被用者）間の使用関係に，第三者Cが関係する場合がある。これは，CがAの使用するBと指揮監督の関係をもつ場合（たとえば，運転手，助手付きトラックを賃借する）と，被用者であるBがさらにCを使用する場合に分けることができる。前者の場合には，それによってA・B間の指揮監督の関係が失われないかぎり二重の使用関係が生ずる可能性があり，また後者においても，A・C間に実質的な指揮監督の関係が認められる場合には，同様の状況が生ずる（たとえば，最判昭45・2・12判時591号61頁参照）。学説では，前者は競合的使用関係，後者は重畳的使用関係の問題と解されている。

　なお，営業上の名義が貸与された場合の名義利用者による不法行為については，名義貸与者の賠償責任が認められている（判例・通説）が，その理由づけは多岐に分かれている。

　(イ)　加害が，「事業の執行について」なされたこと　　使用者が責任を問われるためには，被用者による加害行為が，事業の執行についてなされたものであることが必要である。使用者は，事業の遂行によって利益をあげることができるのであるから損失についても負担すべきである（報償責任）としても，事業とは関連

のない行為によって生じた損害についてまで賠償を求めるのは，公平なリスク配分とはいえないし，また，このような損害は，その事業に伴う典型的な危険が実現されたもの（危険責任）とみることも妥当とはいえない。これが，事業執行性が要求される実質的理由である。

　(a)　事業および職務の範囲　　加害行為が事業の執行についてなされたといえるためには，第一に，事業の範囲という点で，使用者の事業と一定の関連性があることが必要である。第二に，職務の範囲という点で，被用者の職務権限は一定の範囲に制限されているのが通例であるから，加害行為もその職務と関連したものである必要がある。このうち，前者については，法人の「目的」(34条参照)に関するのと同様，ゆるやかに解されるのが当然と受けとられているために，争われるのは，ほとんどの場合，職務の範囲に関する問題である。

　(b)　**職務範囲との関連性と，その緩和**　　加害行為と職務との　★
関連性については，判例は当初，使用者の事業の執行自体か，もしくは，その事業と関連して一体不可分の関係にあることが必要と解し，被用者が，使用者の事業の執行としてなんらなすべきことが現存しないのに，たんに自己の目的のために，その地位を濫用してなした行為については，使用者は，責任を負わないとの態度をとっていた（たとえば，大判大 5・7・29 刑録 22 輯 1240 頁。一体不可分説）。

　しかし，その後，大審院は，このような厳格な制限的解釈は立法の精神や一般取引の通念に照らし狭隘に失するとし，職務の濫用が問題となったケースで従来の判例を変更し，職務との関連性をゆるやかに解する道を開いた（大連判大 15・10・13 民集 5 巻 785 頁）。これは，株券発行事務を担当していた庶務課長が，株券を

偽造し自己の米相場取引のための証拠金代金として第三者に交付しこの者に損害を与えたというケースで，「庶務課長トシテ株券発行ノ事務ヲ担当シ且株券用紙及印顆ヲ保管シ何時ニテモ自由ニ株券発行ノ事務ヲ処理スヘキ地位ニ置カレタル場合ニ在リテハ縦令其ノ者カ地位ヲ濫用シ株券ヲ発行シタリトスルモ要スルニ不当ニ事業ヲ執行シタルモノノ外ナラスシテ其ノ事業ノ執行ニ関スル行為タルコトヲ失ハサルモノ……」としたものである。

　(c)　外形理論（外形標準説）　　この連合部判決を転機として，やがて，判例の中には，行為の外形から客観的に観察して，あたかも被用者の職務の範囲内に属するものとみられる場合であればよいとして，使用者の責任を広く認める一群の判例が登場する（たとえば，最判昭36・6・9民集15巻6号1546頁参照。手形の偽造交付により転得者が損害を被った）。行為の外形から事業ないし職務との関連性を問題とするこの考え方は，外形理論と呼ばれ，判例・通説として定着する（ちなみに，連合部判決では，外形で判断すべき旨が明示的に述べられているわけではなく，これを外形理論のリーディングケースとみることを疑問視する学説もある）。

　判例では，外形理論は，被用者が積極的に取引に関与する場合（取引的不法行為）だけでなく，交通事故のように，取引関係が介在しない場合（一般に事実的不法行為と呼ばれる）にも適用されている（最判昭39・2・4民集18巻2号252頁，内規に違反して会社所有の車を私用に使い事故を起こした場合。なお，外形理論にはふれていないが，実質的には同旨の判断をしたものとして，最判昭30・12・22民集9巻14号2047頁参照）。

　外形理論は，その判断基準が抽象的一般的であるため，便宜的に用いられる可能性もある。判例で「外形」が問題にされる場合には，加害被用者の主観的意図はもちろん問われることはないが，

職務との関連では，職権が濫用された場合だけでなく，職務範囲が逸脱された場合（たとえば，手形係から他任務に転じたのちに，手形を偽造交付する）にも適用があると解されている。

(d) **取引的不法行為における信頼の保護**　　判例によると，外形理論の趣旨は，取引行為については，行為の外形に対する第三者の信頼を保護することにある。したがって，行為の相手方である第三者が，被用者の権限濫用を知っていた場合（最判昭42・4・20民集21巻3号697頁）や，知らなかったことについて重過失がある場合（最判昭42・11・2民集21巻9号2278頁）には，使用者は責任を負わない。なお，取引の相手方の信頼を保護する制度としては，表見代理制度（109条以下）があるので，学説では，両者の関連をふまえたリスク配分のあり方が検討されている。

(e) **外形理論**は，事業（職務）執行性を判断する基準としては，抽象的にすぎるため，学説ではそれに替わる具体的基準が検討されている。そこでは，多かれ少なかれ，職務の性質に伴う危険の範囲ないし使用者の支配領域が問題とされ，それに関連するファクターの抽出が試みられているが，他方では，不法行為の類型に着目し，少なくとも，取引行為におけるような意味での被害者側の信頼が問題となる余地がない事実的不法行為については，外形理論はあてはまらないとの考え方がある。　★★

　被用者による加害は，使用者が一定の職務に就かせたために生ずるのであるけれども，使用者に賠償責任を負わせるには，その職務に伴う加害の危険性が，使用者にとって支配可能な範囲内にあることが必要である。このような観点（人に対する支配に内在する危険性）から業務執行性を判断するためには，職務の性質（とくに，職権の濫用の場合）だけではなく，より具体的に，加害行為と被用者の職務範囲との近接性（とくに，職務範囲の逸脱の場合），加害手

段・方法に対する近接性，そのような手段・方法自体の危険性などのファクターに着目する必要がある。取引行為については，さらに相手方の事情も斟酌されるべきである，ということになる。なお，暴行ないし暴力行為については，外形理論ではなく，事業の執行行為との密接関連性が基準とされている（最判昭44・11・18民集23巻11号2079頁，最判平16・11・12民集58巻8号2078頁）。

　(ウ)　第三者に対する加害行為があったこと　　ここにいう第三者とは，使用者および加害行為をした当該被用者以外のすべての者を指す。したがって，使用者を同じくする者が，加害被用者と第三者（被害者）に分かれることがある。

　この要件については，被用者の加害行為は，それ自体が一般の不法行為の成立要件を具備していることが要求されている（判例・通説）。これは，使用者の責任を被用者の不法行為についての代位責任として理解する場合には説明しやすいけれども，被害者救済の見地からは，それが足かせとなる場合もある。そこで，この要件を緩和すべきか否かが問題とされており，少なくとも，責任能力については，これを不要とする考え方がある。

　(エ)　免責事由がないこと　　使用者の責任については二つの免責事由が定められている。第一は，「被用者の選任及びその事業の監督について相当の注意をしたとき」，第二は，「相当の注意をしても損害が生ずべきであったとき」である（715条1項ただし書）。

　使用者は，選任・監督の双方について相当の注意を払わなければならず，また，その程度も，事業の種類・内容や使用者の種別に応じて考える必要がある。使用者は，免責事由を証明すれば賠償責任を免れるわけであるが，実際には使用者がそれに成功することは皆無に近く，その意味で，免責事由の条項は，事実上死文化していると解されている（国賠1条では免責事由を認めていない）。

　ただ，すでに述べたように，715条の事業や使用関係はきわめて広く把握されているため，一律に考えることはできず，個人的ないし家事的使用関係では，免責事由がその趣旨に即して機能しうる余地があることに注意しなければならない。

　なお，第二の免責事由は，当然のことの注意的規定と解されている。

　(3)　賠償責任者と求償関係　　(ア)　賠償責任者　　使用者責任の要件が具備された場合の賠償責任の負担者は，使用者（715条1項）と，「使用者に代わって事業を監督する者」（代理監督者）（同条2項）である。工場長，営業所の所長，現場監督者などが代理監督者にあたる。

　法人では，法人が直接に使用者としての責任を負うことが認められているので（一般社団・財団法人法78条・197条），それとの関係で，代表機関についても，代理監督者としての責任が問題となる場合がある。代理監督者の判断基準としては，現実の監督関係の有無にウエイトが置かれるのが通例（判例・通説）であるが，実質的な利益の帰属者に限定すべきであるとする考え方もある。

　なお，使用者（代理監督者）が賠償責任者とされることは，被用者が自己の不法行為責任を免れることを意味するわけではなく，両者は，被害者に対し不真正連帯債務の関係にあると解されている（判例・通説）。ただし，リスク配分の公平という見地から問題を実質的にとらえると，企業活動に伴う損害については，被用者の対外的責任を制限するのが妥当な場合もある（有力説）（(4)参照）。

　(イ)　求償および逆求償について　　使用者または代理監督者が被害者に賠償した場合には，被用者に対して求償することができる（715条3項）。

　使用者の責任が，被用者の不法行為責任を基礎とする他人の不

法行為についての責任（代位責任）であると理解される場合には，最終的負担者と目されるべき者は被用者であり，使用者の求償が可能なのは当然であるとも解しうる。しかし，使用者は，被用者の活動によって利益をあげていることや，企業活動に伴う危険性にかんがみると，求償権の問題は，損害の公平な分担という立場から実質的な負担者を探ることが必要である。

　したがって，業務執行性がゆるやかに解される結果，使用者が，被用者の私利を目的とする故意的ないし意図的不法行為による損害についても賠償責任を負わされる場合には，全面的求償は当然であるとしても，通常の企業活動の過程で生じた損害の発生については，求償権の行使が制限されるべき場合があることに，学説・判例は一致している。

　判例には，交通事故によって生じた物損に対して賠償した使用者からの求償について，信義則によってその範囲を 4 分の 1 に制限したものがある（最判昭 51・7・8 民集 30 巻 7 号 689 頁）。求償権の行使を制限する理由づけとしては，信義則のほかにも，使用者と被用者の共同不法行為，ないし，不真正連帯債務の関係にある者の間の内部的負担の問題と解する考え方など，諸説があるが，被用者の立場からみて実際に重要なのは，軽過失があるにすぎない場合の完全免責の是非である（求償について 4 ⑶ ㋐ も参照）。

　なお，求償関係については，使用者責任と共同不法行為が交錯する問題として，被用者 A と第三者 X との共同不法行為によって損害が発生した場合に，先に賠償した X は，A の過失割合に基づく負担部分について，A の使用者である Y に求償しうるかという問題がある。判例（最判昭 63・7・1 民集 42 巻 6 号 451 頁）は，このような共同不法行為者である第三者との間の求償関係のレベルでも，報償責任の趣旨に言及して使用者の責任を肯定する。

　この理は，共同不法行為の各加害者の使用者が損害賠償責任を負う場合の，使用者相互間の求償についても妥当する。求償関係ということでは，さらに，加害者を同じくする使用者相互間の求償という従来論じられることのなかった別の問題についても，各使用者の責任の割合は「加害行為の態様及びこれと各使用者の事業の執行との関連性の程度，加害者に対する各使用者の指揮監督の強弱などを考慮して定めるべき」ものと判示されていることにも注意を要する（最判平3・10・25民集45巻7号1173頁）。

　以上に対し，被用者が被害者に損害の塡補をした場合に，被用者は使用者に対し求償（いわゆる逆求償）を求めることができるか。最高裁令和2年2月28日判決（民集74巻2号106頁）は，使用者責任の根拠が危険責任・報償責任に求められていることを前提に，前出最判昭51・7・8と同旨の衡量要素を列挙し，これを踏まえて，損害の公平な分担の見地から，逆求償が可能であるとする。同判決でも，逆求償の根拠は明示されないものの，責任の正当化根拠と逆求償をより積極的に関係付けており，このアプローチは求償の問題を考えるにあたっても重要であろう。

　(4)　**企業自体の不法行為責任**　　使用者の責任を定める715条　★★は，被用者が事業の執行について加害行為をしたことが証明された場合にはじめて適用があるにすぎず，その点は，使用者が組織的な事業活動を行う者であっても変わりはない。しかし，事業活動が大規模に組織化されている場合には，加害被用者の特定は困難であり，また，かりに特定されたとしても，損害の発生は，被用者の職務というよりも企業の事業活動自体に伴う危険が実現されたものとみるのが妥当な場合もある（たとえば，公害の発生や欠陥商品の製造）。

　そこで，学説では，企業活動に付随して不可避的に生じる損害

については，被用者の職務に直接に関連した不法行為責任に依拠するのではなく（715条に基づく場合には，加害被用者の責任が不当に拡大されるおそれがある），企業という組織体ないし事業体それ自体に責任主体性を認め，それに対して，直接に，709条の過失を考慮すべきであるとする考え方（企業自体の不法行為責任）が有力に主張され，これに肯定的な下級審判決もある（典型例として，福岡地判昭52・10・5判時866号21頁〔カネミ油症事件〕。ただし，これに反対するものとして，東京地判昭57・2・1判タ458号187頁，東京地判昭63・3・11判時1271号3頁〔クロロキン薬害事件〕など参照）。

　企業自体の過失を争点にすることができれば企業責任の追及は容易になり，被害者の救済にとっても有利である。ただ，企業活動を行う者にとっては，過失責任とはいいながら結果的には特別法によらないで事実上無過失責任に近い厳しい責任を課される可能性が生ずるので，組織体としての過失が問題とされる場合には，企業活動に伴う定型的危険や，それに対する帰責原理が明確にされ，それをふまえた合理的なリスク配分が検討されるべきであろう（過失概念の弾力的適用については，Ⅲ2(4)(イ)(c)参照）。

　なお，法人については，理事その他の代表機関が，その「職務を行うについて」他人に損害を加えた場合にも，賠償義務があるとされている（一般社団・財団法人法78条・197条。詳しくは，本シリーズⅠ・第2章Ⅵ6(3)参照）。

　(5)　注文者の責任　　716条では，注文者は，請負人が「その仕事について第三者に加えた損害」について，賠償責任を負わないと定められている。請負人には，業務の遂行にあたって自主性や独立性が認められているので，注文者と請負人との関係は，原則として，使用者としての責任が問われる使用関係（実質的な指揮監督の関係）に該当しない，というのがその理由である。なお，

注文または指図について注文者に過失があり，そのために他人に損害が生じた場合には注文者の賠償責任が問題となる（同条ただし書）。これは，注文者の過失についての注意規定（709条）と解されている。

4 共同不法行為

(1) 序 たとえば，A病院では看護師資格のない者が注射を続けている旨を伝え聞いた開業医Bは，競争相手であるA病院の社会的評価が下がればよいと考えて，そのことを地方月刊誌の記者Cに告げた。Bの意図を了解したCは，これを機会にA病院を糾弾することにし，Bのいったことをそのまま記事にしたところ，A病院の患者数が減少したとする。この場合，A病院にはそのような事実はなかったことが判明したとすると，A病院は，情報提供者であるBないし，記事の執筆者Cに対してどのような責任を問いうるであろうか。

不法行為の発生に複数者が関与する可能性は，社会的接触の緊密化に伴い増大する。民法では，それが共同不法行為にあたる場合には，それによって生じた損害について各自に連帯責任を負わせることにして，被害者の救済を図っている（719条）が，理論的には，損害の発生に対する各自の因果関係について，複数者の共同関与を考慮した特別の扱いが必要とされており，そこに共同不法行為が，特殊の不法行為として位置づけられる主な理由がある。

加害者側に立つ者が複数いる場合に特別のルールが必要とされるのは，一般的には，権利（法益）侵害の態様に社会的一体性がある場合や，損害が不可分な場合であるが，これについては，共同不法行為として，とくに三つのタイプが規定されている。それ

図15　共同不法行為

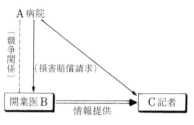

※B・C間には連帯責任を負わせてよい
　関係があるか

は，複数主体の間に関連共同性がある場合（719条1項前段），加害
者が不明の場合（1項後段），教唆者・幇助者がいる場合（2項）で
ある。

　このうち，実際に最も重要で，それゆえに成立要件をめぐって
諸説が対立しているのは，1項前段の共同不法行為である。以下
では，それを中心に説明することにする。

　(2)　共同不法行為の成立要件　　(ｱ)　関連共同性があるタイプ
（1項前段）　　これは，狭義の共同不法行為と呼ばれてきたもの
であるが，それが成立するためには，「数人が共同の不法行為に
よって」他人に損害を加えたことが必要である。この要件は，複
数関与者の各自に要求されるものと，相互の関係において要求さ
れるものとに，分けることができる。

　(a)　各自がそなえるべき要件　　共同の不法行為といっても，
その基になるのは各自の行為であるから，賠償責任を問いうるた
めには，それぞれが独立に不法行為の要件をそなえていることが
必要である（最判昭43・4・23民集22巻4号964頁〔山王川事件―水質
汚染〕）。その内容は一般の不法行為（709条）の要件論に左右され
ることになるが，通説的理解にしたがうかぎり，帰責原因として

の故意・過失や違法性，責任能力，違法性阻却事由の不存在など
の要件が具備されていなければならない。関与者の中に不作為の
者がいる場合でも，作為義務違反を問う要件が充足されていれば，
その者についても共同不法行為が成立する可能性がある（最判昭
62・1・22民集41巻1号17頁参照）。

　因果関係については，侵害行為の一体性や損害の不可分性を考
えると，共同不法行為に対しても709条におけると同じ意味の因
果関係の認定を求めることは，共同不法行為という特別のカテゴ
リーを設けて連帯責任を課そうとする趣旨が不当に損なわれるお
それがある。

　しかし，判例は，この要件についても，基本的には加害者各自
の行為と損害の発生との間には因果関係があることが必要である
との考え方（大判大8・11・22民録25輯2068頁，前出最判昭43・4・23
など）を変えていない。ただ，実際には，因果関係がかなりゆる
やかに認められていると解される場合もあることに注意しなけれ
ばならない（たとえば，大判昭9・10・15民集13巻1874頁では，水利権
をめぐる争いから生じた襲撃事件において，闘争決議にのみ参加した者や騒
擾には参加したが殺傷行為はしていない者に対しても，共同不法行為が肯定
されている）。このことは，因果関係については共同不法行為に特
有の問題があることをうかがわせるが，それは，次の関連共同性
の要件と密接に関係するので，そこでまとめて説明することにし
たい。

　なお，因果関係は，判例・通説では，事実的因果関係のレベル
だけでなく，賠償範囲の画定が問題となる場合にも言及されてき
たことは，すでに一般の不法行為のところで述べたとおりである
（416条＝相当因果関係説。Ⅲ8⑵参照）。判例によると，この理は，
共同不法行為にも拡充されるべきで，特別事情に基因する損害に

ついては，予見しまたは予見しうべかりし事情にあった共同不法行為者のみが賠償責任を負担すると解されている（大判昭 13・12・17 民集 17 巻 2465 頁）。

★　　(b)　**関連共同性があること**　　数人が「共同の」不法行為によって損害を生じさせたことが必要である。共同の不法行為とは，不法行為の関与者相互間に関連共同性がある場合をいう。

関連共同性には，主観的なとらえ方（主観的共同説）と，客観的なとらえ方（客観的共同説）がある。判例は，後者をとることで一貫しており（大判大 2・4・26 民録 19 輯 281 頁，前出最判昭 43・4・23 など），学説でも，かつてはそれが通説と解されていた。すなわち，通謀その他主観的共同関係がなくても，各自の行為に客観的な関連共同の関係があればそれでこの要件は満たされる，というのが判例・通説の基本的な考え方である。

客観的共同説では客観性ということの性質上，主観的共同説に比べてその内容が規範的にとらえられやすいために（関連共同性の客観化），外延は一義的には画しがたいけれども，一般的には，権利（法益）侵害に対するかかわり方や，発生した損害の態様から全体を客観的に判断して，連帯責任を負わせるに足る社会的な一体性があると評価される場合には，関連共同性があるといってよいことになる。これによると，交通事故と医療過誤がたんに競合したにすぎない場合にも，共同不法行為が成立する可能性がある（最判平 13・3・13 民集 55 巻 2 号 328 頁は，当該事案では交通事故と医療事故とのいずれもが被害者の死亡という不可分の一個の結果を招来し，この結果について相当因果関係を有する関係にある，としたうえで，本件では運転行為と医療行為とは民法 719 条所定の共同不法行為にあたる，とした）。

客観的共同説をとると共同不法行為の認められる範囲が広がるため，被害者の救済は厚くなる。しかし，その結果，損害の発生

に対する寄与度が低い者も，客観的な関連共同があるというだけ
で同じように連帯責任を負わなければならないとすると，加害者
間に不公平が生ずるおそれもある。被害者側の立場からみても問
題がないわけではない。

すなわち，共同不法行為者各自の要件として，前述のように，
一般の不法行為と同様の意味の因果関係が要求されるのでは，そ
ちらの方から被害者の救済が阻止される場合も生じうるからであ
る。もっとも，この点は，因果関係の認定をゆるやかにすること
で克服しえないことはないが，そうすると今度は，客観的共同は，
このような処理を認めるに十分な理由たりうるかという問題が生
じかねない。このように，客観的共同説には，被害者保護の強化
というだけではすまされない問題点が含まれているため，関連共
同性の基準をめぐってはさまざまな見解が現れた。

　(c)　**学説の動向**　　(i)　関連共同性は，狭義の共同不法行為 ★★
が成立するための不可欠の要件である。しかし，同一の不法行為
に関与した複数者の各自に，709条におけると同様の要件の具備
が求められたうえ，客観的共同説の立場から関連共同性がゆるや
かに認められるのでは，複数のそれぞれに独立した不法行為が，
たんに競合したにすぎない場合との違いが薄められることになる。

そこで，学説では，共同不法行為に特有な存在意義を見出すた
めに，関連共同性にしぼりをかけ，それとのからみで，各自が具
備すべき不法行為要件，とくに因果関係の要件を考え直すべきで
あるとの主張が有力に展開されることになった。

関連共同性に対するしぼりのかけ方には，諸説がある。そこに
ほぼ共通するのは，関与者相互の意思の態様を問題にすべきであ
るとの認識が基底に存在することである。これは，主観的共同説
の再評価につながることになるが，ただ，主観的共同説といって

も，客観的共同説が判例・通説として確立されたのちにそれをのり越えるために提唱されるわけであるから，主観的共同には，新しい意義づけが必要とされるし，また，客観的共同との併用が主張される場合もあることに注意しなければならない。

　ここでは，関連共同性の再構成にあたって基本となる二つのタイプを取り上げて，その考え方の違いにふれておくことにしたい。

　（ii）　第一に，1項前段の制度趣旨を自己の行為と因果関係にない損害についても賠償責任を負担すべきことを定めた規定（そのかぎりで，各人の行為と結果との間の因果関係が擬制される）と解し，それを基礎づける帰責根拠として，主観的共同が必要であるとの考え方がある。この立場では，主観的共同が意思の連結として厳格に解されると，共同不法行為の成立範囲が狭められるおそれがある。

　この点については，関与者が相互に他人の行為を利用しあう関係において，自己の行為が利用されることについてそれを認容する意図があれば足りるというように，比較的広義に解されているところに，かつての主観的共同説にはみられなかった特色がある。

　第二に，1項前段には，関連性の内容について性質の異なる複数のタイプが存在すると解し，共同不法行為の理論的な類型化を志向する学説がある。その先駆的なものとして，主観的共同の類型（意思的共同不法行為）と，主観的要素以外の関連共同性を要する類型（関連的共同不法行為）に分け，前者では，各人の行為と結果との間の（事実的）因果関係は問題とならないのに対して，後者では，被害者がこれを主張・立証する必要があるとする考え方がある。

　これは，関連共同性を主観的共同の意味に限定すると，共同不法行為の現代的意義が失われると考え，主観的要素以外のファク

ターも考慮すべきであると主張するものである。後者では，寄与度をこえる一個の損害について連帯して責任を負わされるところに，独立の不法行為（709条）がたんに共同したにすぎない場合とは異なる，共同不法行為固有の特色があるとされている。

　共同不法行為の多元的とらえ方には，上記のほかにも，1項前段を端的に主観的共同と客観的共同とに区別し，前者では因果関係の擬制，後者ではその推定が問題になるとの見方があるなど，さまざまな理解が可能である。多元的理解が定着するためには，主観的共同がなくても共同不法行為の成立が認められるべき場合の外延（学説で社会的な一体性ないし社会観念上の一体性と呼ばれているもの）が，より具体的に明らかにされる必要がある。

　ちなみに，コンビナートを構成する六社による大気汚染が争われた四日市公害（ぜんそく）事件（津地四日市支判昭47・7・24判時672号30頁）では，関連共同性が強弱の二つのタイプに分けられ，弱い関連共同性（「結果の発生に対して社会通念上全体として一個の行為と認められる程度の一体性があること」）をこえ，「より緊密な一体性〔強い関連共同性〕が認められるときは，たとえ，当該工場のばい煙が少量で，それ自体としては結果の発生との間に因果関係が存在しないと認められるような場合においても，結果に対して責任を免れないことがあると解される」とされているのが注目される。

　⑶　このように，関連共同性の要件に主観的要素を取り込む学説が注目をあつめることとなったが，他方では，客観的共同で足りるとする考え方も根強く主張されている。客観的共同説のもとで因果関係の認定をゆるやかにすると被害者の保護は厚くなるけれども，この点が強調されすぎると，それとのバランスをとるために，共同不法行為者間の負担の公平を図ることがあらためて論議の対象とされる可能性もある。

　(イ)　加害行為者不明の場合について（1 項後段）　損害を発生
させた行為が，いずれかの者の行為によることは明確であるが，
それが特定できない場合に，被害者はいずれに対しても損害賠償
を請求できないとすると，被害者の救済は図れない。

　こうした択一的競合といわれる事案類型において，719 条 1 項
後段が適用される。最高裁令和 3 年 5 月 17 日判決（民集 75 巻 5 号
1359 頁）は，719 条 1 項後段の趣旨を，択一的競合の場合に被害
者保護を図るという公益的観点から，因果関係の立証責任を加害
者に転換したものであることを明らかにした。また，その前提と
して被害者は 719 条 1 項後段に基づいて共同不法行為の責任を追
及するために，行為者（加害者）の範囲を特定しなければならず，
さらに被害者は行為者の範囲を限定するのみならず，「被害者に
よって特定された複数の行為者のほかに被害者の損害をそれのみ
で惹起し得る行為をした者が存在しないこと」が要件とされる。
この行為者の特定性を厳格に求める趣旨として，被害者により特
定された者以外の者が，真に損害を惹起する行為をしていたとし
ても，実際に被害者に損害を加えていない者に連帯責任を負わせ
てしまうことへの不当性が考慮されている（つまり，特定性におい
て他の行為者はいないという厳格さを求めないと，実際には結果を発生させ
ていない行為者が因果関係の立証に失敗してしまうことで全額の連帯という
重い責任を負わされてしまい，自己の行為以上の結果について合理的な理由
なく過大な責任を負うことが懸念されるのである）。さらに，被害者は，
いずれの加害者の行為も，結果を惹起するほどの力を有すること
についても主張・立証しなければならないと考えられる。また
719 条 1 項後段は，同条 1 項前段との関係から，共同の不法行為
も要件として必要かが問題となる。719 条 1 項後段の趣旨が択一
的競合における被害者の救済という公益的観点を重視するとすれ

ば，ここでの共同の不法行為は719条1項前段と同じように考える必要はなく，共同の不法行為を独立の要件とする必要性は低いであろう。あるいは，この規定の文言から719条1項前段同様に共同の不法行為という要件を要すると解しても，上述の二つの要件により719条1項後段での共同不法行為の成立範囲は絞られることから，この共同の不法行為という要件は，広く解釈されるべきであろう。

　(ウ)　個々の行為が累積して損害の一部を発生させる場合（累積的競合。1項後段の類推適用）　建設作業に従事する労働者が，建材に含まれるアスベストを作業中などに吸引し，後年，中皮腫などの石綿関連疾患にり患した。この事案の特殊性は，アスベストが一般的に用いられる建材であって，製造者が多岐にわたること，労働者が複数の建設現場を移動しながら作業することもあること，さらに，それぞれの建設現場で継続的に微量のアスベストに曝露したことが想定され，これと関連していずれのメーカーの建材に含有されるアスベストが労働者の肺疾患の主要ないし決定的な原因ともならない累積的な競合によるものと考えられることにあり，719条の柔軟な解釈がなければ，被害者である労働者（ないしその遺族）の救済が遮断されることになる。

　前出最高裁令和3年5月17日判決は，こうした事案の特殊性にかんがみて，719条1項後段を類推適用し，因果関係の立証責任を転換することで，被害者の救済を図った。同判決では，製造者による建材のアスベストによる曝露量が，すべての責任およびその損害を発生させるほどのものではないことを考慮して，各被害者の損害の3分の1について各製造者は連帯債務を負うとする（さらに同判決は，アスベストにより，中皮腫にり患した被害者以外でも，アスベストに起因する石綿肺・肺がん等の肺疾患にり患した被害者に対して

も，719 条 1 項後段の類推適用を認め，この点で被害者の救済範囲を拡充している）。なお同判決は，719 条 1 項後段の趣旨を初めて確認した点でも重要である（(イ)の説明を参照）。

　(エ)　教唆者・幇助者がいる場合（2 項）　　他人をそそのかして不法行為を実行する意思を生じさせた者（教唆者）と，見張りのように，補助的行為によってその実行を容易にした者（幇助者）は，加害に直接かかわった者とはいえないが，共同行為者とみなされて，実行者と連帯して責任を負わされる（2 項）。

　2 項の制度趣旨は，1 項前段の適用範囲（したがって，関連共同性の意義）に関連し，立法当時から見解が分かれていたが，後者の特別規定とみる立場が有力とされている。

　(3)　共同不法行為の効果　　(ア)　全部賠償の義務　　共同不法行為者は「各自が連帯」してその損害を賠償する責任を負わなければならない（719 条）。この規定の狙いは，各人が損害の全部について賠償義務があることを明らかにする点にある（分割責任の排除）。

　各自が負担する債務の性質については，共同不法行為者の一人に対する免除（437 条）のように，連帯債務で認められている絶対的効力に関する規定（434 条以下）がそのまま適用されると，被害者にとって不利な場合が生ずるので，不真正連帯債務と解すべきであるとされている（判例・通説。この問題については最判平 10・9・10 民集 52 巻 6 号 1494 頁参照）が，このような概念にとらわれることなく，各場合について個別的に効果を決めるべきであるとする有力説もある。

　債権法改正との関連では，改正により，連帯債務の絶対的効力事由は大きく縮小されており，連帯債務と不真正連帯債務とを区別する意義は旧法よりも少なくなったと考えられる（436 条も参

照）。使用者責任や共同不法行為では，求償の問題が生じるところ，連帯債務における求償の問題を規律する 442 条 1 項の規定が適用されるとすると，一方の加害者が，被用者に損害賠償金の一部を支払い，その額がその者の負担部分を超えないとしても，一方の加害者は他方の加害者に負担割合に応じて求償することができる。しかし改正前の判例（最判平 3・10・25 民集 45 巻 7 号 1173 頁）では，不真正連帯債務を負う加害者間において，一方の加害者は自身の負担部分を超えない限り，他方の加害者に求償できないとするものであった。その理由として，加害者間の内部において，求償に資力を使うよりも，まずは被害者救済を優先させたことが挙げられよう。現行法の下でもこの判例の立場が維持されるか，また不真正連帯債務概念それ自体を維持すべきかという問題もあり，理解が分かれるところである。求償が問題となる不法行為法の制度が，主として使用者責任や共同不法行為ということであれば，それぞれ 715 条の趣旨や 719 条の趣旨が被害者救済に求められることから，従前の判例の立場を維持すべきと考えられる。

　なお，賠償範囲については，共同不法行為と相当因果関係にあるすべての損害が賠償されるべきであるとするのが通説的見解であるが，判例には，特別事情による損害については予見可能性のあった者のみが賠償責任を負う（大判昭 13・12・17 民集 17 巻 2465 頁）として，賠償範囲の画定について個別的なとらえ方をするものもある（前出最判昭 43・4・23 参照）。

　⑷　求償関係　　共同不法行為者の一人が賠償義務を履行した場合には，これによって責任を免れた他の者に対して，その者の負担部分に応じて求償することができる。

　負担部分は，加害者間の公平を図るため，過失割合や違法性の

大小など諸般の事情を斟酌して定められるべきものと解されているが，そこでは，交通事故や公害では斟酌の仕方が異なるなど，共同不法行為の類型も考慮される必要があるであろう。

　なお，共同不法行為が被用者と第三者によってなされた場合の使用者の立場について，損害を賠償した使用者は，第三者に対しその負担部分について求償しうる（最判昭41・11・18民集20巻9号1886頁）が，他方，第三者が先に賠償したときは，使用者は，第三者からの求償に対して被用者の負担部分について責任を負わなければならない（最判昭63・7・1民集42巻6号451頁）ことはすでに述べたとおりである。

5　物の支配管理から生ずる責任

⑴　工作物の瑕疵による責任　　㋐　序　　土地の工作物の設置または保存に瑕疵（欠陥）がある場合には，民法は，その瑕疵から生じた損害の賠償について，工作物の占有者または所有者に対して特別の責任を負わせている（717条）。これは通常，工作物責任と呼ばれ，同条によると，第一次的には，占有者が賠償しなければならないが，占有者が「損害の発生を防止するのに必要な注意をしたとき」は，所有者が，賠償責任を負担するものとされている（同条1項ただし書）。

　所有者には，占有者と異なり免責事由が認められていないため，その点を取り上げれば，本条は，民法典における唯一の無過失責任規定と解することもでき，また，工作物責任の帰責根拠としては，危険責任の原理があげられている（通説）。

　もっとも，危険責任といっても，ここで問題となるのは，自動車（自賠3条参照）や原子炉（原賠3条参照）の運行・運転のように，当該活動を行うこと自体に内在する危険ではなく，工作物に瑕疵

があることに伴う損害発生の危険の増大である。

　したがって，工作物責任には，典型的な危険責任とはいいがたいところもあるが，危険な活動・施設が増加の一途にあることにかんがみると，瑕疵概念に基づくものとはいえ，危険な物の支配管理を直接に問題とする特別の責任形態が民法典にも存在することを明らかにしておくことは，一般の不法行為を中心に展開されてきた従来の不法行為法に，視座の転換を促すためにも，十分に意義があることといえる。

　なお，公の営造物の設置・管理の瑕疵による損害については，国・公共団体が賠償責任を負担する旨の規定が，別に，国家賠償法に設けられている（同法2条）。

　(イ)　工作物責任の要件　　(a)　瑕疵は「土地の工作物」に関するものであること　　土地の工作物といえるためには，土地と結びついて人工的につくられたものであることが必要である。

　たとえば，建物およびそれに附属する物，石垣，鉄塔，プール，遊動円木（学校設備），トンネル・橋・道路・造成地などのほか，鉄道の軌道施設のように，附属施設を伴う施設全体もこれにあたり，その範囲は広い（判例・学説）。工場内の機械・設備のように，土地に接着しているとはいえないものについては，否定的に解する判例もあったが，建物との実質的な一体性を考慮すべきであるとして，学説はこれに反対する（多数説）。

　工作物責任に内在する責任原理の重要性を考えると，その適用範囲が拡大されることは望ましいことである。しかし，本条にいう工作物概念の拡張解釈にはおのずと制約があるため，危険な物の支配管理が問題となる場合には，特別法による解決ということも積極的に考えていく必要がある（製造物責任法参照。6(2)参照）。

　(b)　設置・保存の瑕疵であること　　(i)　瑕疵とは，工作物

がその用途に応じて通常有すべきものとされる安全性を欠くこと（国賠2条に関するものであるが，最判昭59・1・26民集38巻2号53頁〔大東水害事件〕参照）である。性状において安全性が欠けている場合だけでなく，しかるべき安全設備が講じられていないために，危険な状態が生じていることも瑕疵にあたる（たとえば，軌道施設の踏切に保安設備が欠けていること。最判昭46・4・23民集25巻3号351頁）。設置・保存は，瑕疵がはじめから存在していたもの（設置の瑕疵）かどうかを区別する概念であるが，両者を分ける実益はないと解されている。

★★　　(ii)　**瑕疵の判定**

　この問題については，客観説（通説）と，義務違反説（有力説）の二つの考え方がある。両説を対比すると，客観説が，工作物の物理的性状に基づいて瑕疵が判定されるという意味で用いられるのであれば，安全確保ないし損害防止のための義務違反を問題とすべきであるとする後者の考え方との違いは，明確である。

　しかし，通説においても，安全な設備を欠くことは瑕疵に含まれると解されていた（前出最判昭46・4・23参照）ことから実質的に考えると，積極的に損害防止義務を尽くさなかったこと（作為義務違反）は，そこでも重要なメルクマールとされていたといってよい。

　したがって，両説の差異は，瑕疵の判定にあたって義務違反が問題とされるのかどうかにあるのではなく，そのアプローチの仕方，すなわち，客観説は，少なくとも出発点においては，工作物責任を無過失責任ととらえる考え方になじみやすいものであったのに対して，義務違反説では，当初から709条との連続性が強調されている点にあると解される。

　いずれにせよ，従来からあいまいなところのあった瑕疵判定の

構造が，義務違反説を通じて明らかにされたわけであるから，今後は，義務違反があえて瑕疵と表現された理由，すなわち，義務違反の内容ないし判定基準における717条と709条との関係が，具体的に検討される必要がある。そして，工作物責任を危険責任の見地から説明してきた通説の考え方は，この点の質的な違いを根拠づけるものであることに，その積極的意義が求められるべきであろう（なお瑕疵の判断基準時を事故時とする最判平25・7・12判時2200号63頁も参照。同判決は，いずれの立場に立つかは明示していない）。

　工作物の瑕疵から火災が生じた場合の工作物責任と失火責任法との関係については，6(3)参照。

　(ウ)　賠償責任の負担者　　(a)　占有者と所有者　　賠償責任の負担について，占有者と所有者は，順位的関係にあり，第一次的には，占有者が賠償義務を負わなければならない（717条1項本文）。占有者には，間接占有者（181条参照）も含まれるとするのが判例の考え方であるが，占有者の責任を広げるためには，事実上の支配管理や，支配管理ないし瑕疵修補をすべき地位など，実質的判断を加味すべきであるとの有力説もある。

　占有者が「損害の発生を防止するのに必要な注意をした」ことを証明したときは，占有者は免責され，所有者が，第二次的に賠償責任を負担する（717条1項ただし書）。工作物責任の基礎にある危険責任の原理を考慮すれば，占有者に要求される損害防止義務は，危険な物の管理者としての地位に相応した高度のものである必要がある。なお，所有者は，最終的責任負担者とされているけれども，その責任は，絶対的なものではないから，たとえば，損害の発生に異常な自然力が作用したときには，不可抗力を理由に免責が認められる場合がある。

　(b)　求償関係　　工作物を設置した請負人など，他に損害の

原因について責任を負うべき者があるときは，損害賠償をした占有者・所有者は，これに対して求償することができる（717条3項）。

　（エ）　竹木に瑕疵がある場合　　竹木の栽植または支持の瑕疵によって損害が生じた場合には，その占有者・所有者に対し，工作物に瑕疵がある場合と同様の扱いがなされることになっている（717条2項・3項）。

　(2)　動物占有者の責任　　（ア）　意義　　民法は，動物が他人に加えた損害については，損害を防止するのに近い立場にあるからという理由で，動物の占有者に賠償義務を負わせる規定を設けている（718条）。占有者は，自分が所定の免責事由を立証すれば免責される（同条1項ただし書）ので，動物占有者の責任は，通常，工作物責任における占有者の責任と同様に中間責任と呼ばれているが，帰責根拠という点では，ここで問題とされているのは，一種の危険責任であると解されている。ただ，危険責任ということからいえば，本条では，賠償責任の主体として所有者があげられていないことに特色があり，そこにひとつの問題があるとの指摘もある。

　物の支配管理に基づく責任とはいえ，その社会的意義において工作物責任と比ぶべきものはないが，近年のペット・ブームの到来で，この規定もにわかに脚光を浴びるようになった。なお，動物による加害については，本条のほかに，709条を通じて責任を問われることもある（最判昭57・9・7民集36巻8号1572頁。これについては，Ⅲ2(3)(イ)参照）。

　（イ）　要件　　(a)　動物は，家畜であるか否かにかかわらず，その種類も問われない。損害についても同様で，被侵害利益の種類には限定がないため，人身損害ではなく，財産的利益が侵害され

たにすぎない場合（たとえば，商品の破壊）であってもかまわない。ただし，動物が加えた損害といえるためには，その動物自体の独立した行動によるものであることが必要とされている。

　(b)　占有者は，「動物の種類及び性質に従い相当の注意をもってその管理をしたときは」責任を免れる（718条1項ただし書）ので，このような免責事由のないことが消極的要件になる。

　相当の注意の内容については，一般的には，通常払うべき程度のものでよく，異常な事態に対処しうべき程度の注意義務まで要求されない（最判昭37・2・1民集16巻2号143頁参照）と解されているが，実際には判例は，注意義務の認定にかなり厳しい態度をとっており（最判昭58・4・1判時1083号83頁では，小型愛玩犬が近づいてきたために，自転車に乗っていた小学2年生〔7歳〕がハンドル操作を誤って川に転落し左眼を失明したケースで，飼主の責任を肯定した），免責事由の立証に成功することは容易でない。

　(ウ)　賠償責任の負担者　　718条によって賠償責任を負担する者は，動物の占有者である（1項）。しかし，同条は，そのほかに，「占有者に代わって動物を管理する者」（平成16年改正前718条では保管者。管理者と同義）も同じ責任を負うと定めている（2項）ために，両者の関係が問題となる。これについて，占有機関・占有補助者は，現在では，立法者が想定していたとされる管理者（保管者）ではなく，動物の管理（保管）についてこれらの者に過失があった場合には，占有者自身が本条の責任を負うべきものと解されている（判例・通説）。

　判例によると，2項の管理者（保管者）にあたるのは，賃借人・運送人・受寄者などである。しかし，学説には，これらの者はいずれも占有者（直接占有者）に含まれるとする考え方があり，それにしたがうと，2項には注意規定としての意義しかないことにな

る。

　いずれにせよ，このように，管理者（保管者）ないし直接占有者と目されるべき者が別にいる場合に，はたしてその者との関係で間接占有者にあたる者に対しても，本条による責任を負わせる必要があるであろうか。判例はこれを肯定する（最判昭40・9・24民集19巻6号1668頁）。これに対しては，718条による責任は，原則として直接占有者に限られるべきであるとする有力説があるが，動物による事故も，日常生活に伴う危険の一つと考えれば，被害者保護に厚い判例理論にも相当の理由があるといってよいであろう。

6　特別法による解決

★　**(1)　運行供用者の責任（自賠3条）**　　(ア)　自動車事故と自賠法　自動車事故は戦後の急速な経済復興に歩調を合わせて増加し，それとともに，一般の不法行為責任（709条）や使用者責任（715条）では事故被害者の救済には不十分であって，社会に対して交通の危険を与える自動車を保有・利用する者に重い責任（危険責任）を負わせる特別法が必要だと考えられるようになった。この要請に応じて昭和30（1955）年に制定された法律が，「自動車損害賠償保障法」（自賠法）である。

　自賠法は，自動車の運行により他人の生命・身体を害したときは，「自己のために自動車を運行の用に供する者」（運行供用者）が損害賠償責任を負うと定め，①自己および運転者に運行上の不注意がなかったこと，②被害者または運転者以外の第三者の故意・過失があったこと，および，③自動車の構造上の欠陥または機能に障害がなかったこと，の三点すべてが証明できた場合に限って責任を免れることができるとしている（自賠3条）。したがって，

実質的には無過失責任といえる厳しい責任である。また，運行供用者の無資力ゆえに被害者救済が無にならないように，損害賠償の履行確保の手段として強制的な賠償責任（自動車損害賠償責任〔自賠責〕）保険（共済）制度を導入して，被害者に手厚い配慮をするとともに，賠償義務者側にも賠償のリスクを分配する手当てを施している（轢き逃げ・盗難車・無保険車など自賠責保険による支払を受けられない被害者は，政府の損害賠償保障事業により救済される）。このような点で，自賠法は，進歩した不法行為制度の一つのモデルを示しているといえよう。

　(イ)　運行供用者　　自賠法３条により損害賠償義務を負う者は，「自己のために自動車を運行の用に供する者」（運行供用者）である。運行供用者であるか否かは，自動車の運行に支配を及ぼしているかどうか（運行支配），また，自動車の運行から利益をあげているかどうか（運行利益）の二基準で判断されると解されている。このため，一般に，自動車の保有者（所有者など車を正当な権限に基づいて使用する者〔自賠２条３項〕）は運行供用者であるといえるが，自動車が泥棒運転されたときには，泥棒運転者が運行供用者となる。

　なお，車の保有者以外の者が運転していた自動車により事故被害を受け，被害者が運行供用者として車の保有者を訴えようとする場合に，事故時の運行について当該保有者に具体的に運行支配と運行利益が帰属していた事実まで主張・立証しなければならないとすると，保有者と運転者との間の内部関係が被害者にはわかりづらいため，責任追及に困難が生じる。そこで，実務においては，被害者は，自動車の運行支配・運行利益の帰属を内包する法的地位の取得原因（車の保有者としての所有権・賃借権・使用借権など）を主張・立証すれば，むしろ，保有者の側で，事故以前に当該自

動車の運行に関する支配・利益を喪失したことを抗弁として主張・立証できない限り，運行供用者として損害賠償責任を負うことになると解している（このような考え方を抗弁説という）。

　運行供用者の範囲は，判例を通して次第に拡張されてきている。判例によれば，レンタカー業者も運行供用者であるとされ（最判昭 46・11・9 民集 25 巻 8 号 1160 頁），また，同居する未成年の子供に自動車を買い与え，保険料その他の経費を含め生活の面倒をみている父親も運行供用者にあたるとされている（最判昭 49・7・16 民集 28 巻 5 号 732 頁）。そしてこのような傾向の中で，前述した運行支配・運行利益を運行供用者の基準としては不十分であるとみなし，「自動車について人的物的管理責任を負う者」を運行供用者とみる考え方なども提唱されてきている。

　㋔　運行　　運行供用者は自動車の「運行によつて」生じた人身事故について責任を負う（自賠法 3 条）。判例は，「運行」の概念を自動車の「走行」だけに限らず，車両に構造上設備されている固有の装置を目的にしたがって操作・使用することも含むと解している。それゆえ，停車した貨物自動車の側面にフォークリフトを横付けし，フォークリフトを用いて荷台上の材木を反対側に突き落とし，落とした材木で通りかかった児童を死亡させたような事例でも，荷台という固有装置を目的にしたがって使用したものゆえに，貨物自動車の「運行によって」生じた事故ということができる（最判昭 63・6・16 判時 1298 号 113 頁）。

　㋕　他人　　自賠法 3 条によると，運行供用者および運転者（運転補助者）を除く「他人」の人身事故について賠償責任が生じる。「他人」と認められれば運行供用者の賠償責任が生じるとともに，それを塡補する強制責任保険から保険金の支払を受けることができるために，「他人性」があるか否かは大きな問題である。

　被害者保護の観点から判例はここでも「他人性」を拡張する傾向にある。夫の運転する自動車に同乗中の事故で負傷した妻も「他人」であるとされた判例（最判昭47・5・30民集26巻4号898頁）は，このような流れの中で生み出されたものである。

　(オ)　損害賠償の範囲　　自賠法3条により運行供用者が責任を負う損害は，他人の生命・身体に生じた人身損害であり，物的損害は対象外である。それゆえ，被害者の死傷損害は自賠法3条による厳格な責任基準で賠償されるが，同一事故で生じた被害者の車輌などの物的な損害は709条や715条にあてはめて賠償の可否が判断される。なお，自賠法4条は責任成立要件以外については民法の規定を適用すると定めているため，死傷による賠償範囲・賠償額は不法行為の一般原則にしたがうことになる。

　(カ)　運転者などの責任　　事故を起こした運行供用者でない運転者は，709条の過失責任に基づいて責任を負う（ただし，運転者の賠償責任は自賠法の強制責任保険でカバーされる〔自賠11条〕）。自動車の保有者（所有者など）は，一般的には運行供用者であるが，自動車が全く関係のない者により泥棒運転された場合には，運行支配・運行利益を失って，もはや運行供用者とはいえない事態も生じる（泥棒運転者が運行供用者となる）。しかし，このような事例でも，保有者の自動車管理に過失があったために泥棒運転されたといえるならば，なお運行供用者責任は否定されない。

　(2)　**製造者の責任（製造物責任法）**　　(ア)　消費者保護と製造者の　★
責任　　たとえば，電気器具店Cから購入したD社製のテレビに欠陥があり，テレビから出火して買主Aの住宅が燃え，Aの子供Bが大火傷を負った事例を考えてみよう。

　まず，被害者が販売店Cに対して売買契約に基づく契約上の責任を問うことが考えられるが，Aはともかく，Bは，Cと直接

に売買契約を締結したわけではないので，契約責任追及の根拠に困難が生じよう。また，Aの契約責任の追及でも，被害が購入した商品にとどまらず住宅にまで及んでおり（このような損害を拡大損害・瑕疵惹起損害という），瑕疵担保責任（債権法改正前570条）や債務不履行責任（415条）では処理できない要素がある。さらに，箱に入ったテレビを流通過程で取り扱ったにすぎないことや，資力の点を考えると，少なくとも，究極的な責任をCに負わせるのは適当ではないであろう。

　そこで，被害を与えた欠陥テレビを製造し，流通に置いた行為を捉えて，A・BがD社の不法行為責任（709条）を追及するのが，より適切な解決ということになる。ところが，この場合には，A・Bはテレビの欠陥を主張するだけでは十分ではなく，D社の過失（注意義務違反）により欠陥が生じたことを主張・立証しなければならず，D社のテレビの設計から流通に置くまでの過程のどこに，どのような不注意があったかを証明しなければならない困難に遭遇するのである。

　ところで，現代社会では，われわれは消費者として大量生産された製品を安全なものと全面的に信頼して使用しており，上述の欠陥テレビの事例のように，その信頼が裏切られて被害を被ったときに，過失を証明できなければ賠償を製造者に請求できないというのでは，安心して生活を営むことはできない。したがって，われわれが日常使用する製品に通常期待できるだけの安全性が備わっていないで——欠陥があって——事故が発生したならば，設計・製造過程での過失の有無を問わず製造者の責任が認められて当然だとの意識が高まってきている。そしてこの意識は，製造物責任を不法行為法の中でも特別の取扱いを要する領域と認識させ，解釈を通して過失責任の内部で製造物責任を強化しようとする努

力を生み出し，また，無過失責任特別法（製造物責任法）の制定へと導いた。

　(イ)　裁判例による製造物責任の強化　　わが国で製造物責任が問題になった最大の訴訟事件は，薬害であるスモン事件である。スモン訴訟では，因果関係に関して，キノホルム製剤がスモン病の原因であるかが争点となったが，責任に関しては，キノホルム製剤の人体に対する危険性を予見できたか否かが問題になった。危険が予見できなければ，結果回避義務を云々するまでもなく，過失が否定されるからである。

　この予見可能性に関連して，東京スモン訴訟判決は，外国の専門雑誌などに掲載された副作用報告を手掛かりに，さらに十分に研究調査するならば，キノホルムによる神経障害発生の危険性を予見できたはずだと判示している（東京地判昭53・8・3判時899号48頁）。こうした研究調査義務による予見可能性の拡張は，危険性が認識できた場合に消費者に被害の回避を呼びかける指示警告義務（結果回避義務）の強化と相まって，過失責任の下での製造物責任追及の大きな武器を消費者に与えているのである。

　なお，製造物責任法が制定される直前に判決が下されたテレビ発火事件（大阪地判平6・3・29判時1493号29頁）は，購入後8ヵ月程度使用したテレビの火災事故について，製品の利用時の「不相当な危険」を「欠陥」と解するとともに，一般に流通する製品の場合，利用する時点で製品に欠陥が認められれば，流通に置かれた時点で既に欠陥原因が存在した蓋然性が高いと述べ，さらに，「製造者が安全性確保義務を履行し，適切に設計，製造等を行う限り，欠陥原因の存する製品が流通に置かれるということは通常考えられないから，欠陥原因のある製品が流通に置かれた場合，設計，製造過程で何らかの注意義務違反があったと推定」できる

として，発火したテレビの欠陥の認定をもとにして，過失の事実
上の推定により製造者の責任を肯定している。この判決は，被害
者にとって証明が困難な過失について，欠陥の存在から過失の推
定を認めるという過失責任の運用に関して注目すべき判断を含む
だけでなく，欠陥の存在と欠陥の存在時期の推定に関しても興味
深い判断を下しており，後述する製造物責任法の解釈にとっても
大きな意味を有するものである。

　(ウ)　製造物責任法の制定　　欠陥製品による事故から消費者を
保護しようという考え方から，アメリカ各州の裁判所は，1960
年代に，欠陥ある製造物を流通に置けば，欠陥を原因とする事故
に対して製造者は無過失で責任を負うとする欠陥責任原則を判例
法を通して確立した。また，EU（ヨーロッパ連合）も，加盟各国
に欠陥責任原則に基づく製造物責任法の制定を，1985 年に EC
閣僚理事会指令により命じ，これに応じて，EU 諸国の製造物責
任法は欠陥責任原則に基づく無過失責任で統一された。

　これに対して，わが国では，無過失製造物責任法に関する提案
は，私的なものではあるが，既に昭和 50（1975）年に我妻栄博士
を中心とする製造物責任研究会により「製造物責任法要綱試案」
（ジュリスト 597 号 16 頁）の形で公表されたが，時期尚早とする産
業界の強い反対に遭って立法に至らなかった。しかし，1990 年
代に入ると，世界的に製造物責任法が無過失責任に変わっていく
中で，製造物責任の法制化を求める消費者の運動が再び活発とな
った。そして，このような社会の動きの中で，若干の紆余曲折が
あったものの，平成 6（1994）年に政府立法として製造物責任法
が制定されて，翌年 7 月 1 日から施行されることになり，施行後
に製造・加工・輸入業者が流通に置いた製造物に対して欠陥を要
件とする厳格な責任が及ぶことになったのである（製造物附則 1

項）。

(エ) 製造物責任法の内容　　(a) 製造物　　製造物責任法は，産業社会で多発する製品事故の被害者救済を目的とするため，責任の対象となる「製造物」を「製造又は加工された動産」(製造物2条1項）と定義している。それゆえ，動産の上位概念である「物」(85条)に属さない電気等のエネルギーや「物」を製造・流通に置かないクリーニング・医療などのサービスの欠陥によって損害が発生しても，本法の適用はない。また，造成地・住宅などの不動産の欠陥に関しても，本法の責任を問うことはできない。さらに，不動産以外の有体物である動産についても，製造・加工された物だけを対象にするため，収穫・漁獲・採掘されたままの未加工農林水産物や鉱物なども，本法の適用範囲から除外される。

これに対して，製造・加工された動産であれば，その使用形態を問わず責任の対象になるため，建物に組み込まれたアルミサッシなどのように，製造・加工された動産が不動産の一部を構成していても，また，完成車のタイヤとその原料のゴムなどのように，部品・原材料として使用されていようと，本法の適用を受けることになる。

天然・自然の動産に人間の手がどの程度加われば「製造又は加工」があったといえるかは，一問題である。法の趣旨からいえば，一次産品の「通常有すべき安全性」と相違する「通常有すべき安全性」を問題にできる程度に人為的操作・処理を加えることをもって，「製造又は加工」と解すべきであろう。

(b) 欠陥責任と欠陥の定義　　製造物責任法では，製造物に「欠陥」が存在することが責任要件になっている（製造物3条)。民法の不法行為責任(709条)では，加害者たる製造者に故意・過失がない限り，責任を問えなかったのに対して，製造物に客観的

な欠陥があれば責任を追及できるため，製造物責任の責任ルールは，無過失責任に変更されたことになる。

「欠陥」とは，「当該製造物が通常有すべき安全性を欠いていること」であると定義されている（製造物2条2項）。この欠陥判断については，定義規定に具体的に示されている三つの要素，および，その他の諸事情を考慮しなければならない。たとえば，第一の要素である「製造物の特性」を考慮すると，豆腐などの食品は性質上日持ちがしないために，常温で長時間放置していたものを食して食中毒になったとしても，欠陥責任を問えない結論になる。また，第二の要素である「通常予見される使用形態」を考慮すると，ナイフを缶切りとして使用している際に手を切ったとしても，通常の用途を著しく逸脱しているために，欠陥責任を問えないことになる。また，第三の要素である「製造物を引き渡した時期」を考慮すると，自動車のエアバッグが将来的に安全上の標準装備になったとしても，流通に置かれた時点で安全性の欠如の有無を評価しなければならないため，エアバッグがなくても欠陥と評価できない時点で製造・流通に置かれた車については，将来的にも欠陥責任を問えないことになる（なお709条責任を問題とするならば，事故時を基準として予見可能性および結果回避措置を考えることができるため回収等の義務を製造者に課すことが考えられよう）。

欠陥については，その発生原因に即して，安全設計を怠ったために生じる「設計上の欠陥」，設計通りに製造しなかったために生じる「製造上の欠陥」，および，安全を配慮した設計・製造をしても製造物に潜在的に存在する危険性を製品使用者側に教示しなかった「指示・警告上の欠陥」に分類されている。このいずれの形態の欠陥も，本法の下で責任を問われることになる。

　　(c)　免責事由　　(i)　開発危険の抗弁　　開発危険の抗弁と

は，科学・技術が未発達なために，市場に流通させる時点で製造物の欠陥を客観的に認識できなかったことを製造業者等が証明できた場合には，たとえ後に製造物の欠陥が判明したとしても，製造物責任を免除するというものである（製造物4条1号）。たとえば，ある薬に通常許容される程度を超えた重大な副作用（欠陥）があったとしても，流通に置いた時点の医学・薬学の知識水準では認識できなかった形の副作用であり，一般に服用されて初めてその副作用が明らかになったとするならば，製薬業者は，開発危険の抗弁を主張して，損害賠償義務を免れることができる。

　開発危険の抗弁を認めないとすると，製造業者が危険の大きい新規製品の出荷を躊躇し，新薬などの恩恵を早期に一般消費者が享受することができなくなり，また，製造者の新規製品開発意欲が削がれるおそれも生じるため，このような免責事由が定められたのである。開発危険の抗弁が認められる事例に関しては，被害者保護の観点に立って，製造物責任とは別の何らかの補償措置を立法的に講じる必要があろう。

　(ii)　部品・原材料に関わる免責事由　　部品・原材料の製造業者は，完成品などの製造業者の設計上の指示にしたがったために自己の製造物に欠陥が生じ，かつ，その指示にしたがう場合に自己の製造物に欠陥が生じる結果になることを認識できなかったと証明できる限りで，製造物責任を免除される（製造物4条2号）。

　(d)　責任主体　　(i)　製造業者　　実際に欠陥製造物を製造・加工する業者（狭義の製造業者）は，製品により社会に新たな危険源を創出し，そこから利益をあげているため，危険責任ないし報償責任の法理から，無過失責任を負担する責任者となる（製造物2条3項1号）。法律は業として製造・加工することを要求しているために，自然人・法人を問わず，継続反復して当該製造物

を製造・加工するものでなければならない。

(ii)　輸入業者　　欠陥製造物を業として輸入した者も，責任者である（製造物2条3項1号）。欠陥製造物が外国製品である場合には，外国の製造業者が責任者である。しかし，外国の製造業者に損害賠償責任を追及することには実際上困難が予想されるために，製品に関する危険の国内における源泉者として，利益を得ている輸入業者にも，危険責任・報償責任の法理にしたがい，無過失責任を問いうることにしたのである（製造物責任法では，製造・加工・輸入業者を「製造業者」と総称している）。

(iii)　表示製造業者　　他人が製造・加工・輸入した欠陥製造物に，自ら製造業者（製造・加工・輸入業者）であると氏名等の表示をした業者も責任者となる（製造物2条3項2号前段）。「OEM（相手先ブランド製造）」製品のように，他人に製造させた製造物に自己の商標などを付して流通に置いた業者も責任を負うことになるのである。なお，欠陥製造物に，その者が真実の製造業者と誤認させるような氏名等の表示をした者も責任者となる（同後段）。ここには，表示による保証責任の考え方が現れているといえよう。

(iv)　実質的製造業者と認められる表示者　　製造・加工・輸入・販売の形態からみて製造物の実質的な製造業者と認めることができる場合には，実際には他人が製造・輸入した欠陥製造物に製造・輸入者と表示しないで，総販売元・発売元などの表示をした者も，責任者となる（製造物2条3項3号）。このような表示者は，欠陥の源泉たる製造業者を事実上支配しているため，また，消費者に表示上の信頼を与えるために，厳しい責任を負担するのである。

(e)　損害賠償の範囲　　責任要件が充足される場合には，効果として，「他人の生命，身体又は財産を侵害したときは，これ

によって生じた損害」の賠償義務が生じる（製造物3条）。ただし，欠陥製造物自体についてのみ生じた損害は賠償されない（同条ただし書）。このただし書は，主に，契約責任との複雑な競合関係の発生を回避するために設けられたものである。

　したがって，損害賠償の範囲は，製造物の欠陥と損害との間の相当因果関係の有無（ないし，規範の保護範囲）により決せられることになる。製造物責任法は，自然人たる消費者に生じた損害に賠償範囲を限定していないため，欠陥製造物により企業に被害が生じた場合にも，企業は欠陥製造物の製造業者に製造物責任を追及できることになる。この意味では，製造物責任法の性格は，厳密な意味での消費者保護法ではなく，民事責任（709条）の特別法だということができる。

　　（f）　損害賠償責任に関するその他の規定　　（i）　時効期間　製造物責任法に基づく損害賠償請求権は，被害者またはその法定代理人が損害および賠償義務者を知った時から3年（製造物5条1項1号。人の生命または身体を侵害した場合は5年〔同条2項〕），製造業者等が当該製造物を引き渡した時から10年（同条1項2号）の経過で時効により消滅する。人の生命・身体侵害に関する短期の消滅時効期間の伸長と長期10年の期間を責任（権利行使可能）期間から時効期間に変更したことは，債権法改正の不法行為における時効期間の改正に合わせたものである。なお，薬害で問題になるように，身体に蓄積されて長期間経った後に被害が生じる物質や一定の潜伏期間の経過後に症状が現れる損害については，損害発生時から10年の期間（同条1項2号）を起算するものとしている（同条3項）。

　　（ii）　その他の規定　　損害賠償責任に関しては，本法に定めるほか，民法の規定による（製造物6条）とされているため，過失

405

相殺（722 条 2 項），損害賠償の方法や賠償額の算定などは，民法の不法行為責任と同様に扱われる。また，製造物責任法の責任とともに，あるいは単独で，民法上の責任を追及することは何ら妨げられない。

　(g)　証明責任　　証明責任については，製造物責任法は特別の規定をしていない。それゆえ，民事訴訟の原則にしたがって，製造業者等への責任追及にあたっては，流通に置いた時点における製造物の欠陥の存在，損害，欠陥と損害との間の因果関係を被害者側が証明しなければならない。この被害者側の証明責任上の困難を救済するために，製品事故に関する原因究明機関からの事故情報の提供が望まれるが，裁判においては，事実上の推定など被害者の証明責任を軽減する解釈手法の採用が期待される。

★　　(3)　**失火責任法**　　「失火ノ責任ニ関スル法律」（明治 32〔1899〕年，失火責任法）では，失火者は，「重大ナル過失」がある場合にかぎって責任を負わされることになっている。これは，わが国では木造家屋が多く，人家密集地での失火は，延焼によって不測の膨大な損害を生じさせるおそれがあることが考慮されたからである。

　　失火責任法は，一般の不法行為（709 条）の特則と解されているために，契約責任との関係では，失火者の責任が軽減されることはない。したがって，判例によると，借家人が軽過失で借家を焼失させてしまった損害であっても，債務不履行責任を免れることはできない（大連判明 45・3・23 民録 18 輯 315 頁，最判昭 30・3・25 民集 9 巻 3 号 385 頁）。

　　他方，同じ不法行為法の中でも火災の発生が土地工作物の設置・保存の瑕疵（717 条の土地工作物責任では，709 条よりも責任が加重されている）に起因する場合にも，失火責任法が適用されるのか

については，見解が分かれている。

　すなわち，①失火責任法か 717 条のいずれかのみを適用する，②工作物の設置・保存の瑕疵から直接に生じた火災部分と，延焼部分とを分けて，前者には 717 条を適用する，などの説があるほか，折衷的に，③工作物の設置・保存の瑕疵が重過失によるときにかぎって責任を負わされるというように，717 条に失火責任法をはめ込む解釈をする判例（大判昭 7・4・11 民集 11 巻 609 頁）もある。

　いずれを妥当とすべきかは，失火責任法の立法趣旨の評価，すなわち，今日，そこにどの程度の合理性が認められるのか，という同法の存在意義をふまえて判断される必要がある。

　(4)　その他の特別法　　一般の不法行為では過失責任主義がとられているため，無過失責任を導入するには特別法が必要である。

　わが国では，まだそれほど多くないけれども，前述の自賠法 3 条と同様に危険責任の原理に基づく原子力損害賠償法 3 条のほか，鉱業法 109 条，大気汚染防止法 25 条，水質汚濁防止法 19 条などがある。

　労働災害については，比較的早くから無過失責任が採用されている（労基 75 条以下に引き継がれている）が，実際には労災保険によって塡補される仕組みになっているため，労災補償は，不法行為法の特別法というよりも，独立の補償制度として別個に考察されるにふさわしい分野である（補償制度の意義については，Ⅱ 2 (2)参照）。

　なお，独占禁止法にも無過失責任を定めた規定（25 条）がある。

Ⅵ　不法行為の効果

1　序

　不法行為によって生じた損害について賠償範囲が画定されると，被害者には損害賠償請求権が発生する。これが不法行為の効果である。

　民法は，金銭賠償を原則としているため，本節では，賠償額の算定(4)と，その調整(5)を中心とし，付随的に，救済の方法(2)，損害賠償の主体にかかわる問題(3)，不法行為による損害賠償請求権に特有の問題(6)，について述べることにする。

2　救済の方法

　(1)　金銭賠償の原則　　(ア)　立法者の選択　　損害賠償の方法には大別して，損害を金銭に算定する場合と，損害が発生する以前の状態の回復を求める方法（原状回復。たとえば，物が滅失したときの代替物の提供や毀損した物の修理）の二つがある。

　日本民法では，両者の選択について，主に，貨幣経済の社会では金銭によって損害を算定するのが便宜であるとの理由から，金銭賠償を原則とする主義が採用された（722条1項・417条参照）。債権法改正とのつながりでは，中間利息の控除の規定（417条の2）が，不法行為による損害賠償についても準用されることになった（722条1項）。

　金銭賠償においても，被害者の状態をできるだけ原状に回復させることを目途として損害額を算定すべきである，との考え方がある（有力説）。これは，損害賠償の理念（目標）を指しているのであって，これと，前述の損害賠償の方法としての原状回復とは，

区別して考えなければならない。

　(イ)　賠償金の支払方法　　被害者が加害者による損害賠償の支払について一時金にて支払を求めることが一般的とされる。これに対し，不法行為から一定期間経過後に，順次発生する損害に対して，定期金賠償方式が認められれば，こうした性質を有する損害に対しては事態的な解決を図ることができるとも考えられる。とくに後遺障害に伴う積極的損害・消極的損害はこうした性質を持つことから，定期金賠償は望ましいともいえる。しかし学説上は，消極的損害に対し定期金賠償を認めるべきではないとする見解も有力であった。しかし，最高裁令和2年7月9日判決（民集74巻4号1204頁）は，後遺障害による逸失利益の賠償について，次のように述べて，定期金賠償を認めた。すなわち，一時金賠償方式であれ定期金賠償であれ，一個の損害賠償債権として，不法行為時に発生するものであること，そして後遺障害による逸失利益の算定にあたって，相当程度期間経過後に逐次現実化し，損害額の算定は不確実性ある要素を踏まえて，予測しまた擬制するものであることから，実際に被害者に発生する損害額と認められる損害額に大きな乖離が生じる可能性を有するという損害および損害算定における特性があることを確認した。そのうえで，民法の規定が一時金賠償方式に限定していないこと，定期金賠償方式を定める民訴法117条は，口頭弁論終結前に損害が発生していても，その損害が将来の時間的経過に依存するという性質を持つ場合に，口頭弁論終結後事情が大きく変容し認容額と実際に生じている損害との間で乖離が生じたならば，後者に対応して確定判決を変更することができ，ここでは公平の観点が重視されているとした。そして，不法行為法の目的が損害塡補による原状回復にあることを踏まえ，ここで問題となる後遺障害による逸失利益の損害の性

質を考慮して，定期金賠償を認めたのである。

　この法理は，後遺症が残った場合の介護費用など，将来発生し得る積極的損害も後遺障害による逸失利益と同じく，不確実な予測の下に擬制的に認められ，実際の損害額と認められる損害額に大きな乖離を生じさせるものと考えられるため，定期金賠償が認められよう。

　(ウ)　原状回復　　特約や法律による特別の規定がないかぎり原状回復の請求をすることはできないが，名誉毀損については金銭による救済に代え，または金銭による救済とともに，原状回復処分を命ずることができる，とされている（723条）。名誉は「最モ貴重ナル生存要件」であり，「巨額ノ賠償」も完全なものとはいえないとの考えに基づく（民法修正案理由書）。

　新聞紙などに謝罪文を広告させることは，判例（最大判昭31・7・4民集10巻7号785頁）では，良心の自由を保障する憲法19条に違反しないとされている。しかし，この種の倫理的な意思の表明の強制に対しては，有力な反対説もあることを考えると，今後は謝罪広告以外の方法が積極的に検討される必要がある。

★★　(2)　**権利救済制度としての差止請求権**　　(ア)　違法行為の差止請求権　　権利（法益）侵害が現に継続しているか，あるいは侵害のおそれがあるとき，このような違法行為の差止めを求めることができるか。差止請求は原状回復的救済でないため，不法行為の効果として金銭賠償と同列に論じえないところがあるが，事後的な救済では不十分な場合があり，救済方法として重要な役割を担う。

　(イ)　実定法上の根拠　　差止請求権については知的財産法や競争法の領域など特別法において規定されているものもある。しかし，民法（不法行為法）には差止請求権を根拠づける特別の条項は

存在しない。判例・学説による法形成が必要とされるが，公害・生活妨害，名誉・プライバシー侵害の差止めを中心に論じられ，人格権に基づく差止請求権が一定の役割を果たしてきた。

人格権法からみて画期的な判例として「人格権としての名誉権」に基づいて名誉毀損行為（月刊誌の出版，販売）の差止めを求めることができるとした最高裁大法廷判決（最大判昭 61・6・11 民集 40 巻 4 号 872 頁〔北方ジャーナル事件〕）がある（プライバシーや名誉感情を含めて人格権としての名誉権等に基づいて差止めを認めたものとして，最判平 14・9・24 判時 1802 号 60 頁）。

また犯罪事実（児童買春により逮捕）に関する検索結果の削除が問題となった事案において，「当該事実を公表されない法的利益と当該 URL 等情報を検索結果として提供する理由に関する諸事情を比較衡量して判断すべきもので，その結果，当該事実を公表されない法的利益が優越することが明らかな場合」に情報検索サイト事業者に削除を求めることができるとした最高裁平成 29 年 1 月 31 日決定（民集 71 巻 1 号 63 頁）が注目される（結論は消極）。

名誉毀損にそのような救済方法が認められるのは，名誉は生命・身体とともに極めて重大な保護法益であり，人格権としての名誉権は物権の場合と同様に排他性を有する権利というべきであるとの理解に基づく。

最高裁令和 4 年 6 月 24 日判決（裁判所 HP）は，SNS（Twitter）上で摘示された過去の犯罪に関する事実につき，プライバシー侵害がある場合に差止めを求めることができることを確認したうえで，問題となる行為がプライバシー侵害に当たるかどうかを，プライバシーを公表されない利益が，これを一般の閲覧に供し続ける利益に優越する場合には，差止めが認められるとする（結論として差止め〔本件ツイートの削除〕を認める）。前出最決平 29・1・31

は，プライバシーが公表されない法的利益とそれを公表する利益とを比較し，前者が後者よりも明らかに優越するかを判断するが，令和4年判決は，両利益の比較において，「明らか」という基準を付加せずに優越するか否かを基準としており，平成29年判決よりも差止めが認められやすいものと考えられる。このことは国民の知る権利を支える情報インフラとしての検索サイトと，当該SNSとの機能性の違いが反映されているとも思われる。

　生活妨害は不動産利用の衝突に伴う紛争として物権的請求権の本来的適用領域ともいえるが，ここでも保護法益を人格的なものと把握し，人格権に基づく差止請求権を活用することが重要な課題とされてきた（人格権的構成を開拓したものとして，大阪国際空港差止請求事件〔最大判昭56・12・16民集35巻10号1369頁〕の原審判決参照）。

　しかし，人格的利益には権利性がそれほど強くないため人格権の概念に包摂できないものがあるほか，生活上の利益や取引上の競争利益は生活環境（生活利益秩序）や競争環境（競争秩序）から享受する利益にすぎず，各人に固有のものとして帰属するものではないとの考え方もある。救済方法としての差止めの重要性を考えると，このような利益の侵害のおそれがある場合にも広く適用される差止請求権の一般理論が確立される必要がある。

　(ウ)　法的構成と救済のあり方　　差止請求権の法的構成において議論の端緒となったのは物権的請求権（妨害排除請求権）であるが，保護法益が物権的なものと評価できない場合には物権的請求権に依拠することはできない。判例，学説で主張される法的構成の成果を理念型としてまとめておくと，以下のようなものがある。

　(a)　権利的構成　　権利の侵害（のおそれ）がある場合に権利保護の要請に基づいて差止請求権を根拠づける考え方で，物権的請求権がその典型であるが，応用問題としてあげられる権利的

構成として人格権ないし環境権に基づく差止請求権がある。この考え方は権利の絶対性，排他性といった当該権利の本質的な属性に注目し，権利に内在的な排他的権能として差止請求権を認めようとするものである。このような考え方の原点となるものが物権的請求権であるから，物権と同様の保護を享受すべき保護法益について権利的構成が採用されることになる（前出大法廷判決〔北方ジャーナル事件〕参照）。

　権利的構成では，排他的な支配領域に対する侵害の排除が問題とされる。したがって，そのような支配領域をもつ権利がここにいう権利であって，709条の保護法益としての「権利」とはその範囲が一致するわけではない。理念型としての権利的構成において注意を要するところである。

　(b)　不法行為説　　不法行為の効果として差止請求権を認める考え方。709条で故意・過失が要件とされていることから，理念型としての不法行為説においては，違法な侵害に加えて帰責事由が必要とされる。生活妨害では不法行為の成否が受忍限度を基準として判断されるため，その差止めについてもその基準を適用すべきとの考え方がある。受忍限度が違法性と過失をともに含むものと解されている場合は，この考え方は709条の成立要件を受忍限度に置き換えるもので，不法行為説には違いないとしても，条文から離れるという点で不法行為説の変型といえる。

　(c)　違法侵害説　　権利であれ法益であれ，およそ保護法益の違法な侵害（のおそれ）があり，差止めの必要性があれば，差止請求権を付与することができるとする考え方。被侵害利益において差止めが認められる範囲が権利的構成より拡大されることから，不法行為説に包摂されるおそれもあるが，不法行為説とは理論的基礎づけを異にする。不法行為説のように帰責事由を要求す

るものでないことから，理念型としての不法行為説との違いを明確にするため，この考え方を違法侵害説と呼ぶこともできる（違法侵害説を徹底すると，差止めは不法行為法とは異なる制度目的をもつ救済手段として理解されることになろう）。

　保護法益の違法な侵害それ自体に焦点を当てる点において物権的請求権につながる考え方であるが，差止めが必要とされる場合は権利的構成における権利に限定される必要はなくなる反面，権利的構成におけるように権利内在的な本質論で差止請求権を根拠づけることはできないため，権利保護の必要性という実質的判断が重要になる構成である（生活利益〔生活利益秩序〕や競争利益〔競争秩序〕が侵害される場合に〔法〕秩序違反を根拠に差止めを認める考え方があるが，これは違法な行為に対してサンクションを課すという点において，違法侵害説とつながりがある構成といえる）。

　　(d)　補完型　　権利的構成では権利救済の範囲が狭められることから，他の法的構成と合わせて権利救済の範囲の拡大を図る考え方。これには権利的構成を不法行為説で補う考え方と，権利的構成を違法侵害説で補う考え方がある。

　権利的構成が不法行為説で補われる場合は，理論的な根拠を異にするものが連結されるのに対し（権利的構成では権利侵害の〔おそれが〕ある違法な行為，不法行為説では帰責事由ある不法行為），違法侵害説との結びつきにおいては，理論的な基盤を共通にしうるものが補完しあう関係となる。

　　㈡　権利救済制度の展望　　差止請求権の法的構成として理論的な筋が明確なのは権利的構成であろう。そのような確かな構成であるとしても，適用の範囲に限りがあるとすると，権利救済制度の法発展にとっては，一般条項の役割を担う法的構成が必要とされる。

　これまでのところ，大法廷判決〔北方ジャーナル事件〕が物権の排他性に遡り（物権的請求権），そこから人格権的構成（権利的構成）を基礎づけていることは，一つの態度決定として尊重されなければならないとしても，理念型の対立は，差止請求においては被侵害利益に重点がおかれる場合と侵害行為の態様が重視される場合とがあることを示唆するものである。このことを前提として考えると，権利救済制度の展開にとって，権利的構成に依存することで十分とはいえない。権利的構成の長所を取り込みつつ，不法行為説，違法侵害説のそれぞれが理念型から離れて応用的展開を図ることが考えられるし，不法行為説，違法侵害説という二つの柔軟なアプローチがゆくゆくは融合するであろうこともありえないわけではない。

　ひとまずは，差止めによる救済には不法行為の原状回復的救済に解消しえないものがあることを確認し，差止めによる救済に固有な法理，権利救済制度としての差止めの構造的基盤を明らかにしておくことが必要とされよう。大法廷判決はそれに向けたメッセージを発したものと解することもできるのである。

　ところで，景観の侵害に対して差止請求（マンションの一部撤去）が認められるかが争われた事件において，最高裁平成18年3月30日判決（民集60巻3号948頁）は，良好な景観の恵沢を享受する利益（景観利益）は法律上保護に値する，と判断するしともに，「景観利益に対する違法な侵害に当たるといえるためには，少なくとも，その侵害行為が刑罰法規や行政法規の規制に違反するものであったり，公序良俗違反や権利の濫用に該当するものであるなど，侵害行為の態様や程度の面において社会的に容認された行為としての相当性を欠くことが求められる」とした。

　判旨は，景観利益について，「現時点においては，私法上の権

利といい得るような明確な実体を有するものとは認められず，景観利益を超えて『景観権』という権利性を有するものを認めることはできない」としていることから，景観利益の侵害が違法となる場合においても，差止請求を根拠づけるためには権利的構成に拠ることは難しく，違法侵害説など被侵害利益を広く把握する考え方が検討される必要がある，と思われる。

3　損害賠償請求権の主体と複数者の関与

(1)　損害賠償請求権の主体　　被害者は，不法行為の効果として加害者に対して損害賠償を請求することになるが，この請求権を取得しうる者を損害賠償請求権の主体という。

(ア)　自然人　　自然人は，出生によって権利主体性を認められている（3条参照）ため，不法行為についても，すべての者が被害者＝賠償請求権の主体となる可能性を有する。

(イ)　胎児　　胎児は，権利能力者ではないが，損害賠償の請求については例外的に，すでに生まれたものとして扱われることになっている（721条）。したがって，たとえば，父親が交通事故で死亡すると，胎児も，扶養請求権の侵害を理由とする財産的損害について，自己に固有の損害賠償請求権を取得することができる。

(ウ)　法人　　法人も，賠償請求権の主体たりうる点では自然人と変わるところはないが，ここでは，法人の被る損害の内容について，人格権に相応するものが侵害される場合に若干問題になることがある。この点で，判例（最判昭39・1・28民集18巻1号136頁）は，法人の名誉毀損について，「金銭評価の可能な無形の損害の発生すること必ずしも絶無ではなく，そのような損害は加害者をして金銭でもって賠償させるのを社会観念上至当とすべきであ〔る〕」として，「無形の損害」を受けた場合には，710条に基

づいて賠償請求ができるという。

　(2)　**複数の請求主体が問題となる場合**　不法行為によって生じた損害について，直接の被害者のほかに，それと特定の家族関係ないし社会関係にある者が，賠償請求に関与する場合がある。これは，財産権が侵害される場合にも起こるが，実際に重要なのは，人身損害が生じた場合に賠償請求権を取得するのはだれか，という問題である。

　これについては，生命侵害の場合に，遺族固有の慰謝料請求権について特別の規定が設けられているが，わが国では相続的構成も認められており，両者の関係について見解が分かれている。そこで，以下では，生命侵害を中心に説明し，次いで，より一般的に，直接の被害者と，間接被害者ないし間接損害の関係にふれることにしたい。

　(ア)　**生命侵害と遺族固有の慰謝料請求権**　(a)　Aが，たとえば　★★
航空機事故で死亡すると，Aの父母・配偶者・子には，慰謝料請求権が認められる（711条）。これは，生命侵害それ自体を理由とする慰謝料請求権は，被害者（死者）本人には認めないという趣旨（被害者は死亡の瞬間に権利能力を失うのであるから理論的にも説明しやすい）で，立法過程において710条（精神的損害に対する慰謝料請求）の保護法益から生命が削除されたのと引換えに，一定範囲の近親者に対し，遺族固有の慰謝料請求権を付与したものと解されている。

　(b)　この規定には，①慰謝料請求権者を同条所定の近親者以外に拡張してよいかという問題と，②死亡にも匹敵する重傷を被った者がいる場合に，その近親者に同条を類推する余地があるか，という性質の異なる二つの問題がある。

　①では，711条が，請求権者の範囲を一定の近親者に限定した

趣旨を今日どう評価すべきかがポイントになるが，最高裁昭和49年12月17日判決（民集28巻10号2040頁）は，死亡した妻と同居していた夫の妹（身体障害者）に対し，類推適用によって慰謝料請求を認めている。

　②では，被害者が死亡するわけではないから，その者が，自分で慰謝料を請求することができる（709条・710条）。したがって，ここでの問題は，死亡に匹敵するほどの精神的苦痛を受けた近親者がいる場合に，ことの実質を考え，その者にどの程度の保護を与えるべきかということである。判例では，おおよそのところ，「被害者が生命を害された場合にも比肩すべき，または右場合に比して著しく劣らない程度の精神上の苦痛を受けたときにかぎり」（最判昭42・6・13民集21巻6号1447頁参照）近親者からの慰謝料請求権が認められている（リーディングケースとなった最判昭33・8・5民集12巻12号1901頁〔一枝顔面負傷事件〕では，10歳の女児が，交通事故で顔面口角から顎下に至る裂傷を負い，顕著な瘢痕と神経麻痺の後遺症が残ったため，母親が慰謝料を請求し認容された）。

　判例は，この結論について，709条・710条に基づいて判断している（ただし，被害者本人に認めれば十分であるとして，近親者の慰謝料請求に対し消極的な有力説もある）が，①についても，711条は慰謝料の立証責任を軽減した規定と解したうえで，そこに明示されていない者には，②と同様に，709条・710条に依拠した解決を図るべきであるとする見解がある。

　(イ)　被害者の死亡と遺族の保護　　(a)　相続的構成と固有損害説の関係　　交通事故にあった被害者が死亡した場合，自分ではもはや賠償請求はできないから，法が配慮しなければならないのは遺族の保護である。

　民法では，前述のように，慰謝料については一定の近親者に対

して，その者に固有の賠償請求権が付与されている（固有損害説）が，それとは別に，わが国では死亡自体に伴う損害についても，精神的損害（死亡に対する慰謝料）であれ財産的損害（死者の逸失利益）であれ，被害者自身が賠償請求権を取得し，それが相続人に承継されるという考え方（相続的構成）が，判例として確立されている。そこで，相続的構成と固有損害説の関係をどのように考えるべきかという問題が生ずる（両者の関係について興味深い問題を提起するものに，最判平5・4・6民集47巻6号4505頁がある）。

　　(b)　慰謝料請求権の場合　　(i)　人は，死亡によって権利能 ★★
力を失うことを考えると，死亡そのものから生ずる損害について被害者が賠償請求権を取得し，それが相続の対象になるということは，損害の種類に関係なく，論理的には起こりえないはずのことがらである。そこで，相続的構成を可能にするためには，この点についてつじつまを合わせる必要があり，そのために各種の技巧的説明（たとえば，致命傷を受けたときと，死亡との間の間隔を認め，傷害によって生じた損害賠償請求権が瞬時に相続されると考える時間的間隔説）がなされてきた。

　　しかし，この点がクリアーされても，慰謝料請求権にはその一身専属性のために相続が否定されるのではないか，という特別の問題（896条ただし書参照）がある。これについて判例では，請求の意思が表明されていれば相続されるとする解釈がとられてきたが，こんどは意思の表明について一種のフィクションが用いられなければ，アンバランスな結果が生じるおそれがある（たとえば，判例では，被害者が，「残念々々」〔大判昭2・5・30新聞2702号5頁，同再上告審大判昭4・5・2新聞3011号9頁〕とか，「向フカ悪イ止メル余裕カアツタノニ止メナカツタノタ」〔大判昭12・8・6判決全集4輯15号10頁〕とかいって死んだ場合には慰謝料請求の意思表明があったと認定されている）。

そこで最高裁は，大法廷判決（最大判昭42・11・1民集21巻9号2249頁）において，財産以外の損害を被った場合にも，財産上の損害を被った場合と同様に損害の発生と同時にその賠償を請求する権利（慰謝料請求権）を取得し行使することができ，被害者が死亡したときは，相続人は，当然に慰謝料請求権を相続する（当然相続説）ことにして，相続的構成の徹底化を図った。

　（ii）　被害者の相続人と，711条所定の近親者とは必ずしも一致するわけではない。また，死亡の場合に慰謝料請求権の相続が否定されると，傷害を受けたにとどまる被害者の方が厚い保護を受けることにもなりかねず，相続肯定説にはそれなりの実質的根拠があることは確かである。

　しかし，慰謝料請求権が単純な金銭債権（前出最大判昭42・11・1）であるからといって，死亡そのものによる苦痛をもはや感じえなくなった者に，その苦痛を理由とする賠償請求権を帰属させるのはおかしなことであることに変わりはない。遺族の保護（精神的慰謝）を問題の中心に据えれば，それを711条によって解決しようとしたのが立法者の考え（(ア)(a)）であったはずであり，それは，比較法的動向にも沿うものと解されている。

　ある考え方をとることが論理的には無理であるにもかかわらず，実際的必要性ということからそれを押し進めると，かえって問題が顕在化することはよくあることである。この点で，相続否定説が，大法廷判決以後かえって強く主張されているのも興味深く，相続肯定説を判例理論として維持することについては，再考の余地が残されているといってよい。

　（c）　財産的損害の場合　　被害者の死亡に伴う財産的損害については，立法者においては，被害者によって扶養されていた遺族が，その固有の権利（扶養請求権）を侵害されたことを理由に

709条に基づいて賠償請求しうる（相続否定）と解されていたとされる。

　しかしながら，判例では，死者の逸失利益の相続という考え方が確立され，それにしたがった処理が定着している。したがって，ここでは，逸失利益の算定という実務的な問題に関心が寄せられているが，これにはフィクションが伴い個人差も生じやすいなど問題も多く，遺族の生活上の保護は，遺族固有の損害賠償請求権によって図るのが実際的であるとの有力説がある。ただ，この場合には，709条の一般条項によって処理されることになるため，保護されるべき遺族の範囲や，固有損害の内容について立ち入った検討が必要とされることになる。

　(ウ)　治療費の賠償請求権者　　傷害について被害者側に立つ複数の者の関係がとくに問題となるのは，負傷したＡの治療費を，その近親者Ｂが支払ったという場合である。判例には，Ｂからの賠償請求を認めるものがあるかたわら，他方では，直接の被害者Ａも治療費相当額を請求しうるとするものがある。

　Ａ・Ｂ間の経済的一体性という点では，この結論にはそれなりの合理性があるが，学説には，近親者を分け，扶養義務者でない場合には，その者からの賠償請求権を否定すべきであるとの有力説がある。

　(エ)　**間接被害者と間接損害**　　(a)　アプローチの違い　　直接 ★
の被害者と特定の関係にある者の賠償請求が問題となる場合の法的処理を一般化すると，賠償請求の主体性（間接被害者）と，直接の被害者と一定の関係にあるものに生じた損害そのもの（間接損害）に着目する場合の，二つのアプローチに分けることができる。

　前者では，直接の被害者のほかに，間接の被害者が，賠償請求に関与しうる場合があるか，という問題が立てられる。そして，

間接被害者からの賠償請求を例外的なものと解すると，このアプローチでは，紛争処理は簡明になるが，それによって賠償請求の可能性が制約されるおそれもある。

これに対して後者では，直接の被害者が受ける損害との関係では間接的な損害とみられるものでも，損害それ自体が紛争の主題とされているため，それが賠償範囲に含まれるかどうかさえ問われればよいことになる。その結果，賠償範囲を画定する一般的ルールが適用されるため柔軟な対応が可能となる反面，賠償範囲の画定に伴う法的判断が具体化される必要がある。

両者を対比すると，民法典の構成には後者のアプローチが合致するとの見解がある。この点については，一般の不法行為（709条）の成立要件として，故意・過失と損害の発生との間に介在している権利（法益）侵害を，賠償請求の主体ともかかわりのある要件とみるかどうかによって，考え方は分かれる可能性もある。

被害者側に複数の者が関与する不法行為は，前述の家族関係がある場合（㋐㋑㋒）のほか，被侵害利益や社会関係の種類によって多様な形態が考えられるが，ここでは，企業損害にふれておくことにする。

　(b)　企業損害　　会社の取締役ないし従業員の死傷事故によって営業利益の喪失など，会社も損害を被ったと考えられる場合（企業損害），その会社自体を賠償請求の主体とすることができるか。

判例には，有限会社 X（薬局経営）が名ばかりの個人会社で，その実権は代表取締役 A（薬剤師）に集中し，経済的には A と X 会社は一体をなす関係にあると認められるケースにおいて，交通事故の加害者 Y の A に対する加害行為と，A の受傷による X 会社の利益の逸失との間には相当因果関係があるとして，形式的に

は間接の被害者である X 会社からの賠償請求を認容したもの（最判昭 43・11・15 民集 22 巻 12 号 2614 頁）がある。

　ここでは，相当因果関係という賠償範囲を画定する伝統的な法概念が用いられているが，企業損害は不測の莫大な額に拡大するおそれがあるため，このアプローチを一般化することには慎重であることを要する。企業損害には，企業の債権（就労請求権）が侵害される側面もあるので，企業損害に対する賠償請求が争点となる場合には，債権保護のあり方（その重要性については，Ⅳ 3⑵⒤参照）が問題となる場合もある。

4　損害賠償額の算定

　⑴　損害の概念と賠償額の算定　　被害者に生じた損害について賠償範囲が画定されると，賠償されるべき損害が金銭に換算されなければならない（金銭賠償の原則）。これが，損害賠償額の算定といわれる問題である。

　㋐　財産的損害と精神的損害　　損害は，一般的には，広く，被害者に生じた不利益な状態を表すと解されているが，金銭に換算するため便宜上，不利益の性質に応じて，財産上の不利益（財産的損害）と，精神上の不利益（精神的損害ないし非財産的損害）に分けられる。精神的損害は，慰謝料と呼ばれ，財産権が侵害された場合にも生ずることがある（710 条参照。たとえば，先祖伝来のこっとう品が破損された場合）。

　このように，前述の区別は，被侵害利益（侵害の客体）を対象とするものではなく，発生した損害についての種別であることに注意しなければならない。財産的損害は，さらに積極的損害と消極的損害（逸失利益）に二分された（通説）のち，治療費や付添看護費など，具体的な損害項目に分けられる（損害の種類・項目について

は，Ⅲ 7⑵参照）。

　なお，法人の名誉毀損について「無形の損害」というものを認めた判例（最判昭 39・1・28 民集 18 巻 1 号 136 頁）がある。判例は，その根拠を精神的損害に関する 710 条に求めているが，実際には財産的損害のうち証明がきわめて困難なものについて，訴訟実務上精神的損害と同じ扱いをすることを認めたものと解する説がある。

★★
★★
　⑷　**損害の概念の意義**　　損害の種類とは別に，損害の概念を理論的にどう解すべきかについては，見解が分かれているが，損害のとらえ方は，賠償額の算定にも密接に関連する。

　まず，①金銭賠償主義の下では，損害は金銭に換算されるべきであるから，現実に損害と観念されるべきものは，金銭によって表示された額であるとする考え方（判例・通説）がある。これを理論的に説明すれば，損害概念の意義を，抽象的に不法行為がなかったと仮定した場合の状態と，不法行為がなされたのちの現在の利益状態との差（差額説）としてとらえ，それを金額で表示したものが損害ということになる。

　この伝統的見解に対して，②被害者に生じた不利益な事実それ自体を損害と観念すべきであるとする考え方がある。これによると，不利益な事実のうち，どのレベルのものを損害として把握するのか，について考え方が分かれる余地があるが，通常は，死傷それ自体のような，包括的なとらえ方をすべきであると解されている。

　両者は，損害の概念についての説明の違いにとどまらず，いずれを基本と考えるかによって，実際にも差異が生ずる。

　第一に，損害額の算定について，②では不利益な事実それ自体が損害と解される結果，前述の損害の便宜的な種類ないし損害の

項目は，その事実を金銭に換算するための資料としての意義しか
もちえないことになり，①に比べてそれだけ裁量の幅が広げられ
ることになる。

それに関連して，第二に，①では損害は金銭に表示された額と
解されるため，交通事故によって後遺症が残ったとしても，事故
の前後で被害者に収入差が生じていない場合には，賠償請求がで
きないことになる（最判昭42・11・10民集21巻9号2352頁）。しかし，
②の立場をとると，後遺症という不利益な事実が存続しているの
であるから，それを金銭に換算して賠償請求することは理論的に
は可能である（結論的にはこの立場をとらないものの，それに目配りを示
した判例として，最判昭56・12・22民集35巻9号1350頁参照）。

第三に，賠償範囲の画定と賠償額の算定との関係に付言すると，
②では，賠償範囲の対象としては不利益な事実そのものが問題と
されるため，両者は截然と区別できることになる。これに対して
①では，伝統的な権利（法益）侵害と損害の発生との区別に立っ
て，損害の種類・項目について賠償範囲が検討されることになる
ので，賠償範囲の画定と，賠償額の算定とは境を接し，実質的に
は両者が重なり合う場合も生ずる。

(2)　賠償額算定のあり方　　(ｱ)　創造的・裁量的性格　　金銭
賠償主義では，賠償されるべき損害が金銭に換算されなければな
らないので，原告の請求は，最終的には金銭債権として表れる。
しかし，損害賠償請求権には，他の金銭債権にはみられない特色
がある。

たとえば，貸金返還請求訴訟では，原告の主張する既存の貸金
額が客観的に確認できればよいのに対し，損害賠償請求訴訟では，
はじめから賠償額が定まっているわけではなく，請求の認否につ
いて結論を出すためには，被害者が請求する金額が妥当であるの

かどうかを判定しなければならない。

　賠償額の算定とは，この判定作業の問題であるが，そこでは貸金返還請求におけるのとは異なり，おのずと，創造的ないし裁量的判断が必要とならざるをえず，このことを明確に示すために賠償額の算定の過程は，損害の金銭的評価が行われる場である，と理解する立場がある。

　賠償額算定の創造的性格は，損害概念のとらえ方とも関連することは前述（(1)(イ)）のとおりであるが，損害を金銭で表示された額と考える伝統的理解の下でも，その具体的な算定はこの点を考慮したものである必要がある。

★　(イ)　**賠償額算定の基準時**　(a)　判例の考え方　たとえば，物が滅失したのちにいったんは価格が騰貴したが，やがて下降した場合，被害者は，その間の最高価格（中間最高価格）を基準として，賠償請求できるであろうか。これが，賠償額算定の基準時といわれる問題である。

　判例（大連判大 15・5・22 民集 5 巻 386 頁〔富喜丸事件〕）は，不法行為時（物の滅失時）の交換価格を原則としつつも，騰貴価格で転売などの処分をするか，その他の方法でこの価格に相当する利益を確実に取得できたという特別の事情があり，かつその事情について予見可能性があった場合には，（中間）騰貴価格による賠償請求ができるとする（416 条 2 項。なお，価格が上昇中の場合については，履行不能に関する判例であるが，最判昭 37・11・16 民集 16 巻 11 号 2280 頁は，それについて予見可能性さえあれば，債権者による処分が予想されたか否かに関係なく騰貴した現在の時価による賠償請求ができるとして，富喜丸事件のルールを緩和させている。最判昭 47・4・20 民集 26 巻 3 号 520 頁も同旨）。

　(b)　基準時問題のとらえ方　賠償額算定の基準時が問題となるのは，財産権が侵害される場合に限らないが，判例が騰貴価

格を考慮しうるか否かについて416条に依拠していることは，判例がこの問題を賠償範囲の問題（伝統的用語法では「損害賠償の範囲」）と，とらえていることを意味する。

　しかし，416条を不法行為に適用することに対する批判を通じて賠償範囲の画定と，賠償額の算定との性質上の違いが明らかにされるのに伴って，学説では，基準時は，前者とは区別されるべき後者に特有の問題として，裁量的判断に委ねられるべきである，とする考え方が有力になっている。これによると，基準時は，判例のように，固定的に解する必要はなくなり，口頭弁論終結時までの一切の事情を斟酌して被害者に有利に判断すること（基準時の多元性）が可能となるが，ただ，そのさい目安とすべき一応の基準時（たとえば，口頭弁論終結時）をどこに求めるべきかについては，学説は分かれている。

　(3)　賠償額算定の具体例　　各種の損害の算定については，被侵害利益の点で，生命・身体が侵害される場合と，財産権が侵害される場合とに分けて説明し，次いで，いずれにも関連する精神的損害（非財産的損害）の算定と，弁護士費用について述べることにする。

　(ア)　人身事故被害者の救済　　(a)　生命侵害の場合　　(i)　生命侵害については，死亡それ自体に対する損害について相続的構成がとられる場合と，それが否定されて遺族固有の損害として賠償請求が認められる場合を分けて考えなければならない。

　相続肯定説の立場では，財産的損害の中心になるのは死者の逸失利益（将来の得べかりし利益）の算定であるが，そのほかに，治療費，葬式費用，墓碑建設費など積極的支出を伴う損害も，それが賠償範囲に含まれるかぎり，それに対しても相当の額が算定される必要がある。従来の訴訟実務（通説）では，これらの損害項

目は，個別，具体的に算定され，その総計が賠償されるべき損害額として決定されることになる。

　（ⅱ）　逸失利益の算定は，まず，死者の得べかりし収入（年間）に本人の稼働可能年数（平均余命に基づいて計算される）を乗じて総収益（推定額）を算出し，次いで，総収益から生活費相当額を控除して純収益額を算出する，というプロセスで行われる。

　ただし，この金額は，あくまでも将来得ることのできる収入にすぎないから，訴訟でそれが一時金として請求されるためには，中間利息を控除して現在価額に換算される必要がある。中間利息を控除する算定方式には，単利計算によるホフマン方式と，複利法が用いられるライプニッツ方式とがある（判例では，ホフマン方式のうち 1 年ごとに中間利息を控除する複式〔最判昭 37・12・14 民集 16 巻 12 号 2368 頁〕が採用されているが，ライプニッツ方式〔複式〕も不合理とはいえない〔最判昭 53・10・20 民集 32 巻 7 号 1500 頁〕とされている。中間利息の割合は，民事法定利率〔判決当時，5%〕によらなければならない〔最判平 17・6・14 民集 59 巻 5 号 983 頁〕）。

　なお，債権法改正では，中間利息控除の規定が新設され（417条の 2 および同条を準用する 722 条 1 項），法定利率については，当初は 3%（404 条 2 項）に，その後は 3 年ごとに見直される変動性が採用された（同条 3 項）。

　逸失利益の算定は，得べかりし年間収入を基礎とするため，死亡当時収入のなかった者については困難を伴うが，判例では，年少者についても算定は可能とされ（最判昭 39・6・24 民集 18 巻 5 号 874 頁），最高裁昭和 49 年 7 月 19 日判決（民集 28 巻 5 号 872 頁）では，交通事故で死亡した 7 歳の女児について，結婚後の主婦としての逸失利益が肯定的に解されているのが注目される（「家事労働に専念する妻は，平均的労働不能年齢に達するまで，女子雇傭労働者の平均

的賃金に相当する財産上の収益を挙げるものと推定」すべしとされる）。ただし，女子が専業として職業に就いて受けるべき給与額を基準として将来の得べかりし利益が算定されるときは，家事労働分を加算することはできない（最判昭62・1・19民集41巻1号1頁）。

　外国人が事故にあったときの逸失利益の算定については，一時的にわが国に滞在しているにすぎない場合にとくに問題になるが，予測されるわが国での就労可能期間ないし滞在可能期間内はわが国での収入等を基礎とし，その後は想定される出国先での収入等を基礎として算定するのが合理的である，とするのが判例（最判平9・1・28民集51巻1号78頁）の考え方である。

　(b)　**死傷損害説と賠償額の定額化**　　人身事故被害者の救済については，逸失利益という損害項目を個別，具体的に算定する伝統的方式に対して，死傷それ自体を一つの非財産的損害（710条・711条参照）とみて，それにふさわしい賠償額を一体として探り出そうとする有力説（死傷損害説）がある。これは，従来の算定方式が，その精緻さにかかわらず，実際にはあいまいな蓋然性を基礎としているため，不正確なものとならざるをえないことを疑問として主張されたものであるが，非財産的損害が収入の多寡によって極端な個人差を伴うのは好ましいことではないから，死傷損害説は，賠償額の定額化の提案と同視されることもある。　★★

　賠償総額を定額化することに対しては，異論もある（被害者に対する全額賠償の原則）。しかし，死傷損害説の意義は，定額化の是非をこえて，生命，身体に無限の価値を認め，人間（の平等の）尊重の立場から，人身被害の救済を賠償額算定の伝統的枠組みから解き放す契機を与えた点に求められるべきで，そこに含まれるフィロソフィーは，多かれ少なかれ，逸失利益以外の問題についても広く波及するものと考えてよいであろう。

　ちなみに，公害・薬害事件などでは，死傷損害説の趣旨を生かして，被害者の請求が，一括請求（財産的損害と精神的損害を一括して請求する），一律請求（多数の被害者が一定額を一律に請求する），さらには，包括請求（身体的損害だけではなく，家庭生活や社会生活あるいは広く環境の破壊などを含む，総体としての損害を請求する）の形で主張されることがある。

　なお，死傷それ自体を損害とみる考え方は，前述の死傷損害説に限らず，損害概念を被害者に生じた不利益な事実と把握する立場からも，その不利益が人身被害である場合には，同じ結論を得ることは可能である。しかし，前者は，死傷を一つの非財産的損害とみていることからわかるように，直接には，人身被害の賠償額算定のあり方として問題提起されたものであるのに対して，後者では，損害賠償法の一般理論との関連で，損害概念についての新しいアプローチが主張されているのであって，両者は，立論の基礎を異にしていることに注意する必要がある。

　(c)　傷害の場合　　身体が侵害された場合の逸失利益としては，休業による損失と，後遺症による逸失利益が問題となる。従来の具体的算定法では，後遺症があっても被害者が経済的に格別の不利益を被らない場合には得べかりし利益の喪失による損害はなく，賠償請求は認められない（最判昭42・11・10民集21巻9号2352頁参照）。

　しかし，逸失利益の算定については，その抽象化をめざすものとして，稼（労）働能力の喪失自体を財産的損害（死傷それ自体を一つの非財産的損害と解する死傷損害説との違いに注意）とみる有力説があり，それによると，前述の場合にも損害（逸失利益）は認められ，稼働能力の喪失率に基づいてそれを算定することは可能と解されている（(1)(イ)参照）。

　被害者が傷害を受け後遺症が残ったあと別の原因で死亡した場合の逸失利益の算定については見解が分かれていたが，最高裁では，特段の事情がない限り死亡の事実は就労可能期間の認定において考慮すべきものではなく（最判平 8・4・25 民集 50 巻 5 号 1221 頁），これは被害者の死亡が病気，事故，自殺，天災等のいかなる事由に基づくものか，死亡につき不法行為等に基づく責任を負担すべき第三者が存在するかどうか，事故と死亡との間に相当因果関係ないし条件関係が存在するかどうかといった事情により異なるものではないとされた（最判平 8・5・31 民集 50 巻 6 号 1323 頁。いずれも交通事故に関する事件）。

　(イ)　財産権が侵害される場合　　財産権の侵害による財産的損害が問題になる場合としては，たとえば，

　(a)　所有物が滅失した場合の賠償額は，原則としてその物の交換価値（通常の使用価値も含まれる）であり，物が損傷された場合には，修理費用や修理期間中の使用不能による休業損害（たとえば，営業用自動車の場合）などが賠償されなければならない。

　なお，物が滅失した（不法行為時）のちに交換価値に変動が生じた場合には，賠償額算定の基準時が問題となることは，すでに述べたとおりである。

　(b)　物が不法占有ないし不法占拠された場合には，通常は賃料相当額が賠償額となる。それ以外の損害，たとえば，所有者に，その物の利用による将来の営業利益などが見込まれていた場合には，それを逸失したことによる損害は，賠償範囲の問題で，賠償額はその判断をまって算定されることになる。

　(c)　抵当権など担保物権の目的物が侵害され，担保価値が減少した場合，抵当権者は損害賠償請求権を取得すると解されているが（判例・通説），ここでは，賠償額の算定もさることながら，

それ以前に，そもそも抵当権者の損害（物の残存価額が被担保債権を下回るとき）がいつ現実的なものとして賠償請求の対象となるかが問題となることに注意しなければならない（見解が分かれるが，判例は弁済期以後なら抵当権実行以前でも賠償請求ができるとする）。

★　(ウ)　**精神的損害（非財産的損害）に対する慰謝料**　　(a)　慰謝料算定の特殊性　　慰謝料は，ほんらい精神的・肉体的苦痛の慰謝を目的とするが，この種の精神的損害を金銭に換算することはその性質上きわめて困難である。そのため，慰謝料の算定では，財産的損害のように，算定の基礎となる具体的資料や係数的根拠を示す必要はなく，諸般の事情（被害の種類や程度はもちろん，当事者双方の社会的地位，職業，資産のほか，加害者の動機や態度なども考慮される）を斟酌して，妥当な額を判定すれば足りると解されている。

　　(b)　慰謝料の補完的機能　　このように，慰謝料の算定は裁判所の裁量に委ねられているので，財産的損害の立証が困難な場合（たとえば，公害や薬害訴訟）には，慰謝料の名目で損害が一括して請求されるなど，慰謝料に特有な算定方法が，賠償総額の引上げに活用されることがある。これを慰謝料の補完的機能ないし調整的機能というが，これが一般化されると，慰謝料の性質が変わり，財産的損害と精神的損害の区別も見直されなければならないことになる。

　　(c)　なお，慰謝料については，その本質を損害塡補（通説）に求めるだけでなく，制裁的側面（加害行為の抑止）にも着目すべきであるとの有力説もあり，この点は，不法行為法の役割を考えるさいにあらためて検討されるべき重要な問題である。

　　(エ)　弁護士費用の請求　　わが国では，弁護士強制主義は採用されていないけれども，現実には，一般人は，弁護士に委任しなければ十分な訴訟活動を行うことはできない。そこで，弁護士費

用の負担者が問題となるが，これは，相手方が不当に訴えを提起（その他，告訴，仮処分・仮差押えなど）したために，やむをえず対抗せざるをえなくなった場合と，交通事故などすでになされた不法行為の被害者が，権利擁護のために積極的に訴訟を提起する場合とに，分けることができる。

　判例では，いずれのタイプでも弁護士費用を請求する道は開かれている。しかし，両者を対比すると，前者では，不当訴訟そのものが弁護士費用の出捐をまねく不法行為にあたるかどうかが主要な争点となる（大連判昭 18・11・2 民集 22 巻 1179 頁，最判昭 63・1・26 民集 42 巻 1 号 1 頁）のに対し，後者では，弁護士費用は，当該不法行為の賠償範囲ないし賠償額の算定のレベルで扱われることになる。被害者の権利保護のすすめ方に関わる問題である（最判昭 44・2・27 民集 23 巻 2 号 441 頁では，不法行為の被害者が訴訟提起した場合の弁護士費用については，事案の難易，請求額，認容額その他諸般の事情を斟酌して相当額の範囲内にあるものに限って，当該不法行為と相当因果関係に立つ損害とされている）。

5　損害賠償額の調整

　損害賠償額が算定されたのち，あるいはそのプロセスの中で，被害者側の事情を考慮して賠償額の調整が行われることがある。

　第一は，過失相殺と呼ばれるもので，賠償額を定めるにつき被害者に過失があれば，これを考慮（斟酌）することができる（722条 2 項）。第二に，被害者が同一の不法行為に関連して利益を受けた場合には，その利益は損害額から控除されなければならない。これを損益相殺という。

　過失相殺は，当事者間の公平を理念としているのに対し，損益相殺には，被害者が他の制度から給付を受けた場合の，損害賠償

請求権との調整という問題が含まれている。そのため，損益相殺では，当事者間の問題をこえて，不法行為制度の目的・機能をどう解すべきか，というところまで視点が広がる場合があることに注意しなければならない。

（1）　過失相殺　　（ア）　過失相殺の意義　　過失相殺は，損害の発生・拡大（治療が遅れたために後遺症が残ったとき）に被害者の関与があれば，その過失を斟酌して加害者と被害者との間で損害の公平な分担を図る制度である（最判昭 51・3・25 民集 30 巻 2 号 160 頁参照）。

被害者に過失が認められると，一定割合の額が減額されることになるが，過失の程度が大きくても加害者の賠償責任そのものを全部免責することはできない（判例・通説）。なお，賠償額を調整するための判断は，裁判所の裁量の問題とされている（722 条 2 項・418 条参照）が，過失相殺割合の判断が裁量権の範囲を逸脱した場合には違法となる（最判平 2・3・6 判時 1354 号 96 頁）。

（イ）　被害者の過失　　（a）　過失は，加害者に損害賠償責任を負わせるための基本概念（709 条）であるけれども，過失相殺の対象となる被害者の過失は，公平の理念に基づいて賠償額を減縮するために斟酌されるものである。したがって，帰責原因のレベルで問題となる過失と比べて，第一に，義務違反の程度がそれよりも軽いもの（たんなる不注意ないし怠慢）でも，過失相殺の趣旨からは，それを過失として斟酌することができる（通説）。これに関連して，第二に，過失が斟酌される場合の被害者の能力についても，責任能力がそなわっている必要はなく，「〔被害者たる〕未成年者に事理を弁識するに足る知能が具わっていれば足り〔る〕」（事理弁識能力）ことになっている（最大判昭 39・6・24 民集 18 巻 5 号 854 頁，交通事故にあった 8 歳の男児の過失を斟酌）。

(b)　このように，被害者の過失は，加害者としての過失と同じように扱う必要はないが，道路に突然飛び出して交通事故にあった幼児の行為が通常期待されるパターンとはいかにはずれていたとしても，その幼児に事理弁識能力が欠けていれば，過失相殺を行うことはできない。

そこで学説には，判例・通説に対して，被害者の過失は，加害者の非難可能性ないし違法性の程度を判断する事情として斟酌されるべきとか，結果発生に対する被害者の寄与の度合（因果関係）の問題として解決すべきであるとか，さらには，一定の状況で期待される行動パターンを基準として，そこからの逸脱を減額事由にすべきである，といった有力説が存在する。

これらはいずれも，過失相殺といいながら被害者の義務違反性ないし非難可能性にその根拠を求めていない点において，過失相殺の客観化を志向するものといえ，それが徹底されると，事理弁識能力のような主観的事情にとらわれる必要はないことになる。このことは，過失相殺の客観化がすすむと，賠償額の調整においてそれだけ裁量の幅が広がることを意味し，それは，賠償額算定の創造的・裁量的性格にもかなうものである。

(ウ)　**被害者側の過失**　　(a)　過失相殺における公平の理念ということを考えれば，過失相殺の客観化を問題とするだけでなく，被害者側の人的範囲についても，被害者と一定の関係にある者の過失が斟酌されてよい場合がある。これが，被害者側の過失と呼ばれる問題である。判例の基準によると，被害者本人と身分上，生活関係上，一体をなすとみられるような関係にある者の過失は，被害者側の過失として，過失相殺の対象とすることができる。

被害者側の過失として主に論じられたのは，幼児や精神障害者など責任能力ないし事理弁識能力を欠く者が被害者となる場合で

ある。親権者や未成年後見人など監督者の過失が，被害者側の過失にあたることには問題はないが，判例では，幼児の送迎に付き添う保育園の保母は，前述の意味の一体的関係にある者とはみられていない（最判昭 42・6・27 民集 21 巻 6 号 1507 頁。ただし，反対説もある）。次に，被害者側に使用関係がある場合には，被用者の過失は，使用者からの賠償請求において斟酌することができる（判例）。

　(b)　判例はさらに，夫 A の運転する自動車に妻 X が同乗していたところ，第三者 Y が運転する自動車との衝突（A・Y 双方の過失が競合）により X が傷害を被り，Y に対して損害賠償を請求したケースにおいて，「右夫婦の婚姻関係が既に破綻にひんしているなど特段の事情のない限り」A の過失は，被害者側の過失として斟酌することができるとする（最判昭 51・3・25 民集 30 巻 2 号 160 頁。また最判平 19・4・24 判時 1970 号 54 頁は内縁の夫の過失を被害者側の過失として肯定した）。

　本件は，幼児の飛び出し事故のように，被害者が事故発生に加担しているために監督者の過失を斟酌するのが公平である場合とは異なり，ほんらいならば，妻に対する夫と第三者の共同不法行為を理由に，全損害の賠償請求が認められてもよいケースである。それにもかかわらず，判例は，夫婦という特別の関係を考慮して夫の過失を斟酌できると解したわけであるが，その理由として，紛争が一回で処理できるという合理性（Y がいったん X に全損害を賠償したのちに，A にその過失に応じた負担部分を求償するという求償関係も，一挙に解決される）があげられているのが注目される。

　このように，「被害者側の過失」には，過失相殺の趣旨そのものとは別の要素が加わる場合のあることは，この法理に対する類型的処理の必要性を示している。

　⑷　**共同不法行為と過失相殺**　　複数の加害者による共同不法　★
行為がなされたとき，被害者にも過失があれば過失相殺が問題に
なる。最高裁平成 13 年 3 月 13 日判決（民集 55 巻 2 号 328 頁）は，
交通事故と医療過誤が順次競合したケースにおいて，各不法行為
の加害者と被害者との間の過失の割合に応じて過失相殺すべきで
あるとの相対的な処理を行った。ところが，複数の加害者の過失
と被害者の過失が競合する「一つの交通事故」において，交通事
故の原因となったすべての過失の割合（絶対的過失割合）を認定す
ることができるときは，絶対的過失割合に基づく被害者の過失に
よる過失相殺をした損害賠償額について，加害者らは共同不法行
為に基づく連帯責任を負うとされた（最判平 15・7・11 民集 57 巻 7
号 815 頁）。このような場合に相対的処理をするのは被害者保護を
図ろうとする民法 719 条の趣旨に反することになる，というのが
その理由である。

　⑸　**賠償額の減額事由**　　⒜　**過失相殺の類推**　　過失相殺は，　★
賠償額の減額事由として民法があらかじめ設けたルールであるが，
被害者側の事情としては，過失のほかに，被害者の素因（特異体
質や既往症など，外的事情のインパクトに反応しやすい潜在的要因）が問
題にされることがある。

　判例（最判昭 63・4・21 民集 42 巻 4 号 243 頁）は，交通事故の被害
者が特異な性格で回復への自発的意欲も欠けていたケースで，損
害の拡大について被害者の心因的要因が寄与しているときは，過
失相殺の規定を類推適用して，被害者側のこの事情を斟酌するこ
とができるとする（さらに，事故前からの被害者の疾患を斟酌したもの
に，最判平 4・6・25 民集 46 巻 4 号 400 頁がある。ただし，被害者の素因に
ついては，責任の減縮を否定する有力説もある）。

　もっとも，被害者が平均的な体格ないし通常の体質と異なる身

体的特徴を有していたとしても，それが疾患にあたらない場合には，特段の事情のない限り，その身体的特徴を斟酌することはできないとされており（最判平8・10・29民集50巻9号2474頁。平均的体格に比べて首が長く，頸椎に多少の不安定症がある），過失相殺の類推適用には限界もあることに注意を要する。

　　(b)　被害者の素因に含まれている問題を一般化すると，そこには，複数原因が競合する場合の法的処理の仕方という問題が存在する。これについては，損害の発生・拡大に対する寄与度という観念の下に責任の減縮をはかる考え方があることは，すでに述べたとおりである（Ⅲ8(5)参照）が，寄与度についての理論的説明には違いがあるものの，寄与度が斟酌されると，結果的には賠償額は減額されることに変わりはない。その点で，原因競合は賠償額の減額とも関連しているが，他方で，賠償額の減額事由は，複数原因が競合する場合に限られるわけではない（たとえば，好意同乗のように，好意ないし無償関係がある場合）。

　このように，賠償額の減額には多様な問題が含まれているため，被害者の素因についても，過失相殺の法理にこだわることなく，広く損害賠償法の一般理論の中でも検討される必要がある。

　(2)　損益相殺　　(ア)　利益の控除　　不法行為によって損害を被った者が，反面では利益も得ていると解される場合には，被害者は，その利益を控除したものについてのみ賠償を請求することができる。

　　(a)　控除される利益は，その不法行為と相当因果関係にあるものに限られる。これが従来の通説的理解である。損害から利益分が控除されるのは当然である（損害概念が差額説的にとらえられる場合には，このように解する余地がある）との見地に立てば，損益相殺は，賠償範囲の画定ないし賠償額の算定のいわば消極面として，

控除される利益の範囲をそれと同じルールに服させることには，それなりの根拠がないわけではない。

　これに対しては，被害者の取得する利益が損失の塡補に関係があるなど，損失と利益との間の法的同質性や，損害賠償法の目的，機能を考慮して，実質的に判断すべきであるとの有力説もある。

　(b)　生命侵害における逸失利益の算定にさいし生活費が控除されるのは，損益相殺の一例である。ここでは，当然に必要とされる出費を免れたことによって生ずる消極的利益の控除が問題となっているのである（ただし，死亡した幼児の逸失利益を相続した者が養育費の支出を必要としなくなった場合については，判例は控除を認めていない。最判昭53・10・20民集32巻7号1500頁。なお，香典や見舞金は，第三者から任意に贈られるもので，損害の塡補とは性質を異にするから控除されない）。

　(イ)　**重複塡補の調整**　　被害者が保険給付や公的給付を受ける　★★
ため，同一の損害について重複塡補の可能性がある場合には，損益相殺＝賠償額の控除という，被害者サイドの視点だけでは解決が困難な，被害者，加害者（責任保険者），給付機関，三者間の利害調整という問題が生ずる（図16）。

　(a)　同じ私保険でも，生命保険金は，保険料の対価として不法行為とは直接の関係なしに支払われるものと解されているため，賠償額からは控除されない。これに対して，火災保険などの損害保険では，保険金が給付されると，その限度で保険会社は，被害者の損害賠償請求権を代位取得する（保険25条）。その結果，被害者の損害賠償請求権は，代位される分だけ減縮されることになるが，そのことは，代位が，被害者からみれば実質的には，損益相殺と同じ機能を営むことを意味する。このように，損害保険で代位が認められるのは，生命保険とは違って，保険給付の直接の

図 16　重複塡補における三面関係

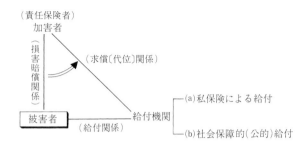

目的は，損害の塡補にあると考えられているからである。

　(b)　保険給付が社会保障的性格をもつ場合には問題が多い。たとえば，労働災害の場合の労災保険給付においては，第三者の不法行為によって労災事故が生じた場合（第三者行為災害）には，既払給付について給付者（国）の代位を認める明文の規定（労災12条の4第1項）がある。また，使用者の不法行為責任が問題となる場合（使用者行為災害）についても，判例（最判昭52・10・25民集31巻6号836頁）は，給付価額の限度で使用者は損害賠償責任を免れる（労基84条2項の類推）と解しているため，いずれの場合にも損害の二重塡補は回避されるようになっている。

　これに対して，年金方式の下での将来の給付額については，従来から議論があった（判例は第三者行為災害〔最判昭52・5・27民集31巻3号427頁〕，使用者行為災害〔前出最判昭52・10・25〕のいずれについても，既払給付の場合とは反対に，控除を認めない立場をとっていた。なお，前出最判昭52・10・25にしたがって被災労働者に損害賠償をした使用者が422条に基づいて国に対し労災保険請求権の代位行使〔損害賠償者の代位〕をしたケースで，最判平元・4・27民集43巻4号278頁は，使用者の請求を棄却しているが，そこで労災保険給付と損害賠償それぞれの，制度の趣旨，

目的の違いについてふれられているのが注目される）。しかし，被害者の死亡による退職年金受給権の喪失を理由とする相続人からの損害賠償請求で，遺族年金の控除が問題となった事例で，最高裁平成5年3月24日大法廷判決（民集47巻4号3039頁）は，支給を受けることが確定した遺族年金の限度で控除すべきものとしたが，これにより，年金の将来支給分の控除については，遺族年金以外の年金の場合も，この見解と抵触する関連判例は変更されることになった。

　この判決は，損害と利益との間に同質性があるかぎり，公平の見地から「損益相殺的調整」を図る必要があり，被害者（相続人）の取得した債権については，当該債権が現実に履行された場合またはこれと同視しうる程度にその存続および履行が確実であるということができる場合に限られるとする考え方から導かれたものである。損害の重複塡補が問題となる場合は，被害者だけでなく，加害者（責任保険者）や保険給付の種類・性質についても考慮された合理的な調整が必要とされるが（労災保険給付と損害賠償との調整については，さらに労災附則64条参照），ここでは「損益相殺的調整」という枠組みを通じた制度間調整のひとつのあり方が示されているということができ，重要である（労災保険給付と死亡逸失利益の元本との同性質性及び相互補完性を肯定し，死亡逸失利益の遅延損害金についてはこれを否定した最大判平27・3・4民集69巻2号178頁も参照）。

　㈦　損益相殺と不法原因給付（708条）　　加害者の反倫理的行為（ヤミ金融業者の貸付行為）によって損害を被った被害者が反倫理的行為に係る給付を受けて利益（貸付けとして交付された金員相当額）を得た場合に，この利益については，加害者からの不当利得返還請求が許されないだけでなく，被害者からの不法行為に基づく損害賠償請求において損益相殺ないし損益相殺的調整の対象として

被害者の損害額から控除することも，民法 708 条の趣旨に反するものとして許されない，とした判例がある（最判平 20・6・10 民集 62 巻 6 号 1488 頁）。不法行為の制度目的が原状回復に限られるわけではないことを示唆するものといえる。

　㈡　**新築建物の建替え費用と居住利益**　　新築の建物に深刻な瑕疵があるとき，建物の所有者は施工業者等に対して建替え費用相当額の賠償を請求することができる（最判平 14・9・24 判時 1801 号 77 頁参照）。では，建替えまでの間，所有者がその建物に居住していた場合において，その居住利益は，所有者に生じた利益として，施工業者に対する建替え費用相当額の損害賠償金との間で損益相殺ないし損益相殺的調整がなされるのか。最高裁平成 22 年 6 月 17 日判決（民集 64 巻 4 号 1197 頁）は，重大な瑕疵によって「社会通念上，建物自体が社会経済的な価値を有しないと評価すべき」場合には，これを否定すべきとした。

6　損害賠償請求権の特殊問題

　(1)　**損害賠償請求権の性質**　　㈠　**相続性**　　財産的損害に対する賠償請求権が，財産権の一種として相続の対象となることにはとくに問題はない。これに対して慰謝料請求権には，精神的・肉体的苦痛の慰謝を目的としているため一身専属性を考慮する必要はないのかという問題がある。判例（最大判昭 42・11・1 民集 21 巻 9 号 2249 頁）は，被害者の死亡による慰謝料請求権の相続が問題となったケースにおいて，慰謝料請求権も単純な金銭債権として当然に相続されると解している。ただし，財産的損害と精神的損害の両者に共通して，死亡自体に伴う損害について，被害者（死亡）に賠償請求権を取得させたうえ，その相続を認める（判例）考え方（相続的構成）には，異論もある。

（イ）　**譲渡性**　財産的損害については，一般債権と同様に損害賠償請求権の譲渡は可能である（466条）が，慰謝料請求権の場合には，示談や債務名義などによって金銭債権として具体化されたときにかぎって譲渡性が認められるとして，それ以前の段階における譲渡性を否定的に解するのが支配的な考え方である。慰謝料請求権の具体的確定については，名誉毀損に関するものではあるが，差押えの対象や債権者代位の目的とすることについて，これを要件としてあげる判例がある（最判昭58・10・6民集37巻8号1041頁）。

（ウ）　**遅延利息**　損害賠償債務は金銭債務であるから，履行遅滞があれば法定利率による遅延利息を支払わなければならない（419条・404条）。加害者は，不法行為の時（抽象的な損害発生時）から遅滞に陥ると解されている（例えば，婚姻が破綻しその後離婚した場合において，離婚慰謝料の履行遅滞の時期について，最高裁令和4年1月28日判決〔民集76巻1号78頁〕は，破綻時ではなく，離婚成立時から生じるとする）が，判例（最判昭58・9・6民集37巻7号901頁）は，弁護士費用についても同様の扱いをしている。なお，遅延利息は，単利で計算され，重利となる場合を定める405条の直接ないし類推適用は否定される（最判令4・1・18民集76巻1号1頁）。

（エ）　**相殺禁止に関して**　債権法改正前の旧509条は，被害者が現実の損害賠償給付を受けることによる救済や，不法行為の誘発を考慮して，不法行為に基づく損害賠償債権を受働債権として相殺することを禁止していた。しかし，前者については，財産的損害（物損）の場合にまでその趣旨は当てはまらず，また後者に対しても，悪意の場合に相殺を禁止すればその目的は達成できるという有力な批判がみられた。そこで現行の509条では，不法行為の誘発禁止については，故意またはこれに準ずる不法行為によ

り生じた損害賠償債権を受働債権とする相殺を禁止することで，その目的を達成できるとし，また，被害者の救済に関しては，生命または身体損害についてのみそれを受働債権として相殺することを禁止するものとし，物損については相殺禁止の対象から外した。このように，現行規定は，制度趣旨との関連付けを旧規定よりも意識して，相殺禁止の対象を限定している。

　また旧509条では，その見出しを「不法行為により生じた債権を受働債権とする相殺の禁止」として，不法行為により生じた損害賠償債権のみを対象としていたが，現行法ではその見出しを「不法行為等により生じた債権を受働債権とする相殺の禁止」としたことに表れているように，債務不履行に基づく損害賠償債権についても，上記の趣旨が当てはまる場合においては，不法行為に基づく損害賠償債権と同様の規律に服する。

　⒠　損害賠償者の代位　　債務不履行には債権者の二重利得を防止するため，賠償者の代位に関する規定が設けられている（422条）が，これは，公平の見地から，不法行為にも類推適用されるべきであると解されている（たとえば，盗難によって所在不明となった物について全額が賠償されると，賠償者は法律上当然にその物の所有権を取得する）。

　(2)　紛争解決後の損害の現実化　　被害者の被った損害の中には，損害賠償に関する紛争がいったん解決されたのちに初めて，具体的な形で現実化するものがある。そのような損害についても，一定の要件を満たしていれば賠償請求することは可能である。

　⒜　示談成立後の請求　　不法行為があったのち被害者が一定額の賠償金で満足し，その余の賠償請求権を放棄する示談が成立したときには，一般には，それ以上の損害について追加請求をすることはできない。しかし，これに形式的にしたがっていたので

は，被害者が不利益を強いられる場合が生ずる。

そこで，示談成立後の事情変更に対応するため，判例には，①全損害を正確に把握しがたい状況のもとで，②早急に，③少額の賠償金をもって満足する，旨の示談がなされた場合には，「その当時予想できなかった不測の再手術や後遺症がその後発生した場合その損害についてまで，賠償請求権を放棄した趣旨と解するのは，当事者の合理的意思に合致するものとはいえない」として，契約の趣旨ないし目的の範囲を実質的に考慮して被害者の救済を図ったものがある（最判昭43・3・15民集22巻3号587頁）。

　（イ）　確定判決後の請求　　同様の問題は，判決が確定したあとにも生ずる。判例には，前訴の請求を一部請求と解し，その判決の既判力は後訴における追加請求には及ばないとして，前訴の最終口頭弁論終結後に要した後遺症の治療費につき賠償請求を認めたものがある（最判昭42・7・18民集21巻6号1559頁。なお，調停後の請求については，最判昭43・4・11民集22巻4号862頁〔肯定〕参照）。

　(3)　損害賠償請求権の消滅時効　　（ア）　時効法の特則 —— 消滅時効の期間　　不法行為に基づく損害賠償請求権については，所定の要件を充足すると時効により消滅するが，消滅時効の期間について，時効一般の規定とはことなる定め方がされている。これについては，二つのルールがある。

　第一は，被害者またはその法定代理人が損害および加害者を知った時から3年間行使しないとき，である（724条1号）。

　第二は，不法行為の時から20年間行使しないとき，である（同条2号）。

　3年と20年の期間は，同条の旧規定を引き継いだものであるが，旧規定下では，長期の20年の期間については，これを除斥期間と解するのが判例の立場であった（最判平元・12・21民集43巻

12 号 2209 頁）。これによると，20 年が経過したということのみを
もって一切の権利行使ができなくなるおそれがある。

　しかし，債権法改正では，長期の期間制限についても，消滅時
効と解されることとなった（147 条以下参照）。これによると，20
年の期間についても，時効の完成の猶予ないし更新も認められ，
信義則・権利濫用にもとづき消滅時効の主張を退けることも可能
となる。

　3 年の時効期間については，債権一般の時効期間（166 条 1 項）
よりも短い。加害者にとって有利にみえるが，起算点については，
損害および加害者を知った時からとして，特則がもうけられてい
るため，この解釈を通じて被害者と加害者との間の利益の調整を
図ることができる。

　短期時効の主な理由としては，契約関係がある場合に比べて証
明が困難になる場合が多いこと，ある程度の期間が過ぎれば被害
者の感情も落ち着いてくることがあげられている。そのほかに，
時間の経過は加害者側にも，もはや請求されることはないとの期
待をいだかせる可能性があり，その信頼も，保護に値する，との
考え方もある。

★　　(イ)　**消滅時効の起算点**　　(a)　損害を知った時とは，被害者が
損害の発生を現実に認識した時である（最判平 14・1・29 民集 56 巻
1 号 218 頁）が，それが不法行為によって生じたものであることに
ついても知る必要がある。ただ，後者は，法的評価に関する問題
であるので，時効制度の合理的運用という見地から，賠償請求の
可能性があることや，それを判断するに足る事実を知ることでよ
いなど，被害者に認識があったことについては，ある程度の客観
的判断が必要であると解されている（多数説。なお，最判昭 46・7・
23 民集 25 巻 5 号 805 頁参照）。

446

不法占拠や公害のように，不法行為の継続に伴って損害も継続的に発生する可能性がある場合（継続的不法行為）については，判例は，最初に損害を知った時から損害の全部について一括して時効が進行するとの見解を改め，日々新たに発生する損害についてそれぞれ別個に時効が進行する（逐次進行説）との考え方をとっている（大連判昭 15・12・14 民集 19 巻 2325 頁）。

不法占拠のように，損害の分割が可能な場合にはこれでよいかもしれないが，学説には，公害のような進行性の累積的損害もあり（鉱業法では，進行中の損害はその進行がやんだ時から起算される。鉱業 115 条 3 項），継続的不法行為といっても，各種のタイプに応じた類型的処理が必要であるとの考え方もある。

　(b)　加害者を知った時とは，「加害者に対する賠償請求が事実上可能な状況のもとに，その可能な程度にこれを知った時」を意味し，それが，時効の起算点について特則が設けられた趣旨にも沿うと解されている（最判昭 48・11・16 民集 27 巻 10 号 1374 頁）。

　(ウ)　人身損害賠償の特則（724 条の 2）　　同条によると「人の生命又は身体を害する不法行為による」損害賠償請求権の消滅時効の期間は，「3 年間」（724 条 1 号）ではなく，「5 年間」である（なお，167 条も参照）。

期間が延長されている理由として，被侵害法益の重要性のほか，被害者側の事情，すなわち，被害者の時効進行を阻止するための行動が期待しにくいことをあげることができる。「5 年間」は，債権一般の消滅時効のうち主観的起算点からの消滅時効（166 条 1 項 1 号）と平仄のあう期間である。

このように，人身侵害とそれ以外の法益とで消滅時効の期間がずれると，同一の事故で，人身侵害とそれ以外の法益がそれぞれ侵害され，そのことで生じる損害も，時効の期間が異なるため，

後者の侵害による損害について，被害者は時効にかからないよう対応することが求められる（旧法下の判例であるが，最判令 3・11・2 民集 75 巻 9 号 3643 頁参照）。

　(エ)　消滅時効と「人の法」　権利侵害の客体としてみると，不法行為の規定には，他人の身体（710 条）ないし他人の生命（711 条）の侵害とあるが，時効の改正規定（724 条の 2）では，「他人」の生命，身体ではなく，「人」の生命または身体を侵害する行為に基づく損害賠償請求権の効力がとわれているのである。

　「人」に帰属するもっとも重要な法益が侵害された場合は，損害賠償請求権の消滅時効においても，この点を考慮しなければならない。この規定については，「人の法」（「人」をまもるための法）としての民法という，より基本的な考え方を読みとることもできよう。

★　**(4)　不法行為責任と契約責任との関係**　たとえば，タクシーに乗っていたところ運転者の過失で傷害を受けた場合には，不法行為責任と契約責任のいずれもが成立する可能性がある。このような場合には，双方の損害賠償請求権ないしそれを基礎づける法規範（不法行為規範と契約規範）相互の関係をどのように解すべきであろうか。これが講学上，請求権競合問題と呼ばれるものである。

　これには大別して，双方の請求権の成立を認め，いずれを主張するかは被害者（債権者）の選択に委ねるもの（請求権競合説。判例・通説），契約責任を優先させ債務不履行による損害賠償請求権の成立のみを認めるもの（法条競合説・請求権非競合説），実質的に成立する請求権は一個と考え，その要件，効果は不法行為規範と契約規範の調整によって定まるとするもの（規範統合説），の三つの考え方がある（詳しくは，本シリーズⅢ・第 3 章Ⅳ 3 (3)参照）。

　請求権競合説には，被害者に有利に作用する実益的側面がある

のに対し，法条競合説は，特別の社会的関係にある者の責任を規律する契約責任と，一般第三者間の損害賠償にかかわる不法行為責任との，役割分担の違い（特別法と一般法）に着目する。規範統合説では，問題の事態を実質的に把握し，それにふさわしい規範を適用することが狙いとされている。

このように，三つの考え方にはそれぞれ特色があるけれども，請求権競合問題は，二つの請求権（法規範）が重なり合う可能性があることから生ずる問題である。したがって，いずれの立場をとるにせよ，まず重要なのは，不法行為規範や契約規範がほんらい対象とすべき保護領域（契約責任の拡大化現象に注意）を明確にすることであり，それをまってはじめて，不法行為責任と契約責任の交錯領域を含む民事責任の全体像をえがくことができると解される。

なお，不法行為責任と契約責任との関係については，時効期間の相違が，大きな意味をもっていたと考えられる。債権法改正では，生命・身体侵害の場合において，不法行為も，債務不履行も，短期5年，長期20年と，両規範の統一が図られている。

これに対しそれ以外の場合には（たとえば，財産損害），短期については，契約よりも不法行為の方が短く（新166条1項1号と新724条1号），長期の期間制限に関して，契約よりも不法行為の方が長い（新166条1項2号と新724条2号）ということになる。注意しておきたいことである。

第5章　事務管理

I　序　説

　A家の家族が旅行中で留守の時に，その家の飼犬が病気になったような場合，隣人Bとしては，その犬の世話を引き受けていない限り，えさをやったり，獣医へ連れていったりする義務はない。むしろ，個々人をばらばらの者とみ，自己の権利領域と他人の権利領域とをはっきりと区別しようとする傾向の強い近代法にあっては，頼まれてもいないのに他人の権利領域にあることがらに干渉することは原則として違法なこととされ，その他人に対する不法行為となるといってもよいであろう。しかし，このような場合に，Bが近所付合いを大切にする世話好きな人間であれば，Aの犬の面倒をみるであろうし，このことはAにとっても利益になるはずである。法は，このように相互扶助・社会連帯の精神から出た他人の権利領域への干渉を一定の要件の下に適法なものとするとともに，一方でひとたび干渉を始めた者に最後までその事務管理をまっとうすることを義務づけ（700条），他方で本人に管理費用の償還を義務づける（702条）ことによって，相対立する二つの理念の調整を図っている。これが，事務管理の制度である。

　もっとも，事務管理者には報酬請求権は認められていないので，法はお節介を積極的に奨励しているわけではない。ましてや，事

務管理をすべき義務なるものも一般的にはない。しかし，一定の場合には，特別法により，報酬請求権や事務管理開始義務が定められている。遺失物の拾得者は報労金を請求することができるし（遺失28条），漂流物・沈没品の拾得者は報酬を請求することができる（水難24条2項・27条2項）。船長は，他の船舶または航空機の遭難を知ったときは，人命救助に必要な手段を尽くさなければならないとされている（船員14条）。

Ⅱ　事務管理の要件

　事務管理が成立するための要件は，次の四つである。

　⑴　他人の事務の管理　　事務管理の対象となる事務は，前述の例でいえば，隣家の病気の犬にえさをやるという事実行為であっても，獣医と診療契約を結ぶという法律行為であってもよい。継続的な管理を必要とする行為であっても，隣家の集金の立替えのような一時的行為であってもよい。また，保存行為，利用行為，改良行為（権限の定めのない代理人の権限についての103条参照）にとどまらず，売買契約の解除のような他人の権利の処分行為も事務管理として行うことができるとするのが判例（大判大7・7・10民録24輯1432頁）である（ただし，このような解除がその他人との関係で有効か否かについては，Ⅲ2⑵参照）。

　他人の事務には，隣家の犬に手持ちのえさをやる場合のように客観的にみて他人の事務となる場合（客観的他人の事務）と，えさとしてドッグフードを買う行為のようにそれ自身では他人の事務にも自己の事務にもなりうるような場合（「中性の事務」と呼ばれる）とがある。中性の事務でも，それを他人のためにする意思のあることが外部から客観的に推断しうるものであれば（主観的他人の事

務），事務管理の成立を認めるのが通説である。

(2)　**他人のためにする意思**（事務管理意思）　「他人のために」（697 条 1 項）とは，他人の利益を図る意思で行為をすることをいう。他人のためにする意思のほかに，自己のためにする意思があってもよい。たとえば，隣家の空腹の犬のなき声を封じて自己の安眠を図るためにえさを与える行為も，事務管理になる。

(3)　**法律上の義務の不存在**　管理者が，隣家から犬の世話を依頼されていた場合（準委任）のように契約関係に基づいて，あるいは親権などの法的地位に基づいて管理行為を行う場合には，管理者と本人との内部関係における権利・義務はそれぞれの契約，法規にしたがって定まる。これらの義務の存在しない場合が事務管理となる。

　管理行為が他人の債務の弁済であるような場合に，第三者弁済の委託を受けずに弁済したとき（474 条参照）は，債務者にとっての事務管理となる。同様に，主たる債務者から委託を受けずに保証人になった者にとって，保証債務の履行は債権者に対する自己の義務の履行であるが，主たる債務者との関係では事務管理となる（462 条は 702 条の特則である）。また，同一義務について複数の義務者がいて，その一人が自己の負担部分を超えて義務を履行した場合，たとえば，内部的に負担部分ゼロの連帯債務者による弁済（大判大 5・3・17 民録 22 輯 476 頁）や同順位の共同扶養義務者の一人による扶養（最判昭 26・2・13 民集 5 巻 3 号 47 頁）の場合にも，自己の義務の内部的範囲を超えた部分について他の義務者との関係で事務管理になるとされる。

　船長のように，法律上人命救助義務を負っている場合であっても，事務管理が成立する。しかし，警察官，海上保安官や消防署員による救助活動は行政サービスの一部であり，事務管理とはな

らず，費用を償還する義務は救助された者に生じない。

(4) 本人の意思および利益への適合　　管理者は本人の意思を推知することができるときはそれにしたがって事務管理をしなければならないとする 697 条 2 項や，事務管理の継続が本人の意思または利益に反することが明らかな場合には事務管理を中止しなければならないとする 700 条ただし書の趣旨から，事務管理が本人の意思と利益に反していることが明らかでないことを要件とするのが通説である。意思能力のない者について，「本人の意思」を要件にできるのかが問題となるが，判例（最判平 18・7・14 判時1946 号 45 頁）は，意思無能力者についても相続税の申告書提出義務は発生しているとして，意思無能力者に代わって相続税を申告・納付した者から意思無能力者に対する費用償還請求を認めている。

Ⅲ　事務管理の効果

1　対内的効果

(1) 違法性阻却　　事務管理の要件を満たすことによって，他人の権利領域への侵入であるにもかかわらず，違法とはならず，その結果なんらかの損害を与えたとしても不法行為は成立しない。たとえば，風呂場で倒れた人を助けるためにドアを壊しても財産権侵害にならず，プライバシー侵害にもあたらない。もっとも，これは，事務管理自体が違法性を帯びないというにとどまり，事務管理の方法が善良な管理者の注意を欠くときは，事務管理の効果として発生した義務（後述）の違反になる。

(2) 管理者の義務　　管理者の義務は，委任契約における受任者の義務にほぼ対応している。すなわち，管理者は，事務の性質

にしたがい最も本人の利益に適するような方法で事務管理する義務を負い（697条1項），本人の意思を知りまたは推知することのできるときは，その意思にしたがって事務管理しなければならない（697条2項）。前述の風呂場で倒れた者の救助のように，事務管理が本人の身体，名誉または財産に対する急迫の危害を免れさせるための行為（緊急事務管理）であるときは，管理者に「悪意」（当該管理行為が本人の意思・利益に反することを知っていること）または知らないことに重大な過失がある場合を除いて，その結果生じた損害を賠償する責任を課されない（698条）。この規定の反対解釈として，急迫の危害のない通常の場合は，管理者は軽過失によって損害を与えたときも本人に対する賠償責任を負う，すなわち，善良な管理者としての注意義務（善管注意義務）を負うものとされる（委任の644条に対応）。

　事務管理行為が一時的なものではなく，継続的な性質のものであるときは，一度事務管理を始めた管理者は，本人，相続人，または法定代理人が管理をできる状態になるまで事務管理を継続する義務を負う（700条本文――委任の654条に対応）。事務管理を途中で止めた結果として本人に損害を与えた場合には債務不履行になる。しかし，事務管理を継続することが本人の意思に反し，または本人の不利益になることが明らかとなったときは，事務管理を中止しなければならない（700条ただし書）。

　管理者は，事務管理開始を本人に通知する義務を負う（699条）ほか，委任の規定の準用によって（701条），事務管理状況の報告義務（645条），受取物・取得権利の引渡義務（646条），本人に引き渡すべき金銭を消費した場合の利息支払・損害賠償義務（647条）を負う。

　(3)　本人の義務　　本人は，管理者が支出した有益な費用の償

還義務を負う（702条1項——委任の650条1項に対応）。有益である
かどうかは事務管理行為の時点で判断される。本章の冒頭の例で
隣家の飼犬が世話のかいもなく死んだとしても，えさ代や治療費
の償還を請求できる。この点で，「利益の存する限度において」
のみ受けた利益の返還を請求できるとする不当利得の規定（703
条）が適用される場合よりも，管理者の保護に厚い。しかし，事
務管理行為が本人の意思に反していた場合には，費用償還義務の
範囲は，「本人が現に利益を受けている限度」に限定される（702
条3項）。これは，不当利得の返還義務の範囲（703条）と同じであ
る。そこで，この規定の性質の理解をめぐって，本人の意思に反
することが明らかでない場合にも事務管理は成立するが，その効
果を不当利得の場合と同様に縮減したものと解する通説と，本人
の意思に反する場合には事務管理は成立しないが，不当利得の要
件を満たすときは不当利得の効果が発生することを定めた単なる
注意規定であるとの説が対立している。

　遺失物法などの特別の法規に定めのある場合を除き，管理者は
管理についての報酬を請求することができない（委任の648条1項
に対応）。ただし，医師の医療行為のように，対価を支払わないと
受けられないのが通常である職業上の行為として行われた場合に
は，報酬請求を認めるのが通説である。

　また，管理者が管理にあたって過失なくして被った損害につい
ても，本人に賠償請求することはできないと解されている（委任
の650条3項との違い）。ただし，人命救助のために管理者が負傷し
たり，衣服が損傷した場合には，治療費や衣服代を「有益な費
用」とみて，償還請求を認めるべきであるとする説が有力である。
人命救助にあたって死亡したような場合については，「警察官の
職務に協力援助した者の災害給付に関する法律」や「海上保安官

に協力援助した者等の災害給付に関する法律」により公的補償が
与えられる。救助活動を社会全体の事務の管理であるとみている
ことになる。

★　　**2　対外的効果**

（1）　管理者の名における行為　　事務管理行為の内容がえさを
買うとか，獣医と診療契約を結ぶといった第三者との法律行為で
ある場合には，その法律行為の効果（代金や治療費の支払義務）がだ
れに帰属するかが問題となる。まず，管理者が自己の名において
法律行為をしたときは，その効果は本人には帰属せず，管理者に
帰属する。もっとも，それが本人のために有益な債務の負担であ
るときは，管理者は本人自ら弁済をすることを請求できる（代弁
済請求権，702 条 2 項・650 条 2 項）。ただし，これは本人に対する管
理者の権利であって，法律行為の相手方が直接本人に弁済を請求
できるわけではない。

（2）　本人の名における行為　　管理者が本人の名において（す
なわち，代理人として）法律行為をしたときについては，事務管理
の効果は本人と管理者との対内的関係だけのものであるから，第
三者との関係においては無権代理となり，表見代理が成立するか，
本人が後に追認するなどのことがない限り，本人に効果が帰属す
ることはない（最判昭 36・11・30 民集 15 巻 10 号 2629 頁）。相手方は，
管理者に無権代理人としての責任（117 条）を追及し，管理者は
この自己の債務の代弁済を 702 条 2 項・650 条 2 項により本人に
請求することになる。

これに対しては，道で昏倒している者を通行人が見つけて病院
へ連れていって治療を依頼するというような緊急事務管理におい
ては代理権を認める説や，より広く，対内的に事務管理が成立す

る範囲で第三者との対外的関係でも代理権が認められるとの説も有力である。

(3)　無権代理の追認　　本人のために本人の名において法律行為をしたときは無権代理であるが，本人が追認する（116条）と有権代理となって，本人に効果が帰属する。他人の物の売却のような処分行為も本人の意思と利益に適合している場合には事務管理として適法であり，後に本人が追認すれば所有権も移転する。共同買主の一人が無断で他の買主を代理して解除の意思表示を行った場合にも，代理行為について本人（他の買主）の追認があると解除の効果が発生する（大判大7・7・10民録24輯1432頁）。

Ⅳ　事務管理の追認と準事務管理

本来，事務管理の成立要件を満たさないために事務管理としての効果が生じない場合でも，欠けている要件を本人が後に補充することによって事務管理としての効果を発生させ，管理者による行為の効果および利益を本人に帰属させることができる場合がある。

1　事務管理の追認

本人の意思や利益に適合していなかったために，事務管理の要件を欠いている場合でも，後に本人がそれを追認すると遡って適法な事務管理となり，費用償還請求権などが生じる。事務管理行為の内容が本人の名における法律行為であった場合には，違法管理の追認は同時に無権代理の追認の趣旨も含むのが普通である。たとえば，判例（大判昭17・8・6民集21巻850頁）は，AがBに預託した金員をYがAの代理人と称して受領したことに対して，

Ａの相続人Ｘがこの弁済受領行為を追認し，Ｙに対して金員の引渡しと受領の日からの利息の支払を請求したのを認めた。ここで，ＹがＡの利益のために受領行為を行ったのであれば，追認により適法な事務管理になるが，Ｙが当初から横領して自己の利益のみを図る意図であった場合には，「他人のためにする意思」という要件を欠いているので追認によっても適法な事務管理にはならない。むしろ次の準事務管理の問題とみるべきであろう。

★★　　**2　準事務管理**

　他人の特許権を許可なく実施して利益をあげている場合のように，他人の事務であることを知りながら自己のためにする意思をもって自己の名において管理する場合には，事務管理の要件に合致しないから，不当利得または不法行為の問題となる。しかし，これでは，本来の権利者は，自己の被った「損失」（703条）または「損害」（709条）の範囲内でしか救済を得ることはできず，権利侵害者が才気を働かせて多大の利益をあげている場合には，利益の多くは権利侵害者の下に留まることになるし，そもそもこのような逸失利益については因果関係の立証が困難である。そこで，権利侵害者に対する制裁として，侵害者のあげた全利益を本来の権利者に引き渡させるために，事務管理の規定を準用しよう（準事務管理）との説がとなえられている。

　判例（大判大7・12・19民録24輯2367頁）は，Ｘ・Ｙ共有の船舶を便宜的にＹ単独名義にしておいたところ，ＹがＸの同意なしに売却したという事例で，Ｙの行為は不法行為であるが，後日Ｘがこの売却行為を承認したときは事務管理の法則により（701条・646条），自己の持分に応じた売却代金の引渡しを請求できるとした。一般にはこの判例は，準事務管理の法理を認めたものと

解されている。

　同じ結果を，他人の権利に対する悪意の不法行為的侵害に対する制裁として認めるべきであるとの説もある。この点で，知的財産関係の諸法は，知的財産の侵害者が侵害行為により利益を受けているときは，その利益の額を損害の額と推定するとの規定をおいて，この問題を立法的に解決している（特許102条2項，著作114条2項，不正競争5条2項ほか）。また，商法や会社法にも，競業避止義務に違反した支配人や第三者が得た利益を商人や会社に生じた損害と推定するとの規定がある（商23条2項，会社12条2項）。

第6章　不当利得

I　序　説

　山林の境界を間違えて隣地上の樹木を伐採して売却したような場合は，その伐採・売却を正当化するような法律上の根拠がないので，伐採された樹木の有していた価値を金銭で本来の山林所有者に返還しなければならない。また，双方とも履行済みの売買契約が詐欺を理由として取り消されたような場合は，買主の取得した目的物も，売主の取得した代金も，それらの取得（受益）を正当とする法律上の根拠がなくなったのであるから，それぞれ相手方に返還しなければならない。このような法制度が不当利得と呼ばれ，これを703条は，「法律上の原因なく他人の財産又は労務によって利益を受け，そのために他人に損失を及ぼした者（以下この章において「受益者」という。）は，その利益の存する限度において，これを返還する義務を負う」との一般的条項の形で規定している。

　不当利得に関するかつての通説は，不当利得の本質・機能を，形式的・一般的には正当視される財産的価値の移動が，実質的・相対的には正当視されない場合に，公平の理念にしたがってその矛盾の調整を試みようとするところにあるとし，不当利得に関する法を，実定法を超越したより高次の正義を実現する自然法でもあるかのようにみていた。その一方で，他に適切な実定法上の理

論によって適切な解決が可能であれば不当利得の法理は適用すべきではないという不当利得返還請求権の「補充性」の理論が承認されてきた。しかし，現在では，公平とか正義といった一般的・抽象的理念に基づいて統一的に要件・効果を求めるのではなく，不当利得制度を他の制度から区別する特徴である利得の「不当性」（受益を正当化する法律上の原因の欠如）の根拠に即して類型的に把握し，それぞれの類型について要件・効果を考えることによって，不当利得制度を実定法秩序の中に位置づけようとする，いわゆる「類型論」が通説といってもよい地位を占めるに至っている。そして，この傾向は，債権法改正において，無効な法律行為の効果としての原状回復義務の規定（121条の2）が新設されたことによって加速された。そこで，類型論の立場から不当利得制度をみていく。

　不当利得の類型は，論者により呼び方が異なり，分類方法も一部異なっているが，次の三つに分けて検討するのがわかりやすい。第一に，冒頭にあげた第一の例のように，物が本来その帰属すべき権利者にではなく，無権利者によって使用・収益・消費・処分などがされた場合に利益を金銭で返還させる「侵害利得」，第二に，冒頭の第二の例のように，一定の法律上の原因の存在を前提として給付がされたがその前提が存在しなかった場合に給付を返還させる「給付利得」，第三に，冒頭の第一の例の変形で，自己の山林であると思って他人が世話をしていたことによって本来の山林の所有者が得た利益を山林の世話をしていた者に返還させる場合のように，本来他人の負担に属すべき費用を負担したり，あるいは他人の債務を弁済したりした場合にその立替支出を返還させる「支出利得」である。

　さらに，関係する当事者の数によって，二当事者間の不当利得

と多数当事者間の不当利得に分けられる。比較的単純な二当事者間の侵害利得からみていく。

II　侵害利得

1　侵害利得の要件

不当利得の一般的成立要件としては，703条の条文から，①他人の財産または労務によって利益を受けたこと（受益），②他人に損失を与えたこと，③受益と損失との間に因果関係があること，④法律上の原因がないこと，の四点があげられるのが普通である。

（1）受益・損失・因果関係　　他人の山林を伐採して伐採木を燃料として消費した場合，他人に属する伐採木の消費自体が，無権利者の側からみれば「受益」であり，権利者の側からみれば「損失」であり，両者は同一事象を逆の方向からみているにすぎないのであるから，因果関係の要件も当然満たしている。ただし，上の例で，伐採木を自家消費したのではなく，伐採者の商才により市場価格よりも高く売却し，収益をあげたとしても，その収益すべてが侵害利得返還請求の対象となる「受益」にあたるわけではない。また，逆に，他人の土地と知りつつ所有者の許可なしに駐車場として使用しているような場合で，その土地が所有者によっては全く利用されていないし，すぐには利用される予定もなかったときは，厳密な意味では所有者には「損失」が生じていないことになる。しかし，侵害利得の成立要件としての「損失」は，「受益」と対応するものであり，利用可能性の喪失自体が「損失」に該当し，使用料相当額が「損失」と評価される。

（2）法律上の原因の欠如　　上記④の要件である法律上の原因の欠如は，侵害利得では，他人の財産の使用・収益・処分による

462

受益が，法的に保護された財貨帰属秩序に反していることである。

　(ア)　侵害利得の対象　　侵害利得返還請求権によって保護される財貨帰属秩序には，物権，知的財産権，俳優の肖像権などのように財産的価値を有する人格権のほか，債権も含まれ，弁済を受領する権限がないにもかかわらず受領権者としての外観を有する者が弁済を受領したような場合には侵害利得となる。他方，競争関係にある企業が不正競争や独占禁止法上の「不公正な取引方法」によって利益を得ており，それによって他の企業に損害が生じていて不法行為による損害賠償を請求しうる場合があるとしても，競争企業の得た利益を不当利得として返還請求することはできない。すなわち，権利性の強い，排他性のある権利の侵害であることが侵害利得の要件である。

　(イ)　受益者の主観的態様　　侵害利得の要件は，財貨帰属秩序に客観的に違反して受益していることであり，他人に帰属するものであることを受益者が知っていたかどうか，それにつき過失があったかどうかは問わない。ただ，効果の面で，返還請求権の範囲が，善意と悪意で異なるにとどまる。侵害行為に故意・過失がそなわっているときは，同時に不法行為ともなり，損害賠償請求権との関係が問題となる。

2　侵害利得の効果

　(1)　受益の返還　　受益者の受けた利益の返還が原則であるが，他人の山林の伐採木が伐採者のところで未だに消費も処分もされずに存在している場合のように，原物返還が可能な場合は，所有権に基づく返還請求などの物権的請求権によって処理される。したがって，侵害利得の返還請求の問題となるのは，伐採木を燃料として消費したり，第三者に売却処分した場合のように，原物返

還が不可能で価額償還とならざるをえない場合のみである。いわば，侵害利得返還請求権は「失われた所有権」の保護の延長として与えられるものであり，703 条・704 条により，返還義務の範囲を考えるにあたっても，物権的返還請求権の行使の場合の付随的利害関係の調整規定である 189 条以下の規定との整合性を考慮に入れる必要がある。

★　　(2)　**善意の受益者**　　(ア)　**現存利益**　　703 条は，返還すべき受益の範囲を，「利益の存する限度」（現存利益）としているが，これは，704 条が悪意の受益者の返還義務についての規定であることから，善意受益者の返還義務の範囲を現存利益に限定した趣旨であると解されている。ここでの善意・悪意は，法律上の原因を欠くことを知っていたか否かであり，自己の所有物であると誤信していたような場合は善意であるが，そのような誤信が過失によるものであるときは，悪意者と同視される。利益が現存しないことの主張立証責任は受益者が負い，また受益者が法律上の原因のないことを認識した後に利益を消滅させたとしても，返還義務の範囲は縮減されない（最判平 3・11・19 民集 45 巻 8 号 1209 頁）。

　善意の受益者の利得返還義務の範囲が現存利益に限られることは，物権的請求権の行使による原物返還において，善意の占有者（返還義務者）については，占有者の責めに帰すべき事由によって目的物が滅失・損傷した場合の損害賠償の範囲は，占有者が現に利益を受けている限度とされている（191 条）ことと対応している。

　(イ)　**出費の節約**　　利益が現存しているとは，言い換えれば，利得が消滅していないことであるが，侵害利得の返還義務は前述のようにもともと価額償還義務であるから，利得の消滅は原則として問題とならない。というのは，原物の滅失・損傷は 191 条で

処理され，価額償還義務は消費・譲渡などにより原物返還が不可能になった時点で，かつその時点での目的物の客観的価額について成立するものだからである。このことは，たとえば，伐採木を燃料として消費したような場合に，伐採木自体はなくなってもその分の燃料代が浮いたのであるから利益は現存している，すなわち「出費の節約」により利得は消滅していないというふうに説明されることもある。他人に無償譲渡（贈与）した場合も，利得の消滅を認めないのが通説である。

　ただし，受益の目的物が金銭であったり，目的物を第三者に売却してその代価として金銭を受領した場合において，そのような臨時収入がなければ支出しなかったような浪費（ギャンブルや豪遊など）をしたときには，利得は消滅したものとされる。

　㈦　売却代金　　受益者が第三者に目的物を売却したような場合，償還すべき価額は，現実の売却代金額か客観的価額であるかについて，判例（大判昭12・7・3民集16巻1089頁）は，職工Ａが X製紙会社のパルプを盗んでＹに売却し（193条該当のためＹは即時取得できず），さらにＢがＹから転得して消費したという事例で，ＸがＹに対してＹ・Ｂ間の売却代金相当額の返還請求をしたのを認めた。しかし，受益者の商才や能力によって，目的物の客観的価額以上で売却できた場合には，受益者が悪意のときに一種の制裁として超過利得の返還義務が課されることがあるのを除き，このような超過利得は受益者のもとにとどめおかれるべきであろう。

　また，上の判例では，ＹはＢへの売却代金額からＡに支払った代金額を控除した額が「受益」であると主張したが，認められなかった。Ｙに対する利得返還請求権が盗まれたパルプそのものの物権的返還請求権に代わるものである以上，194条の適用を

受ける場合を別として，取得価格の控除を認めないのは妥当である。

　ところで，受益者が得たものが価格変動のある代替物であり，その後に売却していた場合，不当利得返還義務として，同種・同量の代替物を再調達して返還すべきであるのか，それとも価額償還となるのであろうか。価額償還の場合，売却時の価格であろうか，それとも返還時の価格であろうか。売却後に価格が変動している場合，いずれであるかによって，受益者の金銭負担に違いが出てくる。この点で，判例（最判平19・3・8民集61巻2号479頁）は，株式が譲渡されたが，名義書換手続がされなかったために，株主名簿上の株主である譲渡人が株式分割による新株式の交付を受け（失念株），それを売却したという事案で，原則として売却代金相当額の金員の不当利得返還義務を負うとする。

　㈢　使用利益　　他人の空地を善意で自己のものと誤信して駐車場として使用していたような場合には，当該土地を明け渡すだけでよく，土地使用料相当額の返還をする必要がない。もっとも，これは，物権的な返還請求権の行使を受けて返還義務を負う善意の占有者は果実を収取することができるとされており（189条1項），ここでの果実には目的物の使用利益も含まれると解されていることの効果である。果実や使用利益取得後に原物返還が不可能になり，価額償還としての侵害利得返還義務が生じる場合も，同様に解されている。

　上のような考え方に対して，189条1項を「即時取得の最小形態」として192条との連続関係において位置づけ，目的物を占有者が第三者から善意・有償で取得したものであるが，即時取得が成立しない場合に，第三者に支払った対価を取り戻すことができなくなる危険を，本来ならば703条以下によって返還しなければ

ならない収益のうち果実の返還を免除するという形で担保したものと解する説が提起されている。この立場では，単なる善意占有者は土地使用料相当額の使用利益を返還しなければならない。

(3)　悪意の受益者　　悪意の受益者は受けた利益の全額に利息を付して返還し，なお損害がある場合には賠償しなければならない（704条）。浪費による利得の消滅（703条）は認められない。

(ア)　利息支払義務　　原物が受益者のところでしばらく存在していた後に消費された場合でも，価額償還義務を元本としての法定利率による利息支払義務が，目的物の消滅時からではなく，受益の時から生じる。これは，利息は法定果実であること，および金銭債務の特殊性からくるものであり，物権的返還請求権の行使の場合に，悪意の占有者は果実の返還義務および消費し，損傷し，または収取を怠った果実の代価の償還義務を負っていること（190条1項）と対応している。

(イ)　損害賠償義務　　受益者に利得されたために目的物を転売することができず，得ることができたはずの転売利益を失った場合のように，受けた利益と利息を返還してもなお損失者に損害が残るときは，悪意の受益者はそれを賠償しなければならない（704条後段）。もっとも，この規定は，悪意の受益者が不法行為の要件を充足する限りにおいて，不法行為責任を負うことを注意的に規定したものにすぎず，悪意の受益者に対して不法行為責任とは異なる特別の責任を負わせたものではないとするのが判例（最判平21・11・9民集63巻9号1987頁）である。

III　給付利得

1　給付利得の要件

(1)　受益・損失・因果関係　　給付利得にあっては，法律上の原因を欠いた給付行為によって給付されたもの，たとえば無効の売買契約に基づいて引き渡された物品は，給付者（売主＝不当利得返還請求権者）の側からみると「損失」であり，給付受領者（買主＝不当利得返還義務者）の側からみると「受益」になる。これもまた，同一事象を逆の方向からみているのであって，因果関係の要件を満たしている。二当事者間の給付利得にあっては，受益・損失・因果関係という要件は，給付による財貨の移転という一つの事実を分解して表したにすぎない。対価として支払われた金銭についても同様である。

　ところで，物権変動について有因主義をとる民法の下では（176条参照），契約が無効または取り消されると所有権の移転はなかったことになるから，所有権の喪失という意味での「損失」は売主には生じていないが，この場合には「占有の不当利得」が買主に生じており，売主はこれの返還を請求できるとの議論がされることがある。しかし，給付利得は所有権の所在を問題とするものではないから，所有権の喪失がない場合にのみ占有の不当利得が生じるわけではない。売主が真正な所有者ではなかったとしても，売主に占有の喪失という損失があったものとされる。また，他人物売買を理由とする債権法改正前561条による解除の事例で，引渡しから解除までの間に目的物を使用したことによる利益を買主は売主に返還しなければならないとした判例（最判昭51・2・13民集30巻1号1頁）の趣旨は，給付不当利得の場合にも類推され

る。

(2) **法律上の原因の欠如** 法律上の原因の欠如は，給付利得においては，給付の基礎となった法律関係（表見的法律関係）が何らかの理由で存在しないことにより，給付行為とこの表見的法律関係とが対応を欠くことである。ここでの表見的法律関係の代表的なものは契約であるが，抵当権の設定などの物権法上の行為，扶養義務の履行などの家族法上の行為，あるいは民事執行などの給付者の意思に基づかない行為である場合もある。

債権法改正により，「無効な行為に基づく債務の履行として給付を受けた者は，相手方を原状に復させる義務を負う」（121条の2第1項）との規定が新設された。この規定は，給付利得のうちの，表見的法律関係が無効な法律行為である場合のみに言及しているが，取り消されたことによって無効であったとみなされる場合（121条）のほか，不成立の場合も含まれる。また，給付利得の他の場合にも類推されることになろう。

なお，債務不履行などによる契約の法定解除の場合についても，その効果として545条に原状回復に関する規定があることから，不当利得との関係が問題となる。判例（大判大8・9・15民録25輯1633頁）は，解除により契約は遡及的に消滅するとの「直接効果説」をとり，解除の効果として，既にされた給付は法律上の原因を欠くことになるから，不当利得が成立するが，545条の原状回復請求権は一般的不当利得返還請求権の特則として設けられているとする。

2 給付利得の効果

(1) **表見的法律関係の反映** 不当利得の効果として，703条によると，受けた利益をその利益の存する限度（現存利益）におい ★

469

て返還する義務が生じる。また，704条によると，悪意の受益者は受けた利益に利息を付けて返還しなければならないことになっている。しかし，これをそのまま売買契約の無効の場合に適用し，売主Aは代金をギャンブルですべて費消してしまったから現存利益はなく，何も返還する義務はないとし，買主Bは目的物を保持していたからそれを返還しなければならないとするのは不公平であろう。また，A・B間の売買が通謀虚偽表示であったような場合に，Aがたまたま法学部出身であるなどの事情で契約に瑕疵のあることを知っていたとして，Aにのみ利息の支払義務が付加されるというのも，公平とはいえないであろう。そこで，121条の2第1項は，いずれの受領者にも原状回復義務を課しているのである。

　給付利得の返還義務の範囲や行使の要件を考えるにあたっては，それぞれの不当利得返還義務を抽象的かつ独立したものとしてとらえるのではなく，むしろ，それが表見的法律関係の清算であることに鑑み，その表見的法律関係の性質を反映させることが必要である。不当利得についての類型論の重要な指摘の一つはこの点にある。とはいえ，表見的法律関係の内容となる法規範がすべて反映されるとすると，給付に原因がないものとした否定的評価の意味がなくなってしまうので，法律上の原因を欠くとされる理由などを考慮しながら，①売買などの交換型契約関係の清算，②賃貸借などの利用型契約関係の清算，③雇用などの労務給付型契約関係の清算にみられる有償契約関係の清算，さらに贈与などの無償契約関係の清算などの個々の場合に応じて細かく効果を考えることが必要である。

★★　**(2) 有償契約関係の清算**　両当事者とも既履行の双務契約の不成立・無効・取消しの場合には，双方が原状回復義務，すなわ

ち給付利得の返還義務を負う。この場合には，基礎となった双務契約の対価的牽連関係が考慮される必要があり，703条・704条の予定する，善意受益者は現存利益，悪意受益者は受益の全部に利息を付して返還するという枠組みは，そのままでは適用されるべきではない。121条の2は，このような考え方を明確化するものである。ただし，詐欺や強迫による取消しの場合には，詐欺者・強迫者側の不当利得返還債務については侵害利得類似の処理を主張する学説も有力である。

　(ア)　受益の返還　　当初給付されたもの（原物）が，返還されるべき受益である。当初給付されたものが第三者に譲渡されたり，消費されたりしていて原物返還が不可能な場合は，その客観的価額（時価）を金銭で償還することになる。善意であっても703条の利得消滅の抗弁は認められない（121条の2第1項）。ただし，意思無能力を理由とする無効（3条の2）や制限行為能力を理由とする取消し（5条2項ほか）の場合は，意思無能力者・制限行為能力者保護の要請から，意思無能力者・制限行為能力者の側の返還義務の範囲は現存利益に限定される（121条の2第3項）。

　労務給付型契約の清算では原物返還は考えられないので，最初から価額償還のみが問題となるが，雇用契約や委任契約の解除において遡及効が制限されている（630条・652条・620条）趣旨を類推して，報酬が社会的に相当な額で支払われている限り，労務についての清算は必要ないというべきであろう。

　(イ)　果実・使用利益　　受領した目的物から生じた果実や目的物の使用によって得た利益，金銭を受領した場合の利息などについては，受領者が善意の場合は189条を適用して，返還義務なしとする判例（建物の売買契約の取消しまでの期間の買主の建物使用利益について，大判大14・1・20民集4巻1頁）もあるが，同条は表見的な

法律関係のない所有者対占有者の場合にのみ適用されるべき規定であって，給付利得の場合にはすべて返還の対象となると解すべきである。

　金銭についてはその性質上（419条参照），実際に運用していなくても使用利益の客観的価額（通常は法定利息相当額であろうが，最判昭38・12・24民集17巻12号1720頁は，銀行が受益者である場合は定期預金利息相当額とする）が返還されるべきである。利息制限法の制限超過利息分についての過払金返還請求において，貸金業者が悪意である場合にのみ704条によって利息を付して返還すべき義務が発生するかのように述べる判例（最判平19・7・13民集61巻5号1980頁）もあるが，悪意の場合に限定される必要はない。売買契約関係の清算の場合には，575条を類推して，果実および使用利益と代金の利息とは相互に返還義務を負わないとする考え方もある。

　賃貸借などの利用型契約では，賃料支払義務と対価関係に立つのは目的物を使用・収益させる義務であるから，賃貸借関係の清算の場合には，利用権の対象となった目的物の返還とともに，受領者は善意であっても使用利益（具体的には賃料相当額）を返還しなければならない（支払済み賃料は返還請求できる）。支払済みの賃料が社会的に相当な額である場合には，620条の趣旨を類推して，給付利得返還請求権の対象を目的物の返還のみにとどめることも考えられる。

　なお，賃貸借の場合には，それが有効な契約に基づくものであるときは，両当事者の責めに帰することができない事由による目的物の滅失・損傷の場合の損失は所有者たる賃貸人が負担し，賃借人は賃料の全部または一部の支払を免れる（611条1項）。このような効果は，賃貸借契約が無効の場合にも反映される。賃借人

が善管注意義務を尽くしていないために目的物が滅失したときは，賃借人は，原物返還義務の不履行による損害賠償として，目的物の客観的価額相当額を支払わなければならない。

　(ウ)　投下費用　　目的物について受領者が費用（有益費・必要費）を投下している場合の投下費用の返還については，利用型契約においては595条・608条の費用償還請求権の規定が類推され，交換型契約においては占有者の費用償還請求権に関する196条または留置権者の費用償還請求権に関する299条の類推により利害の調整がされる。

　(3)　無償契約関係の清算　　贈与のような無償行為に基づく債務の履行として給付がされた場合，当該無償行為が無効であったときは，善意の受益者（受贈者）の返還義務の範囲は現存利益に限定される（121条の2第2項）。ここで，贈与の目的物の第三者への無償譲渡や滅失・損傷が生じた場合について，善意の受贈者は自己の物をどのように取り扱おうと所有者としては自由なのであるから，さらにそれを第三者に贈与することにより利得が消滅するとの説や，受贈者の責めに帰すべき事由による滅失・損傷についても，利得の消滅を主張することが許されるとする説が主張されている。これに対しては，侵害利得の場合には無償譲渡も利得を消滅させないのが原則であり，給付利得の場合に受贈者を特に保護すべき理由はなく，また，滅失・損傷についても，双方既履行の双務契約の解消の場合と同様に，自己のためにするのと同一の注意義務を尽くしていないときは利得の消滅を主張できないとの説も有力である。

3　給付利得返還請求権の行使

　(1)　同時履行　　双務契約の清算において契約当事者の双方に

発生する給付利得返還義務は，解除の効果としての原状回復義務
がそうであったように (546 条・533 条)，同時履行の関係に立つ
(第三者の詐欺を理由とする取消しの場合について，最判昭 47・9・7 民集 26
巻 7 号 1327 頁)。ただし，詐欺・強迫をした相手方からの同時履行
の抗弁の主張は，295 条 2 項の類推などにより，認めるべきでな
いとする説が有力である。

(2)　行使期間制限　　不当利得返還請求権は債権であるから，
166 条 1 項により，権利を行使することができることを知った時
から 5 年，権利を行使することができる時から 10 年で時効消滅
するとするのが一般的理解であるが，取消しにより給付の原因が
消滅する場合には，取消権の行使期間 (126 条) 内に取消権を行
使し，かつ返還請求権も行使しなければならないとする学説が有
力に主張されている。

(3)　物権的請求権との競合　　所有者から給付された目的物が
受領者の占有下で現存している場合には，給付者の権利として，
所有権に基づく返還請求権と給付不当利得返還請求権とが考えら
れ，いわゆる「請求権競合」の問題としてさまざまな議論を呼ん
でいる。しかし，給付利得を給付の基礎となった表見的法律関係
の清算ととらえる立場からは，少なくとも当事者間では不当利得
返還請求権のみを主張しうると解すべきであろう。したがって，
たとえば，売買契約関係の清算において，売主が給付された目的
物の所有権を主張して，買主から主張される受領済み代金の返還
債務との同時履行の抗弁を回避することは許されない。

Ⅳ　給付利得の特則

法政策上の判断により，本来ならば成立するはずの給付利得返

還請求権が成立しないとされ（非債弁済，不法原因給付の場合），また逆に，本来ならば契約が有効であるから成立しないはずの返還請求権が成立するとされる場合（目的不到達の場合）がある。

1　非債弁済

　他人に対して債務を負っているものと思って弁済したところ，実は債務が存在していなかった場合には，給付利得として返還請求を行うことができるはずであるが，一定の場合には返還請求権が認められない。

　(1)　債務の不存在を知ってした弁済　　債務の存在しないことを知って弁済した場合は，給付したものの返還を請求することができない（705条）。知らないことに過失があっても返還請求をすることができるし，債務の存在について疑いを抱いているだけでは知っていることにならない。債務の不存在を知って弁済した場合でも，地代家賃統制令による統制額を超過する家賃であることを知りながら借家人が債務不履行による責任を問われるのを避けるためにやむなく請求額を支払ったとき（最判昭35・5・6民集14巻7号1127頁），家屋賃料の支払義務のない者が賃料不払とこじつけて家屋明渡しの訴訟を提起された場合の防御手段として支払をしたとき（最判昭40・12・21民集19巻9号2221頁）などのように，知って弁済したことを正当と是認しうるような事情が存在すれば705条は適用されない。

　なお，この規定は，存在しない債務についての一方的給付の場合にのみ適用され，双務契約の清算の場合には，当事者間の公平を維持するために原則として適用されないと解される。というのも，たとえば，無効の売買契約において，売主は無効を知っており，買主は知らずに，それぞれの債務を履行した場合，買主は代

金の返還を請求できるにもかかわらず，売主は目的物の返還を請求できないとするのは不当だからである。

(2)　期限前の弁済　　債務の弁済期限前の弁済であっても，債務が存在しているのであるから，法律上の原因を欠くものとはいえず，弁済自体についての不当利得は問題とならない（706条本文）。しかし，たとえば，弁済期限までの金銭の運用益（法定利息相当額など）は，本来債務者に属すべきものであるから，債務者が期限の利益を放棄（136条2項参照）したものではなく，期限についての錯誤によって弁済した場合には，その利益の返還を請求することができる（706条ただし書）。

(3)　他人の債務の弁済　　他人の債務を他人の債務と知って弁済したときは，第三者の弁済（474条）であり，当該第三者との間で求償利得の問題となる。他方，他人の債務を自己の債務と誤信して弁済したときは，債務は消滅せず，債権者の取得した利得が弁済者に返還されなければならない。しかし，善意の債権者は，有効な弁済があったものと信じて，債権証書を滅失させたり，担保を放棄したり，真の債務者に請求せずに時効が完成したりして，真の債務者からの取立てが困難になるかもしれない。このような場合には，善意の債権者保護のために，不当利得の返還請求権が制限される（707条1項）。その結果，弁済者は真の債務者のために第三者弁済をしたことになって，債務は消滅する。したがって，弁済者は真の債務者に対して求償権を行使することができる（同条2項）。

2　不法原因給付

(1)　立法趣旨と機能　　給付が法律上の原因を欠くため本来ならば不当利得返還請求権が成立する場合であっても，不法な原因

のための給付であるときは，原則として返還請求をすることができない（708条本文）。たとえば，賭博で負けて支払った金銭のように，給付の基礎となった法律関係が公序良俗違反によって無効（90条）である場合などがこれにあたる。この場合，負けた者が約束の金銭の支払を拒んだときは，そのような公序良俗違反の行為を国家は是認するものではないので，勝った者は賭金の取立てのために裁判所に救済を求めることができない。いったん支払った者からの返還請求の形での救済を拒絶する708条も，不法な行為に手を染めた者は法的救済を求めることはできないという考え方（クリーン・ハンズの原則）に基づき，間接的に不法な行為の抑止をねらうものである。

　ところで，不法な原因に基づく給付の受領者の側からみると，給付者の返還請求が拒絶されることは，給付による利益を保持させるという「取り得」が認められることを意味し，当事者間の公平に反することになる。そこで，民法は，不法な原因が受益者についてのみあるときは返還請求を認める規定をおいている（708条ただし書）。そもそも，不法な行為の抑止のためには，不法な行為の結果を原状に復させるのがよいのか，それとも不法な行為の結果の回復に手を貸さない方が効果的であるのかについては，立法論的に争いのあるところである。民法は後者の立場をとったが，判例・学説は708条本文の適用される要件を厳格に解し，あるいは同条ただし書の適用される要件を柔軟に解することによって，法的救済の拒絶による不法の抑止という社会的要請と当事者間の公平維持という要請との調和を図ろうとする傾向にある。

　(2)　不法原因給付の要件　　(ア)　不法な原因　　「不法な原因」の「不法」とは，単なる取締法規違反や強行法規違反では不十分であり，「社会において要求せられる倫理，道徳を無視した醜悪

なもの」（最判昭 37・3・8 民集 16 巻 3 号 500 頁），すなわち公序良俗違反を意味すると解されている。このような意味の「不法」の中身は，社会の変化につれて変わってくるものであるが，従来の判例では，経済統制法規違反の売買（前掲最判昭 37・3・8 はガソリンの売買），法定額を超える選挙費用の立替払い（最判昭 40・3・25 民集 19 巻 2 号 497 頁），導入預金（最判昭 49・3・1 民集 28 巻 2 号 135 頁）などは不法原因給付にあたらないとされた。

　(イ)　動機の不法　　その給付行為の基礎となった法律関係自体をみると法に反しないものであっても，その行為の目的や動機が不法である場合や給付に付された条件が不法な場合も，不法原因給付になる。たとえば，密航のための資金の貸付け（大判大 5・6・1 民録 22 輯 1121 頁），芸娼妓契約と結び付いた前借金交付（最判昭 30・10・7 民集 9 巻 11 号 1616 頁），妾関係の維持を目的とした妾への不動産贈与（最大判昭 45・10・21 民集 24 巻 11 号 1560 頁）は不法原因給付になる。ただし，これらの場合，受益者の目的や動機の不法性を給付者が知っているだけでは十分ではなく，最初の判例では貸主が密航を勧誘周旋しており，また後二者の判例では給付者が不法な行為から利益を得ていたという事情が考慮された。

　この問題は 708 条ただし書の適用にあたっての両当事者の不法性の衡量という問題とも関連しており，密輸資金に使われることを知って金銭を貸し付けた場合でも，それが利益の分配を伴う出資としてではなく，頼まれてやむをえず貸したにすぎないときは，貸主の側の不法性はきわめて微弱であるとして，708 条の適用が否定された（最判昭 29・8・31 民集 8 巻 8 号 1557 頁）。

　(ウ)　給付　　給付は物や金銭の交付の場合もあれば，サービスの提供の場合もある。物の交付の場合は，それが終局的に相手方に利益を移転するものでなければ，703 条の意味での給付は認め

られるとしても，708 条にいう「給付」があったものとはされない。たとえば，賭博の借金の返済のために自己の所有地に抵当権を設定したとしても，そのような抵当権は被担保債権の不存在を理由として実行を阻止されるものである点を考慮すると，結局 708 条の適用はなく，抵当権の抹消登記を請求できるとされた（最判昭 40・12・17 民集 19 巻 9 号 2178 頁）。これを学説は，抵当権実行にまで至らないうちは「給付」は認められないという趣旨に解している。

　また，妾関係維持のための建物贈与について，判例は，建物が未登記である場合は引渡しのみで「給付」にあたるが（前掲最大判昭 45・10・21），既登記建物の場合は引渡しのみでは「給付」があったとはいえないとしている（最判昭 46・10・28 民集 25 巻 7 号 1069 頁）。

　㈡　**受益者のみの不法**　　708 条ただし書は「不法な原因が受益者についてのみ存したとき」は給付者は給付利得の返還を請求できるとしているが，判例・学説は，両当事者の不法性を衡量して受益者の側の不法性の方が大きい場合には，給付者の側にも不法性が備わっていても返還請求を認めている。一般的には，行為自体が不法である場合（賭博など）は同程度に不法であり，社会的強者が弱者を拘束して法外な利益を得る場合（芸娼妓契約，暴利行為など）は強者の不法性が大きく，動機の不法の場合（密輸資金の貸与など）は給付者の認識や関与の程度によることになる。

　(3)　**不法原因給付の効果**　　不法原因給付にあたるとされると　★★
給付利得の返還を請求することができない。たとえば，賭博の借金の弁済に代えて A が B に A 所有の不動産を譲渡（贈与または代物弁済になる）すると，A は後で借金の無効を主張して B にその不動産の返還を請求することができない。次の三点がとくに問題

になる。

（ア）　給付物の所有権の所在　　上の例で，贈与であれ，代物弁済であれ，公序良俗違反で無効なのであるから，譲渡された不動産の所有権はいぜんＡに属しているが，給付不当利得の返還請求権が708条の適用を受けて行使できないために，Ｂは不動産の占有を継続することができるという考え方をとると，両当事者の意に反した所有権と占有の分離という変則的な事態が永続することになる。そこで，判例は，このような場合には，法律関係を明確にするために，給付した物の返還を請求できなくなったことの「反射的効果」として所有権はＢに帰属するに至ったとの立場をとっている（前掲最大判昭45・10・21）。

（イ）　登記請求権　　上記の最高裁大法廷判決は，未登記の建物がＢに贈与された後に，ＡがＡ名義で建物の所有権保存登記をしたという事案で，所有権はＢに帰属しているのであるから，Ａ名義の登記は実体関係に符合しない無効な登記であるとして，ＢのＡに対する移転登記請求を認めた。これに対して，既登記の建物の贈与の場合には，前述のように，Ｂへの移転登記がされるまでは708条でいう「給付」がされたことにはならないとして，ＢのＡに対する移転登記請求は拒絶された（前掲最判昭46・10・28）。

しかし，既登記か未登記かで708条の「給付」概念を操作したうえで受領者からの移転登記請求まで認める判例の立場に対しては，登記請求は贈与の完全な履行を請求しているに等しいのであるからむしろ90条の効果として認められないとして，不法な行為の結果の実現に手を貸すことを拒むべきであるとの批判が有力である。

（ウ）　利用型契約の場合の目的物の返還請求　　仮に，賭博の借

金の弁済に代えて，ＡがＢに建物を贈与したのではなく，3ヵ月間無償で利用させる（使用貸借になる）ことにした場合はどうなるだろうか。約束の3ヵ月経過後のＡからの建物明渡請求を，Ｂは建物の引渡しが不法原因給付になるとして拒めるとすると，Ｂに本来の有効な使用貸借契約に基づく借主以上の利益を与えることになる。したがって，このような場合には，使用貸借契約は無効であるから，使用貸借契約の終了の効果としての明渡請求はできないが，利用型契約における目的物の引渡しは708条の「給付」にはあたらないとして不当利得の本則を適用し，ただ，建物の使用利益（賃料相当額）の返還請求のみが不法原因「給付」として拒絶されると解すべきであろう。

このような考え方をとるとして，期間満了時ではなく，1ヵ月経過時点でＡが使用貸借の無効を主張して不当利得返還の請求を行った場合の処理については，当初の約定の期間内は明渡請求も使用利益の返還請求もできないとする考え方と，過去の1ヵ月間の使用利益の返還請求ができないにとどまり，明渡請求は直ちに行うことができるとする考え方とがある。

金銭消費貸借のように，交付された物が金銭である場合は，金銭の所有権が占有の移転とともに受領者に移転するという特色があることから，金銭そのものの不法原因給付として処理されるのが一般的である（前述の密航資金貸付や芸娼妓の前借金など）が，使用貸借・賃貸借の場合と同様，利用型契約である点を強調するならば，当初交付の元本の返還は認められるべきとの考え方もありうる。

(4)　**不法原因給付規定の適用範囲**　　(ｱ)　所有権に基づく返還請　★
求権　　不法原因により給付された利益が物であり，それが受益者のところに現存している場合には，不当利得の返還請求は行う

ことができないにしても，給付者の所有権に基づく返還請求については どうであろうか。給付利得の当事者間ではもっぱら不当利得返還請求権の行使のみが問題となるとする立場からはこのような請求は許されないことになる。両請求権の競合を認める判例（最大判昭45・10・21民集24巻11号1560頁）は，708条は所有権に基づく返還請求権の行使の場合にも適用されるとする。

　(イ)　不法行為に基づく損害賠償請求権　　判例（最判昭44・9・26民集23巻9号1727頁）は，男性Yに妻のあることを知りながら情交関係を結んだ女性Xが，Yとの関係が悪化した後にYに対して貞操侵害を理由に慰謝料を請求したという事例で，Xの側の動機に内在する不法の程度に比しYの側の違法性が著しく大きいときは，Xからの慰謝料請求を認めても，「民法708条に示された法の精神に反するものではない」とした。この判決をめぐっては，不法行為に基づく損害賠償請求にも708条本文およびただし書が類推適用されたと解する立場と，709条の「違法性」の判断にあたって，708条の趣旨が参考にされたにすぎないと解する立場とに分かれている。

　(ウ)　損益相殺　　判例は，ヤミ金融業者による著しく高金利の貸付けが不法行為になる場合に，借主からの損害賠償請求において借主の損害額から元本額を損益相殺の対象として控除することは708条の趣旨に反して許されないとし（最判平20・6・10民集62巻6号1488頁），また，Yが投資資金名下にXから金員を騙取した場合に，Xからの損害賠償請求においてYが詐欺の手段として配当金名下にXに交付した金員の額を損益相殺等の対象としてXの損害額から控除することは708条の趣旨に反して許されないとする（最判平20・6・24判時2014号68頁）など，損益相殺を否定するために，同条の類推適用を積極的に行う傾向にある。

㈋　**信義則による制限**　　当事者間では不法原因給付に該当する場合であっても，他の利害関係者の存在を理由に不法原因給付の主張が許されない場合がある。たとえば，無限連鎖講（ネズミ講）を事業として行っていた会社の破産管財人が上位会員に対して公序良俗違反の無効な契約により給付を受けた金銭の返還を請求した事件において，当該金銭は無限連鎖講に該当する事業の配当金であって他の会員が出えんした金銭を原資とするものであり，当該事業の会員の相当部分の者は会社の破綻により損失を受けて破産債権者の多数を占めるに至っていた。判例（最判平26・10・28民集68巻8号1325頁）は，破産管財人が破産債権者への配当を行うなど適正かつ公平な清算を図ろうとするために上位会員に対して配当金の返還を求めているという事情の下においては，上位会員が当該配当金の給付が不法原因給付にあたることを理由としてその返還を拒むことは，信義則上許されないとする。

3　目的不到達

　結納の法的性質については，婚姻が成立しなかった場合の結納金返還請求の是非をめぐって学説上争われているが，判例（大判大6・2・28民録23輯292頁）は，「他日婚姻の成立すべきことを予想し授受する一種の贈与」，すなわち目的をもった贈与であると構成し，婚姻不成立によっても贈与が無効になるわけではないが，不当利得として結納金の返還請求を認めている。これに対しては，結納金の交付を黙示の解除条件付きのものと構成することによって，婚約解消について有責な交付者からの返還請求を拒絶する根拠（130条2項）を明確に与えることになるとの説も有力である。

V　支出利得

　支出利得とは，損失者自身が受益者への直接の給付以外の方法
で，物，労務，金銭などを支出し，それによって受益者が利益を
受けた場合をいう。支出利得は，物に関して他人の負担に帰すべ
き費用や労務を負担したことにより，その本来の負担義務者に対
して成立する「費用利得」と，他人の負担に帰すべき債務を弁済
したことにより，債務の免責という利益を受けた当該債務者に対
して成立する「求償利得」とに分けられる。ともに，受益者にと
っては，いわば「利得の押付け」であり，損失者の支出をそのま
ま受益者の「受益」として利得返還請求権の範囲とすることはで
きない。

　費用利得にせよ，求償利得にせよ，事務管理も成立することが
多い。この場合は，事務管理の法理のみが適用される。

1　費用利得

　Ａの占有していた物をＢが所有権に基づいて返還請求する際
の利害調整として，Ａが占有物に対して費やした必要費・有益
費の償還請求権が認められている（196条）。また，賃貸借の場合
の賃借人が負担した必要費・有益費についても償還請求に関する
特則がおかれている（608条）。一般不当利得法としての費用利得
は，費用償還に関するこのような特別の規定がない場合，たとえ
ば，隣家の塀のペンキぬりの場合などに適用される。

　利得の押付けの防止のために，損失者による支出は，たとえ損
失者がしなくても，受益者が自ら負担したであろうような費用の
支出でなければならない。本来「出費の節約」としてあらわれる

利得であるので，受益者の収入や将来計画が考慮されなければならない。

2 求償利得

　求償利得は，損失者の損失と受益者の受益の間に受益者の債権者が存在するという意味では，本来的に多数当事者間の不当利得ということができるが（Ⅵ2(1)図22参照），因果関係についてはとくに問題はない。法律上の原因の欠如は，第三者として弁済すべき義務を受益者に対して負っていないことである。連帯債務者の一人による弁済や，受託保証人による弁済は，法律上の原因に基づくものであり，法律の規定による求償権（442条・459条など）が成立する。複数の債務者が同順位で内部的に割合的負担を負っているとされる場合（共同不法行為者や共同扶養義務者）において，債務者の一人が自己の財産をもって共同の免責を得たときは他人の債務の弁済となり，他の債務者に対する求償利得が成立する（442条1項の類推）。それが内部的に一部の者のみの負担であるとされるときは，内部負担のない者は全額について求償権を取得する（使用者責任についての715条3項など）。求償権に関する特別の規定のない場合が，求償利得として一般不当利得法上の問題となる。

　利得の押付けへの対策は，第三者の弁済がいかなる場合に有効とされるかという点で考慮されている（474条）。また，第二者Aの債務者Bに対する求償権は債権者CのBに対する債権が譲渡されたものと実質を同じくしているのであるから，BはAの弁済によって本来の状態よりも不利な立場におかれるべきではない。したがって，BはCに対する抗弁をもってAに対抗することができる（468条1項の類推）。

Ⅵ　多数当事者間の不当利得

　多数当事者間の不当利得には，さまざまなバリエーションが考えられるが，大きく分けて財貨の移動が直線的に連続する連続給付型と，当事者は多数であるが財貨の移動は一回である一回給付型がある。判例・学説が受益と損失の因果関係をめぐって争ってきた事例は，ほとんどすべてが多数当事者間の連続給付型の不当利得の場合であった。

1　連続給付型

★★　(1)　**騙取金銭による弁済**　　BがAから盗んだり，だまし取ったり，横領した金銭をBのCに対する債務の弁済にあてた場合（図17参照），AはCに対して不当利得返還請求を行うことができるかという問題が古くから論じられている。判例は，かつては，Aの損失とCの利得との間に「因果関係の直接性」の存在が必要であるとして，Bの騙取した金銭がBの他の金銭と混和（245条）されないで物理的同一性を保ったままでCに交付されたときは不当利得となり，混和されて交付されたときは不当利得とはならないとしたり，あるいは，Cが金銭を即時取得したときはCの受益には法律上の原因があるから不当利得とはならないとした。

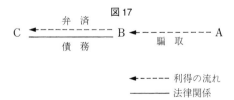

図 17

　しかし，これらは，いわば物としての金銭に着目し，その所有権がＡにとどまっているか否かを問題とするものであって，金銭の所有権は占有者にあるという価値としての金銭の特質を無視するものであるとの学説の批判を受けた。そこで，判例（最判昭49・9・26民集28巻6号1243頁）は，因果関係については金銭の所有権を問題にすることなしに，「社会通念上」Ａの金銭でＣの利益を図ったと認められるだけの連結があればよいとして要件を緩和したうえで，Ｃがそのような金銭を受領するにつき悪意または重過失がある場合はＣの金銭取得にはＡとの関係で法律上の原因がなく，不当利得になるとする。

　この判例の立場は，金銭と機能的に類似した有価証券の善意取得の規定（520条の5・520条の15など）と同一であり，学説では，判例の結論を，金銭が価値としての同一性を保っている場合の「物権的価値返還請求権」の効力とその限界として構成し，純粋の不当利得返還請求権とは別個のものとして説明する説が有力である。

　(2)　**転用物訴権**　　ＢがＣからの賃借物の修理をＡに依頼し，　★★
修理代金未払のままでＢが受け取ってＣに返還した後にＢが無資力になった場合（図18参照）に，ＡはＢから回収できない修理代金相当額を不当利得としてＣを相手に返還請求しうるかという問題（転用物訴権と呼ばれている）がある。判例（最判昭45・7・16民集24巻7号909頁）は，ブルドーザーの修理の事例で，Ａのした給付（修理）の受領者がＣではなくＢであることは，Ａの損失とＣの利得との間に直接の因果関係を認めることの妨げとはならないとし，「Ｂの無資力のため，右修理代金債権の全部または一部が無価値であるときは，その限度において，Ｃの受けた利益はＡの財産および労務に由来したものということができ」るとして，

図18

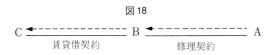

不当利得の返還請求を認めた。

　このような判例の立場に対して，学説は，Aが相手方Bを信用して修理契約を締結し，同時履行の抗弁権などを行使することなしに引き渡したことによるリスク（契約危険）を，第三者のCに負担させるのは不当であると批判している。ただし，修理費用賃借人負担の特約があるにもかかわらず，賃料がそれに見合って割り引かれていないために，賃貸物の返還を受けた賃貸人Cが結果として無償で受益していることになるような場合には，不当利得を認めてもよいとする説が有力である。

　その後，判例（最判平7・9・19民集49巻8号2805頁）は，上のような学説の批判を一部受け入れて，賃借人Bが権利金を支払わない代わりに，建物の修繕等の工事はBの負担とし，建物返還時にBは金銭的請求を一切しないとの特約の付された営業用賃借建物の修繕工事の事例において，賃貸人Cが法律上の原因なくして利益を受けたということができるのは，「CとBとの間の賃貸借契約を全体としてみて，Cが対価関係なしに右利益を受けたときに限られる」と述べて，不当利得の成立する場合を限定した。当該事例では，CがAの工事により受けた利益は，通常であればBから得ることができた権利金の支払を免除したという負担に相応するものであり，法律上の原因なくして受けたことにはならないとして，不当利得の成立は否定された。

★　(3)　**無償譲受人に対する直接請求**　　無効の売買契約に基づいてAからBに引き渡された動産をBがBの所有物としてCに贈与

図19

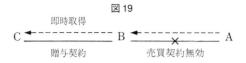

し，Cが即時取得（192条）した場合（図19参照）に，AのBに対する不当利得返還請求とは別に，Aから直接Cへの不当利得返還請求をも認めるべきか否かが争われている。

　積極説は，この場合もA・B間の因果関係を認め，無償の即時取得者は受益について法律上の原因を欠くとして不当利得の成立を認める。これに対して，消極説は，無償の即時取得者も192条によって物権法上対抗しうる地位にあるのだから相当の理由なしに不当利得返還請求権に服させるべきでないこと，Cが不当利得返還義務を負うのはBのもとで利得が消滅している場合に限られるが，贈与は単なる浪費と異なり利得の消滅は通常生じないし，このようなBは通常悪意であるから利得の消滅を主張できないことを理由に，不当利得の成立を原則として否定する。

2　一回給付型

（1）　第三者の弁済　　たとえば，信販会社Aが消費者Bからの委託（立替払委託契約）を受けて売主Cに対するBの代金債務を弁済した後に，A・B間の立替払委託契約が無効であることが明らかとなったような場合（図20参照），AはB・Cいずれに対して不当利得の返還請求を行うことができるであろうか。この場合でも，Cの代金債権は弁済により消滅し，Bは債務消滅による利益を受けているわけであるから，不当利得はA・B間で生じていると解されている。また，B・C間の売買契約が無効であった場合（図21参照）については，Aは有効な委託に基づいて支払った

以上，給付は A から B，B から C へとされたのと同じであるから，不当利得は B・C 間で生じていると解されている。

　他方，A が B の委託なしに C に弁済した場合において，B・C 間の法律関係が有効に存在していたとき（図 22 参照）は，既述の求償利得または事務管理の問題になり，B・C 間の債務が存在していなかったとき（図 23 参照）は，A は C に対して返還請求権を有するのみである。

　これらに対して，債務者 B が第三者 A 所有の不動産に無断で設定した抵当権が無効であるにもかかわらず実行され，債権者 C が弁済金の交付を受けた場合（図 24 参照）は，A は C に対して不当利得の返還請求を行うことができるとするのが判例（最判昭 63・7・1 民集 42 巻 6 号 477 頁）である。ここでは，債務が消滅したことにより B が利得を得たとみて，A から C への原因を欠いた給付による B の利得とする一回給付型の処理や，原因を欠いている理由が B の無権代理であることから連続給付型の騙取金銭による弁済類似（B から C への給付とみる）の処理も考えられるが，単純に A・C 二当事者間の不当利得として（どちらかというと侵害利得的に）処理されている。

　(2)　受領権限のある第三者への弁済　　たとえば，A が B から購入した物品の代金を B から受領権を与えられた C に支払った後に，A・B 間の売買契約が無効であることが明らかとなったような場合（図 25 参照），A は B・C いずれに対して不当利得の返還請求を行うことができるであろうか。すでに代金が C から B のところに届いているときは B に対して，C のところにとどまっているときは B・C いずれに対しても返還請求を行うことができると解されている。

　これに対して，C が C の B に対する債権の担保として代理受

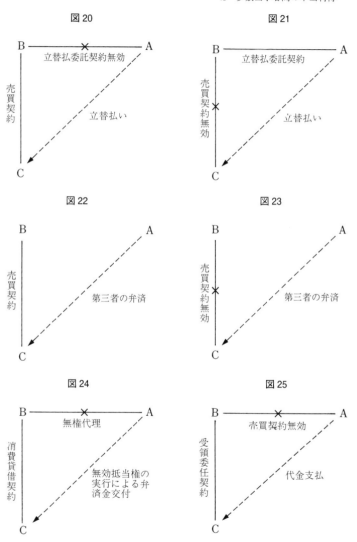

図 20

B ─────×───── A
　　立替払委託契約無効

売買契約

立替払い

C

図 21

B ─────────── A
　　立替払委託契約

売買契約無効

立替払い

C

図 22

B　　　　　　　 A

売買契約

第三者の弁済

C

図 23

B　　　　　　　 A

売買契約無効

第三者の弁済

C

図 24

B ─────×───── A
　　無権代理

消費貸借契約

無効抵当権の
実行による弁
済金交付

C

図 25

B ─────×───── A
　　売買契約無効

受領委任契約

代金支払

C

図 26

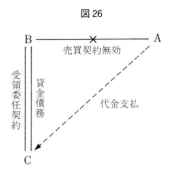

領権を取得しているような場合（図26参照）には，代理受領によるＣの債権の満足（弁済充当または相殺による）はＡのＢに対する債務の有効な存在を前提としていることから，ＡはＣに対してのみ返還請求を行うことができ，ＣはＢのＡに対する抗弁を主張しうるものと解されている。ちなみに，大阪高裁昭和40年6月22日判決（下民集16巻6号1099頁）は，被保険者Ｂの放火による建物消失（したがって保険金支払義務なし）に対して保険会社ＡがＢの保険金請求権上に質権を有していたＣに保険金を支払ったという事例で，ＡのＣに対する返還請求を認めた。

（3）　受領権限のない第三者への弁済　　Ａ・Ｂ間の売買契約に基づく代金の受領権をＣに与えるＢ・Ｃ間の委任契約が無効であった場合（図27参照）やＡ・Ｂ間の預金契約においてＣが預金者Ｂに成りすまして銀行Ａから払戻しを受けたような場合（図28参照）は，債務の弁済を受領する権限を持たないＣが債務者Ａから弁済を受けても，ＡのＢに対する債務は消滅せず，Ａは本来の債権者Ｂに対して弁済する義務を免れないのが原則である。ただし，Ｃに対してした弁済も，Ｂがこれによって利益を受けている場合は，その限度においてＢに対する弁済としての効力を有する（479条。これは一種の事務管理となる）。

　ここで，Ｃが社会通念上受領権者としての外観を有する者であった場合（図27のような場合はこれに該当する可能性が高い）は，Ａが善意・無過失であったときに限って，Ｂに対する弁済としての効

図 27

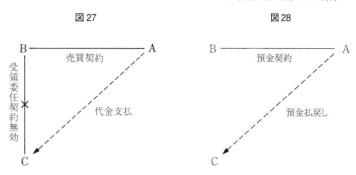

図 28

力を有する（478条）。この場合，AはBからの履行請求を債務の消滅を理由に拒むことができるから，それを選択すればAに損失は生じない。これに対して，Cが受領権者としての外観を有する者でなかった場合には，AはBからの履行請求を拒むことはできないが，Bに弁済をする前であっても，Cへの弁済によってAが損失を被っていることは明らかであるから，AはCに対して給付した利得の返還を請求することができるとされる（最判平17・7・11判時1911号97頁）。この点では，Cが受領権者としての外観を有していた場合であっても，無権限者である以上，なおCに対して，不当利得の返還を請求することが許されると考えられる。

　他方で，BはCによって債権の帰属を侵害されているわけであるから，Cに対して侵害利得の返還請求を行うことができる。このことは，Aが，Cへの弁済が受領権者の外観を有する者への弁済として有効であると主張して，Bからの履行請求を拒む場合には明らかである。さらに，侵害利得の返還請求を受けたCが，弁済を受領する権限がないにもかかわらず権限がある者としてAから弁済を受けておきながら，Aに過失があってCへの弁済

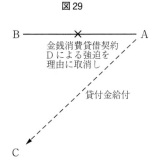

図29

B ——————×—————— A
金銭消費貸借契約
Dによる強迫を
理由に取消し

貸付金給付

C

はBへの弁済としては無効であるから，BはなおAに対して債権を有していることに変わりはなく，Bには損失が生じていないと主張することは信義則に反し許されないとされた（最判平16・10・26判時1881号64頁）。

　このようにAのCに対する給付利得返還請求権とBのCに対する侵害利得返還請求権が競合する場合には，いずれかの請求権が満たされることによって，もう一方の請求権は消滅すると考えられる。

　なお，判例（最判平10・5・26民集52巻4号985頁）は，BがDの強迫により，Aとの金銭消費貸借契約の借主となり，Aに指示して，貸付金を事実上も法律上もBと何らの関係もないCの口座に振り込ませた後に，強迫を理由に消費貸借契約を取り消したという事例（図29参照）で，BはAからCへの金銭給付に相当する利益を受けていないとして，AからBに対する不当利得の返還請求を否定した。これは，一回給付型の不当利得における給付以外の二辺がともに欠けている場合であり，(1)の図23の場合と類似している。

■ **参考文献**—— より進んだ学習を志す人々のために

※現行法について記述されたものを太字で掲げ，債権法改正前のものでとく
　に重要なものを後に掲げた。

体 系 書

近江幸治　民法講義Ⅴ　契約法〔第4版〕

　　　　　民法講義Ⅵ　事務管理・不当利得・不法行為〔第3版〕

　　　　　　　　　　　　　　　　　　　　　　　　（以上，成文堂）

潮見佳男　基本講義　債権各論Ⅰ　契約法・事務管理・不当利得〔第4版〕

　　　　　基本講義　債権各論Ⅱ　不法行為法〔第4版〕　（以上，新世社）

中田裕康　契約法〔新版〕（有斐閣）

平野裕之　債権各論Ⅰ　契約法（日本評論社）

窪田充見　不法行為法〔第2版〕（有斐閣）

吉村良一　不法行為法〔第6版〕（有斐閣）

我妻　栄　債権各論（上，中一・二，下一）（民法講義Ⅴ 1〜4）（岩波書店）

広中俊雄　債権各論講義〔第6版〕（有斐閣）

来栖三郎　契約法（法律学全集）（有斐閣）

四宮和夫　事務管理・不当利得・不法行為（現代法律学全集）（青林書院）

幾代　通〔徳本伸一補訂〕　不法行為法（有斐閣）

加藤一郎　不法行為〔増補版〕（法律学全集）（有斐閣）

平井宜雄　債権各論Ⅱ（不法行為）（弘文堂）

森島昭夫　不法行為法講義（有斐閣）

注釈書（コンメンタール）

山本豊 編　新注釈民法(14) 債権(7)（雇用・請負・委任・寄託・組合・終身定
　期金・和解）

窪田充見 編　新注釈民法(15) 債権(8)（事務管理・不当利得・不法行為1）

大塚直 編　新注釈民法⑯ 債権(9)（不法行為2）　　　　　　（以上，有斐閣）

松岡久和ほか 編　改正債権法コンメンタール（法律文化社）

谷口知平＝五十嵐清 編　新版注釈民法⒀ 債権(4)（契約総則）〔補訂版〕

柚木馨＝高木多喜男 編　新版注釈民法⒁ 債権(5)（贈与・売買・交換）

幾代通＝広中俊雄 編　新版注釈民法⒂ 債権(6)（消費貸借・使用貸借・賃貸
　　借）　　　　　　　　　　　　　　　　　　　　　　　　（以上，有斐閣）

判 例 集

窪田充見＝森田宏樹 編　民法判例百選Ⅱ　債権〔第9版〕（有斐閣）

瀬川信久＝内田貴 編　民法判例集　債権各論〔第4版〕（有斐閣）

松本恒雄ほか 編　判例プラクティス民法Ⅱ　債権〔第2版〕（信山社，近
　　刊）

改正法に関する解説書

筒井健夫＝村松秀樹 編著　一問一答　民法（債権関係）改正（商事法務）

潮見佳男　民法（債権関係）改正の概要（きんざい）

潮見佳男ほか 編著　Before／After 民法改正〔第2版〕（弘文堂）

そ の 他

星野英一 編集代表　民法講座5（契約）

星野英一 編集代表　民法講座6（事務管理・不当利得・不法行為）

広中俊雄＝星野英一 編　民法典の百年（全4巻）　　　　　（以上，有斐閣）

　＊債権法改正前の文献であるが，民法の発展を知るのに有益。

事 項 索 引

504

判 例 索 引

【有斐閣Sシリーズ】

民法Ⅳ　債権各論〔第5版〕

1991 年 3 月 20 日 初　版第 1 刷発行	2009 年 6 月 20 日　第 3 版補訂第 1 刷発行
1995 年 10 月 30 日　第 2 版第 1 刷発行	2019 年 3 月 30 日　第 4 版第 1 刷発行
2002 年 4 月 30 日　第 2 版補訂第 1 刷発行	2023 年 3 月 30 日　第 5 版第 1 刷発行
2005 年 6 月 10 日　第 3 版第 1 刷発行	2023 年 9 月 10 日　第 5 版第 2 刷発行

著　者　　藤岡康宏＝磯村保＝浦川道太郎＝松本恒雄

発行者　　江草貞治

発行所　　株式会社有斐閣

　　　　　〒101-0051 東京都千代田区神田神保町 2-17

　　　　　https://www.yuhikaku.co.jp/

印　刷　　株式会社精興社

製　本　　大口製本印刷株式会社

装丁印刷　萩原印刷株式会社

落丁・乱丁本はお取替えいたします。定価はカバーに表示してあります。
©2023, 藤岡康宏・磯村保・浦川道太郎・松本恒雄.
Printed in Japan ISBN 978-4-641-15956-3